AF252220

1

La nuova Rassegna de Roma du 5 février 1893

n° 3 64

LA QUESTIONE DELLE BANCHE.

La *Nuova Rassegna* non può e non vuole frammischiarsi nel tumulto di scandali, di odii, di sgomenti originati dalla catastrofe di qualcuno dei nostri Istituti di emissione. E se è fortunata di dar posto, in questo numero, a uno studio del professor Pierantoni che si riferisce apparentemente a uno degli incidenti di questi giorni, è perchè vi si annette un'alta quistione di diritto costituzionale, sulla quale è bene sentire l'opinione di persona autorevole.

Probabilmente, il tumulto cui abbiamo accennato rivela esplicitamente lo stato vero, non di uno solo, ma di quasi tutti questi vasti organismi bancarii attuali. Se la vita di essi fosse solidamente regolare, se la circolazione non fosse fondata sopra un artifizio universalmente riconosciuto, non vi sarebbe ora la triste necessità di cercare se vi siano stati mai corruttori e corrotti. La corruzione — posto che non abbia mancato — può anch'essa considerarsi come l'effetto immancabile di una condizione incerta e fittizia di cose. E dato il sistema parlamentare, colla lotta conseguente dei partiti, si capisce che lo scandalo abbia agitato e continui ad agitare la Camera. Forse, in altri momenti, anche una simile agitazione sarebbe stata più virile e più nobile; ma non v'ha dubbio che pure nella forza della eloquenza e nell'abilità della scherma politica, la classe ora dirigente è molto indebolita.

La settimana scorsa abbiamo assistito a una discussione parlamentare che, in riassunto, è stata un ben triste ammonimento, così scarsa, anzi così misera è apparsa d'ogni elevazione ideale e anche di modeste virtù oratorie. La nuova Camera si è mostrata assolutamente inferiore alle tradizioni nostre e a quelle più comuni dei Parlamenti stranieri, non prolungando per tre giorni continui — salvo qualche rara eccezione — che un dialogo formato di piccoli assalti e di mezzane astuzie. Così, di quello che è per noi, ed è per il paese l'argomento più vero della quistione: il modo di provvedere all'avvenire, e la ricerca se questo avvenire migliore non sia già reso difficile da ciò che si è fatto nella furia delle presenti commozioni, più per necessità di trovare espedienti che per volontà di applicare un meditato ordinamento, ma di questo — che dovrebbe essere il tema principale di tutti gli studii — non si è quasi parlato.

Il ritardo può essere molto dannoso, ma non per questo, viste le ansie dell'oggi, si può ritardare ancora la soluzione definitiva dell'arduo problema della circolazione fra noi.

La *Nuova Rassegna* ha, quindi, ritenuto opera utile di venire preparando, per quanto si potrà da essa, la pubblica opinione circa la guisa più conveniente di risolvere il grave problema. Il nostro redattore Nitti si è rivolto, pertanto, agli uomini politici e scienziati, d'Italia e di fuori, che della materia possono discutere con maggiore conoscenza ed autorità. Così che andremo pubblicando mano mano veri studii di Guillaume de Gret, Riccardo dalla Vitta, Augusto Graziani, Giulio Alessio, sulla organizzazione bancaria nel Belgio, negli Stati Uniti d'America, in Germania, in Inghilterra.

E oggi la *Nuova Rassegna* è veramente orgogliosa di pubblicare un articolo di Alfredo Naquet, una delle menti più originali e profonde della Francia moderna, e che ha competenza indiscutibile nell'argomento.

LA « BANQUE DE FRANCE ».

I.

È forse difficile lo scrivere un articolo su questo

argomento, perchè la Banca di Francia tocca al termine del suo privilegio, che non si è trovato maggioranza nella Camera attuale per rimuovere, mentre nessuno può sapere che cosa ne accadrà alla prossima legislatura. La *Banque de France* ha da divenire Banca di Stato come propongono Millerand e Duncay? Ha da rimanere ciò che è oggi una istituzione mista, un'istituzione privata, sotto la sorveglianza dello Stato? E, in questo caso, deve essa subire le modificazioni poco importanti previste nel progetto di legge recentemente proposto, o venire profondamente trasformata come desidera Camillo Pelletan? Di ciò nessuno può dir niente, ed io non posso fare altro, per rispondere all'onore che mi fa la *Rassegna* chiedendomi queste righe, che tentare uno schizzo di ciò che esiste oggi, ma senza poter prevedere ciò che forse esisterà domani, e senza voler dare sopra questo o quell'argomento speciale giudizi personali, che m. 'bero uscire dalla esposizione per entrare nella discussione dei vari sistemi.

Ciò che si deve prima ben capire e conoscere è la differenza immensa che esiste fra un biglietto di Banca e una moneta di carta. Il biglietto di Banca rappresenta un valore effettivo, mentre una moneta di carta, eccellente se è puro eccellente il credito dello Stato che la emette, non vale altro che quanto vale quel medesimo credito.

La prima cosa che si deve, dunque, esaminare quando si vuol conoscere e capire il funzionamento d'un Istituto come la *Banque de France*, è la funzione generale d'una Banca di emissione.

Questa funzione è doppia, poichè deve soddisfare due bisogni, sostituendo la carta al metallo depositato nelle sue casse, e rendendo mobile il valore rappresentato dai biglietti di commercio presi allo sconto e che costituiscono il suo portafoglio.

A primo momento non si vede bene quale interesse esiga che il metallo prezioso si scambi contro pezzi di carta stampati che lo rappresentino esattamente. Tuttavia quell'interesse è massimo.

Da un lato, a misura che gli approvvigionamenti divengono più numerosi fra popolo e popolo — e questo è un fatto che va continuamente producendosi, e che continuerà a prodursi malgrado tutti i Meline della creazione — si fa più vivamente sentire la necessità d'una moneta più facilmente trasportabile. Così, attraverso i secoli, la moneta d'ar-

gento ha rimpiazzato la moneta di rame, e si è
v..o sostituire a quella, man mano, la moneta d'oro
che pure è oggi troppo ingombrante per i bisogni
della moderna circolazione. La carta è molto più
comoda dell'oro stesso; e, purchè sia sempre, ad
ogni momento, convertibile in oro, e che conseguen-
temente abbia lo stesso valore del metallo da essa
rappresentato, è chiaro che ci dà l'istrumento di
scambio più perfetto, più adatto alla costituzione
della società nostra.

Possiamo aggiungere che quella sostituzione della
carta al metallo presenta inoltre vantaggi che si
avrebbero in qualunque altro stato di civiltà. Le
monete metalliche sono assoggettate, in seguito al
continuo strofinamento, ad una perdita di peso il
quale chiamiamo in francese *le frai de la monnaie*,
e che costa più di ciò che costa la stampa dei biglietti e la fabbricazione della carta, senza metter in
conto — e tuttavia è cosa sensibile — delle perdite
che si producono nei naufragi od altri sinistri. Dunque, anche se le Banche d'emissione non facessero
altro che serbare in deposito in luoghi sicuri i me-
talli preziosi e porre in circolazione biglietti puramente rappresentativi di quei valori, cotesti Istituti
renderebbero un gran servizio alla società, e, come
dice Burdeau nella sua bella relazione alla Camera
dei deputati, « essi guarantirebbero il pagamento
dei crediti in monete di buona qualità e di poco
peso, e, risparmiando al pubblico le perdite risul-
tanti dal *frai*, assicurerebbero al paese i vantaggi di
una moneta sincera nelle condizioni più pronte al
baratto ».

II.

Ma le Banche possono e debbono adempiere u..a
funzione più importante ancora.

Le operazioni del commercio si fanno general-
mente a credito, le mercanzie essendo fornite oggi
ma il loro pagamento venendo differito di uno, due
o tre mesi. Questi debiti commerciali si esprimono
ordinariamente sotto la forma di biglietti o di let-
tere credenziali che si possono trasmettere da una
persona ad un'altra, e che, quando il sottoscrittore
è perfettamente solvibile, valgono, presso a poco,
la moneta metallica, contro la quale debbono venire
cambiati al termine dell'indugio, cioè alla scadenza.

Ma quei biglietti portano con sè due inconvenienti
che si oppongono a che possano venire adottati nel

commercio come le monete d'argento e d'oro. Da un lato, infatti, essi sono sottoscritti in proporzione del debito, e non offrono divisioni simili a quelle della moneta; e dall'altro, ed è questo il più serio, non valgono che ciò che vale il sottoscrittore, mentre il pubblico non è in grado di sapere quale è la solvibilità di simili sottoscrittori.

Ma un grande Istituto come la Banca di Francia, d'Inghilterra o di Germania, al contrario, può avere un'organizzazione che gli permetta di giudicare ciò che vale la firma di ogni sottoscrittore di biglietti o di credenziali; di fare una sicura cernita fra essi e di pigliare esclusivamente la buona carta, escludendo la cattiva. Così esso si costituisce un portafoglio che vale l'oro, e, in cambio di quel portafoglio, la Banca può emettere una quantità equivalente dei biglietti suoi, che sono, pertanto, ben conosciuti, accettati dovunque, divisi in parti simili alle divisioni della moneta ordinaria e pagabili a vista, mentre la carta commerciale alla quale si sostituiscono è pagabile soltanto ad una scadenza più o meno prossima.

Tali sono le due grandi funzioni d'uno stabilimento bancario. E basta, perchè quel doppio scopo sia raggiunto, che la Banca non conti, sia nelle sue casse o in circolazione, un solo biglietto il quale non abbia la sua contropartita o nell'*en caisse* metallico o nei valori del portafoglio.

Per quanto si riferisce alle perdite inseparabili dallo sconto, se c'è una buona organizzazione, devono essere neglette e vengono largamente coperte dai benefizi dello sconto stesso. Infatti, nello spazio di venti anni, dal 1870 sino al 1890, sopra un totale di 175 miliardi di effetti presi allo sconto dalla *Banque de France*, la perdita totale non fu superiore a 34,730,000 franchi, ossia a 0.019 per cento lire; e devesi aggiungere che in quella cifra sono comprese le perdite dell'anno della guerra, che tuttavia non superarono 7,500,000 lire.

Le cose cambiano quando il Governo fa un imprestito alla Banca, e chiede per ciò un'emissione fiduciaria supplementare, come fece il Governo francese quando chiese 1,500,000,000 alla *Banque de France*, nel 1871. Allora il biglietto di Banca si trasforma in carta moneta; ma, se la proporzione dell'emissione puramente fiduciaria non è eccessiva, e se, fuori delle condizioni particolari che l'hanno richiesta, la Banca ha sempre rispettato i principî che la informano, il biglietto può sopportare quella trasformazione parziale in carta-moneta, senza perdere nel suo corso; ed è ciò che abbiamo visto nel 1870.

Ma per ciò, importa che, dacchè son passate le circostanze straordinarie le quali hanno necessitato un'emissione straordinaria, si ritorni presto alla regola, secondo la quale una Banca non deve avere un solo biglietto senza contropartita in metallo od in effetti commerciali.

Dunque, una Banca deve avere o no un limite d'emissione? In principio astratto un limite è inutile, e basta che la Banca non possa aver mai più biglietti del valore metallico o commerciale che possiede.

In Francia, prima del 1848, nessun limite esisteva; ma quando venne il movimento sociale che seguitò la rivoluzione del 1848, il Governo fu costretto ad imporre, per un periodo di tempo, il corso forzoso; come pure fu fatto più tardi, nel 1870. Ora, il corso forzoso aveva, per conseguenza necessaria, il limite d'emissione, senza del quale il biglietto avrebbe potuto divenire quel che divennero gli « assegnati » nel 1793.

È vero che, una volta fatto il corso forzoso, si sarebbe potuto ritornare alla soppressione del limite; ma, come un eccesso di precauzioni non può nuocere, così cotesto limite si è conservato, alzandolo a misura che il pubblico rendeva indispensabile tale rialzamento colle ricerche di biglietti in cambio d'oro o d'argento, depositato nelle casse della Banca. Secondo l'ultima legge, che abbiamo votato alcuni giorni addietro, il limite attuale d'emissione della *Banque de France* è di quattro miliardi di lire.

Il biglietto di Banca possiede in Francia il corso legale. Ciò significa che tale biglietto costituisce una moneta liberatoria che nessuno può rifiutare in pagamento. Ma non ha 1 corso forzoso, il quale, in fondo, non è che una specie di proroga della scadenza, in virtù della quale la Banca cessa di essere obbligata di pagare a vista i suoi biglietti in oro od in argento.

Attualmente, e sempre, salvo le circostanze eccezionali del 1848 o del 1870, i biglietti debbono essere rimborsati in metallo, a presentazione.

III.

Ma non basta di esporre i principî che una Banca

d'emissione deve rispettare; è ancora, e sopratutto, indispensabile che essa li rispetti.

Io non vi dirò quali siano le mie viste personali per raggiungere un tale scopo; non vi dirò neppure — e proprio perchè non lo so — quali saranno le idee che prevarranno nel rinnovamento del privilegio, ma soltanto ciò che prevalse finora. In una parola, vi dirò in alcune righe quale è l'ordinamento attuale, esponendo le ragioni che vennero date per giustificarlo, senza perciò adottare o combattere io stesso tali ragioni. Mi limiterò all'esposizione d'un fatto.

La *Banque de France* non è nè una Banca di Stato, nè uno stabilimento puramente privato.

I Governi che l'organizzarono han voluto fin ora dare alla ragione di Stato il freno dell'interesse privato, per impedire gli abusi possibili. Ma all'interesse privato han voluto pure porre un freno inverso: il controllo e la sorveglianza del Governo, per vietare che l'Istituto sia retto in vista dei soli interessi degli azionisti, invece che nell'interesse pubblico.

Si sono ricordati gli « assegnati » e si sono respinte le tentazioni, troppo naturali per lo Stato, di ricorrere ad emissioni eccessive. Ma non si poteva abbandonare ad alcuni privati tutto il beneficio di un monopolio che, in diritto astratto, appartiene alla nazione, e che, soltanto per ragioni speciali, la nazione ha preferito fin ora concedere ad un certo numero di cittadini.

Per rispondere a questo doppio scopo, fu imposto allo stabilimento un Governatore nominato dallo Stato; ma questi ha a fianco un Consiglio di reggenza eletto dagli azionisti e che rappresenta l'interesse di costoro, come il Governatore garantisce gli interessi generali della nazione.

È inutile aggiungere che la Banca rende vari servigi allo Stato. Il tesoro vi tiene un conto corrente, talvolta creditore, talvolta debitore, pel quale si fa un bilancio d'interessi.

Tutto ciò è adesso da considerarsi come assolutamente provvisorio. Infatti, il nuovo progetto impone varie condizioni alla Banca, quali l'apertura di nuove succursali, l'obbligo di pagare ogni anno due milioni allo Stato, ed infine la soppressione degli interessi pagati attualmente dal tesoro quando il suo conto è debitore.

Ma non punto probabile che il progetto sia accettato in questa forma. Coloro stessi che vogliono conservare un interesse privato a capo della Banca, per timore dell'onnipotenza dello Stato su tale stabilimento, coloro stessi, dico, pensano che la nazione, quando delega a certi privati il privilegio principalmente nazionale di emettere la moneta fiduciaria, anche se è mossa da considerazioni d'interesse pubblico, fa a quei particolari un regalo troppo prezioso per renderglielo caro. Ora è bastante la somma di 2 milioni annuali versati dalla Banca allo Stato, mentre, dividendo il benefizio come si fa in Germania, si otterrebbe molto più? Certo di no! Non si deve imporre alla Banca di rendere servigi ai piccoli come ai grandi, ed obbligarla, come ho chiesto io, di ricevere ogni deposito che le si presenta, dando ai depositanti un interesse di 1 % l'anno almeno? Ho pensato che sì, perchè voglio dare ai piccoli capitali, i quali costituiscono la parte più interessante e più fruttifera del pubblico risparmio, un luogo di deposito sicuro contro ogni rischio.

Ma non posso entrare qui nella discussione che già ebbe luogo innanzi alla Camera, ed anche meno nella discussione che si prevede per la prossima legislatura. L'organizzazione futura della Banca è cosa attualmente ignota. Ciò che la *Rassegna* ha desiderato da me è una esposizione dello stato presente, ed è quanto mi sono sforzato di fare più brevemente che poteva.

ALFRED NAQUET.

La nation du 18 février 1893 (n.º 3209)

LA SPÉCULATION

Le projet de loi sur les opérations de Bourse, présenté par M. Tirard — ou, plus exactement, par M. Jourde, car le ministre n'a fait en cette circonstance que suivre les indications du groupe ouvrier — appelle l'économiste, le sociologue, le penseur, à examiner scientifiquement ce grand problème de la spéculation, qui passionne si fort les esprits à l'heure présente.

Aujourd'hui, dans les milieux collectivistes, révolutionnaires et antisémites — je pour ais y ajouter les milieux anarchistes — la spéculation est la grande coupable de tout le mal social. La spéculation, pour les masses, est synonyme de spoliation, de vol, que sais-je encore? Et c'est peut-être se montrer bien hardi que de vouloir endiguer ce courant de sottises et d'erreurs. Je l'essayerai cependant, dussé-je, pour cette entreprise, être, une fois de plus, traité de juif et être dénoncé comme un vil séide de la ploutocratie.

J'estime, en effet, que l'heure est venue pour les hommes de progrès de marquer nettement leur place entre les économistes béats qui se reposent sur l'affirmation bénévole que la liberté suffit à tout, les socialistes collectivistes qui rêvent un ordre de choses cent fois pire que celui qu'ils veulent détruire, et les révolutionnaires purs qui, eux, se contentent de vouloir renverser sans savoir quoi réédifier sur les ruines qu'ils auraient faites.

Le parti républicain progressiste doit avoir, lui, sa doctrine nette, ferme, précise. Il doit savoir quelles sont les réformes bonnes, utiles, fécondes que son rôle est de réaliser; mais il doit savoir aussi s'arrêter devant les mesures insensées qu'on lui propose; et son honneur consiste à demeurer lui-même et à ne pas se remettre à la remorque des écoles sectaires qui, jusqu'à ce jour, l'entraînent parce qu'il n'a pas formulé encore son critérium et son principe recteur.

Eh bien! l'un des points sur lesquels il faut qu'il se sépare des écoles sectaires de droite ou de gauche, c'est justement sur cette question de la spéculation.

Que des socialistes chrétiens, qui aspirent à je ne sais quelle théocratie que le moyen âge lui-même n'a jamais réalisée, et dont le Paraguay des jésuites satisferait à peine les rêves; que les collectivistes, qui voient dans leur imagination fantaisiste une société où tous les capitaux seraient socialisés, et dans laquelle, sous le prétexte de supprime le salariat, on aurait fait de tous les citoyens des salariés; que tout ce monde de l'utopie ou de la réaction, mais en tout cas de la chimère, considèrent la spéculation comme leur ennemie et s'efforcent de la détruire, rien de mieux.

Mais que les hommes de liberté qui croient de grandes réformes nécessaires, mais qui sont avant tout jaloux de conserver et de protéger toute cette sève de la nation qui s'appelle l'initiative privée, s'engagent sur cette même voie, ou plus exactement sur cette fondrière qui nous amènerait à la suppression de toute activité; qu'ils proclament des principes qui, traduits en loi, atteindraient la production matérielle et la production intellectuelle dans leurs œuvres vives, et qui enlèveraient à la France la grande situation qu'elle a dans le monde, voilà ce que je me déclarerais incapable de comprendre et contre quoi je ne cesserai de protester.

Ah! qu'il était supérieur à toutes ces écoles et à toutes ces chapelles modernes, le grand socialiste et le grand écrivain qui remuait la France aux jours de ma jeunesse, et qui était à la fois si dur pour les serviles partisans de la ploutocratie d'un côté, et pour les communistes de l'autre!

Voici comment s'exprimait Proudhon à propos des lois de 1819 et de 1823 contre les spéculations à terme:

Il n'est rien de pire pour un gouvernement que de ne savoir qu de ne pouvoir se faire obéir. En 1819 et 1823, le préfet de police renouvelle aux agioteurs ses instructions sévères: il aurait pu continuer sur ce pied en 1824, en 1825, etc., sans obtenir plus de résultats. L'agiotage est inséparable de la spéculation sérieuse comme l'abus de la propriété.

M. Guesdes et ses amis répondront qu'il n'y a pas plus de spéculation sérieuse que de propriété légitime. Voici encore l'opinion de Proudhon sur ce point:

Au-dessus du travail, dit-il, du capital, du commerce et de l'échange et de leurs innombrables variétés, il y a encore la *spécu-*

La spéculation n'est autre chose que la conception intellectuelle des différents procédés par lesquels le travail, le crédit, le transport, l'échange, peuvent intervenir dans la production. *C'est elle qui recherche et découvre pour ainsi dire les gisements de la richesse, qui invente les moyens les plus économiques de se la procurer, qui la multiplie soit par des façons nouvelles, soit par des combinaisons de crédit, de transport, de circulation, d'échange ; soit par la création de nouveaux besoins, soit même par la dissémination et le déplacement incessant des fortunes.*

Par sa nature, la spéculation est donc essentiellement aléatoire. Comme toutes les choses qui, n'ayant d'existence que dans l'entendement, attendent la sanction de l'expérience.

Et après avoir cité une série d'exemples qui, malheureusement, ne sauraient trouver place ici à cause des limites imposées à un article de journal, il termine ainsi :

Ainsi donc, la spéculation est, à proprement parler, LE GÉNIE DE LA DÉCOUVERTE. *C'est elle qui invente, qui innove, qui prévoit, qui résout, qui, semblable à l'esprit infini, crée de rien toutes choses. Elle est la faculté essentielle de l'économie. Toujours en éveil, inépuisable dans ses ressources, méfiante dans la prospérité, intrépide dans les revers, elle avise, conçoit, raisonne, définit, organise, commande, légifère ; le travail, le capital, le commerce exécutent.* ELLE EST LA TÊTE, ILS SONT LES MEMBRES ; ELLE MARCHE EN SOUVERAINE, ILS SUIVENT EN ESCLAVES.

Qu'il y a loin de ces grandes conceptions exprimées dans ce beau et noble langage si pur, si châtié, si français, aux déclamations vides et fausses du socialisme germanisé de nos jours.

En 1882, plusieurs députés, dont celui qui écrit ces lignes, et le gouvernement lui-même, ayant renouvelé une ancienne proposition de M. Andrieux tendant à la reconnaissance des marchés à terme, les deux Chambres, toutes deux sur mon rapport, consacrèrent les principes qui précèdent, et votèrent cette liberté depuis cent ans réclamée qui a été consacrée dans la loi du 28 mars 1885.

Aujourd'hui, ce qu'on propose est une réaction contre cette loi bienfaisante de 1885, qu'il faudrait, au contraire, renforcer et compléter par l'abolition du monopole des agents de change et par la création d'un marché libre. C'est évidemment la spéculation que l'on veut atteindre sous toutes ses formes, non seulement à terme mais au comptant.

J'espère que les Chambres ne s'y prêteront pas, qu'elles ne se laisseront pas entraîner par des doctrinaires sans ampleur dans les vues, à une œuvre qui, sous couleur de progrès, serait une œuvre terrible de réaction, et qu'elles ne porteront pas ainsi à notre grand marché financier un coup dont se ressentirait puissamment la fortune nationale.

ALFRED NAQUET.

Le journal officiel du 18 février 1893
25e année - n° 48
Séance de la chambre. — Du 17 février 1893
Discussion de la loi des patentes
— Grands magasins —

SUITE DE LA DISCUSSION DU BUDGET DE L'EXERCICE 1893

M. le président. L'ordre du jour appelle la suite de la discussion du projet de loi portant fixation du budget général de l'exercice 1893.

Conformément aux décisions prises par la Chambre dans ses précédentes séances, nous passons à la discussion des propositions de loi : 1° de M. Mesureur et plusieurs de ses collègues ; 2° de M. du Saussay ; 3° de M. Le Veillé, relatives à la réforme de la législation des patentes.

La parole est à M. Naquet.

M. Alfred Naquet. Messieurs, la loi qui vous est aujourd'hui soumise est dirigée vers des buts divers, mais il faut bien reconnaître qu'elle est surtout dirigée contre ce monopole et cet accaparement commercial, je pourrais presque dire industriel, dans une certaine mesure, qui se manifeste par les institutions qu'on appelle les grands magasins.

Je ne vous cache pas que j'ai hésité longtemps avant de prendre parti dans cette question. C'est qu'en effet, en toutes choses il y a là le pour et le contre et, en matière économique plus que partout ailleurs, des contradictions se rencontrent.

Elles se rencontrent si bien, qu'un de nos plus grands écrivains et un de nos plus grands socialistes français, Proudhon, a pu intituler le plus beau de ses livres : *Système des contradictions économiques.*

Les grands magasins, je ne le conteste pas, présentent un certain nombre d'avantages auxquels je suis le premier à rendre hommage. Toute la question est de savoir si ces grands avantages ne sont pas compensés par des inconvénients supérieurs.

Ces avantages sont de plusieurs ordres. Je tiens à bien les déterminer, d'abord parce que lorsqu'on veut combattre une institution la première chose que l'on doive faire c'est d'être juste à son égard et de reconnaître ce qu'elle peut avoir de bon.

Les grands magasins ont des avantages qui sont plus apparents que réels, et ils en ont qui sont réels en même temps qu'apparents.

On prétend généralement qu'ils créent le bon marché, qu'ils ~~demandent~~ aux consommateurs les produits dont ils ont besoin à un prix plus bas que le petit et que le moyen commerce. Je crois qu'il y a là une apparence plutôt qu'une réalité. Les grands magasins ont des moyens d'action autres que la diminution du prix des marchandises qu'ils livrent au public. Ils ont des moyens d'action qui échappent complètement au petit commerce et qui font — qu'ils me permettent de le leur dire — de leur commerce vis-à-vis du petit commerce une concurrence déloyale.

Je n'entends nullement les incriminer d'une façon personnelle, mais c'est le fait, la force même des choses qui le veut ainsi.

Un grand magasin peut, par exemple, acheter une quantité considérable de marchandises qu'il facture à trois mois de date, absolument comme le petit commerçant ; mais le lendemain de son achat il fait ce qu'on appelle une exposition, un de ces grands déballages dans lesquels il offre au public les marchandises achetées la veille, à un prix réduit, au prix de revient, et même au-dessous du prix de revient.

Il ne perd pas néanmoins à cette opération parce que, grâce à cette diminution des prix sur cette marchandise au rabais, il l'écoule très rapidement et rentre ainsi dans son capital deux ou trois mois avant l'époque où il doit solder la facture de cette même marchandise ; de telle sorte qu'il regagne sur les intérêts de ce capital ce qu'il a pu perdre dans son « exposition » par la vente à prix réduit.

Mais alors qu'arrive-t-il ? C'est qu'en attirant une quantité énorme de clients par la vente de ces marchandises sacrifiées, ceux-ci, qui se trouvent en même temps, par suite de cet accaparement même, en présence d'une quantité considérable d'autres marchandises, se trouvent incités à l'achat et que les grands magasins, en vendant des marchandises qu'ils ne sacrifient pas, qu'ils vendent aussi cher que le petit commerce et que la petite industrie, finissent toujours par se récupérer bien au delà de la petite perte — si tant est qu'ils en aient subi une — qu'ils auraient éprouvée.

Voilà un des procédés qui me portent à penser que la diminution du prix n'est pas aussi vraie qu'on veut le dire.

Je reconnais, par contre, que les grands magasins présentent d'autres avantages. Par suite de la quantité énorme de produits mis en vente, de la facilité de la vente, les marchandises sont moins défraîchies, le choix est plus considérable ; on rend même les marchandises qui ont cessé de plaire avant d'avoir été employées. De plus, comme les clients peuvent acheter tout ce dont ils ont besoin en une seule fois, parce que tout se trouve concentré dans ce grand bazar, il en résulte une économie de courses et de temps qui peut être considérée, dans une certaine mesure, comme une économie d'argent. Voilà les véritables avantages des grands magasins.

Mais il y a le revers de la médaille ; il y a les inconvénients, qui sont considérables.

Les grands magasins, par la nature même de leur institution, sont amenés fatalement à entraîner un avilissement des salaires. Cet avilissement se produit directement ou indirectement par la répercussion du grand commerce sur la grande industrie.

Directement : il suffit d'examiner ce que peut gagner une ouvrière travaillant pour les grands magasins. Ceux-ci ne peuvent pas faire exécuter tous les travaux en régie chez eux ; ils sont obligés d'employer le système du marchandage, de livrer un ensemble de confections à des confectionneuses qui le repassent à d'autres. On arrive ainsi à des phénomènes comme celui que j'ai noté.

Je ne crois pas me tromper — l'honorable M. Jaluzot me contredira et je suis dans l'erreur — on m'a donné comme certains les chiffres suivants :

Une ouvrière travaillant quinze heures par jour peut ourler pendant ce temps une douzaine de serviettes, qui lui rapportent 1 fr.

Une ouvrière travaillant quatorze heures par jour peut faire deux chemises brodées :

chacune de ces chemises lui est payée
60 centimes, ce qui fait 1 fr. 20 pour les
deux.

Voilà, messieurs, ce que peut gagner une
ouvrière ! Je vous le demande à tous ici :
Croyez-vous qu'une femme, fût-elle seule,
n'eût-elle pas d'enfants, puisse vivre dans
un milieu comme Paris avec ce maigre salaire de 1 fr. ou de 1 fr. 20 par jour ? Et
ne pensez-vous pas qu'un salaire aussi dé-
risoire a pour conséquence le développement des pires instinc's, le développement
de la prostitution ?

J'ai dit que l'avilissement des salaires ne
se produisait pas seulement d'une manière
directe, mais qu'il se faisait aussi sentir
d'une manière indirecte. Autrefois, lorsque
le commerce était décentralisé, lorsqu'il
était disséminé, la loi de l'offre et de la demande pouvait s'exercer librement entre le
grand manufacturier et le commerçant qui
achetait et écoulait sa marchandise dans le
public, mais qui, étant incapable de lui
faire une concurrence directe, ne pouvait
pas juguler le grand manufacturier et le
faire passer sous sa loi.

Il en est autrement à l'heure présente.
Comme les grands magasins accumulent
chez eux tout le commerce, qu'ils le cen-
tralisent, le monopolisent et qu'ils sont les
seuls distributeurs vis-à-vis du public de
la marchandise fabriquée par la grande industrie ; comme la grande industrie ne peut
pas faire le détail et livrer elle-même la
marchandise au public, elle est obligée,
soit au point de vue du goût, soit au
point de vue du prix, de subir la loi de
ces grandes agglomérations commerciales.
Elle y est d'autant plus obligée que si elle
fait mine de résister, les grands magasins,
qui sont en même temps de grands capitalistes, cessent d'être des détaillants pour
devenir eux-mêmes des industriels et font
concurrence à la grande industrie. Or,
comme ils peuvent seuls écouler leurs produits dans le public, tandis que les grands
industriels ne le peuvent pas, ces derniers
sont vaincus d'avance dans cette lutte inégale.

Je n'affirme pas là des faits théoriques,
des faits en l'air, mais des faits absolus
et réels.

Il y a deux ans, je me trouvais à Londres ; j'étais à déjeuner avec un grand
commerçant en soies, M. Debenham, qui
me disait : « Vos grands magasins du Louvre sont bien peu patriotes, car autrefois
nous tous, le monde entier, nous étions tributaires de Lyon et par conséquent de la
France, pour les soieries ; mais les magasins du Louvre, avec leurs propres capitaux, ont créé à Zurich une concurrence
à l'industrie lyonnaise, française, et, à
l'heure présente, au détriment de votre
pays, de votre patrie, nous sommes tributaires de la Suisse autant que de la
France. »

M. Balsan. Etes-vous bien sûr, monsieur
Naquet, de ce que vous avancez là ?

M. Alfred Naquet. Absolument.

M. Balsan. Je crois que c'est inexact.

M. Alfred Naquet. C'est, tout au moins,
un grand industriel qui me l'a dit.

M. Balsan. Cela ne suffit pas pour l'affirmer à la tribune.

M. Lavy. Le fait s'est produit il y a quelques mois à peine.

M. Alfred Naquet. Le fait fût-il inexact
en soi que théoriquement il est possible et
qu'il doit se produire. Des hommes ayant
le monopole de la vente, qui leur permet
à eux seuls d'écouler les marchandises,
pourront, le jour où les grands industriels
ne voudront pas subir leur loi, créer des
industries rivales ; c'est fatal, c'est nécessaire. Et comme l'industrie, contrainte de
subir la loi, est obligée d'abaisser ses prix,
comme il y a un moment où les abaisse-
ments de prix sont incompressibles, il en résulte forcément un avilissement des salaires.

Voilà comment les agglomérations commerçantes dont je parle ont pour conséquence l'avilissement des salaires aussi
bien d'une manière indirecte que d'une
manière directe.

Mais, dit-on, — et c'est là un argument
économique plus important, — les intermédiaires ne sont légitimement rétribués par
la société qu'à la condition d'être utiles.
Etre utile, être producteur, qu'est-ce donc ?
C'est ajouter de l'utilité à la matière, en
l'emmaganisant, en la transportant, en la
mettant à la portée du consommateur, tout
comme en la façonnant.

Il est incontestable que si, par ce travail
de transport, d'emmagasinement, de mise
à la portée de tous des produits, vous pouvez diminuer le nombre des personnes
qui sont nécessaires, celles que vous em-
ployez en surplus ne sont plus utiles, elles
ne donnent plus un travail producteur.

Eh bien, nous disent les partisans de l'agglomération commerciale, par cela seul que
nous avons diminué le nombre des intermédiaires sur la production directe nous
avons abaissé d'autant les frais généraux
de la production sociale ; d'où avantage
pour le consommateur, d'où progrès.

Avantage pour le consommateur, dit-on !
Permettez-moi de vous présenter une re-
marque en passant. Je ne sais pas au juste

ce que c'est qu'un consommateur, ce que c'est qu'un producteur. Pendant la discussion du tarif des douanes, lorsque j'entendais l'honorable M. Léon Say nous déclarer à cette tribune que nous allons enlever 1 milliard et demi de la poche du consommateur, et M. Méline lui répondre : « Nous allons mettre 1 milliard et demi dans la poche du producteur », je me disais que le résultat serait nul ; et si je n'avais pas eu d'autre raison pour me déterminer en faveur du libre échange, j'aurais éprouvé, je l'avoue, de grandes difficultés à prendre parti soit dans un sens, soit dans l'autre.

C'est qu'en effet il n'y a là que des abstractions de notre esprit ; il n'y a pas des consommateurs et producteurs ; il y a des hommes qui sont producteurs par un côté et consommateurs par l'autre.

M. le comte de Lanjuinais. Vous avez parfaitement raison.

M. Alfred Naquet. Ils ne peuvent consommer que parce qu'ils produisent, et ils ne produisent que parce qu'ils consomment.

Nous sommes obligés de faire, pour étudier les phénomènes économiques, ce que nous faisons pour étudier les phénomènes physiques. Quand nous distinguons la force de la matière et, en géométrie, quand nous étudions les deux hémisphères d'une sphère parce que nous ne pouvons pas les apercevoir par une seule vue d'ensemble, d'un seul coup d'œil, nous faisons des abstractions qui s'imposent à l'imperfection de notre esprit.

En réalité, il y a des hommes qui sont producteurs par un côté, consommateurs par l'autre. Ce qu'il faut voir, c'est le rapport de la consommation à la production.

S'il en était autrement, si le simple bon marché des produits à consommer était un élément de progrès aussi considérable qu'on veut bien le dire, il faudrait en conclure que nous allons assister à une émigration des villes vers les campagnes, puisque, dans les campagnes, le prix de toutes choses est à bien meilleur marché que dans les villes. Or, c'est le phénomène inverse que nous constatons. C'est là, je crois, un phénomène d'observation, et c'est la meilleure réponse que l'on puisse faire à ceux qui veulent distinguer entre le consommateur et le producteur et nous faire miroiter les avantages immenses de la diminution du prix des matières de consommation, sans tenir compte des différences qui peuvent se produire dans les salaires, c'est-à-dire dans le prix de production.

Dans toutes les sciences, il y a une petite phrase qu'il est bon d'ajouter à toutes les affirmations et que les économistes ont souvent le tort de ne pas ajouter, ou, pour mieux dire, qu'ils n'ajoutent jamais ; c'est : « toutes choses égales d'ailleurs ». Il est évident que si vous diminuez le prix de revient sans diminuer les salaires, que si vous payez mieux la production sans augmenter le prix de toutes choses, il y aura avantage ; mais, je le répète, il faut faire intervenir l'élément « toutes choses égales d'ailleurs », et voir si les économies que vous réalisez sur les frais généraux de la production sociale par la suppression d'un certain nombre d'intermédiaires ne sont pas largement compensées par des inconvénients d'une autre nature que je demande à faire passer sous vos yeux.

Lorsque le commerce était décentralisé et disséminé, la loi de l'offre et de la demande entre le patron et l'ouvrier, entre le commerçant et l'employé, cette loi fatale, nécessaire, qui est une des conditions d'existence des sociétés humaines, dont on ne peut modifier l'essence mais seulement le mode d'action, cette loi s'exerçait par la pénétration réciproque de l'ouvrier et du patron ; elle s'exerçait par la voie pacifique et par cela même par une voie féconde.

Mais qu'est-il advenu ? Il est advenu que, par un phénomène d'expropriation graduel, par ce phénomène qui découle de toutes les lois sociales ou physiques et qui veut que les gros mangent les petits lorsque rien ne s'y oppose, il est arrivé, dis-je, que les gros ont mangé les petits, qu'ils les mangent de plus en plus...

M. Jourde. Il en a toujours été ainsi !

M. Alfred Naquet. ... que la dissémination a disparu en partie et tend à disparaître chaque jour davantage pour ne plus laisser en présence que des masses ouvrières, des masses prolétariennes d'une part, et, d'autre part, des capitaux puissants concentrés dans quelques mains ; c'est, en un mot, l'accaparement d'un côté, le prolétariat de l'autre.

Il est arrivé ensuite, au bout d'un certain temps, qu'en vertu de sa force le capital a pu faire la loi aux classes ouvrières. Mais, comme la loi de l'offre et de la demande ne perd jamais ses droits, qu'elle ne peut qu'être modifiée dans son fonctionnement et non détruite, elle est réapparue sous une autre forme. Grâce à cette concentration qui non seulement a réuni les capitaux, mais qui a rassemblé les employés et les ouvriers dans des agglomérations qui se forment là où se trouvent de grandes usines et de grands magasins, il est arrivé que les ouvriers ont eu plus de facilités pour se syndiquer, pour se grouper, se coaliser et qu'à cette pénétration de l'ancien monde dont je parlais tout à l'heure s'est substituée la loi de l'offre et de la demande par les grèves auxquelles nous assistons chaque jour, grèves qui dégénèrent parfois en luttes sanglantes, qui peuvent même engendrer des révolutions et qui paraissent devoir être la monnaie courante de la société actuelle.

Mais, alors même que ces grèves, ces cessations de travail, ces fermetures d'usines ou de commerces n'aboutissent pas à des luttes sanglantes ou, ce qui pourrait cependant se produire un jour, à une révolution violente; alors même, dis-je, qu'elles maintiennent à l'état de simple arrêt du travail, je prétends qu'elles entraînent des ralentissements de production et de capital, qui rehaussent les frais de la production générale de la société bien plus que la suppression de quelques intermédiaires ne les abaisse.

Il y a plus : ces intermédiaires constituaient dans notre pays de France — et je pourrais dire dans presque tous les pays de l'Europe — une classe moyenne. C'était pour l'ouvrier une espérance, parce qu'il pouvait raisonnablement croire qu'il pourrait en faire partie à force d'économies, et, en même temps, une pépinière qui offrait l'avantage de faciliter le recrutement de nos savants, de nos artistes, de nos grands industriels, une réserve d'ordre, d'économie, d'activité et d'initiative individuelle. C'était véritablement la force de la nation et le plus grand élément d'ordre social, car c'était le véritable tampon qui s'interposait entre la haute finance, d'un côté, et le prolétariat, de l'autre.

Aujourd'hui vous ne l'avez plus; et vous l'aurez de moins en moins si vous ne portez pas la main sur ces agglomérations, si vous n'établissez pas, par une sorte de loi de police économique, des mesures qui garantissent la liberté économique, de même que, par la police sociale, vous garantissez la liberté sociale.

Et alors, messieurs, au lieu de la pénétration sociale dont je parlais tout à l'heure, savez-vous ce que vous avez? Vous avez deux armées en présence : d'un côté, l'armée des capitalistes qui, forts de leur puissance, de leurs capitaux, quand les ouvriers leur demandent des concessions, mettent la main sur la garde de leur épée et disent : Nous ne céderons pas; et d'un autre côté, vous avez les ouvriers qui n'ont ni moins de dignité ni moins de force, grâce à la coalition qu'ils ont pu opérer, et qui répondent : Nous ne céderons pas non plus. Et ces deux armées sont toujours prêtes à en venir aux mains, au plus grand préjudice de l'ordre social et des institutions de la civilisation moderne. C'est là ce que, pour ma part, je voudrais enrayer et détruire.

L'accaparement, à mon sens, est le grand mal des sociétés modernes.

Vous m'objecterez : Comment peut-on y porter remède et est-il possible de l'atténuer ?

Je le crois. Je crois que dans les sociétés la liberté abandonnée purement et simplement à elle-même, sans entraves, sans contrepoids, l'initiative individuelle laissée seule en face d'elle-même, ont pour conséquence que la liberté dégénère en oppression et que la concurrence dégénère en monopole. Je crois que si nous n'avions pas de police sociale dans nos rues, nous n'aurions pas, quoi qu'en disent les anarchistes, la liberté de tous, mais l'oppression du faible par le fort et du moins fort par le plus fort; ce qui est vrai dans l'ordre social est, suivant moi, vrai dans l'ordre économique ; et si nous n'y portons pas remède, si nous ne créons pas, comme je le disais il y a un instant, une police économique comme nous avons une police sociale, l'accaparement faisant toujours de nouveaux progrès, nous aboutirons à une société coupée en deux tronçons ennemis : d'un côté, le capital entre les mains de quelques rares possesseurs; de l'autre, les masses prolétariennes et la guerre sociale pour résultat.

M. Jourde. Qu'entendez-vous par « police économique »?

M. Alfred Naquet. Je vous le dirai tout à l'heure.

Je viens de parler d'accaparement, et à ce sujet vous me permettrez sans doute d'établir certaines données de principe qu'il me paraît absolument nécessaire de poser.

Nous devons avoir un criterium, nous devons avoir un principe recteur et, quand des lois de l'importance de celle que nous discutons en ce moment sont portées devant la Chambre, les soumettre à cette pierre de touche afin de reconnaître si, répondant à ce principe recteur, à ce criterium, nous devons les admettre ou bien si, allant à l'encontre de ce principe recteur, de ce criterium, nous devons les repousser.

En arrivant aux affaires, en 1877, le parti républicain avait un programme d'ordre politique. Ce programme, à deux questions près — car je ne parle pas de la réforme des impôts qui fait partie du programme économique — ce programme, dis-je, à deux questions près, celle de la revision constitutionnelle, à laquelle nous devrons revenir, et celle de la séparation de l'Eglise et de l'Etat qui se fera certainement un jour, mais qui, à l'heure actuelle, ne passionne plus les esprits au même degré que les questions sociales et économiques...

M. Jourde. Voudriez-vous imposer une patente aux curés ?

M. Alfred Naquet. ...ce programme politique, le parti républicain l'a réalisé ; et c'est parce qu'il l'a réalisé qu'on lui dit quelquefois qu'il n'a plus de programme.

Il faut qu'il en ait un ; il faut qu'il ait le critérium dont je parle dans l'ordre économique et dans l'ordre social.

Nous trouvons à notre aile gauche des écoles sociales variées. D'abord, les collectivistes. Je déclare à mon honorable ami M. Jourde, qui tout à l'heure acquiesçait à une partie de ma démonstration, que si j'étais collectiviste comme lui...

M. Jourde. J'approuvais le diagnostic, mais j'attends l'ordonnance !

M. Alfred Naquet. ...je ne combattrais pas les grands magasins ; loin de là, je chercherais au contraire à les développer le plus possible.

J'ai eu grand soin, comme lui, de lire l'œuvre d'un grand penseur dont je ne partage pas les idées et les doctrines, mais que je considère comme un des esprits supérieurs qui ont traité les questions économiques et qui les ont traitées, pour ainsi dire, le scalpel à la main : je veux parler du socialiste-collectiviste Karl Marx.

Karl Marx a développé cette idée que la société « capitalistique », comme il l'appelle, est une phase de la civilisation, qu'elle est nécessaire, qu'elle se charge de faire par les voies naturelles l'expropriation des petits au profit des grands et qu'elle rendra ainsi possible au profit du collectivisme la socialisation des instruments de production et le passage entre les mains de l'Etat de tous les capitaux sociaux...

M. Lamendin. C'est tout le contraire qui existe.

M. Alfred Naquet. ...par la raison, dit Karl Marx, qu'il est possible d'exproprier cent gros capitalistes et qu'il ne serait pas possible d'exproprier cent mille petits capitalistes.

Donc, les grandes agglomérations que je combats font œuvre de collectivisme.

Je déclare, pour ma part, que je suis l'ennemi résolu du collectivisme...

M. Jourde. Tant pis, mais vous y viendrez !

M. Alfred Naquet. ...et je crois que le parti républicain doit se placer sur ce terrain.

Le collectivisme qui placerait tous les instruments de production et tous les capitaux entre les mains de l'Etat aurait pour résultat inévitable, sous prétexte de mieux répartir les produits, de tuer dans ce pays toute espèce d'émulation et d'ardeur au travail, toute espèce d'initiative individuelle.

M. Jourde. Vous savez bien qu'il n'est pas question de les mettre entre les mains de l'Etat !

M. Alfred Naquet. De la société, si vous voulez ; cela revient au même. Il tuerait la production et établirait la misère générale, encore plus au point de vue intellectuel qu'au point de vue matériel. Je suis donc résolument opposé au collectivisme.

Je ne suis pas moins opposé aux systèmes révolutionnaires et anarchistes qui proposent de tout détruire sans dire par quoi ils veulent remplacer.

J'estime que le parti républicain progressiste doit, en même temps qu'il est un levier de réformes, en même temps qu'il prépare, mûrit et fait aboutir toutes les réformes possibles, utiles et fécondes, se dresser devant le collectivisme de même que devant le socialisme chrétien qui voudrait nous ramener à je ne sais quel idéal théocratique qui nous ferait regretter le moyen âge ; il a le devoir de se dresser devant l'anarchie et de dire à ces systèmes, comme le dieu de l'Ecriture « Vous n'irez pas plus loin ! »

Mais si je trouve ces écoles à ma gauche, j'en trouve une autre à ma droite, qui, à mon sens, ne vaut pas mieux.

C'est l'école des économistes purs, l'école du laisser-faire, laisser-passer ; c'est l'école qui prétend que la liberté et l'initiative individuelles sont suffisamment puissantes pour guérir les blessures qu'elles-mêmes ont faites, comme si une même cause pouvait produire un effet et détruire l'effet qu'elle a produit.

Pour ma part, messieurs, et par les raisons que je viens de développer devant vous, j'estime au contraire que l'initiative privée, abandonnée sans contrôle, sans contre-poids à elle-même, que le laisser-faire, laisser-passer que préconisent MM. Aynard et Léon Say dans cette Chambre, aboutit au même résultat que les idées collectivistes de MM. Jules Guesde, Jourde, Lafargue, et je pense, ne leur en déplaise, que MM. Aynard et Léon

Say sont les conjuteurs et les collaborateurs les meilleurs que puisse avoir l'école collectiviste.

Quant à moi, monsieur Aynard, si je désirais travailler au succès du collectivisme, c'est vous que je choisirais comme le meilleur de mes collaborateurs.

M. Jourde. Les économistes sont les sapeurs du collectivisme. (*On rit.*)

M. Alfred Naquet. Je déclare donc, d'une part, que je combats la doctrine du laisser-faire, laisser-passer, et je vais donner un exemple, dans cette question des grands magasins qui nous occupe, pour montrer à quel point le laisser-faire, laisser-passer, est impuissant à guérir les maux qu'il engendre.

Je crois avoir fait la démonstration que les grands magasins, s'ils présentent certains avantages, très légers, de bon marché et, dans tous les cas, de commodité pour l'achat et pour la vente, rachètent ces avantages par des inconvénients plus considérables.

Prenez une de ces ouvrières qui gagnent de 1 fr. à 1 fr. 20 par jour. Elle est isolée dans le monde ; ce n'est pas parce qu'elle ira acheter chez un petit boutiquier du coin au lieu d'aller au Louvre et au Printemps, qu'elle rendra impossible l'agglomération commerciale ; et comme elle a d'autant plus d'intérêt à acheter à bas prix et à ne pas perdre son temps qu'elle a des moyens plus restreints, elle est forcée d'aller acheter au Louvre ou au Printemps ; et comme tous les ouvriers se trouvent dans le même cas, chacun pris individuellement, il en résulte que, par une loi fatale, s'ils sont abandonnés à eux-mêmes, tous sont entraînés à faire la même chose, c'est-à-dire à faire le jeu de leurs ennemis et à développer les institutions qui doivent les juguler et les détruire. (*Très bien ! très bien !*)

Donc, messieurs, ne me parlez pas de la loi absolue du laisser-faire, laisser-passer comme d'un moyen de guérir les maux que ce système engendre.

Il faut, je le répète, que la société inter-vienne, et c'est ici que vous allez me demander de quelle façon je veux qu'elle manifeste son intervention, puisque j'ai combattu les collectivistes.

Ici, messieurs, j'ai un principe, un critérium qui, je crois, est adopté par tous les hommes de progrès et de liberté dans cette Chambre et dans le pays.

L'Etat a deux manières d'intervenir dans le domaine de l'industrie et du commerce : l'une que j'appellerais, si le mot n'était pas trop peu littéraire, son action agissante. Je veux dire par là que l'Etat peut agir en monopolisant à son profit certains commerces, certaines industries...

M. Jourde. C'est le commencement du collectivisme, cela !

M. Alfred Naquet. ...en se substituant à l'initiative privée, en agissant en son lieu et place ; c'est ce que j'appelle, je le répète, — puisqu'il faut se servir d'un mot, — l'action agissante de l'Etat.

Cette action-là, je n'en veux pas ; je la décris pour la combattre.

Je dis que l'Etat peut agir en se substituant à l'initiative individuelle et monopoliser par lui-même. Mais cette action, je la trouve mauvaise et je la combats.

A côté de cette action agissante, il y a une autre action, l'action coercitive, contraignante, de l'Etat intervenant soit par des lois pénales, comme lorsqu'on a fait l'article 419 du code pénal pour empêcher les syndicats financiers, soit par ce grand système de la fiscalité, de l'impôt, qui est le moyen le plus puissant placé entre les mains de la société pour aiguiller, pour orienter cette même société dans un sens ou dans un autre.

Cette action de l'Etat se manifestant, soit, dans les cas les moins nombreux, par des lois pénales, si elles deviennent nécessaires, soit par le grand levier de l'impôt pour orienter la société dans le sens de la liberté contre le monopole, c'est ce que j'appelle la police de la société dans l'ordre économique, comme vous avez la police dans l'ordre social. Et alors toutes les fois qu'une loi se présente à moi, j'examine son caractère, sa valeur. Si vous apportez ici une loi de monopole, de concentration, d'absorption de tel ou tel service par l'Etat, je la repousse.

M. Jourde. Supprimez le service des postes, pour être logique.

M. le président. Monsieur Jourde, vous auriez dû demander la parole; vos interruptions vont constituer un discours. (*On rit.*)

M. Alfred Naquet. Mon cher collègue, si vous m'aviez laissé aller jusqu'au bout, je vous aurais dit qu'en toute chose il y a des exceptions. Il y a, dans nos sociétés contemporaines, des monopoles qui s'imposent par la force même des choses. Sauf à rechercher si placer ce monopole entre les mains de l'Etat n'a pas plus d'inconvénients que d'avantages, le principe serait, puisque ce monopole s'impose, de le faire exploiter par la société à prix de revient, au lieu de le livrer à quelques individus qui prélèvent, par ce moyen, une prébende sur tous leurs concitoyens.

Mais c'est là une exception. D'une façon générale, quand on m'apporte une loi de monopole, j'ai un préjugé contre elle et il faut qu'on m'en démontre absolument l'utilité essentielle pour que je l'accepte.

Par contre, toutes les fois que vous m'apporterez une loi coercitive qui, soit par la force de l'impôt, soit autrement, s'opposera au monopole, permettra la pénétration entre ouvriers et patrons dont je parlais tout à l'heure, et maintiendra la concurrence commerciale dans toute sa pureté, une loi enfin qui s'opposera à l'accaparement, je serai pour cette loi coercitive.

Et c'est en cela que gît pour moi le véritable critérium, le véritable principe recteur qui devrait servir de base au parti républicain avancé et, d'une manière générale, à tous les hommes de progrès et de liberté dans ce pays.

La loi qu'on nous propose aujourd'hui répond-elle à ce critérium? Est-ce une loi de monopole? Non, c'est une loi de liberté, une loi coercitive, car, monsieur le rapporteur, vous avez fait un rapport remarquable auquel je me fais un devoir de rendre le juste hommage qu'il mérite. (*Très bien! très bien !*)

Mais j'estime que vous avez eu un tort dans ce rapport. Vous avez dit : Nous faisons une petite loi fiscale pour équilibrer des situations qui ne sont pas en équilibre actuellement. Eh bien, non. Vous allez plus haut et plus loin. Vous ne faites pas une loi fiscale, mais une loi éminemment sociale dirigée contre le monopole et l'accaparement, et c'est pour cela que je suis à cette tribune. S'il s'agissait d'une simple loi fiscale, je voterais peut-être avec vous, mais certainement je ne viendrais pas ici pour la défendre et essayer de l'élargir encore.

La commission, disais-je, a été animée d'un excellent esprit, sauf le petit reproche que je viens de lui adresser. En effet, au point de vue des principes elle a introduit dans la législation des idées nouvelles qui n'y étaient pas jusqu'ici et qui, je l'espère, seront fécondes. Elle y a fait entrer un principe de progressivité de l'impôt qui était absolument indispensable, et elle a eu le bon sens d'établir le principe des spécialités commerciales, de l'impôt par spécialité qui est un principe absolument nouveau, auquel, pour ma part, je me rallie largement.

Vous connaissez les grandes lignes du projet de la commission. C'est l'impôt locatif conservé; c'est un impôt sur le chiffre des employés qui s'élève progressivement, à mesure que de 100 employés on passe à 200, de 200 à 300, et qui croît, dans une ville comme Paris, de 10 fr. par employé à mesure qu'on augmente d'une centaine; c'est enfin un impôt sur les différents rayons que comporte un magasin vendant plusieurs espèces de marchandises.

La commission a pensé que si la liberté commerciale veut que nous puissions tous exercer notre profession, si même nous devons admettre qu'il n'y a aucune espèce de limitation possible entre une grande et une petite maison aussi longtemps qu'on n'exerce qu'une seule profession ou un nombre très limité de professions, par contre il ne saurait être loisible à un seul et même établissement d'exproprier à son profit toutes les professions du pays et de les exercer toutes à la fois au plus grand préjudice de ceux qui les exerçaient avant lui.

Pour y arriver, la commission vous dit : Je vais classer les rayons, établir des spécialités, et un impôt sera perçu pour chaque spécialité, impôt qui progressera avec l'importance du magasin lui-même et dont, par conséquent, la proportionnalité variera suivant le nombre des employés occupés.

A cela je n'ai aucune objection à élever; je crois même que si la commission n'est pas allée plus loin — telle est du moins l'impression que m'a produite la lecture du rapport ; je puis me tromper, et je le regretterais, — mais j'ai cru comprendre que la commission était animée d'un esprit très semblable à celui qui m'inspire moi-même, c'est-à-dire d'un esprit transactionnel. Elle s'est dit, en effet : Si je vais trop loin, si je propose une réforme trop complète, trop absolue, je vais me heurter à des difficultés telles que la loi sera rejetée, tandis qu'au contraire si je me borne à introduire dans la législation un principe nouveau et bienfaisant, il sera adopté et se développera, portera ses fruits successivement, de manière que nous arriverons ainsi, par étapes, au vote de la loi que nous désirons voir aboutir.

Je ne chicanerai pas la commission sur cette vue. Il est évident qu'il n'y a rien au monde de plus mauvais que l'intransigeance et moi-même, en vous présentant mon amendement à ce projet, je suis convaincu que je ne fais pas acte d'intransigeance, mais d'esprit transactionnel, car autrement, si j'allais jusqu'au bout de mes revendications, je ne me serais certainement pas arrêté au point marqué dans mon amendement.

Mais je crois que si l'intransigeance est un mauvais système qui risque d'ajourner indéfiniment les réformes pour les vouloir trop complètes, par contre l'excès de transigeance est également un système détestable qui risque, lui aussi, d'éloigner les réformes pour les vouloir trop rapides.

Lorsque vous faites une loi comme celle qui vous est proposée aujourd'hui, et qui, — l'honorable M. Terrier me permettra de le lui dire — est une affirmation platonique de principe plutôt qu'une réforme réelle, vous réalisez certainement un progrès ; mais lorsque demain, dans un an, à la prochaine législature, par exemple, nos successeurs viendront demander de tirer de ce principe les conclusions qu'il comporte et d'élargir la loi, on leur répondra : Mais la loi est d'hier, elle n'a pas encore produit ses effets; attendons qu'on les connaisse, nous pourrons alors la modifier; on ne change pas la législation d'un pays tous les jours. (Très bien! très bien!)

Tandis que si, sans aller à l'extrême limite de nos revendications possibles, nous faisons une loi qui soit non seulement une loi de principe, mais une loi d'amélioration réelle et sérieuse, alors nous pourrons peut-être l'obtenir six mois plus tard, mais nous l'obtiendrons dans des conditions telles qu'un bien réel, qu'un progrès certain sera réalisé pour le pays.

Eh bien, messieurs, dans le projet de la commission, on propose d'établir un impôt progressif sur le nombre des employés des grands magasins. On vous dit : jusqu'à 10 employés, pas d'impôt. Au-dessus, si les magasins n'emploient que 100 employés, dans une ville comme Paris, ils payeront 25 fr. par tête d'employé; s'il y en a 200, ils payeront 25 fr. par employé pour la première centaine, et 35 fr. pour chacun des 100 employés suivants; s'il y en a 300, 45 fr. pour l'autre centaine, en augmentant ainsi de 10 fr. par chaque centaine.

Mais, en même temps on a limité le nombre des employés sur lesquels porterait cet accroissement d'impôt à ce que j'appellerai les employés commissionnés des grands magasins; on a déclaré que les employés auxiliaires ne seraient pas soumis à cet impôt.

Les Italiens ont depuis bien longtemps un proverbe très fondé : *Contra la legge si trova l'inganno*, ce qui, en bon français, signifie : A côté de la loi il y a la fraude. Lorsque vous aurez dit aux grands magasins qu'ils payeront l'impôt progressif pour les employés commissionnés et qu'ils ne le payeront pas pour les auxiliaires, soyez certains qu'ils n'auront presque plus que des auxiliaires, et de cette façon vous aurez obtenu ce double résultat que vo s leur aurez fourni le moyen de se soustraire à l'impôt auquel vous aurez voulu les soumettre et qu'en même temps vous aurez nui à leurs employés en les empêchant d'être commissionnés et en les obligeant à demeurer à l'état précaire d'auxiliaires, au lieu d'avoir une situation plus claire et plus nette dans l'établissement. Je demande donc dans mon amendement que l'on compte tous les employés, à quelque titre que ce soit et de quelque façon qu'ils soient payés, et qu'on ne distingue pas entre les commissionnés et les non commissionnés.

Le Bon Marché, qui occupe 4,000 employés, n'en emploierait guère plus de 1,650 d'après la manière de compter de la commission, et soyez-en certains, au bout de quelques années le nombre réel de ces employés aurait pu augmenter, et avec les auxiliaires arriver peut-être à 4,500 ou 5,000, mais le nombre des commissionnés aurait diminué et serait tombé à 1,500 ou 1,000.

Je prie la commission d'accepter ce premier point de mon amendement; j'espère que la Chambre s'y ralliera; il consiste à ne pas faire de distinction entre les employés commissionnés et ceux qui ne le sont pas.

Le second point sur lequel porte mon amendement est celui des rayons, celui des spécialités commerciales. Ainsi que je vous l'exposais tout à l'heure, votre commission vous propose de classer la totalité des pro-

fessions, la totalité des marchandises qui se débitent dans un magasin où l'on vend plusieurs espèces de produits, en un certain nombre de spécialités et d'établir que lorsqu'un magasin occupera plus de 50 employés, suivant une progression qui monte avec le nombre des employés, si le patron de ce magasin a une seule profession, il payera une fois l'impôt; s'il a deux professions, il le payera deux fois; trois fois s'il en a trois, et ainsi de suite; de telle sorte que vous arriviez fatalement à un moment où l'excès des bénéfices provenant, pour un grand magasin, de l'adjonction d'un rayon nouveau soit compensé par la perte que lui occasionnerait l'excédent d'impôt auquel vous le soumettriez, qu'il soit nécessairement limité dans le nombre des rayons qu'il peut avoir et qu'ainsi se réalise ce principe que j'exposais tout à l'heure : la liberté absolue pour lui de se développer dans une seule profession ou dans un petit nombre de professions, mais l'impossibilité d'absorber, de concentrer, de monopoliser, d'accaparer toutes les professions.

Mais vous voyez tout de suite que ce principe produira ou non ses effets suivant que la classification des professions ou spécialités sera plus ou moins large ou étroite.

Prenons l'exemple de l'habillement. Si vous faites de l'habillement une seule et même spécialité, le même magasin pourra, en payant une seule fois la patente, habiller sur mesure les hommes et les enfants du sexe masculin, les femmes et les fillettes, vendre enfin des habits confectionnés pour les deux sexes. Regardez, au contraire, ce qui se passe dans le petit commerce : vous remarquez que les tailleurs qui habillent sur mesure les hommes et les enfants du sexe masculin n'habillent pas les femmes et les fillettes, et ne vendent pas d'habits confectionnés; que les tailleurs pour dames et fillettes n'habillent pas les hommes et les enfants du sexe masculin et ne vendent pas non plus de vêtements confectionnés, et qu'avant que les grands magasins eussent tout monopolisé, des confectionneurs comme la Belle-Jardinière ne vendaient que des vêtements confectionnés pour hommes et enfants du sexe masculin.

Vous en arrivez à conclure que sous cette dénomination trop compréhensive de l'habillement il n'y a pas qu'une profession : il y en a quatre, et que suivant — vous le voyez tout de suite — que vous adoptez cette classification ou l'autre, vous faites payer la patente quatre fois ou une fois.

Il y a donc une grande importance à augmenter ou à diminuer le nombre des spécialités suivant que l'on veut favoriser le petit commerce, comme c'est mon intention, ou l'agglomération commerciale, comme le désirent les partisans des grands magasins.

A la fin du rapport de M. Terrier, je trouve une énumération des professions qui sont exercées par les grands magasins et des matières qui y sont vendues : j'y compte — je me trompe peut-être d'une unité ou deux, car j'ai fait mon calcul un peu rapidement — quatre-vingt-dix professions; par contre, quand je me reporte au tableau des spécialités, je n'en trouve plus que seize.

Je dis à M. Terrier : Seize professions, c'est absolument insuffisant; vous n'atteindrez pas le but que vous vous proposez, vous ne donnerez en aucune façon satisfaction aux intérêts que vous voulez favoriser, et les personnes lésées qui ont pris l'initiative de cette importante réforme ne se considéreront pas comme satisfaites, tandis que vous blesserez les autres.

C'est pour arriver à une réforme sage, donnant satisfaction aux intérêts en jeu, que j'ai, dans mon amendement, étendu ce chiffre de spécialités et que de seize, chiffre de la commission, je l'ai porté à soixante-douze.

J'espère que la Chambre, animée d'un esprit analogue à celui qui m'anime moi-même, — elle l'a montré par la grande majorité qu'elle a donnée l'autre jour à la mise à l'ordre du jour de ce projet de loi, — ira plus loin que la commission. Je crois même

ne pas trop m'aventurer en disant qu'elle ne refusera pas de renvoyer mon amendement à la commission, car je comprends combien il est difficile de discuter une question de cet ordre en séance publique. J'espère que je ne trouverai pas à l'égard de mon amendement un esprit d'intransigeance dans le sein de la commission et que nous pourrons revenir auprès de vous après entente préalable.

Messieurs, je termine. Je crois que si vous votez le projet de loi qui vous est soumis, si vous rejetez le projet du Gouvernement, que repousse d'ailleurs la commission, et que repoussera la Chambre, — car ce serait la négation pure et simple de la réforme, — si vous consentez à élargir ce projet dans la limite où je vous le demande, ou dans une limite voisine, vous aurez voté une mesure sage et utile à un double point de vue.

Un premier point de vue que je demande la permission de vous signaler, est celui-ci : cette proposition de loi n'a pas éclos de toutes pièces dans le cerveau de quelques législateurs; elle est le résultat d'une longue et lente préparation par les intéressés, par ceux que lèse la situation actuelle. Les hommes du petit commerce et de la petite industrie se sont syndiqués; ils ont établi des groupements dans toutes les villes importantes, ils ont formulé leurs revendications et, confiants dans le suffrage universel et dans la bonne volonté des législateurs, ils sont venus vous soumettre ce projet de réforme. Si vous l'adoptez, vous donnerez un moyen de se relever au petit commerce qui, tout diminué, tout affaibli qu'il soit par ces grands magasins auxquels il est temps de mettre des entraves, est encore la force vive de la société française; ce sera la meilleure réponse que vous puissiez faire aux révolutionnaires qui viennent dire que le suffrage universel est impuissant, que la liberté elle-même est impuissante, et que c'est en vain qu'on se groupe, qu'on étudie des réformes, qu'on les soumet à la Chambre et qu'on attend quelque chose des législateurs. Vous aurez démontré à ceux qui prétendent cela que c'est l'inverse de la vérité, et vous le leur aurez démontré par le procédé qu'employait le philosophe antique qui cherchait à prouver le mouvement en marchant; vous le leur aurez démontré en réalisant ce progrès. Ce sera une entrée dans la voie des réformes sociales saines et fécondes, et ce sera un élément d'ordre pour la société, parce que ce vote aura renforcé l'opinion de ceux qui croient en la toute-puissance de la liberté individuelle et du suffrage universel et qui ne veulent pas faire appel aux passions révolutionnaires.

Quand viendront bientôt les élections générales, d'autres pourront se présenter aux électeurs avec une plateforme de violence et de haine; vous, grâce à cette réforme et à quelques autres que vous avez déjà réalisées et que vous réaliserez encore, vous vous présenterez avec un vrai bagage de progrès accomplis et, quoi qu'il advienne, il est certain que le pays vous en sera profondément reconnaissant. (*Très bien! très bien! sur divers bancs.*)

Le journal officiel du 19 février 1893
25ᵉ année — n° 49 —
séance de la chambre du 18 février 1893
Discussion de la loi des patentes
Grands magasins

M. Alfred Naquet. J'ai développé hier assez longuement devant vous, messieurs, les motifs qui m'ont dicté l'amendement que j'ai l'honneur de vous soumettre.

Par conséquent, je ne me livrerai pas à une nouvelle et complète discussion qui serait absolument oiseuse puisque vous connaissez déjà mes arguments.

Cependant, il y a encore un argument particulier que je tiens à vous indiquer; cet argument est celui-ci :

Il existe un certain nombre de magasins qui, bien qu'étant de petits magasins, bien que faisant un chiffre d'affaires extrêmement restreint, ont cependant un nombre de spécialités considérable. J'en connais qui en ont trente, quarante et même cinquante.

Nous ne tenons pas à frapper ces magasins d'ordre secondaire outre mesure. Mais remarquez que le projet de loi qui vous est soumis établit une différence entre les auxiliaires et les employés proprement dits, c'est-à-dire commissionnés.

Parmi ces derniers sont compris les employés aux écritures, aux caisses, à la surveillance, aux achats et à la vente intérieure ou extérieure; parmi les auxiliaires se trouvent, au contraire, les employés à l'échantillonnage et au transport des marchandises.

Or, les petits magasins qui ont un très grand nombre de spécialités n'ont pas d'auxiliaires; par conséquent, ils sont taxés sur la totalité réelle de leurs employés, tandis que les grands magasins ont un nombre d'auxiliaires au moins égal et parfois supérieur au nombre des employés commissionnés; et vous pouvez en être certains, ils augmenteront encore celui des auxiliaires quand ils auront besoin de modifier la proportionnalité de leurs employés, dans le but de tourner les dispositions de loi, et dès lors ils se trouveront dans une situation meilleure par rapport aux petits magasins dont je parle.

Vous avez à voir, messieurs, si vous voulez entrer dans la voie où, pour ma part, je vous engageais hier à entrer, si vous voulez pousser plus loin que la commission le principe de la loi qui vous est soumise. Si vous êtes de cet avis, il me paraît absolument impossible que vous laissiez subsister une distinction entre les employés commissionnés et ceux qui ne le sont pas, distinction qui aurait pour conséquence de frapper le petit commerce ayant un grand nombre de spécialités, tandis qu'à ce point de vue spécial elle favoriserait les grands magasins. Ce n'est pas dans l'esprit de la commission, et je ne crois pas que ce soit dans l'esprit de la Chambre.

Seulement, comme il se pourrait très bien que, si le principe de mon amendement était voté, la commission dût modifier dans une certaine mesure la tarification qu'elle a établie, je demande à la Chambre non pas de voter immédiatement mon amendement, mais de donner une indication à la commission en le lui renvoyant.

M. le président. La parole est à M. Le Veillé.

Le journal officiel du 21 février 1893
25ème année — n° 51
Séance de la chambre du 20 février
Discussion de la loi sur les patentes
[...] [...]

M. le président. Voici le résultat du dépouillement du scrutin :

Nombre des votants......... 496
Majorité absolue............. 249

Pour l'adoption...... 33
Contre............... 463

La Chambre des députés n'a pas adopté.

Il y a au même tableau B un amendement présenté par M. Naquet et ainsi conçu :

« Remplacer l'énumération des spécialités commerciales commençant par ces mots : « Accessoires de la toilette » et finissant par ceux-ci : « Vins, liqueurs et boissons » par l'énumération ci-après :

« 1° Meubles en bois ;
« 2° Meubles en métal ;
« 3° Tapis en tous genres ;
« 4° Glaces et miroirs ;
« 5° Cristaux, porcelaines, faïence ;
« 6° Articles d'éclairage et de ventilation ;
« 7° Articles de chauffage ;
« 8° Objets d'art (tableaux, bronzes, marbres, terres cuites, dessins) ;
« 9° Vêtements confectionnés pour hommes et enfants mâles ;
« 10° Vêtements confectionnés pour dames et jeunes filles ;
« 11° Vêtements sur mesure pour hommes et enfants mâles ;
« 12° Vêtements sur mesure pour dames et jeunes filles ;
« 13° Papiers peints et de tenture ;
« 14° Articles de religion ;
« 15° Articles de fumeurs ;
« 16° Articles d'horlogerie ;
« 17° Articles d'orfèvrerie (pierres fines, diamants, etc.) ;
« 18° Bijouterie imitation ;
« 19° Papeterie et fournitures de bureau ;
« 20° Librairie ;
« 21° Musique ;
« 22° Photographies et gravures ;
« 23° Instruments de musique autres que orgues et pianos ;
« 24° Facteurs de pianos ;
« 25° Ustensiles de ménage ;
« 26° Quincaillerie, outils variés ;
« 27° Coutellerie ;
« 28° Jouets ;

« 29° Fourrures ;
« 30° Marchands de charbons, de bois, coke et combustibles divers ;
« 31° Hôteliers, pâtissiers, limonadiers, confiseurs ;
« 32° Machines ;
« 33° Équipements militaires, fournitures d'administrations publiques ;
« 34° Carrosserie, sellerie, harnachements, bicycles et tricycles, voitures d'enfants ;
« 35° Armurerie : armes et munitions de guerre et de chasse ;
« 36° Articles de pêche et de chasse, non compris les armes et les munitions ;
« 37° Marchands d'animaux : chevaux, ânes, mulets, oiseaux, etc. ;
« 38° Entreprises générales de construction ;
« 39° Entreprises de transport par terre et par eau pour les personnes ;
« 40° Banquiers, changeurs, escompte ;
« 41° Ventes ; achats et avances sur titres ;
« 42° Opérations de bourse ;
« 43° Nouveautés : ventes au mètre de tissus applicables aux vêtements de dames et de jeunes filles ;
« 44° Draperie : vente au mètre de tissus applicables aux vêtements d'hommes et de jeunes garçons ;
« 45° Articles de blanc ;
« 46° Lingerie de corps ;
« 47° Bonneterie ;
« 48° Cannes, parapluies, ombrelles ;
« 49° Emballeurs ;
« 50° Chapellerie pour hommes et jeunes garçons ;
« 51° Chapellerie pour dames et fillettes ;
« 52° Mercerie : fils, aiguilles, lacets, rubans, etc. ;
« 53° Ganterie, éventails ;
« 54° Chaussures ;
« 55° Broderie, dentelles, passementerie ;
« 56° Chinoiserie (Inde et Japon) ;
« 57° Fleurs naturelles, plantes naturelles ;
« 58° Maroquinerie, articles de voyage ;
« 59° Parfumerie, produits hygiéniques, brosses, peignes, accessoires de toilette en général ;
« 60° Produits chimiques et pharmaceutiques ;
« 61° Bandagistes, instruments de chirurgie ;
« 62° Lunetterie optique, appareils photographiques et objets servant à la photographie, instruments de physique, de mathématique et d'arpentage ;
« 63° Instruments de chimie en métal, verre, porcelaine, etc., etc. ;
« 64° Vente, achat et location de terrains

et d'immeubles ;

« 65° Vins, liqueurs, eaux de table, boissons hygiéniques ;

« 66° Conserves alimentaires ; pains, biscuits divers ;

« 67° Alimentation (produits frais, tels que viandes, légumes, volailles, poissons, lait et fruits) ;

« 68° Epicerie ;

« 69° Thés et chocolats ;

« 70° Minoterie. »

La parole est à M. Naquet.

M. Alfred Naquet. Messieurs, avant-hier notre honorable collègue M. Yves Guyot s'était efforcé d'atténuer le mal que j'avais dénoncé dans la séance qui a précédé celle où il a porté la parole.

J'avais parlé de la diminution considérable des patentables, de la suppression graduelle du petit commerce, et M. Yves Guyot m'a dit : « Vous êtes dans l'erreur ; le nombre des patentables, au contraire, a augmenté. » Je me suis alors permis, de ma place, de lui répondre dans une interruption : « Vous ne tenez pas compte de la population. »

En effet, si on tient compte de la population de Paris qui, en 1873, était de 2 millions 220,000 habitants et qui, à l'époque où on a fait le dernier recensement des patentables, a atteint 2,910,000 habitants, on trouve qu'à l'époque antérieure le chiffre relatif des patentables était de 1 sur 197, tandis qu'il est aujourd'hui de 1 sur 250. En d'autres termes, si on ne tient pas compte de l'augmentation de la population, si on prend des chiffres absolus au lieu de prendre des chiffres relatifs, qui sont seuls vrais en matière économique et sociale, le nombre des patentables n'a pas cessé d'augmenter ; mais si on prend les chiffres relatifs, on s'aperçoit qu'il a diminué de 20 p. 100.

A cela l'honorable M. Yves Guyot répond : « Les commerçants font peut être un chiffre d'affaires supérieur. » J'estime que je n'ai pas à m'étendre sur cette considération, dont l'honorable M. Terrier a fait justice en montrant que, depuis la même époque, le rendement des patentes qui, auparavant, allait toujours croissant, est devenu stationnaire.

Il est évident que si la diminution relative du nombre des patentables était compensée par une augmentation du chiffre de leurs affaires, le rendement de l'impôt des patentes n'aurait pas cessé d'augmenter. Donc, il y a eu une diminution réelle. Tout à l'heure l'honorable M. Le Veillé a a fait passer sous vos yeux la liste nom-

breuse des maisons qui ont disparu et il est loin de les avoir toutes signalées, sans quoi il serait encore à la tribune.

On dit encore, il est vrai : Ces maisons ont disparu, parce qu'elles étaient mal gérées. Non ! ce n'est pas la vraie raison. Elles ont disparu, parce qu'elles se heurtent à une situation économique qui leur rend la concurrence impossible.

Il y a quelque temps j'étais chez le directeur d'un très grand magasin qui interrogeait un commerçant sur sa situation et qui lui disait : « Vous vous êtes ruiné ? mais c'est la chose du monde la plus naturelle ! Si vous comparez vos frais généraux aux nôtres, il est absolument impossible que vous puissiez vivre. » C'est la vérité.

M. Yves Guyot, je le sais, me répond : « Où allez-vous avec cette théorie ? Vous renversez toutes les idées relatives à la liberté commerciale, et il n'y a pas de raison pour que demain vous n'attaquiez pas la grande industrie, comme aujourd'hui le commerce, et peut-être viendra-t-il un jour où un serrurier demandera à être protégé contre le Creusot ! »

Eh bien, non ! nous n'attaquons pas la grande industrie, parce qu'elle est inattaquable, qu'elle est le résultat forcé du machinisme moderne, et parce que, ainsi que je le signalais l'autre jour ici même, elle ne monopolise pas dans une seule institution toutes les industries. Le Creusot ne vend pas de bimbeloterie ; il se borne à vendre des objets métallurgiques, des rails, des locomotives, des plaques de blindage.

Nous vous l'avons dit : ce que nous voulons atteindre, ce n'est pas le développement, quelque considérable qu'il soit, d'une profession déterminée, c'est l'accaparement dans un même lieu, sous la même direction, de toutes les professions réunies. Dans l'industrie, nous n'avons pas à craindre cet accaparement. Dans le commerce, nous voyons le Louvre et le Bon Marché, et même, à un degré moindre, le Printemps, accaparer successivement tous les commerces, exproprier tous les petits commerçants. Il y a donc entre l'industrie et le commerce une différence capitale qui me permet de ne pas tenir compte des objections qui m'étaient adressées par M. Yves Guyot.

Quant à l'objection tirée de la liberté commerciale, je réponds : C'est une singulière liberté que celle qui, n'étant pas réglée, aboutit à l'oppression ; c'est une singulière concurrence que celle qui aboutit à l'accaparement et au monopole !

A cet égard, je me permettrai une petite anecdote qui peut-être éclairerait mieux la

Chambre que les discours les mieux composés sur la pensée même qui m'anime.

Lorsque Newton découvrit la loi de la gravitation universelle, on connaissait le mouvement de la terre sur elle-même et de la terre autour du soleil; mais on ne connaissait pas la loi de la précession des équinoxes; on ne savait pas que la terre est animée d'un mouvement d'oscillation sur son axe qui s'accomplit en vingt-cinq mille ans.

Cependant Newton avait remarqué ce commencement de déplacement de l'axe terrestre; mais, comme il ne savait pas qu'au bout de douze mille cinq cents ans il y aurait un mouvement en sens inverse; comme, par suite, il y avait là en apparence une perturbation de sa loi de la gravitation universelle, il imagina que peut-être, tous les douze mille cinq cents ans, le grand machiniste, Dieu, par un petit coup de pouce, venait remettre les choses en l'état et replacer la planète au point d'où elle devait recommencer son évolution.

Eh bien, en attendant que les économistes me démontrent qu'il y a en économie politique une loi analogue à celle de la précession des équinoxes, qu'il y a un mouvement d'oscillation régulier et que, après avoir produit le monopole et l'accaparement général, par un retour du pendule, la même économie politique et la même initiative individuelle ramèneront la dissémination des premiers jours, j'avoue que je serai incrédule sur les heureux effets du laissez-faire, laissez-passer.

Si M. Yves Guyot et ses collègues les économistes me démontrent qu'il y a cette oscillation dans les phénomènes sociaux, — à la condition toutefois que cette oscillation ne dure pas vingt-cinq mille ans (*Sourires*), — je serai tout disposé à abandonner l'amendement que nous discutons en ce moment. Mais, comme ils ne feront pas cette démonstration, que l'oscillation n'existe probablement pas, qu'il y a purement et simplement une perturbation de la loi de l'offre et de la demande, je veux que l'organisateur de toutes choses, — qui n'est pas Dieu dans l'espèce, mais la société — mette de temps en temps le coup de pouce dont parlait Newton à propos de la gravitation universelle, et le coup de pouce, c'est la loi que nous faisons aujourd'hui. (*Très bien ! très bien !*)

J'ai indiqué l'autre jour en quoi consistait mon amendement. L'honorable M. Terrier s'est efforcé déjà de me répondre en disant que le projet de la commission n'avait pas voulu faire, à proprement parler, une classification de professions, mais un certain nombre de grandes classifications commerciales, de grands groupes qui permettraient d'établir l'assiette de l'impôt. C'est là justement ce que je reproche à la commission : car ces classifications ont le grand défaut d'être arbitraires. Si vous lisez en effet le tableau de la commission, vous y voyez des articles comme le premier : « Accessoires de toilettes » ou comme le sixième : « bimbeloterie, articles de fantaisie » qui sont extrêmement étendus, et d'autres, comme les « papiers peints » qui sont extraordinairement restreints.

A cette classification, dangereuse comme tout ce qui est arbitraire, il y aurait lieu, à mon avis, de substituer une classification réelle, qui n'entraînerait pas nécessairement une augmentation dans l'impôt dont vous voulez frapper les grands magasins. La commission aurait le droit, du moment que mon amendement serait adopté, de modifier la tarification; elle arriverait ainsi à un résultat voisin de celui qu'elle obtient au moyen de la classification qu'elle propose. Elle aurait ainsi une base plus sérieuse, plus nette, plus réelle, moins arbitraire et, par conséquent, se prêtant mieux aux modifications ultérieures et aux améliorations qui pourront s'imposer dans l'avenir, lorsque l'essai que nous voulons tenter aura porté ses premiers fruits et aura démontré l'utilité qu'il y aura soit d'élargir, soit de restreindre notre œuvre.

Je ne veux pas revenir sur les développements auxquels je me suis livré à la dernière séance. Je vous ai exposé les raisons qui militaient en faveur de mon amendement; cependant si mon amendement était repoussé, comme je préfère quelque chose à rien, que je ne suis pas intransigeant, j'accepterais le projet de la commission. Mais ce projet me paraît insuffisant et j'en ai expliqué des motifs.

En portant de 16 à 70 le nombre des spécialités, j'ai fait encore une œuvre transactionnelle; M. Le Veillé en a apporté la preuve ici même, puisqu'il proposait 102 spécialités. J'ajoute que la ligue des intéressés a étendu cette liste jusqu'à 150.

Bien que restant dans une donnée transactionnelle, j'ai cherché à prendre une base nette et précise. Quelle est celle à laquelle je me suis arrêtée ? La voici :

Pour savoir si une profession était véritablement une profession déterminée, j'ai recherché dans le petit commerce les professions analogues, similaires; quand j'ai vu dans le même magasin de petit commerce ou de tout à fait moyen commerce deux ou trois marchandises vendues, je me suis dit : Il y a là une profession unique;

j'ai admis le cumul de ces deux ou trois marchandises et j'ai établi mes catégories de professions sur cette base.

Ainsi, par exemple, dans le projet de la commission, on trouve l'habillement sur mesure ou confectionné pour hommes, l'habillement sur mesure ou confectionné pour femmes. Sont-ce là des professions réelles ? Mais dans l'habillement, il y a tout : le tailleur, le cordonnier, le chapelier, le marchand de lingerie, et je pourrais m'étendre encore bien davantage. L'habillement confectionné ou non pour hommes comprend à lui tout seul six ou huit professions différentes. Donc la classification pèche par la base, et elle a l'inconvénient de tout ce qui est arbitraire.

Je vous demande, messieurs, de voter mon amendement. La commission sera toujours à même de faire des modifications à son propre tarif pour remettre, si elle le juge à propos, les choses en l'état au point de vue des droits de patentes, au point de vue de l'impôt; mais vous aurez pour l'avenir une base infiniment supérieure à celle qui vous est proposée et qui, je le répète, est trop arbitraire. (*Très bien! très bien!*)

M. le président. La parole est à M. le rapporteur.

La nation du 24 février 1893 (n° 321)

L'Impôt projeté
SUR LES
TRANSACTIONS DE LA BOURSE

Nous revenons à cette question que nous avons déjà abordée dans notre précédent article, puisqu'aussi bien elle est en ce moment pendante devant le Parlement ; à juste titre, elle passionne le monde des affaires.

Nous disions vendredi passé que ce qu'on propose est une réaction contre la loi de 1885, qui a fait disparaître les prohibitions portées contre les marchés à terme par la législation antérieure, que c'est un retour offensif contre la spéculation à terme.

C'est, en un mot, le « jeu de Bourse que l'on veut atteindre ».

C'est contre ce mot que je veux m'élever.

Sans doute, il peut y avoir jeu à la Bourse lorsqu'un ignorant vend ou achète comme il parierait sur rouge ou sur noir, sans avoir rien étudié et sans que rien autre qu'une impulsion irréfléchie ait pu le déterminer.

Mais c'est là le cas le moins fréquent. La plupart des spéculateurs raisonnent leurs actes, et si calcul ne fait pas disparaître l'aléa de leurs opérations, du moins enlève-t-il à celles-ci le caractère du jeu pour leur conférer celui de la spéculation.

L'aléa, le hasard, la chance ne suffisent pas, en effet, à caractériser le jeu. Ces caractères se retrouvent dans la spéculation, et la spéculation se distingue du jeu par le côté utile de celle-ci et par l'inutilité et même les effets nuisibles de celui-là. Dans la spéculation, le hasard intervient utilement. C'est grâce à lui, grâce à la stimulation dont il est la source, que le capitaliste expose ses capitaux, et c'est parce qu'il les expose que le progrès s'accomplit.

Supprimez par hypothèse, dans le passé, cet élément de l'activité économique, et vous n'auriez eu ni les grands emprunts d'État qui ont libéré le territoire, ni les chemins de fer.

Vouloir le faire disparaître ou tout au moins l'atteindre dans son essor, alors que l'an prochain nous aurons une conversion à faire ; exposer le pays, pour quelques millions que cet impôt ne rapportera d'ailleurs pas, ou plus exactement pour la satisfaction de certaines doctrines erronées, à perdre les 80 ou 100 millions annuels d'économie que lui vaudra cette grande opération financière, ce serait déjà criminel ; et, cependant, cela est peu de chose devant le mal permanent que des lois de cette nature peuvent engendrer.

Je dis que l'on veut atteindre le marché à terme. On protestera peut-être discrètement, et les hommes du parquet ou de la coulisse qui, alternativement, combattent ou acceptent l'impôt suivant qu'ils espèrent en tirer la consécration ou la suppression du monopols actuel, peuvent servir à étayer ces protestations; elles n'en sont pas moins sans fondement, et les vues mesquines de rivalité qui font perdre le sens du danger général aux intéressés ne doivent pas égarer le législateur.

Que le parquet et la coulisse se heurtent, c'est leur affaire; nous, nous n'avons qu'à considérer l'intérêt supérieur du marché français.

Ce marché sera profondément atteint si la loi de M. Tirard est votée.

Les marchés au comptant, les placements de capitaux n'en seront certainement pas diminués d'une manière sérieuse.

Mais, il en sera tout autrement des opérations à terme, qui se font et se défont plusieurs fois par mois et ne donnent lieu qu'à des réglements par différence; celles-là seront tuées par l'augmentation des frais généraux, déjà si élevés, qu'elles ont à subir.

Tant mieux! diront certains sectaires.

Tant pis! dirons-nous à notre tour, d'accord en cela avec les leçons de l'histoire.

Ces marchés à terme que l'on redoute, ils sont le volant de la machine, le réservoir qui empêche l'inondation, le préservatif des fortunes individuelles et de la fortune publique.

Quand une panique survient, quelle qu'en soit la cause, le comptant vend avec fureur. La masse des détenteurs de titres, qui n'ont pas l'habitude de la spéculation, prennent peur et se défont des valeurs qu'ils possèdent, sauf à les racheter demain après s'être rassurés, et de les racheter avec un écart quelquefois considérable.

Heureusement qu'il y a là les spéculateurs, hommes habitués aux affaires de Bourse qui, eux, ne s'effrayent pas pour si peu. Ils achètent ce que vend le comptant, ils l'absorbent, le revendent quand la confiance est revenue avec un bénéfice le plus souvent modique, et empêchent ainsi qu'il y ait, entre le degré le plus élevé et le degré le plus bas de l'étiage financier, une distance suffisante pour permettre qu'en un jour de grandes for-

tunes ne s'édifient sur des ruines.

La spéculation rend un autre service encore.

Si le capitaliste qui consent à commanditer une industrie ne savait pas qu'il a un marché où il pourra constamment se défaire de ses actions ou de ses obligations le jour où il aura besoin de son capital pour d'autres entreprises; s'il était tenu à suivre jusqu'au bout l'industrie dans laquelle il serait entré, s'interdisant ainsi d'autres opérations peut-être plus fructueuses et courant le danger, si celle dans laquelle il entre ne réussait pas, de perdre la totalité de ce qu'il aurait exposé, il n'y entrerait pas, il n'exposerait rien.

S'il sait, au contraire, que son capital demeurera mobile quoiqu'employé, que les pertes ou les bénéfices pourront se répartir sur un grand nombre de personnes, il n'hésitera pas et il consentira le commandite.

La spéculation, qui stimule ainsi l'esprit d'initiative et qui enhardit les capitaux, est donc l'un des grands facteurs de la fortune nationale.

On dit toujours qu'il faut éviter que les capitaux ne viennent à la Bourse. C'est là une des plus grosses erreurs économiques que l'on puisse faire. Ces capitaux sont productifs au même titre que ceux qui opèrent directement dans le commerce ou dans l'industrie, parce que c'est grâce à ceux-là qu'on trouve ceux-ci. Ils ont une action sociale dont l'utilité, moins apparente peut-être, n'en est pas moins réelle et féconde.

Mais il y a plus. A une heure où tout le monde est d'accord pour convenir que l'accaparement est une mauvaise chose, où chacun veut le combattre et le restreindre, où il n'y a de dissidence que sur le choix des moyens capables d'amener à ce résultat, on fait, en attaquant la spéculation à terme, un acte de nature à favoriser l'accaparement, et ceux-là même qui ont le plus l'horreur de la Haute Banque n'agiraient pas autrement qu'ils ne le font si la Haute Banque les avait conseillés.

Actuellement, la Haute Banque est

limitée dans son action par la masse des petits spéculateurs.

Tout le monde a plus d'esprit que Voltaire;

Tout le monde est plus fort qu'Hercule;

Tout le monde est plus riche que Rothschild.

Quand un grand capitaliste comme Rothschild, Lebaudy, Jay Gould ou Vanderbilt marche dans le sens du courant, il y apporte une impulsion considérable sans doute.

Seulement, qu'il ne se hasarde pas à lutter contre le courant! Il y serait emporté et brisé. Il y en a de nombreux exemples.

Mais ce courant, comment se produit-il? Par la spéculation à terme, qui permet justement à de petits et à de moyens capitalistes de faire de grosses opérations avec des capitaux restreints.

Supprimez les marchés à terme, ou rendez-les plus difficiles, qu'adviendra-t-il?

La spéculation ne disparaîtra pas; mais la spéculation utile sera tuée au profit de la spéculation inutile ou malfaisante.

Ceux-là seuls seront en mesure d'entrer en lutte qui pourront opérer avec des capitaux énormes, qui pourront lever pour 10, 20, 30 millions de titres, pour 100 millions au besoin. Or, le nombre en est restreint.

Aujourd'hui, les grands possesseurs de numéraire sont arrêtés dans leur puissance par l'obstacle que leur oppose la spéculation à terme.

Demain, ils ne connaîtront plus d'obstacles. Aujourd'hui, ils ne peuvent prospérer qu'en suivant le courant.

Demain, c'est eux qui le feront.

Aujourd'hui, ils sont une force dans notre marché, force que nous trouvons déjà excessive.

Demain, ils en seront les maîtres.

En résumé, tuer la spéculation à terme; en la tuant, rendre la prochaine conversion impossible, ou, si on veut la faire quand même, se placer pour cela dans la dépendance absolue de la Haute Banque;

Supprimer le tampon élastique qui, en s'opposant aux grandes variations dans les cours des valeurs, sauvegarde l'avoir de tous;

Tuer l'esprit d'entreprise industrielle et commerciale;

Enfin, transformer la principauté actuelle des hommes de la Haute Banque en une royauté absolue, voilà les effets de la loi qu'on propose.

Ces effets, on n'y échapperait que si — comme cela paraît être le cas à Berlin, où le produit de l'impôt sur les négociations de la Bourse baisse tous les ans — cette loi n'était pas appliquée.

C'est vraisemblablement ce qui arriverait. Après six mois ou un an, on la laisserait tomber en désuétude en fermant les yeux sur la fraude, car mieux vaudrait encore la fraude que la mort du marché.

Mais alors le mieux est de ne pas la faire.

Apporter un trouble pareil, sans résultat appréciable si la loi demeure inappliquée, avec des résultats désastreux si elle l'est, cela n'est pas possible, et nous voulons encore croire que le Parlement ne se laissera pas aller à une telle aberration.

ALFRED NAQUET.

Le journal officiel du 24 février 1893
25ᵉ année — n° 54
Séance de la chambre ...
... 1893
Discussion de l'impôt sur les valeurs de Bourse

M. le président. La parole est à M. Naquet.

M. Alfred Naquet. Je demande toute l'attention de la Chambre. La tâche que je m'impose en ce moment est en effet une tâche difficile, car d'après les applaudissements qui ont accueilli les déclarations des précédents orateurs, il me semble que la majorité de la Chambre a des idées différentes de celles que je viens défendre devant elle. (*Parlez! parlez!*)

Messieurs, je ne viens ici prendre la défense ni de la coulisse ni du parquet des agents de change.

La coulisse et le parquet me laissent absolument indifférent; ce que je viens défendre, c'est le marché français, et j'estime que si le monopole des agents de change est consolidé, si la coulisse est détruite sans qu'une nouvelle organisation se soit substituée à celle d'à présent, le marché français peut être compromis par la loi qui nous est proposée par M. le ministre des finances.

Je sais bien qu'il nous a fait valoir tout à l'heure l'acquiescement des agents de change et des coulissiers, comme impliquant, d'après lui, l'innocuité de son projet. Mais ce qu'il n'a peut-être pas suffisamment montré, c'est que ces mêmes coulissiers et ces mêmes agents de change ont été alternativement partisans et adversaires du projet, suivant que les uns y ont vu une consécration de leur monopole et les autres une diminution de ce même monopole.

Les coulissiers se sont dit, lorsqu'ils ont vu les agents de change combattre l'impôt, qu'en l'acceptant ils légitimeraient indirectement la situation de fait actuelle, et que si la coulisse n'était pas détruite, mais au contraire consolidée, comme en somme, il est bien certain qu'avec le courtage très modique de la coulisse, — 12 fr. 50 au lieu de 40 fr. pour 3,000 fr. de rente, — un impôt également modique tel que celui qui nous est proposé ne serait pas dangereux, ne diminuerait pas sensiblement le chiffre de leurs affaires et garantirait la liberté d'action qu'ils n'ont pas aujourd'hui, ils devaient se montrer partisans de l'impôt.

Les agents de change, voyant leur monopole menacé, ont suivi une voie semblable, et le projet de M. Tirard allant contre les espérances de la coulisse, ils se sont hâtés de changer d'avis et de l'accepter. Ils se sont dit probablement que si le marché était diminué par le fait de l'impôt tel qu'on le propose, par cela seul que leur monopole serait fortifié, que toutes les af-

faires iraient chez eux, ils regagneraient d'un côté ce qu'ils perdraient de l'autre.

Dans ces conditions, les questions d'intérêt professionnel, d'intérêt mesquin, se sont substituées à la grande question d'intérêt général qui seule doit intéresser et passionner la Chambre. (*Très bien!*)

Pour moi, je ne me déclarerais pas absolument l'ennemi de l'impôt qui vous est proposé, si, adoptant l'idée qui était émise au commencement de cette séance par M. Yves Guyot, on avait fait précéder cette réforme fiscale d'une réforme générale de la Bourse et que, tout en apportant les garanties désirables de solvabilité et de nationalité, de façon à donner satisfaction à toutes les susceptibilités, on eût cependant intronisé un système qui ferait disparaître de l'impôt les inconvénients que j'y vois à cette heure, en ce sens qu'il aurait été accompagné d'une diminution telle des courtages, que les opérations n'auraient pas été diminuées.

Mais dans l'état, je suis bien obligé de reconnaître que les opérations seront diminuées dans une proportion considérable et c'est ce qui m'a porté à monter à la tribune. J'ai vu dans la loi qui vous est soumise un retour offensif contre la loi de 1885 que l'honorable ministre citait tout à l'heure, en me faisant l'honneur de rappeler que j'en avais été le rapporteur. En effet, dans la loi de 1885 nous avons légitimé les opérations à terme. Or, à l'heure actuelle ce qu'on va atteindre...

M. Bovier-Lapierre. C'est le jeu!

M. Alfred Naquet. Je vous répondrai tout à l'heure, mon cher collègue.

Ce qu'on veut atteindre, ce sont les opérations à terme. Et de ceci je puis fournir la preuve théorique et pratique. La preuve théorique est facile à faire. Il est certain que quand un homme, possédant certaines économies, aura besoin de placer 98,000 fr. pour acheter 3,000 fr. de rentes, ce ne sera pas parce qu'il payera 50 fr. au lieu de 40 fr. qu'il ne fera pas cette opération au comptant ou cette opération à terme réelle, comme le disait tout à l'heure M. le ministre, se li-

quidant par une livraison de titres à la fin
du mois.

Mais, par contre, lorsqu'il s'agit des spéculateurs faisant ces marchés à terme
qui se traduisent simplement par des d'Té-
rences, qui se renouvellent jusqu'à sept ou
huit fois dans le courant du mois, il est
évident — permettez-moi, puisque vous as-
similez ces opérations à du jeu, ce que je
conteste, d'employer ici une expression
tirée du jeu — il est évident, dis-je, que
la cagnotte devient tellement considérable,
que vous rendez ces opérations presque
impossibles.

M. Leydet. La cagnotte n'a jamais arrêté
les joueurs.

M. Alfred Naquet. Si! cela les retient
de plusieurs manières : les uns, arrêtés
par cette considération, déserteront votre
marché et iront opérer ailleurs.

M. Bovier-Lapierre. Tant mieux pour
la morale!

M. Alfred Naquet. Les autres s'arrête-
ront, et le combat finira faute de combattants, parce que la cagnotte aura épuisé
leurs ressources; les troisièmes enfin s'ar-
rêteront également parce qu'ils ne voudront
pas voir leurs ressources épuisées. C'est
donc la spéculation à terme que vous voulez
atteindre.

Si vous en voulez encore une preuve matérielle, je la prendrai dans l'interruption
de M. Bovier-Lapierre, dans les paroles de
M. le ministre faisant le départ très net
entre les opérations réelles se traduisant
par des levées et par des livraisons de
titres, et les opérations se traduisant par
des payements de différences; et, enfin,
dans l'amendement de M. Thellier de Pon-
cheville qui nous propose de soumettre à
un impôt pareil les opérations à terme sur
les marchandises.

En un mot, tout démontre que c'est la
spéculation à terme que vous voulez atteindre.

Eh bien, je viens faire ici un acte qui ne
manque pas d'un certain courage dans cette
Chambre, dans ce pays, dans la situation

où nous sommes, je viens prendre ouvertement la défense de la spéculation.

M. Bovier-Lapierre. Vous défendez votre
enfant. (On rit.)

M. Alfred Naquet. Laissez-moi vous dire
d'abord qu'à une certaine époque un grand
socialiste qui n'était pas que je sache
l'ami de la haute banque et qui avait précédé la campagne qu'on mène aujourd'hui
contre ce qu'il appelait alors la ploutocratie,
Proud'hon, considérait le rôle de la spéculation dans le monde autrement que les collectivistes actuels.

M. Jourde. Mais il la condamnait!

M. Alfred Naquet. Vous allez voir, monsieur Jourde, comment il la condamnait.

Voici un passage de Proud'hon que je
vous demande la permission de faire passer
sous vos yeux. Vous n'y perdrez pas, d'ailleurs, car Proud'hon est assez éloquent pour
être toujours entendu avec plaisir :

« Au-dessus, dit-il, du travail, du capital,
du commerce ou de l'échange et de leurs
innombrables variétés, il y a encore la spéculation.

« La spéculation n'est autre chose que la
conception intellectuelle des différents procédés par lesquels le travail, le credit, le
transport, l'échange, peuvent intervenir
dans la production. C'est elle qui recherche
et découvre pour ainsi dire les gisements
de la richesse, qui invente les moyens les
plus économiques de se la procurer, qui la
multiplie soit par des façons nouvelles, soit
par des combinaisons de crédit, de transport, de circulation, d'échange ; oit par la
création de nouveaux besoins, soit même
par la dissémination et le déplacement in-
cessa t des fortunes.

« Par sa nature, la spéculation est donc
essentiellement aléatoire comme toutes les
choses qui, n'ayant d'existence que dans
l'entendement, attendent la sanction de
l'expérience... »

Et, après une série d'exemples que je ne
ferai pas passer sous vos yeux pour ne pas
fatiguer l'Assemblée, il termine ainsi :

« Ainsi donc, la spéculation est, à proprement parler, le génie de découverte. C'est elle qui invente, qui innove, qui pourvoit, qui résout, qui, semblable à l'esprit infini, crée de rien toutes choses. Elle est la faculté essentielle de l'économie. Toujours en éveil, inépuisable dans ses ressources, méfiante dans la prospérité, intrépide dans les revers, elle avise, conçoit, raisonne, définit, organise, commande, légifère ; le travail, le capital, le commerce exécutent. Elle est la tête, ils sont les membres ; elle marche en souveraine, ils suivent en esclaves. »

M. le rapporteur général. Oui, mais le chapitre suivant est intitulé : « Des dangers de la spéculation. »

M. Bovier-Lapierre. Quel rapport cela a-t-il avec le payement de différences et le pari ?

M. de Lamarzelle. On trouve dans Proudhon tout ce qu'on veut.

M. Gamard. Il ne s'agit pas dans ce passage des spéculations de bourse.

M. Alfred Naquet. Si j'avais lu les exemples que j'ai évité de citer pour ne pas fatiguer la Chambre, vous n'auriez certainement pas fait, mon cher collègue, l'interruption que je viens d'entendre. Proudhon y parle de la spéculation de bourse, de cette spéculation à terme que M. Bovier-Lapierre appelle du jeu.

Eh bien, non ! cette spéculation à terme n'est pas nécessairement un jeu, et le plus souvent elle n'en est pas un.

Elle peut le devenir parfois, dans certains cas spéciaux. Vous ne pouvez pas empêcher qu'un monsieur aille à la Bourse, chez un agent de change ou chez un coulissier, peu importe, — car les uns comme les autres exécutent les ordres qu'ils reçoivent, — et qu'il donne des ordres au hasard. Mais la plupart du temps le spéculateur raisonne son acte, et c'est ce qui sépare la spéculation du jeu. J'ajoute que le jeu, quand il a lieu, se produit aussi bien au parquet qu'à la coulisse, et je ne comprends guère, je l'avoue, le rôle dangereux qu'on attribue à la coulisse, comme si les coulis-

siers et les agents de change opéraient par eux-mêmes et comme si les seules personnes utiles ou dangereuses n'étaient pas les clients qui donnent des ordres, lesquels sont exécutés aussi bien par les agents de change que par les coulissiers.

M. de Lamarzelle. La coulisse est toujours contre-partie.

M. Louis Terrier. Alors ce sont les volés qu'il faut mettre en prison ! (*Bruit.*)

M. Alfred Naquet. Il est indispensable, pour les valeurs et surtout pour la rente, d'avoir un marché extrêmement étendu, et je pourrais en ce moment me prévaloir — comme d'autres l'ont fait avant moi — d'une grande opération de crédit qui est à prévoir pour l'année prochaine, je veux parler de la conversion ; il importe, en effet, de ne pas étrangler le marché à la veille de la conversion, et de ne pas compromettre peut-être 80 millions de ressources ou tout au moins d'économies pour les futurs budgets, en établissant sur les opérations de bourse un impôt qui doit rapporter 12 millions, dit-on, mais dont le rendement risque d'être beaucoup moindre, si je m'en réfère à ce qui s'est passé à Berlin. Là, on avait évalué les recettes à 8 millions de marks ; on n'a pu en percevoir que 6 millions la première année, et cette année 1,500,000 marks seulement.

Mais je ne m'arrête pas à ces considérations, toutes d'actualité ; je préfère prendre la question de plus haut et d'une manière plus générale. J'affirme que, s'il y a beaucoup de marchés à terme qui se liquident par des différences, il y en a peut-être quinze fois plus de ceux qui se traduisent par des levées ou des livraisons de titres. Il est évident qu'en frappant le marché à terme, vous diminuez par là même dans une large mesure l'étendue et la force du marché général. (*Approbation.*)

Or, si vous remarquez ce qui se passe lorsqu'une même compagnie ou un même État possèdent deux valeurs cotées à la Bourse, l'une cotée à terme sur laquelle il existe un grand marché, et l'autre cotée seulement au comptant sur laquelle le marché est très limité, vous vous apercevez que la première est capitalisée à un taux beaucoup plus élevé que la seconde. Pourquoi ?

Parce que toutes les fois que vous demandez à un capitaliste d'entrer dans une entreprise industrielle, d'y introduire ses capitaux, si ce capitaliste sait que le jour où il les aura exposés dans cette entreprise il ne pourra plus les en retirer, que si une entreprise plus fructueuse se présente à lui il ne pourra pas en profiter, que si même celle dans laquelle il est entré lui présente certains aléas de perte qu'il n'avait pas entrevus dès le début, il ne pourra pas se retirer avec une perte médiocre ; si, en un mot, il est obligé de subir la totalité des pertes, s'il y en a, d'immobiliser d'une manière absolue son capital, il n'entrera pas dans l'entreprise, il n'immobilisera pas ce capital.

Si, au contraire, il sait que, tout en plaçant son argent dans cette entreprise, cet argent, quoique placé, demeure mobile, qu'à toute heure il pourra l'en retirer par une négociation à la Bourse, qu'il pourra l'employer ailleurs, qu'il pourra limiter sa perte, si perte il y a, il le placera...

M. Bovier-Lapierre. Oui, il passera l'affaire devenue mauvaise à un autre !

M. Alfred Naquet. Mais, messieurs, il y a un intérêt social énorme à ce que les bénéfices ou les pertes se répartissent dans la société, à ce qu'il n'y ait ni grandes fortunes édifiées (*Exclamations à gauche*) ni ruines qui s'accumulent. C'était justement une des raisons que faisait valoir Proudhon, dans le passage que je ne vous ai pas lu, pour légitimer la spéculation.

M. Maujan. On aurait pu lui répondre : La spéculation c'est le vol.

M. Alfred Naquet. Proudhon a employé ce mot à propos de la propriété, mais la spéculation n'est pas le vol. Le vol, c'est ce qui est inutile ou nuisible à la société. La spéculation joue un rôle utile.

M. [illegible]. Vous savez bien que Proudhon a toujours eu des opinions successivement contradictoires.

M. Bovier-Lapierre. Proudhon était trop profond socialiste pour comprendre la spéculation comme M. Naquet, pour la faire consister dans des tripotages de bourse et dans des payements de différences.

M. Alfred Naquet. Je dis que les opérations à terme permettent de conserver aux capitaux leur caractère de mobilité tout en les plaçant dans des affaires industrielles et qu'elles engagent ainsi le capitaliste à entrer dans ces affaires. Tandis que, si vous enlevez cette incitation au capitaliste, il achètera des rentes sur l'Etat, s'il est riche, ou placera son argent à la caisse d'épargne, s'il est pauvre. Vous aurez détruit, annihilé les véritables affaires, celles qui font la force et la puissance de la société française.

La spéculation a un autre rôle. Dans les phénomènes économiques, elle est ce que le volant est à la machine, elle joue un rôle analogue à ces forêts qui sont de grands réservoirs pour l'eau des pluies, qui régularisent notre régime des eaux, empêchent les inondations désastreuses et permettent les irrigations fructueuses.

Quand arrive une panique, ce n'est pas la spéculation qui vend, c'est le comptant. Celui-ci n'est pas habitué aux phénomènes des opérations de bourse ; il prend peur, et les ordres de vente affluent de tous les points du territoire. Mais à ce moment la spéculation intervient ; elle est plus hardie, comme le disait Proudhon dans le passage que je citais tout à l'heure, elle est au courant de ce qui se passe, et ce grand réservoir reçoit en réserve ces masses de titres offerts par le comptant. La panique passée, le comptant rachète avec une petite perte pour lui, avec un petit bénéfice pour la spéculation, bénéfice largement mérité par le service qu'elle a rendu.

Dernièrement vous avez vu la rente française tomber de 100 fr. à 94 fr. Si vous n'aviez pas eu ce grand réservoir de la spéculation, ce n'est pas à 94 fr. qu'elle serait tombée, c'est à 80 fr. et peut-être plus bas, car la baisse entraîne la baisse lorsqu'il n'y a rien pour l'arrêter.

Voilà les quelques raisons que je tenais à développer devant vous ; mais maintenant, car je ne veux pas abuser des instants de l'Assemblée, je vous demande et je demande surtout aux hommes du parti collectiviste qui siègent à ma gauche et qui m'écoutent, de vouloir bien entendre les quelques paroles qui me restent à leur dire.

L'autre jour, nous étions d'accord tous ici pour combattre l'accaparement des grands magasins, et je disais que la règle, le principe recteur du parti républicain et des hommes de progrès et d'initiative dans ce pays devait être de combattre l'accaparement.

A l'heure actuelle j'estime que par la loi qu'on vous propose on facilite l'accaparement.

Je reconnais que vous avez les meilleures intentions, auxquelles je me plais à rendre hommage. Je sais que mon ami M. Jourde qui m'interrompait tout à l'heure est un homme de profonde conviction ; mais avec les meilleures intentions possibles tout en croyant combattre la haute banque et l'accaparement financier vous les favorisez.

M. Jourde. Alors c'est vous qui combattez la haute banque en ce moment ? (On rit.)

M. Alfred Naquet. Si la haute banque pouvait se faire entendre sans risquer peut-être de renverser le sentiment de la Chambre, elle parlerait absolument comme parle M. Jourde en ce moment.

A gauche. On l'a entendue, la haute banque !

M. Alfred Naquet. Oui, elle a parlé en sens contraire, mais d'une manière très bénigne, et M. le ministre a fait connaître tout à l'heure que la haute banque n'était pas très hostile au principe de l'impôt.

M. le ministre des finances. Elle consent à payer 10 centimes par 1,000 fr.

M. Alfred Naquet. Cela lui est assez in-

différent et je dirai même qu'elle en est enchantée au fond. Voici pourquoi, et je doute qu'on puisse répondre à mon argumentation. (*Mouvements divers.*)

Actuellement, il existe une quantité considérable de petits capitalistes qui, grâce aux marchés à terme, lesquels sont possibles, d'abord parce qu'ils sont légaux et ensuite parce qu'ils ne sont pas surchargés d'un courtage excessif, viennent spéculer à la Bourse sur des quantités de rentes ou de valeurs relativement très considérables. Ces petits spéculateurs servent de contrepoids à la haute finance.

Un membre au centre. Ce sont des régulateurs.

M. Alfred Naquet. Et, comme je l'entends dire, ce sont des régulateurs.

M. Bovier-Lapierre. Ce sont des gogos ! (*R.res et bruit.*)

M. Alfred Naquet. Monsieur Bovier-Lapierre, je suis convaincu que vous parlerez avec beaucoup plus de talent que moi et que vous n'aurez pas de peine à me réfuter ; mais permettez-moi d'exprimer mes idées ; je n'ai pas l'intention d'exprimer les vôtres.

Il y a, dis-je, un nombre considérable de capitalistes dont les opérations font contrepoids à celles de la haute banque, et cela me rappelle un vieux dicton de notre pays de France : « Tout le monde a plus d'esprit que Voltaire. »

J'ajouterai : « Tout le monde réuni est plus riche que M. de Rothschild. »

Aussi la haute finance, la haute banque comme on l'appelle, qu'il faut, je le reconnais, endiguer, à laquelle il faut mettre un obstacle, une entrave, est une force puissante ; mais à une condition, c'est qu'elle entre dans le courant, qu'elle soit dans le mouvement. Toutes les fois qu'elle veut aller à contre-courant, elle est brisée et on en a vu de nombreux exemples. (*Mouvements divers.*)

Le jour où vous aurez atteint la spéculation à terme, soit, comme le demande M.

Bovier-Lapierre, en abrogeant la loi de 1885, soit, d'une manière peut-être moins audacieuse, en la frappant d'impôts qui la rendront à peu près impossible, vous n'aurez pas tué la spéculation, parce qu'elle est essentiellement humaine et que rien au monde ne peut la tuer; mais savez-vous ce que vous aurez fait? Vous aurez substitué une forme nouvelle à sa forme actuelle. Elle fera ses opérations au comptant ou par ce que vous appelez des marchés réels, c'est-à-dire des marchés qui se traduisent par des levées ou des livraisons de titres, au lieu d'opérer par les marchés à terme, qui se traduisent par des payements de différences, et alors la haute banque seule en profitera.

Les petits capitalistes, en effet, n'ont pas les reins assez solides pour lever des quantités de titres considérables. La haute banque, au contraire, peut, à un moment donné, lever ou livrer 10, 15, 20, 40 et même jusqu'à 100 millions de titres.

Il est incontestable que le jour où cette haute banque pouvant absorber dans ses caisses ou jeter sur le marché, à certain jour, cette quantité énorme de titres, ne sera plus enrayée, arrêtée par cette petite spéculation qui, je le répète, à elle seule est plus riche que M. de Rothschild, ce jour-là, vous aurez mis toute la puissance du marché entre les mains de cette haute banque.

A l'heure actuelle, la haute banque rencontre un obstacle dans la spéculation à terme; demain, elle ne connaîtra plus de difficultés. A cette heure, elle joue un rôle important quand elle est dans le mouvement; demain, c'est elle qui fera le mouvement. Elle représente aujourd'hui une principauté financière que je trouve déjà trop considérable et qu'il faudrait abattre; demain, ce ne sera plus une principauté plus ou moins tempérée, mais une monarchie absolue que vous aurez établie.

Voilà pourquoi, à moins que, revenant aux idées qui ont été formulées par M. Yves Guyot, on ne veuille bien renvoyer la discussion du projet de loi après qu'on aura procédé à la réorganisation du marché financier français de telle sorte que ce marché ne puisse pas être troublé par un impôt modique sur les opérations de bourse à terme que je consentirais alors volontiers à voter; voilà pourquoi, dis-je, jusque-là, je suis pour ma part résolu à voter contre le projet en discussion. (*Très bien! sur divers bancs à gauche.*)

La nation du 3 mars 1895 (n° 3222)

LES ALCOOLS INDUSTRIELS
ET
L'ALCOOLISME

L'alcool de vin, ou alcool éthylique lorsqu'il est pur, se compose de deux atomes de carbone, de six atomes d'hydrogène et d'un seul atome d'oxygène. Il a la propriété de perdre, sous l'influence des agents d'oxydation, deux atomes d'hydrogène et de se transformer ainsi en un corps nouveau qui porte le nom d'aldéhyde; si l'on pousse plus loin l'oxydation, il fixe un second atome d'oxygène en échange des deux atomes d'hydrogène disparus, et la nouvelle substance ainsi obtenue n'est autre que l'acide du vinaigre, l'acide acétique.

Il existe toute une série de composés qui ont comme l'alcool la faculté de se transformer chacun par l'oxygène en une aldéhyde et en un acide correspondants, présentant vis-à-vis les uns des autres les mêmes relations de composition que l'aldéhyde vinique et l'acide du vinaigre vis-à-vis de l'alcool ordinaire.

Tous ces composés portent le nom générique d'alcools. Ils diffèrent les uns des autres par leur composition d'une manière régulière, chacun contenant un atome de carbone de plus et deux atomes d'hydrogène de plus que celui qui le précède, …

[atomes] d'hydrogène [que celui] qui le suit. Ceux [qui renferment] le moins de carbone [sont dit] alcools inférieurs, à cause de [la] place qu'ils occupent dans la série, [les] autres reçoivent le nom géné[ri]que d'alcools supérieurs.

Un seul alcool est inférieur à l'alcool ordinaire; c'est l'alcool méthylique qui [se] produit dans la distillation sèche du bois.

Au-dessus de l'alcool ordinaire, par contre, on trouve une grande quantité d'autres alcools parmi lesquels nous [ci]terons comme les mieux étudiés :

1° L'alcool propylique renfermant [3] atomes de carbonne, 8 d'hydrogène [et] 1 d'oxygène;

2° L'acool butylique renfermant 4 atomes de carbonne, 10 d'hydrogène et 1 d'oxygène;

3° L'alcool amylique renfermant 5 atomes de carbonne, 12 d'hydrogène et 1 d'oxygène.

En outre, chacun de ces alcools a ce que l'on appelle des isomères. Ce sont des corps qui renferment exactement les mêmes proportions de carbonne, d'hydrogène et d'oxygène qu'eux, mais qui, par suite vraisemblement d'un autre arrangement des atomes, présentent des propriétés différentes.

Des alcools d'un autre genre perdent encore, en effet, deux atomes d'hydrogène en s'oxydant; mais le produit de cette oxydation, lequel porte le nom d'acétone, ne jouit pas de la propriété de fixer de l'oxygène et de se convertir en un acide. A cette classe [d']alcools, auxquels ne correspondent [ni] aldéhydes ni acides, mais seulement des acétones, appartiennent l'alcool isopropylique et l'alcool isobutylique.

Lorsqu'on fait fermenter du sucre [ou] des matières organiques qui en [con]tiennent, le produit principal de la [ré]action est l'alcool éthylique. Mais ce [n'est] pas le seul.

Il se forme en même temps des alcools supérieurs, propyliques, butyliques, amyliques, dont les points d'ébullition sont plus élevés que celui de l'alcool proprement dit.

Il se forme, en outre, des aldéhydes, des acides tels que l'acide succinique, de la glycérine et des aldéhydes de composition plus compliquée connues sous le nom d'aldéhyde salicylique et d'aldéhyde pyromucique ou furfurol.

Dans la fabrication du vin, ces produits secondaires prennent naissance en proportion relativement faible; par suite, l'alcool que l'on extrait du vin par la distillation en renferme très peu.

Il en est tout autrement des alcools qui résultent de la fermentation des mélasses, des betteraves, des céréales ou de la pomme de terre. Ici, les produits accessoires prennent naissance en assez grande quantité.

Or, des études physiologiques ont établi sûrement que, si l'alcool éthylique pur est un poison, ce qui ne saurait être mis en doute, il l'est à un degré infiniment moindre que ses homologues supérieurs (1).

L'alcool amylique, par exemple, est six fois plus toxique que l'alcool vinique.

Quant aux aldéhydes et aux acétones, leur toxicité est également très grande et, pour le furfurol, l'action toxique s'élève jusqu'aux effets convulsivants et détonisants.

Il en est de même de certains bouquets et de certaines essences particulières comme l'essence d'absinthe.

Ces prémisses posées, il est aisé de se rendre compte des progrès qu'a faits l'alcoolisme et des dangers qui en résultent pour la race.

Lorsque la production de vin battait son plein, l'industrie des alcools de mélasses, de betteraves, de pommes de terre ou de grains était très restreinte. Nos populations ne buvaient que des eaux-de-vie naturelles, et comme, d'ailleurs, elles en buvaient beau-

(1) On appelle homologues, en chimie les corps de même fonction qui diffèrent les unes des autres par une ou plusieurs fois un atome de carbone et deux atomes d'hydrogène. Ainsi, l'alcool propylique, l'alcool butylique et l'alcool amylique sont des homologues de l'alcool éthylique ou vinique.

coup moins qu'aujourd'hui, la quantité de l'alcool absorbé n'était pas assez considérable pour les atteindre sérieusement dans leur santé, leur intelligence et leur faculté de reproduction.

Mais les vignes mortes, la consommation a continué à réclamer des eaux-de-vie, et l'industrie a dû lui fournir ce que ne lui fournissait plus le sol.

La quantité d'alcool consommé augmentant d'ailleurs, la proportion des produits secondaires très toxiques qui est entrée dans l'alimentation est devenue extrêmement forte. L'épilepsie, la folie, les névroses et les dégénérescences diverses qui résultent de l'ingestion de ces substances se sont naturellement multipliées et en sont arrivées à devenir de véritables fléaux qui menacent l'humanité.

La *Tribune médicale* cite à ce propos quelques chiffres qui sont significatifs.

En 1850, en France, la consommation moyenne de l'alcool était de 1 litre 60 par individu.

Elle s'est élevée à 21,81 litres en 1870 et à 31,85 en 1885.

En même temps, la substitution des alcools d'industrie aux alcools de vin suivait la progression suivante :

En 1840, on produisait par an 98,000 hectolitres d'alcool industriel; on en a produit, 1,800,000 en 1885. En 1848, par contre, on a produit 815,000 hectolitres d'alcool de vin, et cette production est tombée à 20.000 en 1885.

Aussi a-t-on vu croître les maladies tributaires de l'alcoolisme. Ce sont les régions où la consommation est le plus élevée qui fournissent aux asiles d'aliénés la plus forte proportion des malades.

Dans la Seine-Inférieure, on compte jusqu'à 23 alcooliques sur 100 aliénés et sur l'ensemble du territoire français, cette proportion est de 14,66.

En même temps qu'il contribue dans une si large mesure à l'aliénation mentale, l'alcoolisme revendique une part importante dans les suicides, les morts accidentelles et la criminalité.

C'est ainsi que, de 1826 à 1840, la consommation de l'alcool en France, de 500,000 hectolitres, alcool étant extrait du vin, on a constaté 137 suicides et 228 morts accidentelles, tandis que, de 1890 à 1895, le nombre des suicides est monté à... et celui des morts accidentelles à...

Je ne doute pas une minute que l'alcoolisme ne soit aussi une des principales causes de la proportion toujours croissante dans tous les pays des séparations de corps et des divorces; l'étude des différentes régions de l'Europe à ce point de vue ne laisse de ce côté aucune espèce de doute dans l'esprit.

Il y a donc là un danger, un danger des plus graves, qui s'étend de jour en jour, et qui menace de plus en plus dans sa sève notre population française.

Ici, comme en bien d'autres matières, quoi qu'en disent les adversaires systématiques de toute action coercitive de l'Etat sur les individus, l'initiative privée est impuissante à enrayer le mal. Ce ne sont ni les sociétés de tempérance, ni même les lois répressives de l'ivresse publique qui nous apporteront le remède.

Il faut que la société intervienne énergiquement, par des mesures absolument efficaces. Dans un prochain article, nous essaierons de montrer qu'elle le peut, et il nous est permis dès à présent d'affirmer que si elle le peut elle le doit.

ALFRED NAQUET.

Le journal officiel du 8 mars 1893

20ème année - n° 66

Séance de la chambre des députés du 7 mars 1893

2e DÉLIBÉRATION SUR LE PROJET ET LA PROPOSITION DE LOI CONCERNANT LES CAISSES D'ÉPARGNE

M. le président. L'ordre du jour appelle la 2e délibération sur : 1° le projet de loi; 2° la proposition de loi de M. Hubbard et

[...] de ses collègues sur les caisses d'épargne.

Je donne lecture de l'article 1er :

« Art. 1er. — Les caisses d'épargne ordinaires sont tenues de verser à la Caisse des dépôts et consignations toutes les sommes qu'elles reçoivent des déposants ; ces sommes sont employées par la Caisse des dépôts, sous la réserve des fonds jugés nécessaires pour assurer le service des remboursements :

« 1° En valeurs de l'Etat ou jouissant d'une garantie de l'Etat ; 2° en obligations négociables des départements, des communes, des chambres de commerce, en obligations foncières et communales du Crédit foncier ; 3° en lettres de change sur la France et sur l'étranger, revêtues de trois signatures au moins, à une échéance de trois mois au plus, pour une somme ne dépassant pas 100 millions.

« Les achats et les ventes de valeurs sont effectués avec publicité et concurrence, sur la désignation de la commission de surveillance instituée par les lois des 28 avril 1816 et 6 avril 1876 et avec l'approbation du ministre des finances. Les achats et ventes de valeurs autres que les rentes pourront être opérés sans publicité.

« Les sommes non employées ne peuvent excéder 100 millions de francs ; elles sont placées en compte courant au Trésor et productives d'intérêt au taux fixé par le ministre des finances, dans les mêmes conditions que pour les autres éléments de la dette flottante. »

M. Naquet a déposé sur cet article un amendement qui a le caractère d'un contre-projet.

Je donne lecture de l'article 1er de ce contre-projet :

« Les dépôts faits aux caisses d'épargne sont divisés en deux séries et chaque déposant doit déclarer, en faisant son dépôt, dans laquelle des deux séries il entend placer ses économies.

« La série A est constituée par les dépôts susceptibles d'être remboursés dans les conditions fixées à l'article 3.

« La série B est constituée par des dépôts engagés pour cinq années au moins.

« Les personnes dont les dépôts sont antérieurs à la promulgation de la présente loi peuvent déclarer qu'ils passent de la série A à la série B. »

La parole est à M. Naquet.

M. Alfred Naquet. Je demande pardon à la Chambre d'abuser aussi souvent de sa bienveillante attention. Mais les questions qui viennent en ce moment en discussion devant elle ont une telle importance, une telle portée, que je considère comme un devoir absolu pour chacun de nous de faire connaître loyalement sa pensée et de la faire connaître tout entière.

Lors de la 1re délibération sur le projet de loi relatif aux caisses d'épargne, j'ai pris accidentellement la parole et je me suis prononcé contre le projet, tout en reconnaissant cependant l'élévation des vues des auteurs des diverses propositions qui viennent aujourd'hui en discussion devant nous pour la seconde fois. Si j'ai repoussé le projet, c'est qu'en toutes choses il y a le pour et le contre et qu'ici le contre me paraissait l'emporter sur le pour.

Je serais encore obligé de voter contre le projet si l'amendement que j'ai l'honneur de vous soumettre et que je crois de nature à concilier les grands avantages qui ressortent de la proposition en discussion avec les grands inconvénients que je lui vois était repoussé par vous.

Cependant, cette proposition renferme déjà en elle-même trois dispositions excellentes, qui sont : la diminution du maximum des dépôts, la graduation du taux des intérêts et la clause de garantie qui permet, dans des circonstances exceptionnelles, de n'opérer les remboursements qu'à raison de 50 fr. par quinzaine et par livret. Mais, malgré ces améliorations que je trouve considérables, si vous ne complétiez pas le projet par l'amendement que j'ai l'honneur de vous soumettre ou par tout autre visant au même but, je me croirais dans l'impossibilité de voter la loi.

Je vous demande donc la permission de développer devant vous aussi brièvement que possible — quoique cependant je sois obligé de solliciter un certain laps de temps pour l'exposition complète de mes idées — aussi bien les motifs qui m'obligeraient à repousser le projet s'il restait tel qu'il est sorti des délibérations de la commission que les raisons qui me le font considérer comme excellent à certains points de vue, et enfin les raisons qui justifient l'amendement que je propose et qui aurait, je le répète, pour résultat de tout concilier.

Messieurs, vous connaissez le projet. Il se résume, en dehors des trois dispositions excellentes dont je viens de parler, dans une plus grande faculté de choix accordée pour le placement des sommes provenant des dépôts des caisses d'épargne et dans une liberté plus large laissée aux caisses d'épargne particulières par les articles 11 à 17 du projet. Je vois dans ces réformes, si elles ne sont pas complétées par une disposition nouvelle, un danger considérable.

Qu'est-ce, en effet, que les caisses d'épargne? car il faut toujours en revenir là.

Ce sont des institutions de dépôt absolument comparables aux sociétés privées de dépôt, telles que le Crédit lyonnais ou la Société générale. Je sais bien que lors de la 1re délibération, l'honorable M. Hubbard, devant cette affirmation que j'apportais à la tribune, me répondait : Oui, mais avec cette différence que les sociétés de dépôts privées agissent en vue d'un bénéfice à distribuer à leurs actionnaires, tandis que les caisses d'épargne ne cherchent pas à faire de bénéfices.

Cela est parfaitement exact, mais ne fait qu'augmenter la responsabilité des caisses d'épargne qui, ne stipulant aucun avantage pour elles, ne peuvent, par conséquent, pas constituer des réserves aussi considérables qu'une société privée. Je dis donc que les caisses d'épargne, étant de véritables institutions de dépôts sont soumises aux lois générales, aux principes absolus, inéluctables, qui s'appliquent à toutes les banques de dépôts sans exception.

Ces lois, ces principes, quels sont-ils? Quand des déposants apportent leurs capitaux, gros ou petits, dans un établissement qui s'engage à leur servir annuellement un intérêt, il est bien évident que cet établissement ne peut pas garder en caisse du numéraire ou des billets de banque, mais qu'il est obligé de faire travailler les capitaux qui lui sont apportés, puisque c'est seulement par ce moyen qu'il peut se procurer la contrepartie des intérêts qu'il doit servir à ses déposants.

Il y a là, pour les dépôts à vue, ou tout au moins pour les dépôts à très courts termes, un danger considérable, puisque si, en présence d'un événement politique, d'une panique quelconque, des afflux se produisent, si des demandes de remboursement nombreuses arrivent aux guichets et que l'argent déposé soit engagé dans des opérations diverses, il peut devenir difficile de faire face aux remboursements; d'où des crises très graves, de très graves périls.

Je sais bien que la commission a remédié en partie à cet inconvénient par la clause de sauvegarde dont je parlais tout à l'heure, en décidant, que dans des circonstances exceptionnelles, le ministère pouvait déclarer que les remboursements ne se feraient plus que jusqu'à concurrence de 50 fr. par quinzaine et par livret. Mais, dans le remarquable exposé des motifs qui a précédé une proposition que je m'étonne de ne pas voir citée en tête du rapport de la commission, mon honorable ami M. Lockroy faisait remarquer que, même avec cette clause de sauvegarde, en quelques mois les remboursements pourraient s'élever à 600 millions par suite de la multiplicité des livrets qui atteignent actuellement le nombre de 5 millions.

M. Aynard, *rapporteur*. 8 millions.

M. Alfred Naquet. 8 millions ! Ce n'est que plus démonstratif.

J'ajoute que cette clause de sauvegarde, dont vous pourrez vous servir dans des circonstances graves, en cas de guerre ou de révolution, bien que vous ayez le droit d'y avoir recours dans des circonstances moins pressantes, vous ne pourriez guère en user dans ce dernier cas.

En effet, en présence de certaines campagnes, comme celle à laquelle nous avons assisté récemment, de la part de partis sans scrupules qui n'hésiteraient pas à compromettre le crédit public au profit de leurs intérêts propres, si des demandes abondantes de remboursement se produisaient, je dis que, alors qu'il n'y aurait ni guerre, ni émeute, ni révolution, l'Etat se trouverait fort embarrassé pour se servir de la clause de sauvegarde, parce que le seul fait d'en faire usage dans ces conditions-là augmenterait la panique générale dans une telle proportion que le remède serait pire que le mal.

Par conséquent, cette clause, quelque importante qu'elle soit, quelque décidé que je sois à la voter, en tout état de cause, est insuffisante à parer au danger que je signale, et les caisses d'épargne n'en seraient pas moins tenues d'obéir aux lois générales qui s'imposent à toutes les institutions de dépôts.

Je disais tout à l'heure que les banques de dépôts sont obligées de placer, de faire travailler les capitaux qui leur sont apportés pour pouvoir retirer de ce travail l'intérêt qu'elles devront servir à leurs déposants. Mais ne voyez-vous pas que, dès lors, une nécessité absolue s'impose à elles : c'est de n'immobiliser les capitaux qui leur sont confiés que dans les limites les plus restreintes, d'écarter toute immobilisation à longue échéance, de ne rechercher que des placements à court terme, par exemple des placements en lettres de change à trois mois sur la France et sur l'étranger, ainsi que le propose la commission, et à cela je ne vois aucune difficulté. Si vous ne le pouvez pas, si vous n'avez pas des valeurs de cette nature en assez grande quantité, il faut immobiliser ces capitaux dans des valeurs ayant un marché assez vaste, assez profond, assez abondant pour que les titres qui les représentent soient presque assimilables à du numéraire, pour que la venue sur le marché d'une quantité considérable de titres n'influence pas beaucoup plus l'étiage financier que les eaux d'un fleuve qui se déverse dans l'Océan n'influencent le niveau de la mer.

Or, je ne trouve qu'une seule valeur qui soit dans cette situation, ce sont les rentes d'Etat françaises.

M. le comte de Lanjuinais. Et les obligations de chemins de fer!

M. Alfred Naquet. Vous parlez des obligations ; mais, mon cher collègue, les obligations ne sont pas dans les mêmes conditions que les rentes françaises. En effet, ce que je cherche en ce moment, ce n'est pas seulement une valeur de toute garantie, c'est une valeur ayant un grand marché, une valeur de négociation facile. Je prends un exemple.

Vous avez à l'heure actuelle des valeurs particulières qui sont garanties par l'Etat, comme les obligations de chemins de fer, comme la rente tunisienne; on peut dire que ces valeurs valent mieux que la rente d'Etat, parce qu'elles ont une double garantie : celle de l'Etat, d'un côté, et, de l'autre côté, celle de la ligne de chemin de fer, par exemple, ou du budget tunisien; mais elles n'ont pas le même marché, la même abondance de négociations et, par conséquent, elles sont moins facilement négociables que la rente d'Etat qui abonde à la Bourse plus que toutes les autres valeurs qui s'y trouvent.

M. le comte de Lanjuinais. Elles ont le grand avantage d'être beaucoup plus stables comme prix.

M. Alfred Naquet. Il ne s'agit pas de stabilité, mais de facilité de négociation; car le jour où vous aurez placé les dépôts des caisses d'épargne sur une valeur de toute garantie mais qui aura un marché très restreint ou beaucoup plus restreint que le marché des rentes sur l'Etat, ce jour-là, quand vous aurez un afflux de demandes de remboursement et que vous serez obligés de jeter un grand nombre de titres sur le marché, ne trouvant pas une contre-partie égale à celle que vous trouvez pour les rentes sur l'Etat, vous produirez des mouvements de baisse infiniment plus étendus et vous exposerez, par suite, l'Etat à des pertes énormes auxquelles vous ne l'exposeriez pas en ayant de ses propres rentes, lesquelles sont toujours facilement négociables, en dehors de circonstances tout à fait extraordinaires et exceptionnelles.

J'ai entendu très souvent les orateurs qui se sont succédé à cette tribune venir nous dire que le placement en rentes d'Etat avait l'immense inconvénient de fausser le cours de la rente, de fausser, par conséquent, l'étiage de notre crédit public. Eh bien! je vous l'avoue, c'est un argument que je ne suis jamais parvenu à comprendre. Je ne vois pas très bien, d'abord, comment le cours pourrait être faussé, et je ne vois pas davantage où serait l'intérêt d'un pays comme la France d'avoir des cours peu élevés, quand ce pays a une dette aussi considérable que la sienne, quand il est appelé à faire de grandes opérations de conversion, opérations nécessaires, car c'est, à l'heure actuelle, le seul moyen pour nous de diminuer l'importance de la dette et de créer, sans recourir à de nouveaux impôts ni à l'emprunt, les ressources nécessaires pour faire face aux dépenses toujours nouvelles qui sont inséparables de tous les progrès dans tous les pays. Un pays comme la France, qui a de telles opérations financières devant elle, et dont le grand livre de la dette publique n'est pas nécessairement et à toujours fermé, a le plus grand intérêt à voir le cours de la rente aussi élevé que possible, et d'ailleurs, depuis quand aucun Etat a-t-il peur du relèvement de son crédit? Je regarde, de l'autre côté de la Manche, l'Angleterre; qu'a-t-elle fait?

Elle a obligé à placer, à immobiliser en rentes sur l'Etat les capitaux des fondations hospitalières, des universités, etc., etc., si bien que les consolidés anglais sont à ce point raréfiés qu'à l'heure actuelle c'est à peine si, dans les crises les plus graves, il y a quelques centimes de variation sur les fonds nationaux anglais.

Aux Etats-Unis, de l'autre côté de l'Atlantique, qu'ont fait les Américains en vue de faire monter leurs fonds d'Etat? Ils ont obligé toutes les banques d'émission à avoir en portefeuille, et en représentation de la valeur du billet de banque émis par elle, des fonds d'Etat américains, et c'est de la sorte que le 4 p. 100 américain, qui est remboursable en 1910 ou 1915, je ne me rappelle plus exactement la date, et remboursable à 100 fr., vaut en ce moment 130 francs, ce qui équivaut à peine à un intérêt de 2 p. 100. Les Etats-Unis n'ont pas eu peur de cette hausse de leurs fonds d'Etat et ils ont même trouvé là le moyen de faire des conversions fructueuses et d'amortir leur dette. L'Etat français est le premier qui ait peur de la hausse des fonds publics. Quant à prétendre que les cours sont faussés, je le répète, c'est une affirmation que je ne comprends pas.

Vous avez un certain nombre d'épargneurs qui apportent à la caisse d'épargne leurs économies, et cela, alors qu'il leur serait tout aussi bien loisible d'acheter des obligations de chemins de fer, de la rente, des valeurs industrielles; mais le crédit public de la France est le seul dans lequel ils aient une confiance absolue. (*Bruit de conversations*).

Messieurs, je vous demanderai un peu d'attention; la question que nous discutons est très importante, elle offre un grand intérêt social et je ne puis me faire entendre dans le bruit des conversations particulières. (*Parlez! parlez!*)

Je disais que les épargneurs qui prêtent leur argent aux caisses d'épargne démontrent par cela même qu'ils ont plus de confiance dans le crédit de l'Etat français que dans tous les autres qui s'offrent à eux. J'ai donc le droit d'en inférer que si les caisses d'épargne n'existaient pas, c'est en 3 p. 100 français que ces épargneurs placeraient leurs économies, puisque c'est encore au crédit de l'Etat qu'ils s'adresseraient ainsi. Mais alors en quoi la hausse des rentes est-elle faussée ? Que ces économies arrivent directement aux rentes par le canal des agents de change, par celui de la Bourse, ou, en ne payant pas de courtage, par l'intermédiaire des caisses d'épargne, qu'importe! C'est toujours la même chose. J'ajoute même que si quelqu'un tend à fausser les cours, c'est vous-même, vous commission, mais dans le sens de la baisse, et la démonstration en est facile.

Comment! voilà des épargneurs qui n'ont confiance que dans le crédit de la France, qui vous le prouvent en portant leurs économies aux caisses d'épargne, alors qu'ils les pourraient porter partout ailleurs, et quand les caisses ont reçu leurs économies, elles leur disent : Comme vous n'avez confiance que dans le crédit de l'Etat, si nous n'existions pas, c'est en rentes que vous placeriez votre avoir; eh bien, nous, arbitrairement, au lieu de placer vos fonds en rentes sur l'Etat, nous allons les immobiliser en prêts à l'agriculture, en actions de sociétés pour la construction de maisons à bon marché ou toutes autres valeurs, en emprunts aux départements, aux communes, en valeurs enfin qui n'ont pas de marchés et qui sont difficiles à réaliser à un moment donné.

Je dis alors que, contrairement à la volonté de vos déposants, vous allez donner à leurs capitaux un cours autre que celui qu'ils entendent leur donner eux-mêmes, et que si vous enrayez par ce moyen les cours toujours montants des rentes publiques, vous faussez les cours vous-mêmes; seulement vous les faussez à la baisse, au lieu de les fausser en hausse; vous faites précisément ce dont vous nous accusez injustement.

Enfin, j'ajoute que par la liberté très grande que vous accordez à un certain nombre de caisses d'épargne en vertu de ces articles 11 à 17, qui ont été repoussés en 1re délibération par la Chambre, mais que la commission reprend actuellement, vous nous exposez à des immobilisations encore plus dangereuses.

Je trouve donc dans le projet actuel, tel qu'il vous est apporté par la commission, un danger très grand. Je trouve que le projet de la commission méconnaît le principe fondamental de toutes les institutions de dépôts, et, quelque hommage que je rende à la pensée très élevée, très féconde, des auteurs de la proposition sur laquelle nous délibérons en ce moment, quelques dispositions avantageuses que le projet renferme; je le répète, si vous n'acceptiez pas un moyen que je crois avoir trouvé — je m'illusionne peut-être, vous le direz — d'en concilier les avantages avec les inconvénients, il me serait impossible de voter le projet actuel.

Mais, messieurs, bien que je vienne de faire valoir devant vous les motifs qui s'opposent, dans ma pensée, à ce que je puisse voter le projet tel qu'il est, est-ce à dire que le projet ne contienne rien de bon et qu'au moins les aspirations auxquelles il répond ne soient pas excellentes? Loin de moi une pareille pensée! Je rends hommage à la commission, à l'esprit qui a inspiré les auteurs des diverses propositions qui ont abouti à son rapport; je rends hommage, notamment, à l'exposé des motifs, dont j'ai parlé tout à l'heure, du remarquable projet qu'avait déposé en 1889 mon honorable ami M. Lockroy. Il avait été mu par cette pensée qu'en présence d'une classe privilégiée qu'on désigne souvent sous le nom de féodalité financière et qui détient un chiffre de capitaux, élevé sans doute, mais inférieur à celui de l'ensemble du pays, il y avait lieu de grouper la petite épargne. Et s'il était permis, après qu'un esprit aussi lucide et aussi net que celui de M. Lockroy a exprimé sa pensée, d'y ajouter quelque chose, je ferais devant vous une comparaison.

Les capitaux de la classe privilégiée dont nous parlons, classe dont il n'entre pas dans ma pensée de méconnaître les services, mais dont j'ajoute immédiatement que ces services ne doivent être rémunérés qu'autant qu'ils sont utiles et que le jour où, par une organisation des petits capitaux, nous aurons trouvé le moyen de nous pas ser d'eux, nous n'aurons plus besoin de les rémunérer, les capitaux de la féodalité financière, dis-je, vis-à-vis des petits capitaux de la masse de nos concitoyens, me paraissent semblables à une petite armée disciplinée et manœuvrière vis-à-vis d'une foule indisciplinée et mal armée. Organisons cette foule actuellement indisciplinée et mal armée des petits capitaux, faisons-en une armée nationale de l'épargne française, et devant cette armée, je défie bien la haute banque, si puissante qu'elle soit, de résister. Nous aurons alors entre nos mains un outil d'affranchissement de la démocratie française.

Voilà quelle était l'idée de M. Lockroy, l'idée de M. Hubbard, et voilà quelle est encore l'idée de la commission, et à cette idée je rends un hommage profond.

Je voudrais même y ajouter quelque chose que les auteurs des diverses propositions n'ont pas dit. A l'heure où nous sommes, nous nous occupons tous de ce qu'on est convenu d'appeler la question sociale et de ce que — d'accord en cela avec Gambetta — je préférerais appeler les questions sociales. Ces questions nous préoccupent, nous obsèdent; elles prennent le pas sur toutes les autres.

Je vois dans la loi qui vous est actuellement soumise une solution de cette question sociale, ou tout au moins un commencement de solution qui est déjà de la plus haute gravité et de la plus haute importance; et c'est pourquoi je me permettais tout à l'heure de dire à la Chambre que la question était très haute et que j'avais le droit, à ce point de vue, d'appeler toute son attention, et son attention la plus bienveillante.

L'espèce humaine — permettez-moi cette digression — se distingue — et c'est là ce qui fait sa grandeur et sa force — des autres espèces qui couvrent le globe parce qu'elle n'est ni entièrement individualiste, comme certaines espèces animales, ni entièrement collectiviste et communiste, comme certaines autres.

Il y a chez l'homme un sentiment profond de l'esprit communautaire, qui fait qu'il est absolument incapable de concevoir l'existence en dehors de la société.

Mais il y a en même temps un sentiment profond de la liberté individuelle, de l'initiative, de la responsabilité individuelles; et ces deux instincts sont si bien gravés dans le cœur de chacun de nous, que lorsque les uns nous proposent d'abandonner cet esprit d'initiative, de liberté individuelle, cet esprit de personnalité pour nous fondre dans un communisme quelconque, ou quand d'autres nous disent: Ne pensez pas aux associations générales, ne pensez pas à l'action collective de la société; bornez-vous à l'action individuelle; aux uns comme aux autres nous répondrons : « Plutôt que de renoncer soit à l'action sociale, soit à l'initiative individuelle et à la personnalité humaine, nous préférerions la mort. »

Voilà ce que peuvent les sociétés humaines, voilà ce qui fait la grandeur et la gloire de l'humanité et ce qui fait en même temps l'insuffisance des écoles spéciales qui ne voient qu'un seul côté de la question, dont les unes ne voient que le côté social et se lancent dans le collectivisme, tandis que les autres ne voient que le côté individuel et s'abandonnent au laisser-faire, au laisser-passer absolu.

« Mais, me direz-vous, messieurs, où est donc la solution? »

La solution est complexe et je n'ai pas la prétention de vous l'apporter tout entière en quelques minutes, ce serait une outrecuidance qui n'est pas mon fait; mais je crois qu'on peut poser en principe que l'idéal vers lequel nous nous acheminons est de confondre de plus en plus la fonction de capitaliste avec celle de travailleur, c'est de faire en sorte que chaque capitaliste soit son propre ouvrier et chaque ouvrier son propre capitaliste. Je ne dis pas que nous y arriverons jamais d'une façon complète, c'est là un idéal qu'on peut comparer aux asymptotes mathématiques. La péréquation du capital et du travail, c'est un de ces buts-limites vers lesquels on ne peut s'acheminer d'une manière constante qu'à la condition de ne les atteindre jamais définitivement; mais enfin c'est un but fécond vers lequel nous devons tous les jours évoluer en nous en rapprochant de plus en plus.

Cela ne veut pas dire que je fasse tenir toute la question sociale dans le fait de la coopération, que je demande que nécessairement chaque ouvrier soit propriétaire de son outil propre, qu'il soit capitaliste de l'usine, de l'entreprise dans laquelle il fonctionne comme ouvrier; pas du tout! Ce que je désire, ce que je veux, c'est que chacun participe à la rémunération du capital social, à cette rémunération que Karl Marx dans son langage allemand appelait le sur-travail, et participe en même temps au travail nécessaire et, par conséquent, à la rémunération de ce travail nécessaire.

Il importe peu que celui qui travaille dans une industrie soit capitaliste dans une autre. Pourvu que les deux éléments se trouvent réunis et que chacun participe au travail social et à la rémunération du capital social, je pense que le but est atteint et que l'ouvrier et le capitaliste se confondent dans une seule et même fonction.

Eh bien, messieurs, il s'est produit un phénomène des plus singuliers, des plus curieux. A la veille de la Révolution de 1789, l'industrie n'existait pour ainsi dire pas encore; le vrai capital, c'était la terre. La Révolution a supprimé le majorat, les substitutions, elle a établi la loi de l'égalité dans les successions, et le résultat a été que, dans un temps relativement très court, la terre s'est divisée à l'infini et qu'elle continue tous les jours à se diviser de plus en plus.

M. Jourde. Tant pis!

M. Alfred Naquet. Vous avez peut-être raison. Je crois comme vous que, si la division de la propriété a du bon, elle a aussi du mauvais. Il faudra arriver un jour à concilier les avantages de la petite propriété avec ceux de la grande par l'association. Il n'en est pas moins vrai que le capital-terre a pu se démocratiser par le seul fait de la division individuelle, et, pendant que ce grand phénomène social se produisait, nous assistions dans l'ordre industriel et commercial à un mouvement absolument opposé.

Avant la Révolution, l'industrie et le commerce étaient divisés, décentralisés.

Aujourd'hui nous marchons à la constitution d'une grande centralisation industrielle et commerciale, d'une véritable aristocratie, d'une féodalité nouvelle, industrielle, financière et commerciale.

M. Jourde. Nous marchons au collectivisme!

M. Alfred Naquet. A quoi tient cette dissemblance entre l'évolution humaine en ce qui concerne la terre, et l'évolution humaine en ce qui concerne l'industrie.

Cela tient au machinisme d'abord et cela tient surtout à ce que la terre est un instrument de travail toujours complet par lui-même. Il peut être grand, il peut être petit; mais c'est toujours un instrument complet. Une propriété d'un demi-hectare produit naturellement moins qu'une propriété de 200 hectares; mais elle n'en est pas moins un outil absolument complet entre les mains du travailleur qui la fait valoir. Vous ne pouvez pas diviser l'usine de la même manière. Prenez une usine métallurgique : cherchez à séparer le haut fourneau du four à puddler, le four à puddler du marteau-pilon, le marteau-pilon du laminoir, vous n'aurez plus une usine; vous aurez quelques morceaux de briques ou de fer absolument sans valeur.

M. Jaurès. Comme si on coupait un homme en morceaux!

M. Alfred Naquet. Comme si on coupait un homme par morceaux, c'est exact.

Par conséquent, la division de l'industrie sous cette forme n'est pas possible. Et alors, comme il fallait cependant que l'évolution nationale suivit son cours, il s'est produit un phénomène nouveau : ce sont les sociétés par actions qui ont permis, tout en laissant subsister l'unité de l'usine ou même l'unité du commerce — car le commerce s'est modelé sur l'industrie — de diviser cependant à l'infini la valeur de l'établissement de commerce ou de l'usine et de permettre, par cela même, la division de la propriété mobilière comme les lois de 1789 avaient permis la division de la propriété foncière. Mais alors, me demanderez-vous, puisque la société a entre les mains cet instrument de division, pourquoi donc assistons-nous à la concentration des capitaux, et à ce phénomène de reconstitution d'une féodalité, alors que nous assistons au phénomène inverse pour les terres? La raison en est on ne peut plus simple. Lorsqu'un paysan, après avoir engraissé la terre de ses sueurs, vient avec ses économies longuement et péniblement amassées, acheter un petit lambeau de cette terre, il la connaît, il sait ce qu'il achète : il sait qu'il ne sera pas trompé, il sait que son économie est bien placée. Mais comment voulez-vous que l'ouvrier épargneur connaisse les valeurs multiples, innombrables, qui se pressent sur le marché des valeurs? Il ne les connaît pas. Il n'a, pour se renseigner, que les articles des journaux, qui prônent indistinctement les bonnes et les mauvaises valeurs, les mauvaises souvent de préférence aux bonnes, parce qu'elles ont plus besoin d'être prônées. Il n'a pour se renseigner, en dehors de la presse, que les indications de cette finance véreuse, de dixième ou de quinzième ordre, qui agit également de préférence en faveur des mauvaises valeurs.

Et alors nous assistons à ce spectacle déplorable, qui décourage l'épargne, qui décourage le travail, qui appauvrit la France: c'est que, au fur et à mesure que l'ouvrier, en se privant presque du nécessaire, est arrivé à réaliser quelques économies et qu'il veut les placer, il se trouve immédiatement en présence de ces écumeurs financiers qui les drainent, les absorbent, les accaparent. Par suite de ce fait, le travail économique de cet ouvrier ressemble à Sisyphe dont le rocher s'écroulait toutes les fois qu'il était arrivé au sommet de sa course. (Très bien! très bien!)

C'est pour cela que, il y a deux ans, dans un petit volume sur la question sociale, que j'ai appelé le *Socialisme collectiviste libéral*, examinant ce côté de la question sociale, j'ai écrit que la solution gît en grande partie dans la découverte d'un système de garantie qui empêche l'épargneur, le travailleur ignorant, de voir perpétuellement ses épargnes drainées par les financiers de bas étage.

Mais j'avoue que cette garantie, je ne l'avais pas trouvée. Le travail de M. Lockroy me l'a fournie et c'est, en effet, dans les placements des caisses d'épargne qu'en ce moment elle apparaît à mes yeux. C'est dans la substitution d'une administration prudente, éclairée, intelligente à l'administration de chacun des épargneurs en particulier, c'est dans l'emploi par cette gestion nouvelle des capitaux de tous que je fonde la garantie que je cherchais.

Ainsi donc, messieurs, le placement par les caisses d'épargne en ces emplois variés que le projet vous apporte, emplois auxquels on pourrait en adjoindre bien d'autres — car je ne vois pas pourquoi ces placements n'iraient pas aux chemins de fer, aux mines, à la Banque, et n'aboutiraient pas à ce résultat que tous les grands services publics, dans un temps donné, plus ou moins long, deviendraient la propriété de la nation laborieuse de la France...

M. Jourde. C'est la théorie du collectivisme appliqué à la socialisation des capitaux.

M. Alfred Naquet. Je ne le crois pas, mon cher collègue.

M. Jourde. Mais si ! puisque vous reconnaissez que le capital individuel est impuissant et que, pour être utilisé, il faut qu'il soit socialisé.

M. Alfred Naquet. Je vous ai dit tout à l'heure qu'il y avait un côté communiste et un côté individualiste dans l'homme, et que je n'adhérais pas plus au laisser-faire et au laisser-passer qu'au communisme absolu.

Je reprends mon raisonnement.

Je me trouve maintenant en présence d'une redoutable antinomie : D'un côté, je vois une réforme puissante, qui est appelée, si elle est faite dans de bonnes conditions, à transformer peut-être notre société française et à donner la dernière consécration à notre démocratie en faisant, à côté de la démocratie politique que nous avons déjà, la démocratie économique à laquelle nous aspirons tous. Je vois donc là une réforme énorme et féconde, et je désire ardemment la voir réaliser. Mais je me trouve, je le répète, en présence d'une antinomie redoutable; car si, d'une part, je vois dans le placement libre de l'épargne une solution de la question so-

diale qui nous préoccupe et nous obsède, d'un autre côté, je me rappelle les considérations que je vous ai soumises au début de mon discours. Je ne puis oublier que les caisses d'épargne sont des caisses de dépôt, qui sont astreintes, assujetties à toutes les lois qui s'imposent à toutes les sociétés de dépôt; que les déposants qui vous apportent leurs économies ne vous les apportent pas pour commanditer des entreprises agricoles ou industrielles; ils vous les apportent comme ils les apporteraient au Crédit lyonnais ou à la Société générale; ils vous préfèrent aux autres sociétés de crédit parce que votre crédit est plus élevé, parce que vous leur servez un intérêt plus considérable; mais enfin les déposants vous apportent leur argent pour qu'il soit garanti, en attendant le moment où ils pourront s'en servir autrement, et à la condition que vous le leur rembourserez quand ils en auront besoin.

Vous n'avez donc pas le droit, quelque grandes et fécondes que soient vos aspirations, de détourner ces dépôts du but qu'avaient les déposants en vous les confiant et de les faire servir à des commandites qui n'étaient pas dans l'esprit de ceux qui vous ont apporté ces fonds.

Mais, alors, nous nous trouvons en présence d'une contradiction économiques Cette contradiction économique est-elle insoluble ?

Hégel a dit que, toutes les fois qu'une idée développe ses conséquences en deux séries absolument contradictoires, il y a lieu d'attendre le développement d'une nouvelle idée, d'une synthèse, qui résout l'antinomie en faisant disparaître la contradiction. Pouvons-nous résoudre l'antinomie que je viens d'exposer ? Pouvons-nous faire disparaître la contradiction dans la question des caisses d'épargne ? Je le crois, et c'est cette solution que je me permets de vous apporter aujourd'hui.

Vous me reprocherez peut-être de ne pas vous avoir présenté cette solution plus tôt. C'est que j'y ai réfléchi beaucoup et que je ne l'ai conçue que ces jours-ci. Je ne pouvais pas vous la soumettre avant de l'avoir conçue moi-même, et cependant c'est une idée bien simple; c'est l'œuf de Christophe Colomb. Je n'avais qu'à me rendre à la Société générale ou au Crédit lyonnais, je l'y aurais trouvée; elle y est appliquée tous les jours. Seulement je n'y avais pas songé, pas plus probablement que mes collègues puisqu'aucun d'eux n'a encore présenté l'amendement que je développe en ce moment.

Dans cet amendement, je propose de diviser en deux séries les dépôts faits aux caisses d'épargne, séries que j'appelle arbitrairement série A et série B.

Dans la série A, pour laquelle, prenant les chiffres de la commission, je fixe le maximum des dépôts à 1,000 fr., je place tous les dépôts dont les propriétaires auront déclaré vouloir être remboursés, non à vue, mais à courte échéance, et suivant les conditions indiquées à l'article 3 du projet de la commission.

A côté de cette série A, qui constituerait alors la véritable banque de dépôt, j'établis ce que j'appelle la banque commanditaire, la série B, où, sur la volonté exprimée des déposants, il serait convenu, par stipulation spéciale, que les dépôts resteraient engagés pour une durée plus ou moins considérable. J'ai indiqué cinq ans dans mon amendement; on pourrait prendre trois ans ou quatre ans, peu importe; mais enfin, il serait entendu que les dépôts placés dans cette série B ne seraient plus remboursables à vue.

J'admets, pour cette seconde série, un maximum plus élevé que celui de la première. Je fais même à cette seconde série certaines bonifications d'intérêt, sur lesquelles je ne m'arrête pas en ce moment, parce que si la Chambre prend mon amendement en considération, ce sera à la commission qu'il appartiendra de le discuter et de voir dans quelles conditions il sera possible de le mettre sur pied.

J'accorde donc aux dépôts de la série B certaines bonifications d'intérêt, comme cela se fait dans toutes les sociétés de dépôt, et je suis convaincu que nous n'aurons pas de peine — surtout si nous permettons aux déposants actuels de venir déclarer qu'ils optent pour l'une ou l'autre série — à trouver très rapidement les 500 ou 600 millions qui, au dire des auteurs de la proposition actuelle, seraient aujourd'hui nécessaires pour former l'outillage démocratique de ce pays.

Et quand d'autres besoins se manifesteront, je sais très bien que le mouvement qui s'est opéré depuis des années continuera à se produire et que les 600 millions ne manqueront pas d'être dépassés et dépassés rapidement; il sera très facile de faire face à ces nouveaux besoins.

Tel est l'amendement que je vous apporte et que je soumets à vos appréciations. Je crois que si vous l'adoptez vous maintiendrez les caisses d'épargne, en tant qu'institutions de dépôts, dans la règle, la loi, la norme qui s'imposent à toutes les institutions de ce genre, et que vous ferez disparaître tous les dangers, quels qu'ils

soient, qui résultent du projet qu'on vous propose de voter.

Je pense, d'autre part, que vous donnerez une satisfaction entière et complète à cette idée absolument juste, absolument démocratique, qui, en organisant comme je viens de l'indiquer l'armée nationale de la petite épargne, permettra de commanditer une série d'entreprises fructueuses et de mettre l'outillage national entre les mains de la démocratie française.

Voilà ce que je propose.

Je laisse naturellement à la Chambre le soin de décider si je me suis trompé ou si mon idée est juste. En ce qui me concerne, je la crois juste et j'espère, dans tous les cas, que pour épargner un ou deux jours de discussion tout au plus, — car si le principe de mon contre-projet était adopté, un ou deux jours suffiraient à la commission pour remettre la loi sur pied, — vous ne voudrez pas empêcher l'examen d'une réforme qui serait aussi utile et aussi féconde. (*Très bien! très bien!*)

M. le président. La parole est à M. le rapporteur.

M. Aynard, *rapporteur*. Messieurs, il y a bientôt trois ans que la proposition de M. Hubbard a été déposée sur le bureau de la Chambre; il y a à peu près le même laps de temps que le projet du Gouvernement nous a été présenté; il y a deux ans que la commission des caisses d'épargne a déposé son rapport, et enfin il y a plus de sept mois que la loi a été votée en 1re lecture. L'honorable M. Naquet a attendu jusqu'à ce matin pour déposer son contre-projet.

Je ne me plains nullement de ce procédé; je crois volontiers aux réflexions très prolongées et très consciencieuses de l'honorable M. Naquet; mais il me permettra de lui dire que, dans ces conditions, il n'a pas été possible à la commission de statuer sur son contre-projet.

Je dois dire cependant qu'après l'examen sommaire qu'elle en a fait, la commission ne croit pas que ce contre-projet puisse être accepté. Mais, avant d'exposer très brièvement les raisons qui ont déterminé la commission, je demande la permission à la Chambre et à M. Naquet lui-même de ne pas répondre à toute la partie théorique du discours de notre honorable collègue.

M. Naquet résout d'une façon très originale et très ingénieuse la question sociale.

Je ne crois pas que la commission des caisses d'épargne ait reçu mission de le suivre dans cette voie; si telle avait été

[...] vous lui auriez imposé une [tâche] au-dessus de ses forces, et depuis longtemps elle y aurait succombé.

Quant à moi, si j'avais à résoudre cette question, ce serait par des moyens tellement simples que je n'oserais pas les opposer à ceux que propose M. Naquet ; ils se résument dans ces deux termes : liberté et progrès par la justice.

La commission n'a pas à se plaindre de la façon dont M. Naquet a traité ses travaux. Il m'a même semblé que nous étions beaucoup plus d'accord avec lui que lors de la première discussion ; il m'a semblé notamment qu'il s'était fortement rapproché de nous, car dans la première discussion il m'avait paru « très étatiste » — s'il m'est permis d'employer la langue socialiste qui est un peu barbare comme la chose.

M. Jourde. La chose n'a rien de barbare !

M. le rapporteur. Maintenant, je ne voudrais pas faire de la peine à M. Naquet. Il s'est montré très libéral... (On rit.)

M. Alfred Naquet. A la condition que vous acceptiez mon amendement !

M. le rapporteur. Mais c'est déjà très bien, monsieur Naquet ! Vous acceptez notre principe, vous vous bornez à mettre quelques conditions à cette acceptation. Au contraire, dans la première discussion vous repoussiez notre principe. Par conséquent, la commission ne peut que vous remercier de l'adhésion que vous apportez à son projet.

M. Naquet, par son contre-projet, accepte donc, sous certaines conditions qu'il a retracées lui-même, toute la liberté, toute la décentralisation que nous voulons donner à un certain nombre de caisses d'épargne. Il a ajouté des choses fort justes sur le rôle des caisses d'épargne et

Il a dit, comme j'avais eu l'honneur de le faire observer déjà à la Chambre au cours de la première discussion, que les caisses d'épargne n'étaient pas autre chose que des banques de dépôts et que, par conséquent, elles étaient soumises à toutes les lois qui régissent les banques de dépôts.

C'est absolument juste ; rien n'est plus certain et rien n'est plus raisonnable que cette observation de M. Naquet. Mais de là notre honorable collègue part pour nous apporter un contre-projet. Peut-être le mot « contre-projet » est-il un peu ambitieux, et M. Naquet certainement souffrira que je trouve que son contre-projet ne fait que modifier sur deux ou trois points secondaires le projet de la commission.

Ainsi, messieurs, si votre commission introduisait dans un article du projet de loi qu'elle a l'honneur de soumettre une seconde fois à votre discussion la faculté pour les caisses d'épargne de recevoir des dépôts à terme, et si dans un autre article, celui qui concerne la graduation, elle disait que les dépôts à terme pourraient jouir d'un taux d'intérêt plus favorable, elle aurait introduit dans la loi les deux principes de l'amendement de M. Naquet. Nous sommes bien d'accord. Effectivement, M. Naquet se borne à instituer deux grandes divisions de dépôts. Il y a les dépôts qu'il appelle les dépôts A, qui ne seraient pas autre chose que les dépôts payables à vue, et puis les dépôts B ; cette dernière division comprendrait les dépôts qui ne seraient pas payables à moins de cinq ans de date.

C'est ici que je reconnais les idées anciennes de M. Naquet. Il constitue pour ces dépôts B une sorte de prison d'Etat ; il leur dit : Vous entrerez dans la Caisse des dépôts et consignations et vous y resterez cinq ans, ni plus ni moins.

M. Alfred Naquet. Je suis disposé à vous faire des concessions sur le terme. (Exclamations.)

M. le rapporteur. Ah ! vous faites encore des concessions ? je vous remercie beaucoup. (On rit.) Mais si sur votre contre-projet il faut à tout instant prendre connaissance de nouvelles conditions ou de nouvelles concessions, vous comprendrez qu'il sera bien difficile à la Chambre de le discuter. (Très bien !)

M. Alfred Naquet. J'ai dit tout à l'heure qu'il fallait bien assigner délai, parce que je voulais des dépôts à long terme ; mais si vous préférez trois ou quatre ans au lieu de cinq, ou six, ou sept, je n'y vois aucun inconvénient.

M. le rapporteur. Je n'ai pas oublié l'expression très particulière employée l'autre jour par M. Naquet, lorsqu'il exposait son système de l'impôt des patentes et qu'il parlait de la force coercitive contraignante de l'Etat. Or, d'après la pratique des affaires telle que nous la possédons, il est incontestable que pour amener les déposants à laisser leur argent dans la Caisse des dépôts pendant cinq ou sept années, il faudrait employer une sorte de coercition. Et quels avantages donnez-vous à ce second ordre de déposants ? Si l'on pouvait établir cette catégorie, ce serait précieux, car nous pourrions avoir en contre-valeur de cette sorte de dépôts des valeurs excellentes mais constituant une immobilisation certaine. Mais que leur donnez-vous à ces déposants pour cinq ans afin de les attirer ? Rien, c'est-à-dire tout simplement l'intérêt qu'ils reçoivent actuellement.

M. Alfred Naquet. Et aussi l'augmentation du maximum des dépôts!

M. le rapporteur. Parfaitement. Mais enfin vous ne leur donnez rien comme supplément d'intérêt, et, puisque vous raisonnez avec tant d'art les règles essentielles qui président au gouvernement des sociétés de dépôts, vous auriez dû ne pas oublier que, lorsqu'on consent des dépôts à une aussi longue échéance, c'est pour recueillir un certain avantage. Or, cet avantage, vous ne le créez pas; je crois donc que vous n'aurez absolument personne dans cette catégorie de déposants, en raison du délai de cinq ans, alors même que vous le réduiriez à quatre ans ou à trois ans, car ce sera toujours une obligation à laquelle on ne voudra pas se soumettre.

Si nous passons aux dépôts à vue, nous nous trouvons en face de conséquences que la Chambre doit sérieusement peser avant de se prononcer sur votre contre-projet. En effet, vous réduisez de 1/2 p. 100 le taux de l'intérêt des déposants qui veulent s'obstiner à rester dans la catégorie A, c'est-à-dire parmi les déposants à vue.

Messieurs, je considère qu'à cet égard la proposition de M. Naquet peut être qualifiée d'imprudente. Ceux d'entre vous — et c'est évidemment l'immense majorité — qui ont bien étudié le projet de loi ont dû remarquer qu'au moyen de certaines dispositions et surtout par le double jeu de la réserve de la Caisse des dépôts et consignations et de celle des caisses privées, nous abaissons considérablement le taux de l'intérêt. M. Naquet voudrait-il, après de telles mesures, diminuer encore de 1/2 p. 100 le taux de l'intérêt, c'est-à-dire le ramener aux alentours de 2 p. 100, tandis qu'il y a un an les déposants touchaient encore 3,50 à 3,75 p. 100?

La commission considérerait cette mesure, si elle était acceptée, comme extrêmement dangereuse... Et enfin, il nous resterait à demander à M. Naquet à qui profiterait cette nouvelle retenue de 1/2 p. 100?

Messieurs, je suis convaincu que, bien que ce soit très éloigné des intentions de M. Naquet, cette mesure ne serait pas favorable aux petits déposants, que la loi veut avant tout favoriser et sauvegarder, et que, s'il y avait quelques déposants dans la catégorie B, ce seraient les gros déposants, tandis que les petits resteraient tous dans la première catégorie: celle des dépôts à vue, à laquelle l'honorable M. Naquet inflige une sorte d'amende de 1/2 p. 100 sur le taux d'intérêt. (*C'est vrai! Très bien!*)

Je crois donc que votre commission sera dans l'impossibilité d'accueillir le contre-projet de l'honorable M. Naquet, et je répète que, s'il plaît à la Chambre d'adopter le principe qui l'inspire, il sera très facile, au cours de la discussion, de déposer des amendements sur les deux articles dont je parlais tout à l'heure.

Messieurs, je crois devoir borner là mes observations. Lors de la 1re lecture de la loi, il s'est institué un très grand débat général dans lequel nous avons pu aborder tous les ordres de considérations. A cette discussion ont pris part MM. Piou, Henri Germain et Pelletan, sans compter les membres de la commission, et les opinions les plus hardies y ont été développées.

Au moment où nous parlions nous avions toute liberté pour étudier la question des caisses d'épargne dans toute son ampleur et dans tous ses détails.

Aujourd'hui, ce que nous avons dit lors de la 1re lecture se trouve en partie justifié. Il a suffi d'une très légère émotion du public pour que cette question des caisses d'épargne causât de nouveau de sérieuses préoccupations touchant au crédit public.

Ces préoccupations, messieurs, paraissent justifiées pour les esprits superficiels, elles ne le sont pas pour ceux qui voient le fond des choses, qui veulent voir le problème tel qu'il se pose.

Ce problème n'est pas celui de la mise en question à un degré quelconque du crédit public; le crédit national est au-dessus de toute discussion. Le problème qui se pose devant nous c'est celui d'une autre organisation du crédit public, en tant qu'il est intéressé dans les caisses d'épargne; c'est aussi celui de l'intérêt des déposants et c'est enfin celui d'un emploi meilleur, plus économique, plus fécond pour la richesse du pays, de tous les dépôts qui sont faits dans les caisses d'épargne.

Et si lors de la 1re lecture de la loi nous avions, par les raisons que je vous disais tout à l'heure, toute liberté de discuter, nous avons maintenant le devoir de discuter avec la même franchise mais peut-être en élaguant de ce débat tout ce qui pourrait soulever des inquiétudes qui sont absolument sans objet actuel.

C'est pourquoi il me semble fort utile de revenir d'un mot sur le discours qui a été prononcé à cette tribune par l'honorable M. Tirard, lorsque le Gouvernement vous a demandé de voter une loi de répression contre ceux qui ont mené la campagne abominable que vous savez.

A ce moment, messieurs, l'honorable M. Tirard a apporté ici certains chiffres pour montrer combien la force d'organisation des caisses d'épargne était plus considérable que ne le croyait le public et pour établir qu'elle était assise sur une fortune trop ignorée.

Je rends cette justice à l'honorable ministre des finances, qu'il n'a pas outré les chiffres; il a poussé le scrupule jusqu'à les diminuer. Lorsque M. Tirard a rappelé cette fortune latente des caisses d'épargne provenant de la plus-value de leur portefeuille, il a parlé — si ma mémoire me sert bien — de 500 ou 550 millions.

En réalité, cette fortune est plus considérable : d'abord parce qu'au moment où M. Tirard parlait, nous étions sous le coup d'une légère crise de Bourse qui avait fait rétrograder les rentes françaises de 3 ou 4 fr. En ce moment, la rente vaut 98 fr. 50 environ, c'est-à-dire qu'elle a atteint à peu près le cours le plus élevé qu'elle ait jamais connu. Cependant — il faut le dire en passant — la Caisse des dépôts et consignations n'achète pas de la rente; elle en a plutôt vendu, et elle a bien fait.

En calculant au cours du jour la valeur du portefeuille des caisses d'épargne, on constate que la plus-value sur ce portefeuille représente 598 millions; la réserve des caisses ordinaires à la Caisse des dépôts et consignations, 47 millions et demi. Quant à la fortune personnelle des caisses d'épargne au 31 décembre 1892, elle est de 87 millions environ ; la plus-value sur les rentes de la fortune appartenant à ces caisses est d'au moins 12 millions — si j'en croyais le rapport officiel de M. le ministre du commerce, cette plus-value atteindrait 20 millions; — enfin la caisse postale a une dotation de plus de 3 millions. Tout cela, totalisé, donne 747 millions de réserve, c'est-à-dire que les déposants aux caisses d'épargne sont couverts non seulement par cette garantie générale de l'État, qui vaut mieux que tout...

M. Balsan. On vous rappellera cela!

M. le rapporteur. ...mais encore par un portefeuille et par un ensemble de fortunes qui représentent outre le montant de tous les dépôts, une énorme réserve équivalant à 20 p. 100, soit au cinquième de leur importance !

Ces chiffres doivent être connus du pays; ils ne doivent pas vous empêcher de voir la situation des caisses d'épargne telle qu'elle est; leur organisation, très défectueuse, qui appelle des réformes profondes; mais, au point de vue de la sécurité elles défient toute comparaison avec les premières caisses d'épargne du monde. J'ai feuilleté je ne sais combien de comptes rendus des caisses d'épargne étrangères, je n'en connais aucune qui ait 20 p. 100 de réserves. Cependant voilà la magnifique situation des nôtres. (*Très bien! très bien!*)

M. Jacques Piou. C'est très vrai ! C'est pour cela qu'il ne faut pas y toucher.

M. le rapporteur. La loi que nous discutons a précisément pour objet d'y toucher, non pas au point de vue de la sécurité, mais à celui d'une plus prompte disponibilité des fonds, et je vais vous dire à cet égard quelle est, à mon avis, la partie la plus originale de la loi, celle qui demande le plus d'attention de la part de cette Chambre: c'est celle de la répartition facultative du portefeuille. (*Très bien! très bien!*)

Nous ne voulons pas toujours considérer cette richesse de 579 millions provenant de la plus-value du portefeuille, comme ceux qui, passant au Louvre dans la galerie d'Apollon, admirent les diamants de la couronne ; nous ne voulons pas de ces richesses qui ne servent à rien. Ces millions sont les diamants de la couronne de la prévoyance. (*Très bien! très bien!*) Il faut en faire quelque chose d'utile pour la démocratie.

M. Jacques Piou. Vous voulez les vendre !

M. le rapporteur. Comme j'ai eu l'honneur de vous le faire observer dans la première discussion, vous pouvez, si le Gouvernement le veut, si les caisses privées le secondent, si elles reçoivent des primes importantes, des bénéfices assez forts pour les encourager, pour leur démontrer qu'elles peuvent, en provoquant la répartition des rentes, y trouver une fortune nouvelle, vous pouvez, dis-je, en associant les trois forces de la Caisse des dépôts, des caisses ordinaires et postales, et de leurs déposants, asseoir votre Caisse des dépôts et consignations comme sur un roc inexpugnable, lui assurer à la longue une réserve de 200 millions, donner à vos caisses d'épargne ordinaires une réserve à peu près égale, et enfin — ce qui ne s'est jamais vu dans le monde jusqu'à présent — faire que des gens liquidés soient satisfaits, c'est-à-dire que les rentiers auxquels vous aurez attribué facultativement des rentes s'en aillent contents.

C'est une chose bien dure à répéter, nous avons connu des revers. Dieu seul sait si nous n'en connaîtrons pas encore! Il ne faudrait pas que, n'ayant pas su nous servir de la magnifique situation actuelle, un jour vienne où l'on puisse dire, comme en 1848, les caisses d'épargne qui avaient de la rente à 100 fr. ont été obligées de la partager entre les déposants à 60 fr. et qu'il

en ajoutant 40 p. 100 de perte à l'État.

Nous sommes maintenant dans la situation contraire, c'est-à-dire que tout le monde peut faire un bénéfice par la répartition facultative. Ne laissons pas échapper la bonne chance! (*Très bien! très bien!*)

Nous avons la confiance, messieurs, que vous reconnaîtrez que notre projet sur les caisses d'épargne, si vous l'étudiez dans tous ses détails, convient aux circonstances présentes, parce que c'est à la fois une loi de prévoyance et une loi de liberté. (*Applaudissements.*)

M. le président. La parole est à M. Naquet.

M. Alfred Naquet. Il m'est impossible de laisser sans réponse le discours très remarquable que vous venez d'entendre.

L'honorable rapporteur a dit d'abord qu'il était enchanté de voir que je m'étais rapproché des idées de la commission et que mes opinions avaient varié depuis la 1re délibération. L'honorable rapporteur se trompe; mes opinions n'ont pas varié.

Lors de la première discussion, n'ayant pas encore conçu le moyen de faire cesser les contradictions dont je vous entretenais tout à l'heure, j'étais dans l'idée où je me trouverai dans un instant si vous repoussez mon amendement; je pensais et je penserai que, malgré toutes les conceptions, auxquelles je rends hommage, des auteurs des deux propositions et du rapporteur lui-même, il m'est impossible de voter le projet de loi.

Je disais alors que je voyais un grand danger dans cette accumulation entre les mains de l'État de l'épargne publique à l'état de simple dépôt et que, si cela dépendait de moi, j'aimerais mieux la liquidation pure et simple des caisses d'épargne. Voilà ce que je disais alors; je le répéterai tout à l'heure si vous repoussez mon amendement.

L'honorable rapporteur a ajouté:

« M. Naquet est venu résoudre la question sociale, et telle n'avait pas été la tâche dont la commission avait été chargée. »

D'abord, je n'ai pas la prétention d'avoir résolu la question sociale. J'ai simplement voulu par mon amendement aiguiller dans cette voie par un côté, absolument comme je l'ai fait, à un autre point de vue, lors de la discussion de la loi sur les patentes.

Je suis frappé de ce fait que tous les jours la Chambre, par la voix de ses orateurs les plus justement écoutés, déclare qu'elle a reçu mandat de réaliser de grandes réformes sociales; puis, quand vient en discussion un projet susceptible de produire un résultat de ce genre, aussitôt nous entendons les rapporteurs, hier M. Terrier, aujourd'hui M. Aynard, s'écrier : « Prenez garde! ce n'est pas une réforme sociale que nous faisons; nous nous bornons à introduire un peu plus de justice dans l'impôt des patentes, ou à faire un petit remaniement des caisses d'épargne. »

M. Louis Terrier. J'aurais voulu mieux faire!

M. Alfred Naquet. Je crois qu'il vaut mieux faire des réformes sociales quand on le peut; ce serait plus conforme à l'esprit de la Chambre.

M. le rapporteur affirme que les dépôts, s'ils étaient divisés en deux catégories comme je le propose, ne donneraient rien à la série B. S'ils ne donnent rien, le danger sera faible et on peut l'essayer; on ne fera courir aucun péril à l'État; tandis qu'avec le système de la commission, ce danger est très grave.

Je crois, quant à moi, que ces dépôts seront considérables; car, lorsque vous aurez limité à 1,000 fr. le maximum de la série A et à 2,000 fr. celui de la série B, et que vous aurez admis pour cette série une graduation d'intérêts; quand vous pourrez faire, avec les dépôts de la série B, des placements d'une nature plus fructueuse, qui relèvera d'autant l'intérêt des capitaux déposés dans cette série, vous obtiendrez sûrement des capitaux de cette série. S'il n'y en a pas, cela prouvera que l'expérience n'a pas réussi; mais elle ne fait courir aucune espèce de péril à l'État.

Il en serait tout autrement si vous vous engagiez dans la voie où la commission vous engage à entrer; l'État courrait alors des dangers. M. le rapporteur disait : « Prenez garde! si vous diminuez encore l'intérêt de la série A, vous allez faire fuir les dépôts. » Il s'agit des simples dépôts remboursables à vue ou à peu près; pour ceux-là j'estime que vous n'avez pas le droit de transgresser la volonté des déposants et de les faire servir à autre chose qu'à ce pourquoi ils sont déposés; j'estime que s'ils s'en vont des caisses d'épargne, ils diminueront d'autant la responsabilité de l'État, et pour ma part j'en serais enchanté.

Mon amendement aura ainsi deux résultats : le premier, de diminuer la responsabilité de l'État en diminuant le chiffre des simples dépôts, et le second de vous avoir permis d'entrer largement dans la voie des réformes fécondes en vous four-

... un ensemble de dépôts nouveaux ...és à longue échéance, qui vous per...ront toutes les réformes et tous les ...ès que vous pourrez entreprendre. (*Mouvements divers.*)

M. le président. Je vais mettre aux voix l'article 1er du contre-projet de M. Naquet, dont je donne une nouvelle lecture:

« Les dépôts faits aux caisses d'épargne sont divisés en deux séries, et chaque déposant doit déclarer, en faisant son dépôt, dans laquelle des deux séries il entend placer ses économies.

« La série A est constituée par les dépôts susceptibles d'être remboursés dans les conditions fixées à l'article 3.

« La série B est constituée par des dépôts engagés pour cinq années au moins.

« Les personnes dont les dépôts sont antérieurs à la promulgation de la présente loi peuvent déclarer qu'ils passent de la série A à la série B. »

(L'article 1er du contre-projet, mis aux voix, n'est pas adopté.)

M. Alfred Naquet. Le contre-projet tombe tout entier par suite du rejet de l'article 1er; je le retire.

M. le président. L'amendement est retiré.

Nous passons à l'article 1er de la commission.

La parole est à M. Plou.

La nation du 11 mars 1893 (n° 3230)

LES CAISSES D'ÉPARGNE

La Chambre est en train de confectionner une mauvaise loi, une loi dangereuse, alors qu'il lui aurait été possible d'en faire une excellente.

Mais il en est souvent ainsi. Les commissions ont hâte de se débarrasser de leur besogne et d'arriver au but qu'elles se sont tracé; les députés se dispensent de suivre la discussion et trouvent plus commode de voter les yeux fermés ce que leurs commissions leur proposent; et c'est ainsi que pour peu qu'un amendement soit présenté tard, il est sûr d'être repoussé, comme

ces gêneurs qui nous ennuient chaque jour et que nous reconduisons à la porte sans les entendre.

Je ne pouvais pas cependant apporter il y a trois mois, une idée que j'ai seulement conçue il y a trois jours; et de ce que je ne l'avais conçue qu'il y a trois jours, ce n'était peut-être pas une raison suffisante pour que la commission en repoussât la prise en considération et se refusât à l'examiner.

Les auteurs du projet en discussion ont un but auquel je m'associe. Ils veulent trouver dans l'argent des caisses d'épargne le moyen de constituer le Crédit agricole, le Crédit ouvrier; ils veulent y puiser les ressources nécessaires à des constructions d'habitations à bon marché; ils y cherchent un moyen de prêter plus économiquement aux départements et aux communes que ne le fait le Crédit foncier.

En même temps ils s'efforcent de diminuer la responsabilité de l'État par une tentative de décentralisation. Ils tendent, quoique leurs débuts soient modestes, il faut le reconnaître, à substituer les caisses d'épargne locales ou même tout à fait privées à la Caisse d'épargne nationale.

C'est parfait, et je n'aurais rien à objecter si l'on prenait les moyens qui s'imposeraient pour réaliser sans danger une telle réforme.

Je l'ai dit hier à la Chambre: la gestion des petits capitaux par les caisses d'épargne, l'emploi de ces capitaux en placements variés et à long terme, sont, dans un temps donné, par une mobilisation et un groupement intelligent des petites économies, mettre vraiment tous les grands services publics entre les mains de la démocratie nationale.

Ce jour-là, la République, de démocratique qu'elle est politiquement, sera devenue économiquement. Ce jour-là, nous pourrons nous passer des services de la haute et moyenne banque, services qu'il est absolument juste de rémunérer aussi longtemps qu'ils nous sont nécessaires, mais que l'on nous fait malheureusement payer assez cher pour que nous nous

efforcions de les rendre inutiles en
nous organisant de manière à n'en
avoir plus besoin.

Malheureusement, la commission,
qui semble en ce moment légiférer
pour Lyon et pour Marseille, et qui ne
se préoccupe pas assez des conséquences ultérieures de son œuvre, la commission oublie trop que les fonds avec
lesquels elle entend faire ces importantes réformes sont ceux des caisses
d'épargne.

Qu'est-ce à dire?

Que ce sont des fonds déposés pour
être remboursés à quinzaine au gré
du déposant.

Les caisses d'épargne sont donc des
banques de dépôt tout comme le Crédit
lyonnais, et des banques de dépôt dont
la responsabilité est d'autant plus
grande que c'est par milliards que les
capitaux y affluent. Dès lors, elles ne
peuvent pas, sans un péril immense,
s'affranchir des règles salutaires auxquelles se soumettent tous les établissements de cette nature qui veulent
vivre.

Ces règles sont simples. Les banques
de dépôts ne peuvent pas garder improductifs les capitaux qu'on leur confie, puisqu'elles servent un intérêt à
leurs déposants.

Il faut qu'elles les placent, qu'elles
les fassent travailler.

Mais il faut en même temps que les
placements ne soient à aucun degré
des immobilisations, que ce soient des
emplois à très courts termes, comme
les reports sur bonnes valeurs et les
lettres de change portant des signatures de tout repos, à trois mois au plus
d'échéance.

Et comme on ne pourrait employer
4 milliards environ en placements de
cette nature, soit parce qu'on ne les
trouverait pas, soit à cause des énormes frais de gestion qu'un tel emploi
nécessiterait, il faut s'adresser à une
valeur dont le marché soit assez large
pour que des offres même très abondantes n'en modifient pas sensiblement le cours, et pour que les titres
qui les représentent soient presque
assimilables à du numéraire, à cause

de leur extrême facilité de négociation
de leur extrême mobilité.

Si l'on fait emploi des dépôts autrement, si on les immobilise même en
les plaçant sur des valeurs parfaitement garanties et productives, sur des
valeurs de tout repos, mais qui n'ont
pas un vaste marché et dont la négociation devient difficile et entraîne de
grandes variations de cours dès que
les offres affluent, la banque de dépôt
court un danger sérieux. Vienne un
jour de panique, un RUN, comme on
dit en Angleterre, une demande inattendue et exagérée de retraits, la banque de dépôts ne peut plus y faire face
et l'on assiste à une véritable débâcle.

Ces règles s'appliquent aux caisses
d'épargne.

En dehors des lettres de change, et
des reports sur valeurs sûres que la
commission aurait aussi pu accepter
pour une somme limitée, je ne vois
qu'un seul emploi qui réponde aux caractères que je viens d'indiquer et qui
soit sans péril, c'est l'emploi en 3 0/0
français.

Là le marché est tel — surtout si on
ne le tue pas par l'impôt sur les transactions de Bourse à terme — que des
centaines de millions de rentes en capital peuvent être offerts sans apporter de changement sensible à l'étiage
financier et sans altérer par conséquent les cours d'une manière importante.

Mais dès que l'on sort de la rente,
quelques sûres en elles-mêmes que
soient les valeurs de placement que
l'on adopte, on fait une immobilisation et l'on s'abandonne à un aléa redoutable.

Ces déposants d'ailleurs n'ont pas
apporté leurs capitaux pour faire des
commandites, si fécondes qu'elles
soient; ils les ont placés sous la forme
de dépôts à court terme, et nul n'a le
droit de les immobiliser et de compromettre ainsi le remboursement.

Et, cependant, grouper les capitaux
des épargneurs pour outiller, par eux,
la démocratie française, c'est une
grande pensée digne de séduire des
hommes d'État, une pensée qui, si on

mis en œuvre, doit avoir pour résultat d'éloigner la révolution sociale — nécessairement impuissante et inféconde — en la remplaçant par l'évolution féconde et puissante.

Qu'y avait-il donc à faire ?

Le voici :

Il fallait créer, à côté de la Caisse d'épargne actuelle, qui est une simple banque de dépôts soumise à toutes les lois qui régissent ces institutions, une seconde branche, branche commanditaire, dans laquelle les déposants auraient engagé à long terme les sommes par eux versées.

Il eût été facile, d'ailleurs, par les avantages de maximum et d'intérêt qu'on aurait accordés aux déposants de cette seconde catégorie relativement à ceux de la première d'y attirer assez de fonds pour réaliser les réformes que l'on a en vue.

Peut-être, par contre, momentanément, une telle mesure aurait-elle entraîné des retraits de la part de personnes qui n'auraient voulu ni immobiliser, ni se contenter des intérêts qu'on leur aurait offerts lorsqu'ils auraient stipulé la faculté du remboursement à quinzaine. Mais les retraits n'auraient pas été de longue durée, parce que, même dans ces conditions nouvelles, les déposants n'auraient trouvé dans aucun autre établissements autant d'avantages.

D'ailleurs, si les dépôts à courts termes diminuaient considérablement je ne m'en plaindrais pas.

N'était l'utilité d'organiser les petits capitaux pour engager au moyen d'eux la lutte contre la féodalité financière, je demanderais la liquidation pure et simple des caisses d'épargne.

Si donc, d'une part, avec l'organisation que je proposais, les dépôts à court terme diminuaient d'importance, je n'y verrais que des avantages, pourvu que les dépôts à long terme puissent me fournir les sommes dont la démocratie a besoin pour faire ses affaires par elle-même.

La Chambre n'a pas cru devoir me suivre dans cette voie. Elle préfère s'engager, avec sa commission, dans une

voie différente, périlleuse quoiqu'on ne d'ouvre encore que modestement parce que le principe posé s'étendra forcément et engendrera toutes ses conséquences.

Je le regrette, et je désire que mes pronostics ne se réalisent pas. Ils ne se réaliseront pas s'il n'y a ni guerre, ni révolution, ni grande panique. Mais si un de ces événements survenait, je n'ose songer aux conséquences de ce que l'on fait.

ALFRED NAQUET.

la nation du 15 mars 1893 (n° 3237)

LE CONFLIT LÉGISLATIF

Le Sénat est en veine de disjonction ou de rejet déguisé : disjonction de la réforme du régime des boissons, rejet déguisé de la réforme des patentes, qu'il semble accueillir, mais qu'il accueille en lui faisant subir des modifications tellement fondamentales, que cela équivaut à un rejet.

Relativement au régime des boissons, je ne verrais pas grand mal, je l'avoue, à la disjonction; la loi pourrait sans inconvénient être renvoyée au budget de 1894. Cette réforme a été faite hâtivement, élaborée en séance publique sans préparation préalable; elle fait peser sur 15 ou 18 départements et surtout sur Paris les dégrèvements dont profitera le reste de la France; elle creuse enfin dans le budget un vide comblé par des impôts détestables : l'impôt sur les opérations de Bourse, notamment, dont l'effet va être de porter un nouveau coup à notre grand marché national déjà fortement menacé. Cette prétendue réforme est à peine un changement; elle ne vaut pas que l'on se passionne pour elle, et si, en la renvoyant au budget de 1894, le Sénat peut la revoir, la corriger, en faire disparaître les défectuosités, il n'y aura certainement pas lieu de s'en plaindre.

Il en est tout autrement de la question des patentes.

Sur ce point, la Chambre avait réalisé un progrès, progrès timide, manquant d'ampleur, mais réel cependant.

L'impôt par spécialités commerciales y était certainement appliqué d'une manière très insuffisante; mais c'était un principe nouveau. Ce principe aurait pénétré dans la législation et, par des développements successifs, il aurait fini par produire tous les fruits qu'en attendaient ses auteurs.

Le Sénat fait disparaître cette partie du projet de la Chambre, pour ne plus laisser subsister qu'une légère surélévation de la patente des grands magasins. Réduite à ces termes, la loi aura perdu tous ses avantages et n'aura conservé que ses inconvénients.

Dans l'impôt sur les spécialités, il y avait une grande idée, une idée féconde.

A l'heure actuelle, le commerce se centralise chaque jour davantage; les petits s'étiolent et meurent tandis que les gros prennent un développement excessif. Les grands magasins de nouveautés ajoutent continuellement des professions nouvelles à celles qu'ils exploitaient déjà. Ils envahissent graduellement toutes les branches de l'activité humaine, ils font la loi à l'industrie, et avant peu ils auront exproprié tout le commerce français.

C'est cette expropriation générale que les socialistes libéraux ne peuvent permettre, que les républicains ne peuvent accepter, et à laquelle la Chambre s'était montrée résolue à mettre un terme.

Le problème dont le commerce cherche en ce moment la solution ne consiste pas, en effet, à mettre obstacle à ce qu'une maison grandisse, se développe et fasse un chiffre d'affaires considérable. Ce serait tuer l'esprit d'entreprise, c'est-à-dire la force productive du pays; et d'ailleurs où serait la limite à laquelle on distinguerait la grande de la moyenne ou de la petite maison? Quelque petit qu'on fût, on serait toujours la grande maison de quelqu'un.

Qu'un commerçant qui a une seule spécialité ou un nombre de spécialités très restreint, donne à son commerce des proportions considérables et fasse même de sa maison, s'il le peut, une maison colossale, tant mieux ! Non seulement il n'y a pas lieu de l'empêcher, mais il y a lieu au contraire de l'y aider.

Mais les choses changent de face lorsqu'une même maison accapare dans un même local tous les commerces du pays : dès ce moment la concurrence devient déloyale.

Lorsque le Bon Marché achète une marchandise facturée à quatre-vingt-dix jours, qu'il l'expose dans un grand déballage au-dessous du prix d'achat, et cela sans qu'il lui en coûte rien, parce qu'il l'écoule en quarante-huit heures, fait, de la sorte, rentrer immédiatement l'argent qu'il n'aura lui-même à débourser que dans trois mois, et trouve ainsi, dans les intérêts dont il profite, une compensation à la diminution de ses prix de vente; lorsque le Bon Marché fait cela, il attire dans ses magasins des milliers et des milliers de personnes. Celles-ci y rencontrent tous les produits de l'industrie humaine, et, incitées par l'occasion, elles achètent une foule d'objets autres que celui en vue duquel elles étaient venues. Puis, une fois nanties de tout ce dont elles avaient besoin, et même d'une foule d'objets dont elles pouvaient se passer, elles sont fournies pour de longs mois, et le petit commerce peut attendre. Une marchandise sacrifiée sert ainsi d'appeau et contribue à l'écoulement de toutes les autres, dont les prix sont tout aussi élevés que partout ailleurs.

C'est le procédé de réclame, bien plus encore que la diminution des frais généraux, qui permet aux Grands Magasins de faire progressivement, mais sûrement disparaître les moyens et les petits.

D'une grande maison n'exploitant qu'une seule spécialité, rien de tel n'est à craindre. Elle ne pourra pas sacrifier un produit pour en vendre cent autres. Si même elle le faisait sur

une sous-spécialité, celle-ci n'exerce-
rait pas une attraction suffisante pour
faire affluer le client, et dans tous les
cas, les clients affluassent-ils, dans
une maison de blanc ils ne pourraient
se fournir que de lingerie, dans une
maison de confection pour hommes
que d'habillements pour hommes, et
ainsi des autres.

Le mal n'est donc pas dans l'importance d'une maison, mais dans le
nombre des rayons combiné avec
cette importance.

Une grande maison qui n'a pas plus
de trois ou quatre rayons peut et doit
être tolérée.

Une petite, très petite maison, qui
vend un nombre de spécialités relativement considérables, doit aussi être
tolérée parce qu'elle n'est un danger
pour personne. Mais dès que l'importance de l'établissement se joint au
grand nombre des rayons et provient
de ce nombre même, il y a danger public et la société a le devoir d'intervenir.

Le projet de la Chambre était sous
ce rapport très sage dans son principe, sinon suffisant dans l'application.

Aux tout petits magasins n'ayant
pas plus de cinquante employés, il ne
demandait qu'un droit fixe de 200 fr.,
et ne leur appliquait pas l'impôt par
spécialité.

Mais dès que le chiffre des employés
dépassait 50, ce qui indique déjà un
commerce étendu, il devait payer autant de fois l'impôt qu'il exploitait de
spécialités, et la quotité de l'impôt que
chaque spécialité devait acquitter
allait croissant avec le nombre total
des employés.

Il est clair que, dans ces conditions,
la loi ne mettait aucun obstacle au
développement d'un commerce spécia-
lisé, qu'elle n'empêchait même pas un
petit commerçant, ayant un faible dé-
bit, de multiplier les spécialités pour
arriver à vivre ; mais il est également
évident qu'elle établissait une barrière
devant le développement des grands
bazars accapareurs et les empêchait
d'achever la ruine de tous les commerçants français.

Certes, en limitant à 16 le nombre de
spécialités, la Chambre, il est vrai,
s'arrêtait en route et manquait le but.
Mais, du moins, le principe était posé
et les législateurs à venir en auraient
successivement tiré les conséquences.

Avec le projet du Sénat, rien de tel
ne se produit plus, et ce n'est pas la
légère élévation de leur patente qu'on
nous propose qui enrayera le mal social auquel il importe fort cependant
de remédier.

Je vais plus loin, et je dis que le projet réduit à ces termes est plus mauvais que bon.

Devant les dispositions votées par la
Chambre, plusieurs employés des
grands magasins s'étaient émus. C'est
nous, disaient-ils, qui allons payer les
charges nouvelles du Bon-Marché, du
Printemps et du Louvre. On ne nous
diminuera pas ; mais nous avions des
gratifications et nous jouissions d'aug-
mentations annuelles qu'on supprimera.

L'argumentation portait ; mais elle
ne portait que provisoirement. Les
Grands Magasins cessant de tout absorber, le petit et le moyen commerce
auraient repris un grand essor, et il
en serait résulté une demande d'employés plus forte qu'aujourd'hui, d'où
pour tous les employés, relèvement
des salaires.

Mais si l'on se borne à surélever un
peu la patente des grands magasins
en rejetant l'impôt par rayons, on
aura déterminé le mal que redoutent
les employés, sans apporter à ces derniers les avantages compensateurs et
même plus que compensateurs qu'ils
auraient trouvés dans la loi telle que
la Chambre l'avait faite.

Il est, en effet, certain que c'est sur
eux que les grands magasins feront
porter le fardeau de l'impôt, et comme
la loi sera insuffisante pour relever le
petit et le moyen commerce, l'augmentation de la demande d'employés ne se
produira pas, et par conséquent l'exhaussement des salaires qui en eût été
la conséquence ne se produira pas davantage.

Le Sénat est donc mal inspiré, et s'il persiste dans ses dispositions fâcheuses, il importe que la Chambre reprenne son projet et se montre intransigeante sur ce point.

ALFRED NAQUET.

La nation du 24 mars 1893 (n° 3243)

Le renouvellement partiel

DES CHAMBRES

Une commission de la Chambre est en ce moment saisie d'une proposition de loi électorale tendant à conférer aux députés un mandat d'une durée de six ans et à renouveler la Chambre par moitié tous les trois ans. La commission se montre même, paraît-il, tout à fait favorable au projet.

Est-ce parce qu'elle y voit la prolongation du mandat? Espère-t-elle faire passer, en l'englobant dans une refonte plus générale de la législation, cette disposition qu'elle n'oserait pas proposer isolément? C'est possible. Mais, quelle que soit la pensée qui la dirige, je n'hésite pas, pour ma part, à la déclarer mauvaise et à la combattre ici, comme je l'ai combattue dans mon bureau le jour où elle y a été discutée.

La prolongation du mandat pourrait se soutenir. Il est certain qu'une Chambre de quatre ans ne se compose que de candidats perpétuels. La première année, on défend son élection dans les vérifications de pouvoirs; la dernière, on recherche des incidents passionnants qui puissent servir de plate-formeélectorale. Il ne reste guère que deux ans pour le travail sérieux, et comme les deux ans s'écoulent en études dans les commissions, quand les projets sont prêts, il est toujours trop tard pour les discuter utilement en séance publique. Il serait donc fort possible qu'il y eût des avantages ap-

préciables à porter le mandat à six ans, que le progrès et les réformes y gagnassent au lieu d'y perdre. Mais cette mesure serait impopulaire parce que le public l'attribuerait à un calcul d'intérêt particulier chez les députés. On ne saurait donc la présenter seule et le renouvellement partiel pourrait être le métal dont on dore la pilule.

Malheureusement, s'il faut le renouvellement partiel pour en arriver au mandat de six ans, je préfère pour ma part conserver éternellement le mandat de quatre ans que de l'acheter à un tel prix.

Le renouvellement partiel présente des inconvénients considérables unis à quelques rares avantages.

Les avantages sont d'obtenir la permanence des assemblées, et, par suite d'empêcher que tous les projets préparés par elles ne sombrent avec la dissolution; ils consistent dans une plus grande continuité dans le travail.

Mais ces avantages sont plus apparents que réels. Lorsqu'une assemblée se dissout, les travaux de ses commissions, les projets dont elle est saisie deviennent caducs pour la forme. En réalité, si la majorité ne change pas de camp, ils subsistent, la Chambre nouvelle s'en empare et les travaux préparatoires s'en trouvent hâtés. Lorsqu'en 1878, je proposai le rétablissement du divorce, les travaux prirent trois ans. Lorsque je repris, en 1881, la proposition qui était mûre, six mois suffirent pour la faire aboutir, et, sans le Sénat, la loi de 1884 eût été la loi de 1882.

Par contre, les inconvénients du renouvellement partiel sont énormes. Avec ce système de consultation nationale, à aucun moment, la Chambre n'est en communion d'idées avec le pays. Avec notre système actuel, au contraire, cette communion existe aux débuts des législatures et donne à celles-ci le pouvoir de réaliser certaines réformes que ne pourraient jamais se permettre des assemblées toujours contestées.

Enfin, si par suite de circonstances particulières, pareilles à celles que nous traversons, une Chambre perd la plus grande partie de son autorité, la lui rendra-t-on en soumettant à la réélection la moitié de ses membres? Les nouveaux élus partageront l'impopularité des anciens au lieu de refaire à ceux-ci une virginité nouvelle. La Chambre sera comparable au tonneau de vinaigre qui demeure toujours vinaigre quelque quantité de vin qu'on y introduise, si l'on ne prend pas au préalable le soin de vider intégralement le tonneau.

Le suffrage universel a seul la puissance de rendre au pouvoir législatif son prestige, soit en remplaçant les membres du Parlement qui pour un motif ou pour un autre ont cessé de lui plaire, soit en lavant de toutes les attaques et de toutes les calomnies ceux qu'il investit à nouveau de sa confiance.

Dira-t-on que, même avec le système du renouvellement partiel, le droit de dissolution demeurerait la ressource des circonstances exceptionnelles?

Sans doute! Mais le droit de dissolution est une arme dangereuse à laquelle il faut recourir le moins souvent possible. Qu'on s'en serve lorsque, par exemple, il existe entre les deux Chambres un conflit d'ordre entièrement politique qui ne peut être tranché que par le pays? Je le veux bien, il le faut. Mais si la question qui diminue l'autorité de la législature [n'est] pas politique; si elle tient à des [actes] répréhensibles mais individuels [de] quelques-uns de ses membres, ou même seulement à des calomnies répandues par les partis adverses, recourir à la dissolution serait un remède périlleux. Ce serait fortifier les calomniateurs, ajouter créance à leurs [dires], et s'il y avait des défaillances [réelles] à déplorer, faire peser sur tous [le crime] de quelques-uns.

La dissolution serait le jeu des provocateurs de scandales. On ne pourrait dès lors y faire appel sans tomber dans les pièges de l'ennemi et il ne de-

viendrait possible de l'éviter qu'en se condamnant à avoir une Chambre désormais dépourvue de prestige.

Ce système de renouvellement intégral, normal et régulier, au contraire, donne chaque quatre ans à toute la Chambre un bain de suffrage universel qui lui rend toute son autorité.

On peut ajouter que des essais de renouvellement partiel ont été tentés sous le Directoire et sous la Restauration, et qu'ils ont toujours donné des résultats détestables.

Je comprendrais, cependant, malgré tous ces graves inconvénients, le renouvellement partiel, si notre Constitution admettait le principe de l'unité du pouvoir législatif, si nous n'avions pas de Sénat.

A une machine quelconque, il faut un volant qui en régularise le fonctionnement et l'empêche de s'emballer. Avec une assemblée unique, ce volant pourrait être la permanence de la Chambre se renouvelant seulement par parties.

C'est une balance à établir entre les inconvénients de la dualité des Chambres, et ceux du renouvellement de la Chambre du suffrage universel.

Suivant la solution que l'on donne à ce problème, on est pour le Sénat afin d'éviter le renouvellement partiel ou pour le renouvellement partiel afin d'éviter le Sénat.

Celui qui écrit ces lignes est de ceux qui croient que les désavantages d'une seconde Chambre l'emportent, et qui préféreraient de beaucoup n'en avoir qu'une seule dont les membres seraient soumis à la réélection par moitié, par tiers ou par quart.

Mais il serait contraire à toutes les règles de la dynamique — règles applicables dans l'ordre intellectuel et moral comme dans l'ordre matériel — de réunir les inconvénients d'un système à ceux de l'autre en supprimant du même coup les avantages des deux. Vous ne pouvez pas mettre deux volants à une seule et même machine. Sinon vous régularisez tant et si bien

— 55 —

le mouvement, vous le modérez à un
tel point que la machine ne produit
plus aucun effet utile.

Eh quoi ! vous avez une Chambre
issue du suffrage restreint, le Sénat,
qui possède la faculté de mettre en interdit le suffrage universel en refu-
sant de sanctionner les lois que l'Assemblée du suffrage universel a faites !

Pour vaincre les résistances du Sénat, vous n'avez qu'un moyen : une
consultation générale du pays qui supprime toutes les insurrections et brise
toutes les résistances. Et vous vous en
priveriez ! Vous substitueriez à cette
consultation universelle, qui aplanit
tous les obstacles, parce que c'est le
pays tout entier qui parle, je ne sais
quelle consultation tronquée, sur la
valeur de laquelle le Sénat pourrait
toujours ergoter !

Direz-vous encore ici que, dès l'instant où il s'agirait d'une question politique, on pourrait avoir recours à la
dissolution ?

Non ! on ne le pourrait pas, car pour
faire la dissolution il faut l'avis du Sénat. Le Sénat se garderait bien de donner un avis favorable s'il s'agissait de
s'adresser au pays pour avoir raison
des résistances sénatoriales. Et nul
ne voudrait, je pense, dans une libre
République, accorder le droit de dissolution à l'exécutif seul.

Qu'on demande la revision ! qu'on
propose la suppression du Sénat; et,
comme correctif à l'unité du pouvoir
législatif, qu'on établisse le *referendum* et le renouvellement partiel de
l'Assemblée nationale, ce serait la réforme constitutionnelle à laquelle j'ap-
plaudirais sûrement.

Mais que l'on augmente la complication de notre Constitution déjà trop
compliquée ? Qu'on renonce aux appels
généraux et réguliers au suffrage universel tout en conservant le Sénat ? Ce
serait les deux volants à la machine
dont je parlais plus haut. Ce jour-là,
les conservateurs impénitents, que
tout changement effraie, pourraient
dormir tranquilles.

Avec nos rouages actuels, nous ne
produisons pas grand'chose. Avec ce
que la commission de la prétendue
réforme électorale se propose de nous
donner, nous ne produirions plus rien.

ALFRED NAQUET.

Journal officiel du 29 mars 1893 (4ᵉ année et 72)

Séance de la Chambre des députés du 28 mars 1893
discussion du projet d'interpellation de M. …

M. Alfred Naquet. Je demande la parole.
(*Exclamations.*)

Voix nombreuses. La clôture !

M. Alfred Naquet. Je demande la parole
contre la clôture.

M. le président. M. Naquet a la parole
contre la clôture.

M. Alfred Naquet. Je n'ai que très peu
de mots à dire à la Chambre ; il y a, dans
ce débat, une question d'un très haut intérêt pour de nombreuses populations agricoles et, quelle que soit l'impatience de la
Chambre, à l'heure tardive où elle nous a
obligés de discuter, bien malgré nous, elle
doit consentir à entendre les observations
que j'ai l'intention de lui soumettre, dans
l'intérêt de ces populations, et aussi les
arguments que je veux présenter contre le
décret dont il s'agit.

Voix nombreuses. La clôture ! la clôture !

M. le président. Je consulte la Chambre
sur la clôture.
(La Chambre, consultée, prononce la clôture.)

La nation du 31 mars 1893 (n° 329)

LA GRÈVE DU LANCASHIRE

Le conflit qui vient de se produire
dans le Lancashire mérite de fixer
l'attention. Il démontre, par les pertes
qu'il a entraînées, que la concentra-

...lée industrielle et commerciale, en mettant face à face le travail et le capital et en déterminant ainsi, comme je le signalais récemment à la Chambre, des cessations de travail de plus en plus fréquentes, a pour effet de faire perdre beaucoup plus que ne rapporte, sous forme d'économie, la suppression des petits patrons et des intermédiaires qui résulte de cette concentration.

Il vient aussi à l'appui de cette thèse, soutenue par moi, que, partout où il est possible de maintenir le commerce et l'industrie à l'état décentralisé, il y a avantage pour la société à le faire. Les frais généraux s'en trouvent diminués au lieu de s'en trouver accrus comme une interprétation incomplète des phénomènes économiques porterait, à première vue, à le croire.

Mais l'issue de la lutte qui vient de durer vingt semaines, dans ce comté de la Grande-Bretagne, porte en lui un autre enseignement encore.

L'État, par un usage raisonné de l'impôt, peut mettre un terme à l'accaparement commercial. Il ne peut pas s'opposer à la concentration industrielle. Celle-ci résulte de l'emploi des machines. C'est la conséquence d'une loi naturelle, inéluctable, contre laquelle il serait vain de vouloir s'insurger.

Or, ce qui est vrai dans l'ordre militaire l'est également dans l'ordre économique. Maintenir la paix doit être l'objectif suprême. Mais là ou la guerre ne peut être évitée, là où elle s'impose, au moins faut-il en atténuer, le plus possible, les effets funestes.

De là, entre les nations, ces principes du droit des gens qui réglementent la guerre, ne permettent pas de l'entreprendre sans une déclaration préalable, et vont même jusqu'à limiter les moyens auxquels il est licite de recourir, aussi bien pour l'attaque que pour la défense.

Or, de même qu'il importe d'avoir ce que j'ai appelé une police économique qui joue, par rapport au travail et au capital, un rôle analogue à celui que joue la police ordinaire entre les individus, qui assure la liberté du faible vis-à-vis du fort, et qui prévienne les conflits, de même, il importe, quand le conflit économique ne peut être évité, de le limiter en le réglementant par un droit des gens économique.

La législature française actuelle est entrée dans cette voie lorsque, sur l'initiative de mon ami M. Lockroy, elle a voté la proposition de loi relative à l'arbitrage en cas de grève, introduisant ainsi dans notre législation un principe fécond, qui a déjà donné d'excellents résultats dans la Grande-Bretagne.

Mais ce qui s'est passé dans le Lancashire prouve que si la législation ne peut guère aller au-delà, les directeurs des syndicats ouvriers et les capitalistes peuvent, du moins, se fixer à eux-mêmes des règles qui ne tarderont pas, sous l'impulsion de la nécessité, à entrer dans les mœurs et a être religieusement observées.

Dans le Lancashire, 125,000 ouvriers s'étaient vus successivement entraînés dans la grève. Pendant cinq longs mois, la lutte s'est prolongée, entraînant à sa suite tout le cortège de souffrances et de privations qui en est la conséquence forcée, et l'on évalue a près de cinquante millions de francs les pertes que ce combat a infligées à ceux qui y ont pris part, et, d'une manière plus générale, à la Grande-Bretagne.

La grève provenait de ce fait que, par suite d'une diminution des profits, les patrons avaient voulu imposer à leurs travailleurs une réduction de 10 0/0 sur les salaires.

Les ouvriers n'avaient pas contesté le bien fondé de cette prétention. Mais, partant de ce principe que la diminution des profits naissait de la surproduction, de l'encombrement des produits, et ne voulant pas consentir à ce qu'il fût porté atteinte, en principe, aux tarifs de rémunération de la main-d'œuvre tels que les trade-unions les avaient fixés, ils proposaient de remplacer l'abaissement des salaires par un autre système qui, d'ailleurs, aurait abouti à une diminution supérieure aux 10 0/0 de rabais auxquels on voulait les soumettre. Ils demandaient qu'on ne travaillât plus qu'à demi-temps en maintenant le taux nominal des salaires. Ils voyaient, dans cette solution de la difficulté présente, la possibilité d'essayer, sur une vaste échelle, le moyen préconisé par leurs congrès pour arrêter la surproduction, principale cause, à leurs yeux, du malaise dont souffrent nos sociétés modernes.

Les patrons ont résisté. Ils se sont cantonnés sur la diminution pure et simple. Mais la cessation complète du travail a eu pour effet de produire ce qu'aurait produit, avec moins de souffrances, l'adoption du travail à demi-temps. Le stock a été suffisamment réduit pour qu'il soit devenu possible de prévoir et, par suite, d'escompter des profits à venir plus considérables. Dès ce moment, la fermeture des usines présentait, pour les capitalistes, plus d'inconvénients que n'en avaient des concessions sur le prix de la main-d'œuvre; et, nécessairement, la diminution de leurs prétentions devait rendre les ouvriers moins intransigeants sur la forme à donner à la solution du conflit.

Les patrons ont d'abord consenti à ne réduire les salaires que de 5 0/0, au lieu de pousser la réduction jusqu'à 10 0/0, comme ils l'avaient voulu au début. Puis ils sont descendus, à mesure que le stock allait en s'affaiblissant, à 3 1/2 et à 3 0/0. Vraisemblablement, si les ouvriers avaient tenu bon quelques mois encore, auraient-ils obtenu qu'il ne fût porté aucune atteinte aux tarifs primitifs.

Mais, de même que la continuation de la grève imposait aux capitalistes des pertes suffisantes pour qu'il n'y eût aucun avantage pour eux à se maintenir dans leurs positions premières, de même, dès que la réduction tombait de 10 à 3 0/0, les souffrances qu'auraient dû endurer les ouvriers pour continuer la lutte, auraient été supérieures aux sacrifices, mainte-

sent très réduits, que l'on exigeait d'eux.

Les Anglais, d'ailleurs, sont gens de bon sens, gens pratiques, incapables de sacrifier le fond à la forme et de compromettre leurs intérêts réels et palpables, pour la simple satisfaction d'une opinion abstraite. Ce n'est pas eux qui auraient imaginé jamais le fameux aphorisme : « Périssent les colonies, plutôt qu'un principe ! »

Les ouvriers ont donc abandonné leur intransigeance vis à vis de la proposition patronale, et ils ont admis une diminution pure et simple de 2 1/2 % sur leurs salaires.

Dès qu'on en était là, on était bien près de s'entendre, une différence aussi faible ne pouvant raisonnablement suffire à empêcher que le travail ne reprît.

On s'est abouché dans le plus profond mystère pour éviter toute pression de la part des exaltés qui auraient pu, par leurs excitations, compromettre la transaction à laquelle on tenait de part et d'autre, et l'on a signé, en fin de compte, un traité qui fixe la réduction des salaires à 2,91 0/0.

Les négociateurs, toutefois, ne s'en sont pas tenus là. Ils n'ont pas voulu d'un simple accord momentané. Ils ont voulu faire une espèce de Code de ce que j'appelais, plus haut, *le droit des gens économique*, code auquel les deux parties prennent l'engagement de se soumettre dans l'avenir.

Ils ont établi que la prochaine augmentation des salaires sera équivalente à la réduction actuelle ou à toute autre qui, d'un commun accord, serait jugée nécessaire d'ici là; que tout nouveau changement — hausse ou baisse — ne pourra se produire qu'après un délai minimum d'un an et ne pourra excéder 5 0/0 dans un sens ou dans l'autre.

En outre, à l'avenir, toute demande tendant à une réduction ou à une surélévation des salaires devra être notifiée par la partie demanderesse à l'autre partie, un mois au moins à l'avance; enfin, par un principe analogue à celui que notre chambre française a introduit dans la proportion de loi relative à l'arbitrage, toute grève ou tout *Lock-out* devra être précédé désormais d'une tentative de conciliation faite suivant une procédure réglée avec beaucoup de précision.

Ajoutons que, pour compléter le traité, les deux parties ont admis la constitution d'un comité mixte, de patrons et d'ouvriers, devant lequel devra être portée toute question affectant les intérêts généraux de l'industrie du coton.

Ce n'est point encore la paix perpétuelle, impossible à espérer de longtemps, mais c'est une espèce de convention de Genève. Ce sont des dispositions tutélaires de nature à rendre les conflits à la fois beaucoup moins fréquents et beaucoup moins désastreux.

Il n'est pas impossible que, dans un temps plus ou moins rapproché, à ce moyen brutal qui s'appelle le lock-out ou la grève, nous ne voyons, le plus souvent, se substituer le système de la diminution momentanée des heures de travail, en vue de rétablir l'harmonie entre la consommation et la production, qui ne porterait aucun trouble dans l'industrie.

C'est de ce côté qu'il conviendrait de diriger nos efforts, et, peut-être, les écoles socialistes, si elles se départissaient un peu de leur intransigeance doctrinale pour étudier des solutions pratiques comme celle qui vient de terminer la lutte du Lancashire, atteindraient-elles plus vite et, à moins de frais, le but humanitaire qu'elles ont en vue. ALFRED NAQUET.

La nation du 2 avril 1893 (n° 3256)

À propos de la dernière crise

...nomiques, je suis toujours assuré — ou à peu près assuré — d'être absolument d'accord avec la rédaction de ce journal.

Lorsque je traite de questions politiques, et surtout de questions constitutionnelles, j'en suis moins certain. Je ne sais donc pas si ce que je vais dire ne sera pas contraire aux sentiments de notre rédacteur en chef. Mais, en fût-il ainsi, les articles signés n'engagent jamais que la responsabilité de qui les signe, et, je ne doute pas, connaissant l'esprit libéral de la rédaction, que celle-ci ne trouve toute naturelle l'expression d'idées qui ne seraient pas complètement les siennes; rien ne me prouve, d'ailleurs, qu'un pareil désaccord existe entre nous, et il est fort possible que ces vues soient conformes à l'opinion du journal.

La dernière crise porte en elle, au point de vue du fonctionnement de nos institutions, un enseignement qui se retrouve à des degrés divers dans toutes les crises, qui a été également très manifeste lors du renversement du ministère Loubet, mais qui rarement a été plus démonstratif que dans la chute du cabinet Ribot.

J'ai dit bien souvent, depuis douze ans, que le grand obstacle au fonctionnement du régime instauré par la Constitution de 1875, de ce régime qui consiste à prendre les ministres dans les Chambres et à faire dépendre leur existence du vote de celle-ci, gît dans le fait que sous un tel régime, toutes les discussions sont faussées.

Le public s'étonne souvent de voir la Chambre émettre passionnément des votes qui deviennent ensuite lettres mortes et dont personne ne parle plus.

Je me rappelle encore les fameuses crises dans lesquelles les gouvernements succombèrent devant des votes de la Chambre en faveur de la mairie centrale de Paris, ou en faveur de la revision constitutionnelle, ou pour la suppression des sous-préfets.

Les cabinets qui s'opposaient à ces diverses modifications constitutionnelles ou administratives de nos lois furent précipités du pouvoir. Mais Paris continua à être administré par le préfet de la Seine, les sous-préfets continuèrent à émarger tranquillement au budget et le Congrès ne se réunit pas à Versailles pour reviser notre pacte fondamental.

Le corps électoral ne comprend pas, et la bizarrerie de ces faits lui enlève quelque peu de son respect pour des assemblées capables de contradictions pareilles.

Eh bien! ce qu'il faut que tout le monde sache — parce que, quand tout le monde le saura, on portera à cet état des choses par la revision le remède qu'il comporte — c'est que, à la Chambre des députés, la discussion réelle se distingue presque toujours de la discussion apparente.

En apparence, on discute la mairie centrale, ou l'institution des sous-préfets, ou la revision de la Constitution, ou les prérogatives de la Chambre en matière budgétaire. C'est sur ces questions que roulent tous les discours; c'est elles qui semblent animer le débat. Et cependant tout cela n'est qu'une fantasmagorie. En réalité, ce qui est en cause ce n'est ni la mairie centrale, ni les sous-préfets, ni la revision, ni les prérogatives de la Chambre ou les droits du Sénat: c'est le ministère Freycinet, ou le ministère Floquet, ou le ministère Loubet, ou le ministère Ribot. Le reste n'est qu'un prétexte.

Les ministres étant pris dans les Chambres, chaque homme de valeur désire devenir ministre, et ce désir n'a rien que de très honorable, s'il a pour cause non l'amour pur et simple du pouvoir, mais l'ambition légitime d'arriver au gouvernement pour y appliquer ses idées.

Chaque homme de second ordre désire pousser au pouvoir soit ses amis personnels, soit ceux qui représentent plus exactement, de plus près son programme et son groupe.

Enfin, dans les dernières années des législatures, chaque coterie parlementaire aspire à mettre l'un des siens au ministère de l'intérieur pour présider aux élections.

De là une fermentation sourde qui ne cesse jamais d'agiter les couches profondes des assemblées.

Ces réformes que l'on vote préoccupent quelques convaincus; mais pour la masse des députés c'est la besogne secondaire, la croûte de pain que l'on mange en attendant le plat de résistance lorsqu'on n'a rien autre chose à se mettre sous la dent. Ce qui préoccupe vraiment c'est la recherche du moyen à l'aide duquel on réalisera la crise toujours attendue, toujours cherchée par une partie de la Chambre, ou du moyen à l'aide duquel on l'évitera.

Qu'on examine à cet égard ce qui s'est passé le 29 du mois dernier. Croit-on que la Chambre se soit réellement passionnée pour ce qu'on est convenue d'appeler la prérogative budgétaire? La croit-on intransigeante à ce point que ceux-mêmes qui ont repoussé une loi, qui l'ont combattue, qui l'ont dénoncée comme désastreuse, en soient arrivés à la voter ensuite uniquement parce que le Sénat aurait outrepassé ses droits en la rejetant comme eux-mêmes l'avaient rejetée [...] le principe, ou simplement en [...] jeu [...]

Personne, je le pense du moins, [ne] prêtera la moindre créance à un [pa]reil stoïcisme à propos surtout d'[une] prérogative qui n'a jamais été inscrite dans aucun texte, et qui est régulièrement violée chaque année a[près] protestations platoniques rapp[elant] un peu celles du souverain [...] lorsqu'il revendique la posse[ssion d'A]vignon.

Or, ce stoïcisme se serait donné carrière la semaine dernière si, en contestant au Sénat le droit de disjoindre la réforme des boissons, on n'avait [pas] d'autre arrière-pensée que de sauve[-]garder la suprématie budgétaire [du] Palais-Bourbon sur le Luxembourg [...] suffit, en effet, d'examiner la liste d[es] votants pour s'apercevoir que par[mi] ceux qui se sont montrés intraitable[s] et qui ont contesté avec le plus d[e ar]deur au Sénat le droit de m[odifier] l'œuvre de la Chambre, un très gr[and]

[...], tous les partisans des bouil-
[...] de cru notamment, avaient été
[...]bord systématiquement opposés à
[...] réforme dont ils étaient soudain de-
[...] les champions les plus ardents.
[...] pouvaient, dès lors, en bonne
[...] reprocher au Sénat qu'une
[...] chose, d'avoir partagé leur ma-
[...] de voir et d'avoir fait triompher.
[...] où les choses vont paraître
[...] surprenantes encore, c'est de-
[...], lorsque les mêmes hommes qui
[...]ndiquaient avec intransigeance
[...] prérogative de la Chambre accepte-
[...] sans hésiter une transaction
[...]conque que leur offrira le Sénat.
[...] qui était inacceptable le 29 mars de-
[...]dra parfaitement acceptable le 5
[...] le 6 avril lorsque, avec les quelques
modifications que la bienséance par-
[...]mentaire exige, le sera demandé par
M. Peytral au lieu de l'être par M. Ti-
[...]rd.

[...] Cependant rien n'est plus facile
[...] d'expliquer ces anomalies.
[...] Personne n'a été passionné pour les
prérogatives de la Chambre, en mars
[...] plus qu'en avril ; mais on voulait
[...]verser M. Ribot, et le conflit avec le
[...]net apperaissait comme une occa-
[...]ion favorable pour atteindre ce
[...]ut.

[...] Renverser un ministère ouverte-
[...]nt, franchement, sur une interpel-
[...]tion, cela ne réussit jamais ou pres-
[...] jamais. Il est bien rare qu'une
[...]jorité consente à prendre la res-
[...]ponsabilité d'une crise si elle ne peut
[...]pliquer, en la présentant comme
[...]conséquence regrettable et regret-
[...] un hommage rendu aux princi-

[...] Rien n'est plus curieux à cet égard
[...] les manifestations de sympathie
[...] députés qui, au moment où les
[...]nistres se retirent, se précipitent
[...]our leur déclarer que le respect des
[...]ncipes a seul dicté leur conduite,
[...] ils n'ont pas entendu émettre un
[...]te de défiance contre eux, qu'ils doi-
[...] demeurer en fonctions. Comme
[...] seraient navrés si le cabinet les
[...]nait au mot !
[...] Ne pouvant réussir à mettre les ca-

[...]binets franchement en échec, on cherche une question propice ; on la prépare avec soin, puis la bombe éclate.
Le phénomène qui se passe est alors
le suivant :
Parmi les amis du cabinet, ou tout
au moins parmi les députés qui ne désirent pas sa chute, mais qui ne tiennent pas à le conserver, malgré tout,
il en est de passionné pour ou contre
le projet qui, pour la galerie, est en
délibération. Si le ministère se prononce en sens inverse de leur sentiment, ils votent quand même, sans tenir compte du résultat politique de
leur vote et n'en considérant que le
résultat législatif.
Par contre, tous les ennemis du cabinet, quelle que soit leur opinion sur
le point qu'on discute, font balle contre
le ministère qu'ils veulent culbuter.
Leurs suffrages se réunissent à ceux
des hommes qui, ne pouvant se plier
aux intrigues parlementaires, se refusent à condamner ce que leur doctrine affirme ou à affirmer ce qu'elle
condamne ; et de la conjonction de ces
deux corps d'armée naît la crise.
Hier, c'était la prérogative de la
Chambre et le régime des boissons
qui avaient été choisies pour livrer
bataille. Les adversaires fanatiques
du Sénat et les députés qui croyaient
voir dans la nouvelle loi sur les boissons hygiéniques une plate-forme
électorale nécessaire ont uni leurs
voix à celles des adversaires systématiques du cabinet, et M. Ribot a été
mis en minorité par cette coalition
compacte. S'il avait été mis aux voix
[...]ment et sans trompe-l'œil, il
aurait [...] en
moins de majorité.

Il est clair qu'un système qui donne
lieu à de tels phénomènes politiques
est incapable de faire vivre un grand
peuple. C'est l'impossibilité pour les
partis de se grouper d'après leurs affi-
nités naturelles ; c'est, par suite, l'instabilité forcée dans le gouvernement
et la stérilité dans le Parlement au
point de vue des réformes. C'est même
quelquefois le vote de lois détestables
que les ministres, après les avoir ac-

coptées à contre-cœur, défendent avec
ardeur et font passer pour se maintenir au pouvoir. C'est l'incertitude et le
scepticisme répandus dans les masses
qui ne comprennent rien au spectacle
qu'elles voient se dérouler sous leurs
yeux; c'est la dissolution graduelle du
pays.

Quand la France comprendra-t-elle,
comme l'ont compris toutes les démocraties existantes, que chaque régime à ses lois naturelles qu'on ne peut
enfreindre impunément ?

Quand comprendra-t-elle que la loi
de la démocratie git dans la séparation des pouvoirs; que le pouvoir législatif doit légiférer sans sans subir
la pression de l'exécutif; que l'exécutif doit administrer sans subir la pression des Chambres; qu'il doit y avoir
incompatibilité complète entre les
fonctions de ministre et celle de membre du Parlement; que chacun des
deux grands pouvoirs, enfin, doit se
mouvoir dans son indépendance
sans exercer d'action sur l'autre, si
ce n'est celle qui est nécessaire pour
empêcher les abus et les empiètements,
action dont la Suisse et l'Amérique
ont déterminé la limite et l'étendue ?

Je ne sais à quel moment notre pays
trouvera suffisante la triste expérience
que nous faisons depuis vingt ans; je
ne sais quand il se décidera à corriger
le régime, dont chaque changement
de cabinet lui démontre les vices. Mais
ce que je sais bien, c'est que ce jour-là
seulement notre grande démocratie
aura enfin trouvé sa voie et entrera
dans le progrès calme et pacifique.
Jusque-là, nous nous épuiserons dans
les agitations stériles dont il serait
grand temps de sortir.

ALFRED NAQUET.

Le Journal du 6 avril 1893 (2e année - n° 191)

LE MARIAGE
CHEZ LES MORMONS
PAR ALFRED NAQUET

On parle souvent de la secte des Mormons.
On sait, en général, que cette secte consacre
la polygamie. Mais dans quelles limites cette
polygamie est-elle admise ? sur quelle doctrine
s'appuie-t-elle ? quelle est la conception du mariage chez les saints du dernier jour ? Voilà ce
que bien peu de nos compatriotes connaissent.

J'ai pensé qu'une étude à la fois résumée et
complète de la mythologie mormone et des
idées qui en découlent relativement au mariage,
présenterait pour nos concitoyens un intérêt de
roman, mais de roman réel et vécu, et c'est
cette étude que j'offre aujourd'hui aux lecteurs
du *Journal*.

L'organisation religieuse des Mormons reconnaît deux espèces de mariages, le mariage
temporel et le mariage spirituel. Dans le mariage temporel, les époux sont unis pour le
monde seulement; dans l'autre, l'union est éternelle. Le mariage à temps est un contrat qui
crée des devoirs et des obligations aux époux
pendant la durée de leur vie commune sur la
terre. Le mariage pour l'éternité consiste dans
l'engagement d'être mari et femme pendant
cette vie et l'autre. C'est le sacrement religieux
dont le caractère est le plus sacré et qui ne l'est
plus. Le premier réunit deux êtres, le second
scelle leur union. Dans le premier cas, la mort
effectue un divorce ; dans le second, elle détermine seulement une séparation temporaire.

La première forme de mariage est permise
par l'Église, mais elle n'est pas encouragée;
les personnes qui l'adoptent ne remplissent
ainsi que nous le verrons tout à l'heure, que la
moitié de leurs devoirs. Il est surtout pratiqué
par des adhérents quelque peu tièdes de la foi,
par des veufs qui ne désirent avoir qu'une
seule femme dans le ciel, et par des veuves
qui, antérieurement, étaient unies pour l'éternité à l'homme dont la mort les a séparées.

L'Église, nous l'avons dit, déconseille ces
unions : elle enseigne que lorsque les enfants
naissent d'un mariage de cette nature, ces enfants appartiennent, dans le ciel, non à leur
père terrestre, mais à celui à qui leurs mères
étaient liées pour l'éternité, c'est-à-dire au premier mari. Cet enseignement exerce une action
puissante pour en éloigner tous ceux chez qui
le sentiment paternel est profond.

En outre, elle enseigne encore que quiconque

n'a pas contracté de mariage éternel (les un-sealed), comprenant aussi bien les célibataires que ceux qui ne se marient que pour la durée de leur vie terrestre, occupe une situation in-férieure dans le ciel. Dépourvus de connexions patriarcales, ils peuvent seulement deve-nir des anges, c'est-à-dire administrer les es-prits arrivés à la plénitude du rachat et de la rédemption. Mais ils ne peuvent point prendre part à l'extension du royaume de Dieu en peuplant de nouveaux mondes.

Les personnes vivantes de l'un ou de l'autre sexe peuvent se marier avec les morts de cette manière, pourvu que le plus proche parent du défunt agisse comme fondé de pouvoirs de ces derniers et donne son consentement.

De cette manière, des amants que la mort a séparés et d'autres qui sont morts « unsealed », peuvent être exaltés à la position que le ma-riage spirituel confère. Ce cas est le seul dans lequel des unions puissent être scellées (sea-led) sans le consentement de chacune des par-ties.

On accepte facilement des mariages multi-ples dans lesquels un homme épouse non seu-lement les filles d'une famille, mais aussi leur mère morte veuve « unsealed », lorsqu'on re-connaît que le mobile qui détermine un tel acte est le désir d'élever la situation céleste de la belle-mère, qui, sans cela, ne pourrait guère devenir autre chose qu'un simple ange.

Dans le Code ecclésiastique du mariage mor-mon, rien n'empêche une personne qui a pris mari ou femme pour ce monde-ci d'épouser un autre homme ou une autre femme pour l'autre, bien même que cette dernière personne soit mariée à une troisième pour la durée de sa vie terrestre. Lorsque cela arrive, il n'est pas per-mis de nouer des relations maritales sur terre, celles-ci doivent être ajournées au lendemain de la résurrection.

Une femme ne peut être mariée qu'à un seul homme ; mais le même homme peut s'engager pour l'éternité avec plusieurs femmes si c'est lui les choisit et si le président de l'Eglise donne son approbation à ces choix. La sanction de celui-ci est ainsi basée sur une révélation de Dieu dont on suppose qu'elle exprime la vo-lonté.

Les fondements sur lesquels repose la doctrine du mariage éternel apparaissent surtout claire-ment dans la discussion de celles sur lesquelles la polygamie s'appuie.

Les saints des derniers jours, on le sait, re-connaissent deux sortes de mariages, le mariage monogame et le mariage polygame. Il existe des manières de voir différentes en ce qui con-cerne le dernier ; la majorité l'envisage comme étant facultatif, tandis que la minorité le consi-dère comme ne pouvant être que l'accomplisse-ment d'un mandat. Le livre de Mormon inter-

dit d'avoir plus d'une femme, mais il ajoute que si, cependant, le Seigneur entendait, à un moment quelconque, qu'il en fût autrement, il le commanderait à son peuple.

Un message subséquent, qui aurait été adres-sé par Dieu à son prophète Joseph Smith, au-rait ultérieurement permis les mariages multi-ples, non à tous les saints, mais à ceux que Dieu indiquerait de temps à autre au président de son Eglise.

La polygamie, chez les Mormons, dérive, en effet, de la théologie même de cette secte. Pour les chrétiens ordinaires, il y a deux états d'existence : la vie terrestre et l'autre. Pour les Mormons, il y en a trois.

Le premier état est celui des esprits qui sont désignés pour venir vivre sur la terre et qui sont nés dans le ciel, de l'union de Dieu avec une épouse spirituelle. Chacun d'eux constitue une entité. Ce sont les enfants de Dieu, à qui, en leur qualité d'enfants, ils sont subordonnés en connaissance et en pouvoir. Dieu tend à en faire ses égaux, et, pour leur donner un déve-loppement auquel ils ne pourraient parvenir sans cela, il a conçu le plan d'en peupler la terre et les autres planètes, en les enfermant pour un temps dans des tabernacles de chair et d'os. Prévoyant, d'ailleurs, que, sous cette forme, ils pourraient déchoir de la grâce, il a organisé tout un système de rédemption finale et d'immortalité par le Christ. Un tiers des es-prits, s'y étant opposés sous la direction de Sa-tan, en ont été punis par l'expulsion du ciel et l'interdiction, pour eux, d'atteindre jamais le second état.

La terre a été créée pour devenir la résidence des esprits dans leur second état ou état d'é-preuve. Adam et Eve y ont reçu ce commande-ment : « Croissez et multipliez et repeuplez la terre », afin de préparer des corps aux esprits qui attendent le moment d'entrer dans cette phase de l'existence. La parenté légitime, de-puis les temps les plus reculés, n'a pas été autre chose que la mise en œuvre de ce commande-ment.

Si, pendant son séjour terrestre, l'esprit a obéi aux lois de Dieu, après la mort du corps, il retourne au ciel où Dieu, à la résurrection, l'exalte et lui donne un monde à gouverner. Cet être spirituel devient alors le Dieu père de ce nouveau monde que, avec son ou ses épouses, il peuple d'êtres, fruits de ses entrailles, qui sont dans les mêmes rapports avec lui que lui avec le Dieu père qui l'a engendré. La doctrine de la préexistence des esprits est capitale dans la théologie des Mormons. On la comprend aisé-ment si on établit une comparaison entre ce qu'elle enseigne et le fait de parents humains qui procréent des enfants, les soignent et les élèvent pendant leur enfance, puis les envoient au loin achever leur éducation, et les reçoivent

de nouveau parmi eux lorsque, leur caractère
étant bien établi et leurs capacités bien développées, ils sont devenus aptes à commencer
par eux mêmes une honorable carrière.

Le reste est aisé à comprendre. La loi suprême de Dieu est « croissez et multipliez ».
Celui qui obéit à ce précepte élargit le domaine
céleste et augmente le nombre des êtres semblables à Dieu. En procréant des corps, on
libère les esprits qui attendent, sous leur première forme, de passer au second état. Celui
qui agit de la sorte est donc celui qui agit le
mieux. Or, comme on ne peut pas avoir beaucoup d'enfants avec une seule femme, lorsque
Dieu reconnaît dans un homme un esprit supérieur, apte à bien élever de nombreux enfants, il lui concède le privilège de prendre
plusieurs femmes et lui donne ainsi une plus
large part dans le grand travail. Tous les
hommes ne sont pas, on le voit, marqués pour
la polygamie, et, d'après les déductions que
nous venons d'exposer si, pour tous, le mariage
est un devoir, la polygamie devient une vertu.

Il va de soi que les personnes unies pour
l'éternité peuvent seules prétendre au bonheur
de gouverner un monde. Les « unsealed » étant
tous conjoints dans le ciel, et aucun mariage
ne pouvant y être contracté entre personnes
l'une et l'autre décédées, ils demeurent isolés
et ne peuvent qu'administrer, en qualité d'anges, les besoins de leurs frères plus fortunés.

Le mariage éternel a un double but. D'abord,
sur la terre il crée des corps pour les esprits
qui attendent l'incarnation, et plus tard, dans
le ciel, il donne naissance à des esprits destinés à un nouveau monde, et contribue ainsi à
élargir le royaume divin.

On conçoit, dès lors, la nécessité de la polygamie, mais on pourrait abuser de l'institution, et
c'est pour cela que nul n'a le droit de prendre
plusieurs femmes si l'Église n'y consent. Tout
homme qui veut contracter un second mariage
doit même demander l'autorisation de sa première femme. Si cependant, celle-ci s'obstine à
refuser, il lui est loisible de passer outre, ce refus obstiné ne pouvant avoir pour conséquence
de s'opposer absolument à la pratique de ses
obligations religieuses.

Telles sont les théories qui régissent l'institution du mariage chez les saints des derniers
jours ; beaucoup de bruyants païens, musul-
mans, chrétiens ou juifs les traiteront peut-être
d'absurdes. En fait, elles ne sont ni plus vraies
ni plus fausses que les autres mythologies ; simples conceptions de l'esprit formulées par des
poètes législateurs, les religions se valent toutes, aux yeux de la science positive, et, aux yeux
de l'art, celle que nous venons d'esquisser n'est
pas sans occuper un bon rang.

Ajoutons, toutefois, que si, de la conception
poétique on passe à la conception sociologique,
la doctrine des saints du dernier jour perd ce
rang. Si elle prime l'islamisme à la fois comme
mythologie et comme sociologie, elle est, par
contre, inférieure au christianisme et à toutes
les religions qui interdisent la polygamie. Mais
cette infériorité n'existe pour elle qu'en ce qui
concerne l'organisation sociale qu'elle a créée.
Au point de vue de l'imagination pure, sa mythologie vaut le judaïsme et le christianisme.
Elle est même de beaucoup plus poétique et
plus séduisante.

A. NAQUET.

La nation du 14 avril 1893 (n° 3263)

LES
Travaux du docteur Le[...]

Nous nous plaignons journelle[ment]
de la diminution de la popu[lation]
française ou tout au moins de na[ta]-
tion. Nous voyons avec angoi[sse]
l'avenir de notre pays la nat[alité]
croître d'une façon presque con[tinue]
et régulière, tandis qu'il en va
autrement chez nos voisins et no[s ri]-
vaux.

Au moins faudrait-il, quoiq[ue le]
nombre des naissances devie[nne de]
moins en moins grand, comp[enser]
l'abaissement du chiffre de la po[pula]-
tion qui en résulte par une di[minu]-
tion équivalente de la mortali[té qui]
rétablirait l'équilibre.

A cet égard l'hygiène publique peut beaucoup. Donner aux habitants des villes de l'eau de source en abondance démolir les habitations insalubres du passé pour les remplacer par des appartements vastes et spacieux, tracer de larges rues où l'air circule, c'est certainement un moyen de rendre moins fréquentes et moins meurtrières les épidémies qui décimaient autrefois l'humanité, et qui la déciment encore là où les gouvernements et les villes ont eu l'incurie de ne pas faire les travaux d'assainissement nécessaires. En dehors même des grandes épidémies, c'est encore un moyen d'enrayer le développement de ces maladies infectieuses, microbiennes, qui font de si cruels ravages parmi nous.

Sous ce rapport il est juste de rendre hommage aux gouvernements des peuples civilisés, ils ont beaucoup fait, et s'il reste beaucoup à faire, l'œuvre est loin d'être négligée. Chez nous la Chambre a été saisie par l'honorable M. Lockroy de projets vraiment draconiens qu'il ne me déplairait pas de lui voir voter. On ne saurait être trop sévère lorsqu'il s'agit de conserver la vie de nos concitoyens.

Mais si l'hygiène publique est de nature à exercer une grande et salutaire influence sur la population, si elle est de nature à corriger les effets de la diminution observée dans la natalité, l'hygiène privée, celle que les particuliers se donnent à eux-mêmes, et une thérapeutique vraiment scientifiques lorsque la maladie les atteint, doivent être considérées comme plus fécondes encore. Prévenir les maladies infectieuses et la mortalité qui en résulte, par des mesures administratives, c'est bien; mais prévenir les maladies chroniques qui, par un défaut chaque jour croissant de l'équilibre organique, conduisent l'homme à la souffrance et à la mort, c'est mieux encore. Ceci a une importance d'autant plus capitale que l'homme maladif déséquilibré est moins prolifique et, s'il procrée, procrée des enfants malingres qui n'atteindront pas l'âge d'homme.

Malheureusement pour se soumettre à une bonne hygiène, ce que tout le monde désire, il faut encore connaître cette hygiène, savoir quelles en sont les prescriptions; et pour que, dans le cas où l'inobservance de ces règles a troublé la santé, le médecin puisse la rétablir, il est nécessaire que celui-ci ait des lumières complètes sur ce qui engendre la maladie et que, se fondant sur cette connaissance, il emploie pour la combattre, une thérapeutique rationnelle.

Or, jusqu'à les vingt dernières années, rien n'était moins connu que les règles de l'hygiène privée. Les médecins, et ensuite les particuliers, professaient à cet égard les doctrines plus fausses. Nourissez-vous copieusement disaient les disciples d'Esculape, mangez de la viande en abondance, buvez des vins généreux, et si, malgré cette alimentation *tonique*, la clorose ou l'anémie intervenait, on ordonnait de l'exercice musculaire, des douches froides et du fer.

Chose singulière, inattendue! C'était ce régime soi-disant tonique qui était l'une des principales causes des maladies chroniques dont l'organisme humain est atteint, et la thérapeutique, à l'aide de laquelle on cherchait à les enrayer, n'aboutissait qu'à leur donner un caractère plus grave.

C'est ce que, depuis plus de vingt ans, n'a cessé de mettre en lumière le docteur Leven, avec une force de conception, une patience d'expérimentation, une abondance d'observations, qui ne laissent aucun doute dans l'esprit de quiconque a lu ses ouvrages, et surtout de quiconque a eu la chance d'en appliquer sur lui-même les préceptes, comme celui qui écrit ces lignes.

Nous ne saurions trop engager tous les médecins, et même tous les profanes dans l'art de guérir qui, sans connaître à fond la médecine, ont quelques connaissances générales de biologie, à lire le dernier de ces livres, celui qui vient de paraître chez Rueff sous le titre : *Système nerveux et maladies*, c'est la synthèse définitive, complète, de tous les travaux antérieurs de ce savant de premier ordre qu'est le docteur Leven. Si tout le monde se familiarisait avec les vérités que cet ouvrage renferme, et, mettait en pratique les conseils qu'on y trouve on peut être assuré que notre race regagnerait rapidement en force, en taille, en santé, en beauté, en fécondité, en intelligence, tout ce qu'elle semble perdre depuis le commencement de ce siècle par un mouvement de décadence qui n'est peut-être que le résultat de l'hygiène désastreuse des peuples raffinés par la civilisation.

Aux yeux de M. Leven, le système nerveux est le dispensateur de la vie dans tous les organes. C'est lui qui règle le fonctionnement de l'estomac, du foie, des poumons, des reins, de la vessie, de l'intestin, du cœur, et qui, suivant qu'il est dans son état normal ou qu'il est irrité, rend le fonctionnement lui-même normal ou pathologique.

Non que le système nerveux fasse directement les affections! Il reçoit du dehors les impressions morales ou physiques qui, suivant leur nature, le laissent en santé ou le rendent malade. Mais, à l'exception d'un traumatisme, d'un coup d'épée, ou d'un poison corrosif, qui agit à la manière d'un coup d'épée, c'est toujours en passant par les centres nerveux que les actions extérieures impressionnent l'organisme et amènent la maladie.

Le froid détermine une pneumonie; mais ce n'est pas en agissant directement sur le poumon, c'est en influençant, en irritant le système nerveux, lequel, une fois irrité, préside d'une manière morbide au fonctionnement du poumon et fait la maladie. Qu'un microbe s'introduise dans l'organisme et y sécrète son poison, c'est encore sur les centres nerveux que le poison portera son action pour déterminer ensuite les diverses lésions organiques que l'on observera.

Le système nerveux est donc à la base des maladies diverses, et dès que l'irritation qui a donné naissance à ces maladies par son intermédiaire se calme, les maladies disparaissent.

Traiter une maladie ne doit donc point consister dans le traitement d'une affection locale qui n'est qu'une conséquence; ce traitement des symptômes et des lésions, sans être négligé, ne doit être que secondaire. Traiter une maladie doit consister à rétablir l'équilibre du système nerveux duquel dépend celui de l'esprit et du corps.

Or, le système nerveux fonctionne par plusieurs centres, le cerveau, la moelle épinière, et les divers amas de cellules nerveuses qui, sous le nom de *plexus*, entretiennent le fonctionnement de la vie végétative dans nos organes.

Tous les centres nerveux, formés de cellules nerveuses, sont reliés par des cordons de nerfs qui établissent entre eux d'étroites connexions. L'un ne peut pas devenir irrité sans que les autres le deviennent, et celui qui s'irrite secondairement ne manque jamais de réagir sur celui de qui il a reçu cette irritation en aggravant celle-ci.

Ainsi l'estomac est régi par le *plexus solaire*, qu'un aliment de mauvaise qualité ou un corps irritant soit introduit dans cet organe, le plexus solaire s'irrite et une dyspepsie intervient.

Mais le plexus scolaire irrité transmettra l'irritation à la moelle. Il en résultera des troubles dans les autres organes dont les plexus recevront le contre-coup de l'irritation médullaire, on verra apparaître la bronchite, l'endocardite, le rhumatisme, la névralgie, l'hépatite... Puis le cerveau entre à son tour dans le cercle pathologique par les maux de tête et l'insomnie, et, si le médecin n'intervient pas avec quelques rares médicaments, mais surtout avec une hygiène sévère, cette chaîne nerveuse ira s'irritant davantage chaque jour jusqu'à ce que se produisent des lésions organiques, des crises nerveuses graves et finalement la mort.

Mais si par une hygiène appropriée on ramène l'équilibre nerveux, toutes les maladies produites par la rupture

[...] cet équilibre disparaissent aussi.

Cette hygiène, quels en sont les principes? On peut les résumer en peu de mots.

L'homme est une machine plus ou moins puissante. Il ne faut jamais [...] donner à cette machine plus de [for]ce qu'elle n'en peut normalement [f]ournir. Marcher, prendre de l'exercice [es]t chose certainement utile pourvu [que] la fatigue n'intervienne pas. Mais [dès] que la fatigue intervient il y a [exc]ès, la cellule nerveuse s'irrite et [cet]te irritation compromet la santé.

De même, le travail intellectuel, les [im]pressions morales, choses salutai[res] lorsqu'elles ne dépassent pas la [s]omme d'énergie que le sujet peut [f]ournir sans fatigue. Dès qu'elles le [dé]passent, elles produisent des effets [...].

Dans l'état de maladie, la tolérance [du s]ystème nerveux est moindre, la [fatig]ue intervient plus vite et il faut [dimin]uer l'effort si l'on veut que la [cell]ule nerveuse revienne à l'état de [...]. Quelquefois même, lorsque l'ir[rita]tion est profonde, est-il nécessaire [de recom]mander le repos absolu, le [...]

Mais c'est surtout du côté de l'ali[mentation ... docteur Leven ...]re, parce que c'est là que l'on a com[m]is la plus grossière erreur et qu'il y [a] le plus à corriger.

Il en est de certains aliments, à des [de]grés divers, comme de la morphine. [U]n morphinomane qui se pique res[se]nt, immédiatement après la piqûre, [u]n sentiment de force, mais celui-ci [ne t]arde pas à faire place à une dépres[si]on qui appelle une seconde piqûre, [la] quantité du poison allant continuel[le]ment en augmentant et conduisant [g]raduellement le malade au tombeau.

En ce qui concerne les aliments mê[m]e les meilleurs, il y a des effets sem[b]lables. La viande est un aliment né[ce]ssaire. Mais qu'on en abuse — et l'on [en] abuse presque partout — elle irrite [les] centres nerveux. Au sentiment de [bie]n-être que produit son ingestion, succède bientôt un nouvel appel de la faim qui pousse le sujet à en manger davantage, jusqu'à ce que cet excès de nourriture animale ait produit la dyspepsie.

Le vin et tout les liquides fermentés renfermant de l'alcool agissent de la même manière, mais avec bien plus de violence. Le vin n'est pas un tonique, ce n'est pas un aliment d'économie, c'est un excitant du système nerveux que les gens robustes supportent, que supportent bien plus difficilement les enfants et les viellards, et qui, d'une manière générale, est mauvais pour tous. Le vin et l'alcool produisent plus de dyspepsies et de maladies diverses à eux seuls que toutes les autres infractions réunies aux lois de l'hygiène. Les gens qui boivent du vin se tuent en croyant se faire du bien.

Les huiles, le beurre, les corps gras en général, sont aussi de mauvais aliments qui irritent la muqueuse de l'estomac et consécutivement la cellule nerveuse. Un homme en bonne santé les supporte. Un malade doit s'en abstenir complètement.

Une bonne hygiène de table, le repos plus ou moins complet suivant le degré de trouble dont souffre l'organisme c'en est assez dans la plupart des cas pour que la cellule nerveuse s'apaise et que le sujet récupère ses forces et sa santé.

Les médicaments n'interviennent que d'une manière secondaire dans le système du docteur Leven. Ce n'est pas lui qui enrichira les pharmaciens ou qui empoisonnera jamais les malades.

Si même nous osions, nous nous permettrions à cet égard une toute légère critique. Il nous semble que M. Leven rabaisse trop le rôle du médicament. Le mercure, l'iode, le sulfate de quinine, les bromures alcalins — que, d'ailleurs, il prescrit souvent — sont des médicaments d'une incontestable valeur. Et si ceux-là agissent, il n'y a pas de raison pour que d'autres n'agissent pas et ne favorisent pas le rétablissement de la cellule nerveuse.

Il paraît démontré en ce moment,
par exemple, que les liquides obtenus
par des macérations organiques, que
recommande en piqûre M. Brown-Sé-
quard, produisent des effets surpre-
nants. Accueillie d'abord par un éclat
de rire, la découverte de M. Brown-
Séquard est aujourd'hui appliquée
partout, et ce contraste entre l'accueil
premier qu'elle a reçu et l'universalité
actuelle de son application est un sûr
garant de sa valeur.

Mais il n'en reste pas moins que l'ob-
servance des règles de l'hygiène dépasse en importance tous les médicaments, tant pour le rétablissement que
pour la conservation de la santé.

Cette vérité ennuie les malades. Ils
préféreraient se livrer à tous leurs
plaisirs sans mesure, et en être quittes
ensuite avec une piqûre où une pilule;
eh bien ! il faut qu'on le sache, il n'en
est pas ainsi, et c'est surtout par une
vie sage, raisonnable, conforme aux
lois de notre nature, que nous pouvons nous maintenir bien portants et
engendrer des enfants robustes.

Personne n'a jamais douté, d'ailleurs, qu'il en fût ainsi, mais on se
trompait sur l'application, et l'on prenait souvent l'effet pour la cause et le
bien pour le mal.

Les ouvrages de M. Leven ont cor-
rigé ces erreurs. Ils ont tracé les règles désormais certaines de l'hygiène
privée et de la thérapeutique, et il est
à souhaiter que tous les praticiens
s'imprègnent de ses idées, et trans-
mettent aux masses les préceptes fé-
conds qu'elles renferment. Ce sera le
meilleur moyen de combattre la diminution de la natalité, dont on se plaint
ou tout au moins de la compenser.

ALFRED NAQUET.

La nation du 21 avril 1893 (n° 3270)

DEUX
Alchimistes contemporains.

Tout arrive. Dernièrement, M. Mois-
sans résolvait par une méthode aussi
élégante que curieuse le problème depuis si longtemps cherché de la production artificielle du diamant. Se-
rions-nous sur la voie de la transmutation des métaux et de la production
synthétique du cuivre, de l'argent et
de l'or? J'ai peine à y croire, malgré
les affirmations réitérées et pleines de
foi qu'apporte journellement M. Tiffereau depuis 1843. Pourtant, je n'oserais plus dire non ! tant nous avons
vu résoudre, depuis cinquante ans de
problèmes jusque-là magistralement
déclarés insolubles par la science officielle.

Ce n'est pas d'aujourd'hui que l'on
discute sur l'unité de la matière et sur
la possibilité de transformer les substances les unes dans les autres. La
découverte de la pierre philosophale
a été le grand problème du moyen
âge, et les alchimistes sont loin d'avoir
tous complètement disparu avec la
période moderne.

Nos savants contemporains eux-mêmes se sont en général gardés d'affirmations absolues sur ce point; et si,
se tenant sur la réserve que la science
positive leur commande, ils ont considéré comme basées sur des observations imparfaites les prétendues dé-
couvertes de ceux qui croient ou ont
cru avoir fait de l'or, ils n'ont eu garde
de formuler à l'égard d'une découverte
de cet ordre un *non possumus* définitif
et absolu.

Quelquefois même, les discussions
sur cet objet ont pris un caractère fantaisiste comme dans une circonstance
que je demande à mes lecteurs la peine
de leur raconter.

C'était en 1857 ou 1867, un de mes
collègues, agrégé de physique à la faculté de médecine, mort depuis lors,
M. Guillemin, passait à la Sorbonne

...se de doctorat ès sciences physiques. En même temps qu'il devait être argumenté sur cette thèse, il devait répondre à des questions portant sur la chimie. C'était M. Després qui présidait le jury d'examen, et c'était à M. le professeur Balard qu'était échue la mission d'interroger le candidat sur la chimie.

« Considérez - vous comme impossible la mutation des métaux, la fabrication artificielle de l'or, par exemple, demanda-t-il ?

« J'affirme, répondit M. Guillemin, que jusqu'à ces jours personne n'a démontré qu'il eût fait de l'or artificiel; mais je n'oserais pas affirmer que personne n'en fera jamais. De même que l'entrée en scène de cet agent puissant qu'on appelle l'électricité a permis de décomposer des substances considérés jusque là comme indécomposables, et de mettre en liberté de nouveaux corps simples dont on ne soupçonnait pas auparavant l'existence, de même il est possible, si jamais on trouve quelque agent nouveau plus puissant que l'électricité, qu'on pousse plus avant qu'on ne l'a fait encore la connaissance intime de la nature, et qu'on arrive à réaliser le *Grand œuvre* du moyen âge. »

Cette opinion était celle de M. Balard qui faisait des mouvements de tête en signe d'assentiment; mais elle blessait profondément les croyances de M. Després, aux yeux de qui la transmutation des métaux apparaissait comme une impossibilité théorique.

« Vous savez bien, monsieur, dit le président du jury, qu'on n'a jamais fait de l'or, que la fabrication de l'or est une chimère, et que ceux qui ont prétendu en faire n'ont jamais été que des charlatans désireux de s'en procurer au détriment des crédules et des naïfs. »

« Oui, reprit M. Balard interrompent : je le sais. On n'a jamais fait de l'or; mais rien ne m'indique qu'on ne puisse en faire jamais. »

Exaspéré de cette réponse, M. Després reprend :

« C'est comme si vous me disiez qu'un jour le soleil s'éteindra. »

« Je vous le dis, riposte aussitôt M. Balard. Le soleil s'éteindra un jour. Cela est incontestable. »

A ces mots, n'y tenant plus, M. Després, que je vois encore avec sa belle figure de vieillard, se lève, passe derrière son fauteuil, s'appuie avec les deux bras sur le dossier, et, regardant en face fixement l'auditoire, il prononce d'un ton convaincu cette phrase:

« Eh bien ! messieurs, je n'hésite pas à le déclarer : si jamais le soleil s'éteint, ce sera déplorable ! »

Inutile d'ajouter que cette boutade fut accueillie par d'universels éclats de rire, M. Guillemin seul ne s'associant pas à l'hilarité générale, parce que le respect que lui imposait la qualité de candidat le lui rendait impossible.

M. Tiffereau aurait-il départagé M. Balard et M. Després? Aurait-il résolu le problème de la transmutation? En donnant raison à M. Balard sur le premier point, lui donnerait-il raison sur le second, et nous ferait-il craindre une prochaine extinction de l'astre du jour? Je le voudrais en ce qui concerne la synthèse de l'or, tout en espérant que la démonstration de la seconde proposition sera retardée de quelques milliers de siècles encore.

M. Tiffereau affirme qu'en 1843, au Mexique, en soumettant de l'argent à certaines réactions chimiques, il a obtenu de l'or. Il a même encore cet or et le montre à qui veut le voir. Malheureusement il n'a pu reproduire son expérience depuis, ce qui laisse aux incrédules la ressource de supposer qu'en 1843 il avait opéré sur un alliage en croyant opérer sur de l'argent pur, et qu'il s'était borné à retirer de cet alliage l'or que celui-ci renfermait.

Mais ces objections ne sont jamais arrivées à ébranler la confiance de l'alchimiste moderne. Il croit que la transmutation des éléments est l'œuvre de microorganismes pareils à ceux qui président aux transformations de la matière organique. Dans sa conviction, s'il n'a pas réussi en

France, c'est que le [illegible] producteur de l'or n'existe pas en Europe, et
depuis 50 ans, avec une persévérance
de prophète, il demande qu'on lui
fournisse les moyens de retourner au
Mexique, où il ne doute pas de le rencontrer aujourd'hui, comme il l'y a,
dit-il, rencontré il y a un demi-siècle.

M. Tiffereau, je viens de le dire, a un
tempérament de prophète ; il ne se
lasse jamais des luttes pour le triomphe de ce qu'il croit être la vérité.

Tout récemment encore, il a fait une
curieuse conférence sur les travaux de
M. le Brun de Villeroy, ingénieur civil
des mines, autre alchimiste, travaux
relatifs à l'accroissement de la matière
minérale.

M. de Villeroy s'est occupé, non de
la fabrication artificielle de l'or, mais
de la fabrication artificielle du cuivre.
Il prétend, il est vrai, avoir accidentellement obtenu de l'or et de l'argent ar-
tificiels au cours de ses expériences,
mais il est évident que ceci est secondaire : si le problème était résolu pour
le cuivre, il ne tarderait pas à l'être
pour les métaux précieux, et d'ailleurs
au point de vue économique, la fabrication du cuivre présente le même intérêt que celle de l'or.

M. Lebrun de Villeroy a pris un bre-
vet, il fait connaître ses méthodes pour
lesquelles il est inutile de prendre le
bateau de la Vera-Cruz, et il est à la
portée de tous les chimistes de les répéter et de les contrôler.

Pourquoi ne les répéterait-on pas,
d'autant qu'elles ne sont ni coûteuses,
ni difficiles. J'avoue que je suis du
nombre des incrédules; mais je suis
en même temps de ceux qui se refusent à nier sans avoir expérimenté.

M. Tiffereau, lui, ne doute pas, il
nous prédit même le prochain krach
de la Banque de France, par suite de
la production industrielle des métaux
précieux.

En attendant que la chimie soit venue ainsi donner la main aux collectivistes en faisant disparaître la monnaie métallique, nous nous bornons à
appeler l'attention des lecteurs sur
une série d'expériences auxquelles

scientifique sinon en point [illegible]

nons n'ajoutons pas [illegible]
ample information, mais que les [illegible]
presque miraculeux que notre époque
a vu éclore ne nous permettent plus
de traiter purement et simplement par
le dédain.

A. NAQUET.

La nation du 28 avril 1893 (n° 3277)

La Classification des Partis

Depuis l'établissement de la République, la France avait certainement
traversé des crises autrement redoutables que celle que nous traversons
en ce moment; mais, justement peut-
être parce que l'existence du gouvernement républicain n'est plus mise
en cause, parce que ses adversaires
désarment, parce qu'un monarchiste
convaincu tend à devenir presque
aussi rare qu'un fossile antédiluvien,
nous assistons à une crise d'un nouveau genre que l'on peut caractériser
par le défaut d'orientation des esprits
et qui apparaît pour la première fois.
Cet état moral est surtout sensible
dans les contrées où la passion politique a été jusqu'ici la plus vive, où
les luttes ont eu le caractère le plus
aigu ; et les départements du Sud-
Ouest, Vaucluse, le Gard, les Bouches-
du-Rhône, sont à ce point de vue intéressants à étudier en ce moment.

Les départements du Midi avaient
été jusqu'à l'heure présente nettement
divisés en monarchistes et en républicains. Presque tous les électeurs ap-
partenaient à l'un ou à l'autre camp.
Cette masse flottante, indécise, qui, en
se portant selon les circonstances tantôt à droite tantôt à gauche, décide
des élections et amène souvent d'une
année à l'autre des revirements im-
prévus et presque inexplicables. Cette
masse, si considérable dans les [illegible]

... de Nord, de l'Ouest ou du Centre, ... pour ainsi dire jamais existé dans ... Midi.

D'un côté, des républicains convain-cus, dévoués, passionnés; de l'autre, des royalistes ardents avec, presque partout, la majorité pour le parti ré-publicain, et c'était tout.

Comme, d'autre part, dans le sein du parti républicain, les opinions radi-cales l'emportaient de beaucoup, et comme la nécessité de battre l'ennemi commun rendait nécessaire l'alliance au second tour, la concentration ré-publicaine toujours obéie, il en est ré-sulté que la représentation des dépar-tements du Sud-Ouest a appartenu sans conteste aux radicaux depuis vingt ans.

D'ailleurs, aussi longtemps que les monarchistes ont conservé leurs espé-rances révolutionnaires, ils ont eu une tendance, là où ils ne présentaient pas de candidats, à voter pour les radi-caux plutôt que pour les modérés.

N'ayant pas foi en la démocratie répu-blicaine, ils étaient naturellement por-tés à croire que plus vite la Républi-que développerait ses principes, plus vite le pays se détacherait d'elle et re-viendrait à la monarchie. Ils se trom-paient; mais leur erreur était la consé-quence nécessaire de l'idée fausse qu'ils se faisaient de l'ensemble des choses. Puisqu'il ne croyaient pas à la République, il était logique de leur part de penser que la République se-rait d'autant plus près de disparaître qu'elle serait plus franchement répu-blicaine. Ces conclusions étaient er-ronées parce que erronées étaient les prévisions dont elles se déduisaient; mais le raisonnement était logique-ment enchaîné, et cette fausse con-ception de la situation avait pour ré-sultat de faire aller les conservateurs aux radicaux plutôt qu'aux modérés, lorsqu'il n'y avait pas de candidats nettement conservateurs sur les rangs.

Aujourd'hui, la situation s'est modi-fiée, sans qu'on puisse encore préciser nettement ce qui va se produire dans l'avenir. Il ne s'est encore manifesté aucune direction nette ni d'un côté ni de l'autre; et il est difficile à cette heure de prévoir ce qui aura lieu aux prochaines élections.

Les monarchistes ont presque com-plètement désarmé. Fidèles aux ensei-gnements du souverain pontife, qui d'ail-leurs a beaucoup plus suivi l'état de l'opinion qu'il ne l'a précédée ainsi qu'on le croit d'ordinaire, ils se sont ralliés à la forme républicaine.

Ils continuent, il est vrai, à tonner contre la loi militaire et contre les lois scolaires. Mais leur tonnerre est en carton. Au fond, fatigués de la lutte, désireux d'entrer dans la République ou d'y faire entrer au moins leurs en-fants, s'ils ne peuvent pas y entrer eux-mêmes, ils sont près à accepter les plus légères concessions, des con-cessions même plus apparentes que réelles, tout ce qui leur fournira, en un mot, un prétexte honorable pour abandonner définitivement le drapeau sous lequel ils ont combattu jusqu'à ce jour.

De là une situation nouvelle qui peut modifier du tout au tout leur at-titude électorale.

Hier, ils votaient pour les radicaux pour pousser plus vite la République à ses conséquences extrêmes dans l'es-pérance de la renverser plus rapide-ment. Aujourd'hui, ils s'aperçoivent un peu tard que plus la démocratie se développe par la pratique de ses prin-cipes, plus elle se consolide, plus elle prend racine dans le pays; et en con-servateurs qu'ils sont, ils cherchent maintenant, puisqu'ils n'espèrent plus détruire la forme républicaine, à en entraver au moins le développement; ils s'efforcent d'enrayer les progrès que nous poursuivons, que nous at-tendons, et qui représentent pour eux l'ennemi à combattre.

D'autre part, une fois la République acceptée par les conservateurs, la barrière qui séparait ceux-ci des opportunistes tombe : les opportunistes sont des conservateurs républicains; les conservateurs étaient des opportunistes monarchistes ; dès l'instant où cette ligne de démarcation de la monarchie n'existe plus, ces deux classes d'opportunistes devaient se rechercher et se joindre; et c'est là le phénomène qui tend à se produire sur un grand nombre de points de nos départements méridionaux.

Il y a là un danger pour la fraction radicale. Là où les républicains sont divisés, là où le parti conservateur a une force, il est clair que ce dernier, s'il ne présente pas de candidat, s'il se borne à opter entre les divers candidats républicains, peut faire pencher la balance du côté où il se portera; et s'il se porte en masse du côté des opportunistes, il leur apportera la victoire et pour longtemps.

Mais le parti conservateur se portera-t-il en masse du côté modéré? Je crois que cela dépend beaucoup de la plate-forme que prendront les radicaux. Suivant la forme de la bannière qu'ils déploieront, ils concentreront les conservateurs contre eux, et courront à une défaite certaine, ou bien ils rendront possible une division dans les rangs conservateurs, un déclassement des partis qui pour de longues années encore assurera la suprématie aux radicaux.

Pour cela, il faut aux radicaux un programme qui ne soit un épouvantail pour personne et qui attire tous les petits, tous les humbles, tous ceux qui, sous un régime de suffrage universel, forment l'immense majorité de tous les partis.

Les chefs conservateurs voteront désormais partout la main dans la main avec les opportunistes. Cette chose faite; mais les paysans, les ouvriers qui, dans les départements du Midi surtout, les ont jusqu'à aujourd'hui fidèlement suivis, les suivront-ils encore? Cela dépend de nous.

Si nous nous présentons à eux avec le programme antisocial et absurde du collectivisme; si nous prêchons à ces populations rurales la socialisation des instruments de travail et la suppression de la propriété individuelle, nous les éloignerons certainement de nous.

Nous les éloignerons encore — je parle ici de cette fraction de la population qui a voté jusqu'à ce jour avec les monarchistes — si nous nous présentons à elle sous les aspects de jacobins ennemis de la religion, qui ne se contentent pas de ne pas croire mais qui veulent empêcher ceux qui croient de pratiquer leur culte.

Si, au contraire, en matière religieuse, nous nous tenons nettement sur le terrain de la véritable liberté de penser, si, nous opposant à tout empiétement de la société religieuse sur la société civile, nous revendiquons pour nous, pour nos familles, le droit de ne pas croire, de ne pratiquer aucun culte; mais si nous déclarons en même temps bien haut que nous respectons la liberté de ceux qui ne pensent pas comme nous, que nous considérions comme une atteinte aux droits de la conscience de nous opposer, sous quelque forme directe ou détournée que ce soit, à l'exercice d'un culte auquel ils tiennent, nous ferons disparaître bien des obstacles qui séparaient sinon les officiers, du moins les soldats de l'armée conservatrice de nos soldats à nous.

Si, en même temps, répudiant le communisme sous toutes ses formes, nous nous montrons socialistes, mais socialistes libéraux; si nous faisons

La nation du 5 mai 1893 (n° 3284)

...prendre à tous que nous ne voulons pas porter atteinte à la propriété privée, que nous voulons, au contraire, en élargir les cadres en permettant à un nombre chaque jour plus grand de citoyens de participer à ses bienfaits, nous attirerons à nous tous ceux qui, affranchis de leurs craintes religieuses et sociales, seront d'autant plus près de joindre nos rangs que, ouvriers ou paysans, ils ont les mêmes intérêts économiques que les masses républicaines.

Ils voteront avec nous; ils pénétreront parmi nous; et, une fois cette pénétration opérée, ils ne tarderont pas à subir la contagion de l'exemple et à adopter même les idées de la libre pensée. En appliquant à la séparation des Églises et de l'État le principe que Gambetta proposait d'appliquer à l'Alsace-Lorraine, en y pensant toujours et en parlant le moins possible, nous aurons hâté beaucoup plus cette grande réforme philosophique, couronnement fatal de la sécularisation de la société commencée en 1789, que si nous en parlions sans cesse avec la menace à la bouche, et si nous mangions du prêtre chaque jour.

Laisser en repos les consciences religieuses et se présenter aux masses avec une plate-forme honnête, à la fois socialiste et libérale, respectueuse de la propriété, ce sera sûrement d'associer l'armée conservatrice, accroître les forces radicales et donner à celles-ci une suprématie qui ne sera plus accidentelle et temporaire, mais qui sera définitive et qui permettra enfin d'entrer résolument dans la voie des réformes sociales que le peuple attend.

ALFRED NAQUET.

LE CRITERIUM

Tout le monde à cette heure sent très bien que la vieille concentration républicaine a vécu, qu'une classification nouvelle s'opère et qu'à l'ancienne extrême-gauche qui a rempli son rôle, le moment est venu de substituer le véritable parti de l'avenir.

En outre, en dehors de la petite phalange qui s'efforce d'accaparer l'idée socialiste, d'excommunier quiconque ne pense pas comme elle, et pour qui le nom habilement choisi de collectivisme est un faux-nez communiste, tout le monde comprend aussi que le parti progressiste qu'il importe de constituer doit avant tout répudier le collectivisme.

Il est non moins évident, pour quiconque n'est pas aveuglé par une doctrine artificielle, que ce parti doit répudier aussi la chapelle économiste, et cela avec autant de netteté que la chapelle collectiviste.

L'un des premiers, j'ai nettement posé cette formule dans les discours que j'ai prononcés à la Chambre sur la loi des patentes, sur l'impôt des opérations de Bourse et sur les caisses d'épargne.

J'ai eu depuis lors une satisfaction : celle de voir reproduire sous toutes les formes les idées que j'ai émises. Je n'en conclus nullement que l'on m'a copié; mais j'en conclus qu'un sentiment identique de la situation s'est spontanément produit dans les cerveaux les plus divers; et, comme cette éclosion spontanée d'une même idée sur des points différents est le caractère le plus sûr auquel on puisse reconnaître que cette idée est vraie et arrive à l'heure voulue, j'ai le droit de déduire de cette coïncidence que mes vues étaient justes.

Il y a quelques jours, c'était M. Goblet qui se déclarait à la fois anticollectiviste et socialiste; avant-hier, c'élait M. Maujean qui consacrait un article de *Germinal* à la question du programme.

Cette pensée, on peut le dire, hante en ce moment les têtes de tous les hommes de progrès qui ne sont pas emmurés dans une église, économiste ou collectiviste.

Seulement, il ne suffit pas d'avoir une préoccupation qui obsède; il ne suffit pas de se dire qu'il faut prendre un moyen terme entre le collectivisme et l'économie politique; il ne suffit même pas de formuler les quelques réformes que l'on accepte et au delà desquelles on se refuse à aller, il faut avoir une règle de conduite nette et précise, sur laquelle on puisse baser son opinion dans chaque cas particulier. Ce n'est pas, à proprement parler, d'un programme que nous avons besoin; c'est d'un *Criterium*.

M. Goblet nous dit, par exemple, que certaines propriétés pourraient sans péril devenir collectives, et cela sans nous dire quelles seraient ces propriétés et pourquoi celle-là et pas d'autres. S'il ne fait pas connaître le principe sur lequel il s'appuie, et si celui-ci n'est pas un principe solide, qu'il prenne garde; lorsqu'il sera entré dans l'engrenage collectiviste, il n'en sortira plus; il y aura mis le doigt, le corps y passera tout entier.

Quant à M. Maujan, son rêve le plus cher est la vie à bon marché. C'est là sa chimère, chimère généreuse, mais chimère.

Certes! si l'on pouvait diminuer les les charges qui pèsent sur nos pays d'Europe si l'on pouvait alléger le budget des dépenses qui lui incombent du fait de la défense nationale ou de la Dette. Si, de 4,000,000,000 de francs, les dépenses de la France tombaient à 1,400,000,000, il est certain qu'il y aurait un accroissement de bien-être réel et sans contre-partie.

Mais les charges dont je parle sont de celles qui s'imposent; non seulement nos dépenses ne rétrograderont pas en deçà de 4,000,000,000, mais elles tendront de plus en plus à dépasser ce chiffre, aucun progrès, aucune ré-

forme n'étant possible sans

Dès lors, la question de la forme sous laquelle l'impôt est perçu qu'une importance secondaire. Su point, les collectivistes ont fait démonstration magistrale sur quelle il n'y a pas à revenir.

Leur loi des salaires, leur loi d rain est fausse lorsqu'ils veulent tendre indéfiniment dans le temp dans l'espace. Elle est fausse par que, dans la lutte incessante du vail contre le capital, le travail che chaque jour à son puissant riv une fraction plus grande des bénéfi sociaux; mais elle est vraie dans u temps et dans un lieu détermin elle est vraie, toutes choses étant é les d'ailleurs.

D'après cette loi, il y a à chaque que, dans chaque lieu, un minim de salaire au-dessous duquel l'ouvr ne peut pas vivre ou ne consent pa vivre. Jamais, quoi qu'il arrive, on peut descendre au-dessous.

Or, ce minimum de salaire n'a rie à voir avec le prix des denrées. Si prix s'élève, le salaire, qui n'est pa représenté par la somme d'argent r çue, mais par la puissance d'achat cette somme, s'élèvera dans les mê proportions, et il en sera de même le prix des marchandises subit un dépression.

Hier, l'ouvrier recevait un salaire de dix francs avec lequel il vivait et entretenait sa famille, parce que ce dix francs lui suffisaient pour payer son loyer, ses vêtements et pour acheter le pain, le vin, la viande indispensables à la nourriture.

Supposons que le prix des loyers, de vêtements, du vin, du pain et de la viande baissent de moitié, croit-on que le salaire demeurera à dix francs et que le bien-être de l'ouvrier sera double? Ce serait un profonde erreur. Le salaire tombera à 5 francs très rapidement et la situation de l'ouvrier se demain ce qu'elle était hier.

Je ne veux cependant pas dire qu'u amélioration de la situation de l'o vrier ne puisse coïncider avec u abaissement du prix des objets

...sommation. Mais cette améliora-tion ne sera pas due à cet abaissement des prix, elle sera due à de nouvelles victoires remportées par le travail sur le capital et qui se seraient également produites si les objets de consomma-tion n'avaient pas varié dans leurs prix de vente.

Tout ce que l'on peut admettre, c'est que le bouleversement économique déterminé par un changement brusque et universel survenant dans la forme de l'impôt peut désemparer pour un moment les patrons et permettre par là aux ouvriers de remporter quelques nouveaux succès partiels qui demeu-reront, de conquérir quelques nouvel-les citadelles dont on ne les délogera plus. Mais cela ne peut aller ni bien loin ni bien haut.

Aussi, si la réforme fiscale n'avait d'autre but que de mettre la vie à bon marché, j'avoue que cette réforme me laisserait fort indifférent. Les Anglais ont réalisé depuis longtemps le « free breakfast » le déjeuner libre — et je ne sache pas que la situation des ou-vriers en Angleterre l'emporte sur celle des ouvriers français.

Mais l'impôt est entre les mains de l'État un moyen d'orienter la société dans le sens qui lui paraît utile. Par une loi des patentes bien comprise on peut empêcher l'accaparement des grands magasins ; par un impôt fon-cier bien ordonné on peut, si on le juge bon, pousser à la division de la grande propriété ou à la réunion des trop petites parcelles ; par un impôt sur le capital, on peut empêcher de ri-ches capitalistes de laisser leurs terres en friche pour leurs plaisirs et leurs chasses, et les propriétaires de mai-sons d'être trop exigeants pour leurs loyers ; par la progressivité de cet im-pôt et d'un impôt sur le revenu, il est possible, pourvu que cette progressi-vité soit sagement assise, de conser-ver l'émulation, l'incitation d'où naît la richesse, et d'empêcher cette absorp-tion de tous les capitaux dans quel-ques mains qui, si on laissait aller, conduirait par une voie détournée au collectivisme, c'est-à-dire à la mort des sociétés humaines.

Il faut donc laisser de côté l'utopie de la péréquation de l'impôt, et viser exclusivement dans les réformes fis-cales l'orientation que l'on entend donner à la société.

Cette orientation doit être libérale.

La liberté seulement ne va pas sans autorité. Dès qu'elle est abandonnée à elle-même sans contrepoids, elle abou-tit à l'oppression des faibles par les forts. L'État doit intervenir dans l'or-dre économique, comme il intervient dans les faits ordinaires de la vie, pour protéger la liberté du faible con-tre le fort. Ceci est un premier axiome.

Mais si l'État doit agir — et c'est ce sentiment de la nécessité de l'ingé-rence de l'État qui fait de nous très nettement des socialistes — Comment doit-il agir ? Il y a deux actions possi-bles. Il peut chercher à se substituer à l'action individuelle et se faire pro-ducteur, industriel ou commerçant — c'est ce que j'appelle son action subs-titutive — ou bien il peut, laissant à l'initiative privée tout ce dont elle est capable de s'acquitter, n'intervenir que par des mesures destinées à empê-cher cette initiative de s'engager dans une mauvaise voie, à la maintenir dans les limites où il est bon qu'elle se renferme, à assurer à la liberté du petit une garantie aussi efficace que celle dont jouit le gros, à s'opposer à ce que l'oppression puisse naître de la liberté et l'accaparement ou le mono-pole de la concurrence.

C'est ce que j'appelle son action *coercitive*.

Cette action coercitive doit garantir précieusement la propriété indivi-duelle et en rendre l'accession de plus en plus facile à tous, en opérant soit au moyen de lois fiscales, soit au moyen de lois pénales, soit encore en imposant certaines conditions — la participation aux bénéfices, par exem-ple —aux sociétés qui reçoivent l'exis-tence de la loi et auxquelles, par con-séquent, la loi, en leur donnant la vie, peut imposer telles conditions que le législateur juge salutaires.

Répudier l'action substitutive de l'État ; en accepter, au contraire, et en développer l'action coercitive, c'est

La nation du 12 mai 1893 (n° 3791)

Le Laissez Faire, Laissez Passer

faire œuvre de [...] libéral.

Mais poser ces principes, ce n'est point formuler un programme toujours trop restreint ou trop large, et toujours dangereux en ce sens que si nous nous bornions à y accumuler des projets de réformes sans lien entre elles, il risquerait de nous conduire là où nous ne voulons pas aller.

Poser ces principes, c'est formuler un *criterium* à la lumière duquel tous les projets devront être examinés ; c'est donner au parti en voie de formation la pierre de touche qui, comme aux orfèvres pour l'or, lui fournira un moyen sûr d'asseoir son jugement sur toutes choses sans erreur possible.

Non que quelques exceptions ne puissent s'imposer : les règles économiques n'ont pas la précision des règles mathématiques ou physiques. Mais ces exceptions ne peuvent être que très rares : et comme le principe recteur porte à les recevoir avec défiance, il est clair qu'il faudra, une fois ce principe recteur admis, qu'elles s'imposent absolument pour qu'on se décide à les accepter. Du reste, les exceptions mêmes n'ont rien d'arbitraire et doivent être soumises à d'autres principes, principes de second ordre, il est vrai, mais également fixes et sur lesquels nous aurons l'occasion de revenir.

Enfin, le parti qui aura adopté le *criterium*, et qui se sera donné une base solide, doit prendre un nom qui le caractérise et qui lui assigne nettement sa place en dehors des économistes et des communistes. Ce nom, je le lui ai donné en 1890, lorsque j'ai écrit mon livre : « Socialisme collectiviste et socialisme libéral ». C'est celui de SOCIALISME LIBÉRAL.

Avec ce nom et ce principe, le grand parti dont tous les hommes de progrès poursuivent à cette heure la formation est outillé. Il n'aura pas de peine à se constituer, si on le veut, et à conquérir le pays. — ALFRED NAQUET.

Le *Siècle* du 11 avril dernier reproduisait un article publié par M. Yves Guyot dans la *Liberty Review* sous le titre « SOCIALISME ET LIBERTÉ ».

Cet article est un long et remarquable plaidoyer en faveur de la doctrine de l'économie politique pure. M. Yves Guyot est un des derniers défenseurs de cette école des Cobden et des Bright qui s'éteint, même dans son pays d'origine, et à laquelle M. Gladstone portait l'autre jour un terrible coup en Angleterre en se ralliant, quelles qu'aient été d'ailleurs ses réserves, à la prise en considération du bill relatif à la limitation des heures de travail. Mais, pour être un des derniers sociologues qui lui rendent hommage, sans accepter aucune espèce de compromission avec les écoles opposées, M. Yves Guyot n'en est pas moins un de ses défenseurs les plus éminents, et tout ce qu'il dit ou ce qu'il écrit sur cette matière mérite d'être mûrement pesé, examiné, discuté.

Après avoir défini le socialisme : « l'intervention de l'Etat dans la vie économique du pays », l'ancien ministre des travaux publics s'attache à prouver que cette intervention de l'Etat, loin de constituer un progrès, constitue une rétrogradation, qu'un tel système met en péril l'œuvre de la Révolution française.

Et d'abord, il établit une similitude entre les socialistes et les protectionnistes, entre les ouvriers qui s'adressent à la société pour qu'elle leur garantisse un maximum de travail et un minimum de salaire, et les propriétaires ou les industriels qui, au nom de l'intérêt de la propriété foncière ou au nom des intérêts de l'industrie nationale, demandent des droits d[e] douane sur les blés, les avoines, les chevaux, le bétail, les bois, les vins, les cotons, les soies, les laines, les tissus, les fers et tous les objets quelconques dus à l'agriculture ou à l'industrie.

La loyauté étant la base de toute argumentation sérieuse, il m'est impossible de ne pas reconnaître tout de suite avec l'écrivain économiste qu'en effet, protectionnistes et socialistes partent d'un principe identique : la légitimité de l'intervention de l'Etat dans la vie économique du pays.

Mais de ce que chez nous, socialistes, nous reconnaissons à la société le droit d'intervenir dans la vie économique de la nation, il ne s'ensuit nullement que toute intervention soit utile par cela seul que c'est une intervention. En ces matières, le pavillon ne couvre pas la marchandise.

Dernièrement je proposais à la Chambre d'intervenir par la loi des patentes dans la lutte qui met en ce moment aux prises le grand, le petit et moyen commerce ; je voulais que son action s'exerçât au profit du commerce petit ou moyen. Il est évident que d'autres auraient pu lui faire la proposition inverse et lui demander de mettre l'influence législative en mouvement au profit du grand commerce contre les petites et les moyennes maisons. De part et d'autre, on aurait invoqué l'ingérence sociale ; mais les deux solutions étant contradictoires, il est bien clair que si l'une était bonne l'autre aurait été mauvaise et *vice versa*.

En un mot, de ce qu'on admet en principe la légitimité de l'ingérence sociale dans la vie économique du pays, il n'en résulte nullement que toute loi qui consacre cette ingérence soit bonne par ce seul motif que l'action sociale est mise en jeu. Cette action peut s'exercer dans le sens du progrès ou dans le sens de la réaction. Nous l'appelons dans le premier cas, nous la répudions dans le second, et c'est ce qui nous permet, selon le point de vue auquel nous nous plaçons, à nous socialistes libéraux, de répudier le protectionnisme, et aux protectionnistes de repousser les réformes que nous leur proposons.

M. Yves Guyot ne contredira certainement pas à cette proposition ; mais il nous dira que, repoussant toute intervention de l'Etat dans les rapports économiques entre les citoyens, il rejette aussi bien les lois que nous lui apportons, qu'il rejette les tarifs de M. Méline. Il s'efforcera, en outre, d'établir qu'il n'y a qu'un criterium d'admissible, celui de la liberté sans limites, celui du laissez faire, laissez passer absolu. D'après lui, l'effort constant des peuples les plus avancés en évolution a toujours été de briser des entraves, et non d'en fabriquer de nouvelles. Ecoutons-le :

Qu'est-ce que la liberté de conscience? Sinon l'élimination de l'Etat du domaine de notre foi, de nos pensées, de nos convictions. Est-ce un progrès ou un recul dans l'évolution de l'humanité?

Qu'est-ce que la liberté de la parole et de la presse? Sinon l'élimination de l'Etat des discussions où tous les problèmes philosophiques, moraux, politiques, littéraires, économiques sont agités. Est-ce un progrès ou un recul dans l'évolution de l'humanité?

Qu'est-ce que le progrès politique? Sinon l'émancipation de la personnalité humaine du despotisme de l'Etat, les droits de l'homme opposés aux droits du despote, du César, du *basileus* de Byzance, du sultan turc, du roi de droit divin?

Eh! oui, le progrès procède par des destructions successives ; mais — et c'est là ce que néglige M. Yves Guyot — il suscite autant de règles nouvelles qu'il en fait disparaître, parce que — j'ai eu souvent l'occasion de le dire — l'homme a deux aspects, l'aspect individuel et l'aspect collectif, et que toute réforme est fausse et va contre son but qui envisage un seul de ces côtés de la nature humaine.

Sans doute, la liberté de conscience proclamée par la Révolution a consisté dans l'élimination de l'Etat du domaine de la conscience. Mais si, en même temps qu'elle affranchissait l'homme de l'action sociale en ce qui concerne sa foi, ses pensées, sa conviction, elle n'avait pas institué une police pour protéger l'exercice des cultes, elle n'aurait fait que substituer le despotisme de la foule au despotisme du gouvernement, et je ne sais pas si celui-là n'aurait pas été pire encore que celui-ci.

Les faits qui se sont passés à Saint-Méry il y a un an, à Saint-Denis plus récemment, le démontrent.

Sans doute, encore les lois de 1881 sur la presse et sur les réunions publiques ont affranchi la parole parlée et la parole écrite du contrôle de l'Etat. Mais depuis lors on a vu une foule de feuilles de diffamation et de scandales déshonorer le journalisme, et les réunions publiques n'aboutissent plus qu'à des scènes de pugilat. En fait nous avons cru donner aux citoyens le droit de se faire sûrement entendre en éliminant l'Etat de la surveillance des réunions et des journaux ; et nous les avons au contraire privés de cette faculté en les mettant à la merci des perturbateurs dans les réunions et à la merci des calomniateurs dans la presse.

C'est que la liberté n'existe pas plus sans l'autorité que l'autorité sans la liberté.

L'autorité sans la liberté, c'est le despotisme ; la liberté sans l'autorité, c'est la licence, une autre forme de l'oppression.

« La liberté commande et la licence opprime », a dit Lamartine.

Supprimons la police, la gendarmerie, les services pénitentiaires, et de-

main, ce qui se passe dans les réunions publiques se passera dans nos rues et jusque dans nos habitations. La liberté aura vécu ; elle aura été remplacée par l'écrasement des faibles, par l'inexorable loi du *struggle for life*, s'exerçant sans contre poids.

M. Guyot vous répondra que personne ne répudie les lois de police.

Je le crois ; mais alors ce qui sépare les économistes des socialistes n'est plus qu'une question de limites et de mesures.

Les socialistes libéraux — je ne parle par des collectivistes qui rêvent l'anéantissement de l'individu dans l'Etat — croient que, pour empêcher les gros de manger les petits, une police s'impose dans l'ordre économique comme elle s'impose dans l'ordre des relations ordinaires de la vie. Ils croient qu'en dehors de ces lois fiscales ou pénales que nous réclamons, et qui sont pour nous de vraies mesures de police destinées à protéger la concurrence en l'empêchant de dégénérer en monopole, à protéger la liberté, en l'empêchant de dégénérer en oppression, la société s'effondrera dans le collectivisme et mourra de l'exagération de son principe.

Nous pouvons nous tromper. Mais ce qu'il importe de bien établir, c'est qu'il n'y a pas opposition absolue entre les économistes et nous, comme ceux-ci le prétendent, cette opposition absolue n'existe qu'entre nous et les anarchistes.

Les économistes reconnaissent la nécessité de l'action protectrice de l'Etat dans de certaines limites. Nous étendons ces limites et rien de plus.

Ceci est important à établir, car si l'on cessait de se... excommunier au nom de principes qui n'ont jamais existé, même pour ceux qui en font le fondement de leur doctrine ; si l'on ensautait à étudier chaque espèce au point de vue de l'idée qui nous est commune de la protection due à la liberté, un grand pas serait fait. Une barrière artificielle se trouverait abattue ; bien des progrès retardés deviendraient facilement réalisables, et la lutte contre le communisme, qui est l'ennemi commun, pourrait être conduite avec plus d'unité et de vigueur.

ALFRED NAQUET.

Le petit provençal du 18 mai 1893 (n° 9979)

La Situation Politique dans le Vaucluse

On nous communique la lettre suivante que M. Alfred Naquet vient d'adresser au *Petit Méridional* en réponse à un article paru dans ce journal, demandant à ce que ceux qui sont dans l'intention d'être candidats dans l'arrondissement de Carpentras, s'affirment avant l'ouverture de la période électorale. Nous la publions donc à titre de renseignement, sans un mot de commentaires.

« Paris, le 15 mai 1893.

« A cet appel, j'ai le devoir de répondre :

« Je suis candidat radical dans l'arrondissement de Carpentras. Un groupe considérable de républicains m'a offert la candidature.

« On n'a pas oublié chez nous, que sous l'Empire, j'ai sacrifié ma position et ma liberté pour la cause de la République ; on s'y rappelle la part que j'ai prise à nos luttes communes dans la période qui s'étend de 1871 à 1878 ; on sait quelle place j'ai conquise dans le Parlement, pendant les vingt-deux années qui viennent de s'écouler et quelle part j'ai prise aux réformes accomplies.

« S'il y a eu des divisions, il y a 4 ans, entre mes plus anciens amis et moi, elles sont effacées, aujourd'hui, dans Vaucluse comme à la Chambre. Ceux qui me connaissent se sont résolument séparés de moi à l'époque du boulangisme ; mais ils savent que je n'avais été mêlé, à cette époque, que par des sentiments honnêtes, parce que je croyais être l'intérêt suprême de la République ; par le désir de faire aboutir la révision. Ils m'ont considéré alors comme étant dans l'erreur, mais ils n'ont jamais douté de ma

sincérité. Ces querelles d'un jour n'ayant laissé aucune trace, mes amis ont pensé que mon nom ferait cesser les divisions intestines auxquelles seules le parti radical a vu dans l'arrondissement de Carpentras sa récente défaite.

« Ils m'ont proposé de venir de nouveau les conduire à la bataille pour les aider à reconquérir le terrain perdu.

« D'autre part, dans le cinquième arrondissement de Paris, que j'ai l'honneur de représenter à cette heure, il n'y a aucune crainte à conserver pour le résultat de l'élection. Il est certain, si je le quitte, que c'est un candidat de nuance avancée qui y triomphera.

« Dans ces conditions, je ne pouvais refuser un concours qui m'était demandé par mes compatriotes, par les hommes qui m'ont ouvert les portes de la vie politique ; je ne pouvais me dérober au devoir de tenir de nouveau le drapeau du progrès dans le département de Vaucluse, où je l'ai toujours conduit à la victoire et où je le conduirai cette fois encore.

« J'ai donc accepté la candidature dans l'arrondissement de Carpentras, et elle est aujourd'hui nettement posée.

« Je n'ai pas besoin de dire que s'il y a un candidat conservateur sur les rangs et que je n'aie pas la pluralité des suffrages au premier tour, je me retirerai devant le candidat de nuance républicaine, quel qu'il soit, qui aura eu le plus de voix.

« Mais s'il n'y a pas de candidat conservateur — et, avec la loi actuelle qui ne permet plus aux candidatures de se poser dans les cinq derniers jours de la période électorale. Il n'y a pas de surprises à craindre au dernier moment — je me réserve, jusqu'au bout, le droit de régler ma conduite sur ce qui me paraîtra devoir assurer la victoire d'un républicain de progrès.

« Je vous serai reconnaissant, Monsieur le directeur, si vous vouliez bien insérer dans votre prochain numéro ces quelques lignes, et je vous prie de recevoir l'assurance de ma considération très distinguée.

« *Signé :* A. NAQUET. »

D'autre part, notre correspondant de Carpentras a reçu la lettre qui suit :

« La période électorale étant virtuellement ouverte, un journal de la région invite les candidats à faire, dès aujourd'hui, une déclaration personnelle, formelle et publique.

« Je fais appel à votre courtoisie pour vous prier de vouloir bien annoncer, par l'insertion pure et simple de cette lettre signée de moi, que j'aurai l'honneur d'être candidat, avec un programme nettement

radical-socialiste — je tiens au sens précis de ces deux mots accouplés — aux prochaines élections législatives de notre arrondissement de Carpentras, où je suis, d'ailleurs, électeur en possession d'un domicile légal.
« JOANNE-MAGDELAINE. »

La nation du 19 mai 1893 (n° 329)

Le Socialisme Libéral

Dans un précédent article, nous cherchions un *critérium* et un nom pour le parti radical de l'avenir. Le meilleur nom nous paraissait être celui de *socialisme libéral*. Quant au *criterium*, au principe recteur du parti, nous le trouvions d'une part dans l'affirmation de l'action coërcitive de l'Etat s'exerçant en vue de garantir la propriété individuelle et d'en rendre l'accession de plus en plus facile à tous, et d'autre part dans la répudiation de la substitution de l'Etat aux individus, des monopoles d'Etat, du collectivisme, en un mot. Nous ajoutions toutefois :

Non que quelques exceptions ne puissent s'imposer; les règles économiques n'ont pas la précision des règles mathématiques ou physiques. Mais ces exceptions ne peuvent être que très rares; et comme le principe recteur porte à les recevoir avec défiance, il est clair qu'il faudra, une fois ce principe recteur admis, qu'elles s'imposent absolument pour qu'on ait le droit de les accepter. Du reste, ces exceptions mêmes n'ont rien d'arbitraire et doivent être soumises à d'autres principes, principes de second ordre, il est vrai, mais également fixes et sur lesquels nous aurons l'occasion de revenir.

Ce sont ces principes de second ordre que nous voulons examiner aujourd'hui.

D'une manière générale, — nous l'avons suffisamment répété — nous nous prononçons contre tout monopole, contre tout ce qui peut donner à des individus ou par l'Etat, nous sommes pour la libre concurrence, et si nous nous déclarons socialistes, si nous réclamons l'action de l'Etat, c'est uniquement pour maintenir cette concurrence bienfaisante et pour l'empêcher de dégénérer en monopole par l'exagération même de son principe.

Telle est la règle primordiale.

Mais le monopole peut-il toujours être évité ? Evidemment non ! Il est des cas dans lesquels il s'impose par la force des choses supérieure à toutes les combinaisons des législateurs.

Il en est d'autres dans lesquels il s'impose encore, non plus par la force des choses mais pas une utilité incontestable; et dans ces cas il importe de voir par qui et au profit de qui il doit être exploité.

Mais, d'abord, examinons quelques espèces de monopoles nécessaires ou simplement utiles, afin de fixer les idées.

Le monopole des chemins de fer est un monopole nécessaire. C'est une conséquence fatale des énormes capitaux mis en œuvre par l'industrie des transports.

Croirait-on, si l'on établissait la liberté absolue pour les compagnies de se former, et d'émettre tels tarifs qu'il pourrait leur convenir sans être soumises à l'homologation, avoir créé la concurrence avec ses effets bienfaisants ? Nullement ! On aurait créé un monopole cent fois plus oppressif que celui qui existe à l'heure actuelle.

Supposons, en effet, que le Paris-Lyon-Méditerrannée vit se créer une ligne concurrente de Paris à Vintimille. S'imagine-t-on que les deux compagnies lutteraient entre elles au profit du public ? Ce serait une pure illusion. Peut-être le feraient-elles pendant quelques mois dans les débuts; mais elles en arriveraient bien vite à fusionner, aimant mieux se partager les chances d'un trafic à tarif élevé que de tarir pour toutes les deux les bénéfices eux-mêmes par une concurrence qui ne pourrait que leur être désastreuse.

Oui, dira-t-on, mais qu'est-ce qui empêchera alors une troisième compagnie de venir se fonder à côté des deux autres.

Les dépenses énormes que nécessiterait la construction d'une troisième ligne. Le trafic peut être suffisant pour rémunérer une ligne, pour en rémunérer deux au besoin; mais les capitaux placés dans la troisième n'auraient aucune chance d'une rémunération convenable; et comme on n'engage jamais une guerre économique dans la seule pensée de nuire à autrui si l'on n'y trouve un avantage pour soi-même, la troisième ligne ne se construirait pas. D'ailleurs, se construisît-elle, ce qui serait arrivé pour les deux premières arriverait infailliblement pour elle : elle fusionnerait avec ses deux aînées.

Le monopole naît donc ici de la nature même des choses, et s'il est possible d'en atténuer les effets tyranniques en le faisant exploiter ou surveiller par l'État, il est matériellement impossible de l'empêcher d'être.

Après cet exemple d'un monopole fatal, cherchons en un de monopole utile.

La banque nous le fournira. Sans doute ici on pourrait laisser à tous les établissements de crédit la faculté d'émission sous de certaines garanties. Mais quelles que fussent ces garanties et certains de ces établissements étaient bien gérés, d'autres le seraient mal, et l'on verrait se produire des catastrophes de temps à autre.

Ceci serait peut-être sans de grands inconvénients pour la haute bourgeoisie outillée de manière à pouvoir connaître la valeur de ces diverses ban-

ques, et en situation par conséquent de pouvoir refuser les billets de celles qui seraient menacées.

Mais le petit négociant, l'employé, l'ouvrier, le paysan, qui reçoivent des billets en échange de leur travail ou de leurs produits, comment distingueraient-ils les bons des mauvais? Ils n'auraient aucun moyen de le faire, aucun élément d'appréciation; et la liberté d'émission deviendrait bientôt pour les financiers de quatrième ordre un moyen de plus d'opérer ce drainage des petits capitaux qu'il importe tant d'empêcher. Rien de tel n'est à craindre avec un établissement unique, solidement organisé comme la Banque de France. Ici le monopole ne s'impose pas matériellement; mais, sauf à examiner par qui il doit être exploité et à quelles conditions, il est évident qu'il s'impose par des raisons d'utilité sociale.

Il en sera de même du monopole de la rectification et de la vente de l'alcool. Il faudra bien finir par l'admettre pour empêcher la dégénérescence de la race par l'alcoolisme, si l'on ne trouve aucun autre moyen d'empêcher la diffusion des alcools inférieurs véritables poisons que l'industrie libre verse journellement sur nos marchés.

Enfin, il est certains monopoles purement fiscaux, comme celui du tabac, qui, portant sur des produits dénués de toute utilité réelle, peuvent sans inconvénients sérieux être conservés puisqu'il faut des recettes au Trésor.

Ainsi, il y a des monopoles imposés par la force des choses; il y a des monopoles imposés par l'intérêt social; il y a des monopoles acceptables au point de vue fiscal. Il reste à examiner dans ces cas spéciaux, exceptionnels, par qui ils doivent être exploités.

En principe, ils doivent l'être par la société. On ne conçoit pas, en effet, un service monopolisé bénéficiant à quelques particuliers et leur permettant de prélever une prébende, un impôt sur tous. L'Etat seul ayant le droit de prélever des impôts au profit de tous, c'est à lui que doit revenir cette exploitation.

Ceci est indiscutable en théorie et le serait également en pratique si l'Etat était impeccable, si c'était un mécanisme fonctionnant automatiquement et dont on n'eût à craindre aucun écart. Mais l'Etat est géré par des hommes. Il participe de leurs faiblesses, et comme il a une puissance supérieure à celle de tous les groupes individuels les écarts qu'il est exposé à commettre sont les plus redoutables de tous.

Longtemps nous avons pensé qu'il serait bon de placer la banque, les chemins de fer et même les mines entre les mains de l'Etat et de les lui faire exploiter en régie.

Ce qui s'est produit dans les banques italiennes, dans la banque de Buenos-Ayres, dans la banque d'Algérie, a modifié notre opinion sur ce point.

Dans un gouvernement démocratique, — où, du haut en bas de l'échelle, chacun a besoin de quelqu'un et a des services politiques à rémunérer, — de grands établissements de crédit, de grands établissements industriels placés sous l'administration directe de l'Etat risquent trop de subir le gaspillage et de multiplier aussi au centuple la proportion de l'impôt prélevé sur tous par quelques-uns, c'est-à-dire le mal que l'on cherche à éviter.

Il n'en est plus de même lorsque l'action de l'Etat rencontre le frein des intérêts privés. Ce frein peut, à de certaines heures, paraître gênant ; on peut concevoir alors la pensée de le supprimer ; mais en fait, c'est un frein salutaire qui, par les dilapidations qu'il empêche, rapporte infiniment plus au pays qu'il ne lui coûte.

Toutefois, cette action individuelle doit, à son tour, être contenue, limitée, surveillée par l'Etat qui l'empêche de sacrifier les intérêts généraux de la nation à ceux de quelques actionnaires.

En somme, le droit exclusif d'exploiter les monopoles appartient à l'Etat. Ce droit régalien, l'Etat peut évidemment l'aliéner. Il est même bon le plus souvent qu'il l'aliène. Mais lorsqu'il se résout à une telle aliénation, il doit faire payer très cher la cession à laquelle il consent.

Il confère la faculté d'exploiter un monopole à des compagnies privées, pour s'enlever à lui-même la faculté d'abuser ; mais il faut que par les services directs qu'il exige, par les charges qu'il impose aux Compagnies, voire même par sa participation directe à leurs bénéfices, il réduise les profits des actionnaires à n'être plus que la rémunération légitime des services qu'ils rendent au corps social.

L'examen de ces services directs de ces charges, ne peut pas être fait d'ailleurs à un point de vue général, et doit être réservé pour chaque espèce en particulier.

En résumé, l'exception que nous signalons se rattache encore à notre principe recteur et rentre dans le *criterium* du socialisme libéral.

Que veut le socialisme libéral ?

1° Empêcher le monopole au profit des particuliers qui en useraient pour exploiter le pays à leur profit exclusif ;

2° Empêcher les monopoles d'Etat qui conduiraient au collectivisme, c'est-à-dire à la suppression de toute liberté.

Quand les monopoles s'imposent il est donc naturel de combiner dans leur exploitation l'action protectrice et régulatrice de la société à l'émulation qui réside dans l'action individuel et aux garanties que l'intérêt individuel apporte à la bonne gestion des affaires.

On tient compte ainsi du côté collectif et du côté individuel de la nature humaine, et l'on continue à se placer à égale distance des communistes, qui voudraient confisquer toute l'activité sociale au profit de l'Etat, et des économistes qui, par une exagération du principe de liberté, laisseraient se faire cette confiscation par des particuliers. — ALFRED NAQUET.

Das Kleine Journal den 21 Mai 1893
15 Jahrgang nr. 138

Eine französische Stimme zur deutschen Militärvorlage.

Ein gelegentlicher Mitarbeiter unseres Blattes berichtet uns aus Paris über eine Unterredung, die er mit dem bekannten französischen Deputirten Naquet, dem Vater des Ehescheidungsgesetzes, über die deutsche Militärvorlage und deren Bedeutung für Frankreich hatte. Herr Naquet meinte, daß die Haltung der französischen Presse diesesmal äußerst reservirt und ruhig sei, und fuhr dann fort:

„Einzelne radikale Blätter haben allerdings ihrer Freude Ausdruck gegeben, aber keineswegs aus speziell französischen Rücksichten, sondern vielmehr, weil sie in der Ablehnung der Vorlage einen Sieg der demokratischen Sache und das Ende des ganz Europa so schwer bedrückenden Militarismus zu sehen glaubten. Und weshalb sollten wir auch sonst triumphiren? Wäre die Vorlage angenommen worden, so hätte sich die Sachlage dadurch für uns nicht wesentlich geändert. Man wäre höchstens vielleicht genöthigt gewesen, die Verstärkung der deutschen Militärmacht mit einer solchen bei uns zu beantworten und wir hätten uns dann in das Unvermeidliche fügen müssen ... Wir Franzosen sind entschieden friedlich gesinnt (résolument pacifiques) und niemals wird sich die französische Republik in einen Angriffskrieg stürzen. Damit ist aber nicht gesagt, daß sie auf Elsaß-Lothringen verzichtet. Aber die Aufrechthaltung eines Prinzips ist von einem militärischen Angriff weit entfernt. Der Papst hört auch nicht auf, seine Rechte auf Rom aufrecht zu halten, aber deshalb denkt Niemand daran, daß er beabsichtigt, einmal Italien den Krieg zu erklären. Kann die elsaß-lothringische Frage nicht eines Tages anders als durch Menschen-Hekatomben gelöst werden? Das weiß ich nicht! Aber ich hoffe, daß es möglich ist, und weil die ungeheure Majorität des Landes dieses ebenfalls hofft, deshalb weist sie den Gedanken an einen Krieg zurück. Wie kann eine solche Lösung einleiten? Das weiß ich nicht! Erwarten Sie nicht von einem Mann unmögliche Prophezeiung! Aber wir hoffen, daß durch irgend eine andere Lösung, die ich mir augenblicklich nicht vorzustellen vermag, die aber eintreten kann, der Streit ohne Blutvergießen beigelegt werden wird. Und deshalb bleiben wir, ohne auf unsere Ansprüche, die wir für rechtmäßig halten, zu verzichten, entschiedene Gegner des Krieges, deshalb werden wir — Sie können das kühn behaupten — niemals angreifen!"

Wir geben diese Aeußerungen des Herrn Raquet wieder, weil sie gegenüber der im Beginn der Wahlbewegung Seitens der offiziösen Presse versuchten Schwarzmalerei nicht ohne Interesse sind. Selbstverständ'ich theilen wir Herrn Raquet's Ansichten über die Stimmung in Elsaß-Lothringen durchaus nicht; er ist eben Franzose und kann sich an den Gedanken nicht gewöhnen, daß Elsaß-Lothringen deutsch ist und bleiben wird. Aber die Resignation, die aus seinen Worten herausklingt, halten wir nicht für gemacht, sondern für echt. Die Franzosen fangen allmählich an vernünftig zu werden und einzusehen, daß ihnen gegenüber in Deutschland alle Parteien einig sind, und sie glauben der Versicherung der deutschen Offiziösen nicht mehr, daß die Ablehnung der Militärvorlage Deutschland wehrlos mache. Wenn wir die Aeußerungen Raquet's der Wiedergabe werth erachtet haben, so geschah es nicht, um nur französisches Urtheil im Kampfe der deutschen Parteien zu verwerthen, sondern nur, um dagegen zu protestiren, daß von offiziöser Seite die falsche Behauptung von der Freude der Franzosen über die Ablehnung der Militärvorlage weiter als Agitationsmittel verwerthet wird.

La nation du 26 mai 1893 — n° 3305

Le Programme du Cabinet

Le discours que M. le président du conseil vient de prononcer à Toulouse répond sur bien des points à ce que les républicains de progrès étaient en droit d'en attendre. Si même, nous le voulions nous pourrions nous enorgueillir du rapprochement qui existe entre le programme de l'honorable M. Dupuy et celui que nous avons esquissé dans cette feuille, et aussi dans quelques discours récemment prononcés à la chambre par l'auteur de cet article.

Que n'avons-nous cessé de dire à cet effet?

Que le futur parti radical devra prendre place entre les socialistes collectivistes et révolutionnaires — à-vis desquels il devrait se comme un rempart de la propriété individuelle — et les économistes partisans absolus du *laisser faire, laisser passer*, qui repoussent toute ingérence de la société dans la vie économique de la nation.

Nous avons dit que, de même qu'il faut une police pour assurer dans la vie ordinaire la sécurité et la liberté citoyens, de même il faut une politique économique pour maintenir les effets bienfaisants de la concurrence et de l'initiative privée, pour s'opposer à l'accaparement, pour empêcher que la concurrence et la liberté n'en arrivent, par l'exagération même de leur principe, à dégénérer en monopole et en oppression.

Que dit de son côté M. le président du conseil ?

Qu'il réclamera en premier lieu « les lois ouvrières destinées à régler les rapports du capital et du travail dans un esprit de solidarité républicaine, de façon à *corriger la rigueur de la rudesse des lois économiques par un coefficient d'humanité* ».

C'est peut-être moins net, moins précis que ce que nous avons dit nous-mêmes. Mais c'est certainement un même esprit, un même principe, qui a dicté les paroles du président du conseil et les nôtres, et nous ne pouvons que nous féliciter d'entendre sortir ces affirmations de la bouche du chef du gouvernement.

Le seul reproche que nous puissions adresser à l'honorable M. Dupuy serait de ne pas avoir assez précisé, de ne pas avoir dit quelles seraient les lois ouvrières dont il parle, de ne pas avoir assez marqué que la refonte des lois fiscales devrait avoir pour but principal non seulement de protéger les petits par une meilleure répartition des charges publiques, mais encore, mais surtout, de les garantir contre cette expropriation graduelle à laquelle ils sont exposés du fait d'une concurrence sans frein, de faire de l'impôt ce moyen coercitif, ce frein économique sans lequel il n'y a pas de liberté.

Mais il n'y a pas de doute que si ces idées ne sont pas exprimées, elles sont néanmoins contenues dans la phrase du discours de Toulouse que nous venons de citer.

Qu'avons-nous dit encore ?

Que les rapports de l'Eglise et de l'Etat devaient être réglés par une loi libérale, par une loi de tolérance religieuse ; que la séparation des Eglises et de l'Etat, le jour où elle sera décrétée, devra l'être non par une suppression brutale du budget des cultes qui équivaudrait presque à une prohibition du culte, mais par une législation nouvelle qui sauvegardera la liberté de conscience, qui se bornera à substituer à l'ordre de choses actuel un nouvel ordre de choses auquel gagneront en dignité aussi bien les Eglises que l'Etat ; qu'elle devra se présenter comme un compromis nouveau scellant la réconciliation de tous les citoyens dans la liberté et non comme une victoire d'une partie de la nation sur une autre partie.

Ici encore, bien que M. le président du conseil ait été moins explicite que nous, nous sommes heureux de nous rencontrer avec lui. Ne termine-t-il pas ainsi son programme :

« Enfin, je réclamerai une loi sur les associations qui *règle définitivement les rapports de la société civile et de la société religieuse* DANS UN ESPRIT DE TOLÉRANCE ET DE LIBERTÉ. »

Ce sont là des paroles auxquelles tous les hommes de cœur, tous les républicains modérés, tous les patriotes doivent applaudir, auxquelles ils ne peuvent refuser une adhésion complète pourvu que les actes ainsi annoncés répondent effectivement aux paroles.

Malheureusement un point fait défaut dans le programme gouvernemental, et ce point n'est pas à beaucoup près le moins important : c'est la revision de la Constitution.

Nous savons qu'il est d'usage, dans certains milieux, d'esquiver cette question embarrassante en prétendant que les Constitutions ne sont rien, que les hommes sont tout et que nous pouvons effectuer les réformes nécessaires avec la Constitution de 1875, comme nous le pourrions avec tout autre outil constitutionnel.

C'est là une erreur profonde.

Certes ! une Constitution, si mauvaise soit-elle, n'est jamais un obstacle absolu. Le grand Franklin disait qu'il faut savoir percer une planche avec une scie et la scier avec une vrille. Nous n'y contredisons pas. Mais il est certain que l'on opère bien plus sûrement et bien mieux si l'on se sert d'une scie pour scier et d'une vrille pour percer.

Or, depuis vingt ans, dans le domaine législatif, nous perçons des planches avec des scies et nous les scions avec des vrilles.

Cela ne veut pas dire que nous n'ayons rien fait; nous avons beaucoup fait.

Nous avons introduit dans ce pays les mœurs et les habitudes de la liberté.

A la servitude de la pensée nous avons substitué l'affranchissement de la pensée par la liberté de la presse et par le droit de réunion.

A l'inégalité des citoyens devant la science, nous avons substitué l'égalité de tous par nos lois sur l'enseignement aux divers degrés, et surtout par l'organisation de l'enseignement primaire.

A l'impôt du sang payé par quelques-uns, nous avons substitué une législation militaire qui s'impose à tous sans distinction le devoir de défendre la patrie, tout en diminuant pour chacun le poids des charges que la nécessité de cette défense exige de lui.

Mais ce n'est là qu'une partie de ce que la République doit faire pour mériter la confiance que le peuple fran-

çais à placée en elle. Or, on peut affirmer que nous aurions fait beaucoup plus vite et beaucoup mieux si nous n'avions pas eu à compter avec les entraves qui découlent pour nous d'une mauvaise Constitution.

Et cela sera bien plus vrai encore dans l'avenir que dans le passé. Aussi longtemps qu'il s'est agi de réformes préparées de longue date, de réformes mûres dans tous les esprits, il a été possible d'en obtenir la réalisation, malgré toutes les entraves constitutionnelles.

Mais nous sommes entrés maintenant dans une ère bien différente. Nous avons à résoudre des questions complexes, ardues. Si nous avons à compter non seulement avec les difficultés inhérentes au problème, mais avec celles que nous offrent la coexistence de deux assemblées à attributions identiques, la consommation d'hommes politiques qui résulte de l'organisation parlementaire actuelle, et l'instabilité gouvernementale inséparable du régime de cabinets, on peut prédire que nous n'aboutirons jamais. Tout au moins, si nous paraissons aboutir, sera-ce d'une manière assez lente et assez imparfaite pour que cet aboutissement apparent équivaille à un échec, à une banqueroute politique.

La revision s'impose donc plus que toute autre réforme. Elle s'impose parce que la Constitution est l'outil des législateurs si les réformes sociales en doivent être le produit, et parce que dans l'ordre politique comme dans l'industrie, l'outil doit primer le produit sinon comme conséquence finale du moins comme moyen.

Mais M. le président du conseil n'a certainement pas dit son dernier mot. Les élections ne sont pas fixées à demain, et nous espérons que d'ici au moment où s'ouvrira le scrutin il com-

[...]ra sa pensée en s'expliquant sur cette grande question de la revision, qui doit être résolue avant que nous puissions véritablement songer à faire en matière économique autre chose que des programmes.

En attendant, ce nous est une satisfaction d'entendre le président du conseil affirmer, au point de vue économique et au point de vue des rapports de la société civile et de la société religieuse, des idées qui sont les nôtres, et nous espérons que cette attitude gouvernementale, surtout si d'ici à la fin de la législature elle est complétée comme il importe qu'elle le soit, exercera la plus salutaire influence sur la prochaine consultation du pays.

ALFRED NAQUET.

La Nation du 2 Juin 1893 (n° 3312)

La Revision de la Constitution

LETTRES A M. GOBLET

I

Monsieur,

Vous venez de publier dans la *Dépêche* de Toulouse une série d'articles, remarquables comme tout ce qui émane de vous, sur la revision de la Constitution.

Dans ces articles, vous faites appel à la controverse. Je réponds à votre appel avec un réel plaisir. Au cours de votre discussion, vous avez bien voulu me faire l'honneur, honneur auquel j'ai été fort sensible, de rappeler la brochure publiée par moi en 1883 sous le titre *Questions constitutionnelles*, et vous vous êtes déclaré favorable à quelques-unes de mes conclusions, celles qui sont relatives à l'unité de Chambre. Malheureusement, vous avez combattu celles de mes idées auxquelles j'attache de beaucoup la plus grande importance; mais comme vous êtes avant tout un penseur et un homme de bonne foi, je ne désespère pas de vous ramener à mes vues.

Il est même possible que cette controverse fût devenue inutile si le hasard avait fait tomber sous vos yeux, la série d'articles que j'ai publiée en 1886 dans l'*Estafette* et ceux qui ont paru dans la *Revue bleue* en 1886 et en 1887. Peut-être, en effet, y auriez-vous trouvé la réfutation de quelques-unes des objections opposées par vous au système dont je me suis fait le défenseur.

Dans vos articles de la *Dépêche* vous vous prononcez nettement en faveur de l'unité de Chambre; mais vous ne croyez pas possible d'obtenir aujourd'hui la convocation d'une Constituante, et vous êtes disposé à accepter, provisoirement au moins, un système transactionnel qui conserve le Sénat et qui présente à vos yeux l'avantage de parer aux difficultés pratiques que vous apercevez.

C'est là un premier point sur lequel j'ai le regret de ne pas me rencontrer avec vous, regret d'autant plus vif que vous me paraissez indiqué à la fois par votre talent, par votre caractère et par la situation des partis, pour présider dans l'avenir à la direction de la fraction vraiment réformatrice du parti républicain.

Loin de penser comme vous que la voie transactionnelle dans laquelle vous vous engagez parera aux difficultés que la revision fait naître, j'estime qu'elle les augmentera.

Rappelez-vous la résistance insurmontable qu'a rencontrée M. Ferry en 1884, lorsqu'il a voulu obtenir du Sénat qu'il reconnût la suprématie complète de la Chambre des députés en matière budgétaire.

M. Ferry exerçait une très grande influence sur la Chambre haute à cette époque; et, cependant, devant ces résistances tous ses efforts ont échoué. C'est en vain qu'il avait donné à la revision à laquelle il a finalement consenti le nom de « revision décapitée ». Il a dû finir par se plier à cette revision décapitée sous peine de ne rien faire du tout.

C'est qu'en effet ôter au Sénat toute action en matière budgétaire, et plus encore pousser les choses au point où vous voudriez les pousser : faire du Sénat une simple chambre de contrôle, une chambre consultative qu'on admettrait à donner des avis en se réservant de ne pas les suivre, c'est diminuer celui-ci dans des proportions telles que cela équivaudrait à sa disparition.

Au fond, votre projet se rapproche tellement de l'unité du pouvoir législatif que les partisans de la chambre unique pourraient s'y rallier sans de trop grands scrupules. Mais c'est en même temps une raison pour que sous l'empire de cet esprit de conservation dont vous parlez vous-même, la haute assemblée se refuse à y souscrire. Et si elle s'y refuse, comment arriverez-vous à avoir raison de son opposition ?

Je suis, pour ma part, fermement convaincu que, pour obtenir une revision sérieuse, il faudra un de ces courants d'opinion irrésistibles devant lesquels tous les obstacles s'évanouissent un de ces courants comme celui que nous avons connu de 1871 à 1877, et auquel nous devons l'affermissement de la République.

Un tel mouvement d'opinion, je ne me le dissimule pas, est difficile à produire. Nos campagnes ne sont pas encore arrivées à cette maturité politique qui, seule, nous permettrait d'espérer que nous le déterminerons sur une idée abstraite.

C'est le sentiment de cette difficulté qui m'a fait commettre, il y a cinq ans, la faute de m'engager dans le boulangisme. Je me rappelais, en 1888, que MM. Thiers et Gambetta avaient été, dans nos victoires de 1871 à 1877, des facteurs plus importants que l'idée même à laquelle ils avaient assuré le triomphe. En dehors des villes, les populations avaient accordé leurs suffrages à la République, dans la bourgeoisie parce qu'elle paraissait se personnifier dans M. Thiers, dans le peuple parce qu'elle se personnifiait dans Gambetta. C'est pour ces deux hommes populaires que votaient la plus grande partie de nos électeurs, lorsqu'ils votaient pour la forme républicaine.

Mais les armées s'unifient et se consolident dans la lutte. En affirmant de 1871 à 1878 la République, parce que M. Thiers et Gambetta en tenaient le drapeau, les populations se sont familiarisées avec elle. Le temps, l'habitude, la force du fait accompli ont fait le reste. Après la mort des deux hommes d'Etat qui nous avaient donné la victoire, les électeurs sont demeurés fidèles jusqu'au dévouement à la forme gouvernementale que la France s'était donnée. Et, cependant jusque-là, ils ne s'étaient prononcés pour elle que sous l'impulsion de ces chefs, qui possédaient leur sympathie et déterminaient leur enthousiasme.

J'ai cru que le général Boulanger, dont la popularité en 1888 était considérable, pourrait jouer par rapport à la revision le rôle que M. Thiers et Gambetta avaient joué dans l'établissement de la forme républicaine, et je suis allé à lui.

Avais-je tort ? Cela dépend. Je crois encore que si les forces radicales m'avait imité, si les chefs radicaux é-

groupés autour du général Boulanger, à cette heure la revision serait faite ; et je demeure convaincu que la République, dans ce cas, n'aurait pas couru le moindre péril.

Mais si, en matière de principes, l'échec ne prouve pas l'erreur, il en va tout autrement en matière de voies et moyens. On a pris ce chemin parce qu'on a cru que c'était la ligne la plus directe et la plus sûre pour parvenir au but. Elle n'a conduit qu'à une fondrière. On a fait fausse route, on s'est trompé.

Savoir c'est prévoir a-t-on dit. J'aurais dû prévoir que le parti radical ne se grouperait pas autour du général Boulanger, que la crainte — selon moi chimérique — de la dictature éloignerait de nous la plupart des républicains, et que nous courrions ainsi à une défaite certaine dont le résultat serait d'ajourner les réformes que nous voulions hâter. Je me suis donc trompé, et en homme de bonne foi, je n'hésite pas à le reconnaître.

Mais le motif qui m'avait porté au Boulangisme, la difficulté de créer un courant sérieux d'opinion sur une idée abstraite n'en persiste pas moins.

Il est juste d'ajouter toutefois qu'il y a des degrés dans cette difficulté. A la rigueur, on peut espérer entraîner les populations, les enthousiasmes, si on leur propose une idée simple et qu'elles comprennent, telle que la convocation d'une Constituante. Mais quelque grand que soit votre talent, et eussiez-vous un personnel de conférenciers d'une valeur égale à la vôtre pour défendre vos idées dans chaque département, vous ne parviendrez jamais à susciter la passion — la passion sans laquelle vous n'arriverez jamais à rien — pour un système transactionnel dont les électeurs n'arriveront pas à saisir les linéaments et qui, quoique vous fassiez, les laissera froids.

Vous aurez donc sacrifié l'impulsion, la force vive qui pourrait vous donner la victoire, dans l'espoir de diminuer les frottements et d'obtenir du Parlement ce que vous n'obtiendrez pas du pays.

Et comme le Parlement sera d'autant plus ancré dans son obstination à vous résister qu'aucun courant sérieux ne viendra lui forcer la main, tout se bornera à de magnifiques discours que vous prononcerez et à une agitation factice ; mais le résultat sera nul.

Au contraire, en reprenant l'idée de la refonte complète de la Constitution par une constituante, dont l'œuvre devrait être sanctionnée comme il y a un siècle par un appel direct au pays, vous courriez la chance, surtout si vous mettiez votre nom dans la balance, si vous vous jetiez résolument dans l'arène, de soulever les passions saines et de sortir vainqueurs de ce grand tournoi.

Voilà pourquoi je combats d'abord votre idée de restreindre nos revendications, de les limiter et de faire appel à une revision par le congrès. Je crois, je le répète que, par ce procédé, outre que vous n'arriveriez qu'à une réforme incomplète qui laisserait la question toujours pendante, vous vous bornez, contrairement à votre espérance, à multiplier les obstacles que votre but est de faire disparaître.

A moins que vous n'escomptiez le rejet certain de vos propositions par le Sénat pour en faire le point de départ et la base d'une énergique campagne en faveur d'une constituante.

Ainsi comprise, votre pensée pourrait être habile. Une seule chose serait à craindre. C'est que le Sénat ne comprît le piège et ne déjouât ce calcul en acceptant votre projet. Mais sur le point je suis complètement rassuré : les assemblées n'ont jamais de ces élans d'intuition et de bon sens.

Dans de prochaines lettres, je m'efforcerai maintenant de réfuter les objections que vous m'avez opposées.

Veuillez agréez, monsieur, l'assurance de ma profonde estime et de ma très haute considération.

ALFRED NAQUET.

La Nation du 9 juin 1893 (n° 3319)

La Revision de la Constitution

LETTRES A M. GOBLET

II

Monsieur,

Dans ma dernière lettre je combattais votre idée de limiter en matière de revision l'œuvre réformatrice, de vouloir en restreindre l'action à une amélioration de la Constitution qui nous régit, au lieu d'en entreprendre hardiment la refonte totale, de songer enfin à confier cette œuvre au congrès au lieu de la confier à une assemblée constituante.

Je veux aujourd'hui m'efforcer de relever les quelques objections que vous avez présentées contre le système qui me tient au cœur.

Et laissez-moi vous dire d'abord que vous m'avez paru oublier une vérité qui s'impose à l'esprit de tout homme d'Etat, à savoir qu'il importe de ne pas se borner à dogmatiser et qu'il faut toujours tenir compte de l'enseignement des faits.

Or, les faits nous enseignent que si le régime de cabinet, le parlementarisme existe dans toutes les monarchies constitutionnelles, parce qu'il est une transaction intervenue entre le pouvoir royal et le pouvoir populaire, il n'a existé jusqu'en 1848 et en 1875 dans aucune République. Ni la grande Confédération de l'Amérique du Nord, ni les républiques de l'Amérique du Sud, ni la Suisse n'ont jamais songé à établir rien de semblable. Il suffit même de lire les travaux des hommes remarquables qui présidèrent à l'élaboration de la Constitution américaine pour s'assurer que leur œuvre a été une œuvre pesée, réfléchie. Si, se séparant de la Grande-Bretagne, ils n'ont pas copié les institutions en s'efforçant de les accommoder à la démocratie, c'est parce qu'ils avaient jugé le régime parlementaire incompatible avec la République, c'est volontairement, systématiquement, qu'ils s'en sont écartés.

L'histoire de notre propre Révolution vient aussi à l'appui de ma thèse. Ni la Constituante de 1789, ni la Convention n'ont voulu du régime parlementaire; et quoiqu'elle fit une Constitution monarchique — mais une Constitution monarchique aussi voisine que possible de la République — la Constituante n'hésita pas, malgré la haute autorité de Mirabeau, à décréter l'incompatibilité du mandat de représentant et des fonctions de ministre.

Je n'ai, d'ailleurs, pour ma part, jamais prétendu que nous devions copier servilement la Constitution américaine. J'ai toujours incliné bien plus du côté de la Suisse que des Etats-Unis. Je préférerais un Directoire à l'institution de la présidence, et je voudrais voir s'établir le *referendum* dans nos mœurs.

Le *referundum* me paraît être la plus solide garantie, aussi bien contre les usurpations du pouvoir exécutif que contre celles du pouvoir législatif, que l'on néglige trop celles-là et qui sont cependant aussi redoutables que les autres.

Le 2 décembre 1851 a laissé chez nous de tristes souvenirs qui ont quelque peu obscurci nos notions historiques en reléguant au second plan des faits politiques aussi graves que le coup d'Etat.

Lorsque l'Assemblée législative de 1850 vota la fameuse loi du 31 mai qui, d'un trait de plume, supprima 3 millions d'électeurs; lorsqu'elle fournit ainsi au président cette arme redoutable : le rétablissement du su

...ge universel, elle viola le droit tout autant que Louis Napoléon 19 mois plus tard, et elle fit peut-être plus pour le succès du coup d'Etat que la fusillade du boulevard Montmartre.

Si, en 1848, on avait, comme vous avez absolument raison de le demander, placé la loi électorale tout entière dans la Constitution; si cette loi n'avait pu être modifiée que par la procédure de la revision, et si celle-ci n'avait été possible qu'avec un appel direct à la nation, le suffrage universel n'aurait pas pu être mutilé, et nous n'aurions probablement pas eu à subir le 2 Décembre.

Le 2 Décembre a été le résultat d'une double usurpation, d'une usurpation présidentielle rendue possible par une usurpation parlementaire. Ce sont là des faits dont il faut se souvenir. Les abus de pouvoir sont aussi bien possibles de la part d'un groupe d'hommes que de la part d'un homme seul; peut-être même sont-ils plus faciles de la part d'une collectivité, parce que la responsabilité est un frein qui exerce beaucoup plus fortement son action sur un homme ou sur un conseil restreint que sur une foule. Et les parlements ne sont trop souvent que des foules !

J'ai donc, vous le voyez, beaucoup plus de tendance à prôner la Constitution helvétique que celle des Etats-Unis; mais il y a un principe qui est commun aux deux, comme aussi à toutes les autres républiques existantes, sauf la nôtre : c'est l'incompatibilité absolue entre les fonctions ministérielles et le mandat de député; c'est la séparation des pouvoirs législatif et exécutif. Le pouvoir exécutif ne doit pas intervenir dans le travail législatif autrement que par le véto suspensif ou par le véto constitutionnel que le peuple seul aurait la faculté de trancher. Les ministres doivent être pris hors des chambres. Ils doivent relever du chef seul du pouvoir exécutif, président au Directoire; ils doivent se mouvoir librement dans leurs fonctions administratives comme la Chambre dans l'exercice de son mandat.

Aussi longtemps que l'on ne se résoudra pas à cela, on aura les compétitions pour le pouvoir, l'ingérence personnelle des députés dans l'administration du pays, le favoritisme poussé à son expression la plus haute; et surtout on aura ce que je considère comme la chose la plus grave : le déplacement de toutes les questions.

Dans les chambres parlementaires, l'apparence et la réalité sont deux choses qui se confondent rarement.

Pour l'apparence, pour le public, on semble discuter la revision, la réforme de l'impôt des boissons, la réforme administrative, la liberté de la presse. En fait — et en dehors de quelques honnêtes naïfs qui ont la bonhomie de croire à leurs programmes et d'avoir des idées — on ne discute que des ministères. Quant à ces naïfs qui s'imaginent élaborer vraiment des réformes, ils ne sont que l'appoint que se disputent les tombeurs de ministères ou les terre-neuve du pouvoir.

Il y a là un mal immense. Il a pu ne pas se manifester jusqu'ici (il commence déjà à poindre en Angleterre) dans les pays aristocratiques où les partis étaient de véritables régiments suivant docilement un chef; mais il se manifeste fatalement dans les démocraties où tous les citoyens pensent, et où les partis sont des ensembles de libertés individuelles au lieu d'être des armées disciplinées.

Ici, tout concourt à stériliser les bonnes volontés et à favoriser les intrigues. L'homme convaincu qui désire faire triompher une idée est arrêté par les obstacles entassés sur la route, par l'immensité de l'effort. Par contre, l'intrigant qui ne recherche que le pouvoir trouve un champ perpétuellement ouvert à ses convoitises.

Avez-vous songé quelquefois à ces députés honnêtes placés dans l'alternative ou de renverser un ministère qui administre selon leurs vœux, mais qui ne partage pas leurs idées sur une question donnée de législation — et cela avec la certitude le plus souvent de donner la main à une intrigue et de faire arriver un cabinet dont ils réprouvent les tendances — ou bien de mentir à leurs promesses, de renier leurs programmes, de sacrifier leurs idées?

Avez-vous songé au scepticisme qui s'établit dans les masses, impuissantes à comprendre les subtilités parlementaires, lorsqu'elles voient leurs représentants voter contre les principes qu'ils avaient défendus jusque-là, ou créer à jet continu l'instabilité ministérielle?

Avez-vous réfléchi que, dans le parlementarisme, le renversement des rôles engendre la servilité des Chambres succédant à l'indiscipline et à l'anarchie?

Avez-vous oublié ces majorités qui, arrivées à redouter les effets de leur trop grande indépendance, finissent par se grouper autour du chef d'un véritable syndicat de réélection, d'un chef d'autant plus dangereux que sa responsabilité apparente devant la Chambre le couvre, et que la responsabilité de la Chambre disparaissant elle-même dans la collectivité, dans l'émiettement des individus dont elle se compose, il n'y a plus de responsabilité nulle part?

Ne sont-elles plus présentes à votre mémoire ces majorités qui, après avoir docilement suivi M. Ferry dans l'expédition tonkinoise, l'ont abandonné sans vergogne à la première mauvaise nouvelle venue de l'Indo-Chine, ou qui, en Italie, avaient fait de M. Crispi un véritable despote, un véritable dictateur, et qui n'ont trouvé qu'une chose pour faire le contre-poids à ce pouvoir absolu : la brièveté de la dictature?

Pour moi, ces souvenirs sans cesse renouvelés hantent mon esprit d'une manière constante, et je ne trouverai jamais qu'un remaniement constitutionnel vaille la peine d'être tenté aussi longtemps qu'on ne corrigera pas ces défectuosités du régime par de profondes modifications.

Mais vous m'objectez nos traditions, le danger des usurpations, notre centralisation trop grande, notre organisation militaire. Ces objections, que depuis longtemps je me suis faites à

moi-même, ne m'ont pas ébranlé, et je
m'efforcerai dans une prochaine lettre
de vous en donner les motifs.

Veuillez agréer, monsieur, l'assurance de ma profonde estime et de ma
très haute considération.

ALFRED NAQUET.

Deutsche Zeitung, de Vienne, du 11 juin 1893
n° 7705

Der Antisemitismus.
Ein internationales Interview.
Von Hermann Bahr.

17.

Paris, im Mai.

Alfred Raquet.

(Ehemaliger Senator, Abgeordneter des Seine-Departements.*)

Ich habe die französische Reihe meines Interviews mit Alfred Raquet begonnen, weil ich vor allem mich selber, um die Anderen dann desto wissentlicher, geschickter zu erforschen, rasch über den Stand der Frage in Frankreich unterrichten wollte, wie sie auf jeder Seite erscheint, für die Freunde und für die Gegner. Das konnte deutlicher, gründlicher und gerechter Keiner, als der kleine Jude und große Führer jener Boulangisten, welche vor allem anderen Parteien die antisemitischen Schlager in die Menge trieben. Er durfte mir nicht mit den Phrasen der guten Liberalen kommen, welche die Bewegung, die ihnen nicht paßt, einfach leugnen möchten, und durfte doch auch, ohne heikle Fragen von mir zu gewärtigen, die Hetze nicht billigen, sondern er mußte mir ehrlich die Meinung des Volkes berichten, die herrscht. Ein bischen war es wohl auch meine alte neugierige Neigung des Psychologen für den sehr bizarren Denker, der immer mit dem rabulistischesten Verstande die zartesten Sachen des Gefühles vertheidigt hat. Und es regte sich schließlich das dramatische Gemüth, weil jeder Autor den Vater des „Divorce" mit Dank verehren muß, der dem Vaudeville so viele neue Wendungen und Formen erschlossen hat...

Er hat mich für eine frühe Morgenstunde bestellt, weil

*) Mit Raquet beginnen wir die französische Reihe unseres internationalen Interviews über den Antisemitismus. Sie bringt: Jules Simon, Anatole Leroy-Beaulieu, Alphonse Daudet, J. Magnard, Arthur Meyer, Charles Morice, Cluseret, Madame Séverine und Henri Rochefort. Dann folgen die Spanier: Manuel Ruy Zorilla und Alejandro Sawa; die Engländer: Charles Dilke, Labouchère, Sidney Whiteman, Balfour, Mead und Annie Besant; der Führer der Iren Timothy Healy und die Belgier Paul Janson und Buls, der Bürgermeister von Brüssel.

er heute Paris verläßt, um eine Weile den Süden zu suchen. Schwere Tonnen mit den weißen Häubchen geben nach dem Markte. In den Läden wird gescheuert. Mädchen trotten trällernd heim, Nelken im Rosenmund und noch wie eine süße Erinnerung der Nacht, wie einen letzten Kuß um die müden Lippen. So wandere ich, über die Oper weg, gen Batignolles, wo die vielen Straßen der fremden Städte sind, die Rue de Berlin, de Londres, d'Amsterdam, d'Athènes.

Rue de Moscou, 44. Ganz oben im fünften Stocke des hageren, schweigsamen Hauses. Ich werde in ein schmales, helles, stilles Gemach geführt: sein Bildniß von Alphonse Alrich, welches die seltsame Mischung von Schmerz und Vertraub in den gepeinigten Zügen zeigt, viele Bücher und schwere Lehnstühle, Pölster, Chaiselongues rings, die dem Zimmer eine leise Kränklichkeit geben, wie von Einem, der für sich sinnen und einsam von Leiden ausruhen möchte.

Er ist klein, verwachsen und gebeugt. Die Härte des jähen und gewaltsamen Profiles, unter den glatten weißen Haaren, hinter dem krausen weißen Barte, wird durch die

Er empfängt mich mit gütigen und lieben Worten, Wien und die Wiener rühmend; er ist vor Jahren bei uns gewesen und erinnert sich dankbar der gastlichen Stadt.

Ich stelle meine Bitte, mich über den Antisemitismus in Frankreich zu unterrichten.

„Mein Gott, die Antisemiten! Das ist eine sehr trübe und verworrene Partei aus vielen unverträglichen Elementen. Ganz wie früher der Boulangismus, der auch von allen möglichen Parteien gefördert wurde — und neben Rochefort stand die Fürstin d'Uzès! So haben wir jetzt im Antisemitismus neben dem gläubigen Drumont den alten Atheisten Cluseret. Reactionäre und Revolutionäre durcheinander. Alle Feinde der Republik beisammen. Da ist erstens die Kirche. Die hat ja sozusagen den Beruf, gegen die Juden zu sein, und die Katholiken sind die Antisemiten vor dem Antisemitismus, avant la lettre, bevor die billigen Abzüge für die Menge ausgegeben wurden, noch bevor es in eine populäre Formel gebracht wurde. Sie sind die Fürstin d'Uzès des Antisemitismus. Dann kommen die Socialisten, welche sehr gesucht sind, weil man die Schwäch· der religiösen Argumente fühlt, die heute nicht mehr wirken. Das Bündniß der beiden Feinde schein seltsam, aber es ist verständlich. Die Reactionäre sagen sich: Wir brauchen die socialistische Hilfe, um über die Menge zu herrschen. Und die Socialisten sagen: Uns ist Alles recht, was die Unzufriedenheit, die Verwirrung, den Aufruhr fördert; später wird man dann schon sehen. Sie sind nicht bedenklich in der Wahl ihrer Mittel. Das ist überhaupt jetzt modern. Wenn man nur den Gegner trifft! Nach der Wahrheit und Gerechtigkeit wird nicht gefragt. Was irgendwie wirken kann, ist willkommen. Gegen den Feind gilt jede Waffe. Ich habe das selber erfahren. Man hat sich nicht gescheut, auch mich einen Juden zu nennen, obwohl ich es nicht bin und nicht war — meine Schwester hat sich sogar der Mission gewidmet und in Südamerika sieben Kirchen gestiftet. Aber das macht diesen

Deuten nichts. Wer ihnen nicht paßt, heißt jetzt Jude. Es liegt ja auch weiter nichts daran — ich erwähne es nur, um die Art ihres Kampfes zu zeigen, die lógereis ihrer Behauptungen und Beweise ... Also erstens die Katholiken, welche alten, ererbten Justincten gegen die Juden folgen; zweitens die Revolutionäre, die der Haß gegen jede Ordnuug führt; hinter ihnen die große Masse aller Unzufriedenen, die jede neue Phrase bethört. Kein Wunder, daß das großen Lärm auf den Straßen gibt — aber von einer ernstlichen Bewegung kann man doch eigentlich kaum reden. Das wirkliche Volk hört nicht auf sie und kümmert sich um die Hetze nicht. Es hat keine Antipathien gegen die Juden ... oder doch höchstens nur gegen einen Theil der Juden, gegen die elsässischen und deutschen ... und nicht um ihrer Religion willen. Man muß da genau unterscheiden. Gegen die portugiesischen Juden ist nirgends Haß. Ich weiß das zum Beispiel von Bordeaux, wo ich früher gewählt war. Da gibt es sehr viele Juden. Sie sind im Handel, in der Bank, in der Industrie; man schätzt ihren Fleiß und Eifer und achtet und verehrt sie sehr. Sie gleichen auch durchaus den katholischen Franzosen. Anders im Elsaß. Da liegen die Dinge wesentlich anders — ich kenne sie auch ein bischen, weil ich alte intime Beziehungen mit Mülhausen habe. Da herrscht Haß gegen die Juden und daher, aus dem Elsaß, ist uns der Antisemitismus gekommen. Elsässer haben ihn nach Paris gebracht und gegen die elsässischen, noch mehr gegen die deutschen Juden sind allerdings auch bei uns manche Kreise jetzt sehr empfindlich. Besonders an der Börse. Ich weiß — es mag ungefähr zwei Jahre her sein — einen Fall, wo es einem Schützling des Rothschild mit aller Protection nicht gelang, agent de change zu werden; das Syndicat ließ ihn einfach nicht zu und sagte: wir haben schon genug Juden. Aber das sind doch immer nur einzelne Fälle. Sonst können sich die Juden nicht beklagen. Wir haben im empire sogar zwei jüdische Minister gehabt, und wir haben jüdische Divisionsgenerale, und ich glaube nicht, daß an der socialen Geltung der Juden etwas geändert werden wird. Ich glaube nicht, daß der Antisemitismus bei uns eine Zukunft hat. Er ist doch gar zu sehr gegen den Geist unserer Race, die immer duldsam und liberal war. Wir sind ein pays de tolérance, même d'indifférence. Man darf sich durch das Bischen Lärm nicht täuschen lassen."

La nation du 16 juin 1893 (10ᵉ année — nᵒ 3325)

La Revision de la Constitution

—

A M. GOBLET

Monsieur,

Je préconise depuis quinze ans un

système constitutionnel basé sur la séparation des pouvoirs. Ce système, vous le redoutez comme dangereux pour les libertés publiques. Il aurait pour conséquence nécessaire, selon vous, l'élection directe du président de la République par le suffrage universel, et un tel mode de nomination placerait entre les mains d'un seul homme une trop grande puissance. Le chef de l'État deviendrait une menace pour l'État.

Vos conclusions, permettez-moi de vous le dire, ne sont pas contenues dans vos prémisses.

D'abord l'institution de la présidence de la République n'est point une institution sacro-sainte.

Si un homme investi du pouvoir suprême par une élection directe peut paraître dangereux, le même péril ne saurait se rencontrer dans un conseil, fût-il élu de même, et tout n'a point été dit sur les directoires exécutifs. L'Amérique et la plupart des républiques américaines ont confié la direction du pouvoir exécutif à un président, cela est vrai; mais la Suisse l'a confié à un conseil fédéral, composé de sept membres. Rien ne nous empêcherait d'imiter la Suisse au lieu d'imiter les Etats-Unis.

En second lieu, l'indépendance des pouvoirs n'entraîne nullement comme conséquence nécessaire l'élection de l'exécutif par le suffrage universel. Le conseil fédéral suisse est indépendant des conseils législatifs dans la mesure où l'exécutif devrait, selon mon sentiment l'être en France, et il n'est pas élu par le suffrage populaire. Il émane, comme chez nous le président, des deux Chambres réunies en Congrès.

Rien n'empêcherait donc dans l'organisation nouvelle d'adopter pour le président ou le directoire le mode de nomination actuel si l'on conservait les deux Chambres.

Si, par contre, on s'arrêtait au système bien préférable d'une assemblée unique, on pourrait adopter un mode de nomination semblable à celui imaginé par M. Thiers en 1873.

L'Assemblée nationale serait dou-blée par des délégués des conseils généraux en nombre égal à celui de ses propres membres. La grande assemblée ainsi constituée procéderait à la nomination de l'exécutif.

Le premier péril signalé par vous n'existe donc pas. Les autres n'existent pas davantage.

La séparation des pouvoirs n'est pas l'indépendance absolue des pouvoirs. C'est seulement une séparation, une indépendance relatives. Il y aura toujours forcément une action de l'exécutif sur le législatif et une action du législatif sur l'exécutif. Mais le mode actuel de cette action, de cette pénétration, est détestable. Il faut en trouver une complètement différente et ne présentant pas les mêmes inconvénients.

Dans l'organisation que je défends, les ministres, pas plus que le président de la République ou le Directoire, n'auraient l'accès des Chambres. Ils ne pourraient pas peser sur leurs décisions par la question de portefeuille ou de cabinet. Mais le chef du pouvoir exécutif aurait un droit de veto. Celui-ci serait ou simple ou dirimant. Simple. Il tomberait devant une délibération nouvelle de l'assemblée nationale. Il ne serait, par conséquent, rien autre que le droit conféré au président par la Constitution de 1875 de demander au parlement de délibérer à nouveau sur un projet de loi avant de le promulguer.

Le veto dirimant aurait par contre, un tout autre caractère. Ce serait de la part de l'exécutif un refus de promulguer la loi, refus basé sur ce que l'assemblée aurait outrepassé ses droits et aurait violé la Constitution.

Dans ce cas l'assemblée devrait renoncer à la loi, ou lui appliquer la procédure de la revision, c'est-à-dire la soumettre à la sanction directe du peuple et trancher le conflit par un *referendum*.

De même, le Parlement, pour être privé du droit d'interpellation, et pour ne plus pouvoir renverser les ministres, soit par un ordre du jour, soit par le vote ou le rejet d'une propositien de loi, n'en serait pas destitué de toute influence et de tout contrôle sur l'exécutif. Il pourrait mettre en accusation le président, ou le directoire, ou les ministres, pour crime de haute trahison, et rien ne s'opposerait à ce que la Constitution lui accordât la faculté de convoquer la grande assemblée nationale qui, elle, aurait le droit de révoquer et de remplacer le chef du pouvoir exécutif avant l'expiration de son mandat, encore bien qu'il n'eût commis aucun crime.

En outre, si vous m'accordez l'incompatibilité absolue entre les fonctions de ministre et celles de représentant, si vous consentiez à ce qu'aucun député ne pût être nommé ministre à moins que six mois au moins ne se fussent écoulés depuis l'expiration naturelle ou provoquée de son mandat, je vous concéderais volontiers, pour l'assemblée nationale, le droit de révoquer un ou plusieurs ministres par une loi. Ce droit constituerait une garantie pour les libertés publiques et il ne serait jamais dangereux.

De nos jours, vous voyez bien rarement les cabinets tomber sur une interpellation devant un vote de blâme. Ils ne tombent que sur des questions législatives devant des intrigues savamment ourdies dans lesquelles les naïfs convaincus apportent l'appoint de leurs suffrages aux habiles monteurs de coups parlementaires.

Croyez-vous, par exemple, que vous auriez été renversé en 1887 par ce vote qui a été si gros de conséquences et si regrettable, si la Chambre n'avait pu inculper des économies à réaliser dans le budget, si elle avait dû procéder par révocation formelle?

Non! Si ceux qui renversent un cabinet savaient qu'aucun d'eux ne pourra remplacer les ministres tombés, si le bien du pays les inspirait seul, s'ils étaient forcés, en mettant un ministère en minorité, de signer leurs votes et de renoncer à tout motif apparent pris pour prétexte; si le conflit entre les attributions législatives du cabinet et les attributions législatives de la Chambre ne leur apportait

pas le contingent de ces suffrages qu'on pourrait appeler les suffrages de principe, un cabinet tomberait bien rarement et seulement dans des conditions où il serait bon qu'il tombât.

Je vous accorderais encore volontiers — surtout si l'adoption du *referendum* permettait l'appel direct au pays sur les questions délicates — que la faculté essentiellement monarchique de dissolution fût retirée au pouvoir exécutif, que celui-ci dût renoncer au droit de clore les réunions et de convoquer les chambres et que l'assemblée devînt permanente.

Je voudrais aussi que le pouvoir exécutif ne pût prendre un ministre, nommer un gouverneur militaire de Paris ou un chef de corps et procéder à quelques hautes nominations encore qu'il y aurait lieu de déterminer, sans l'avis préalable de l'assemblée nationale, ou de l'une des chambres, si la dualité du pouvoir législatif était conservée.

Je suis persuadé qu'avec une pareille organisation tous les dangers s'évanouiraient et que même les garanties qui en découleraient pour nous contre toutes les tentatives d'usurpation seraient infiniment supérieures à celles que nous tirons aujourd'hui de la responsabilité ministérielle.

Il ne faut, en effet, jamais perdre de vue que notre système actuel ne nous protège que fort peu contre les coups d'État.

Le ministère Polignac, qui fit les ordonnances de Juillet, et qui ne succomba que devant l'héroïsme de la population parisienne, était un ministère parlementaire, responsable devant les Chambres.

La Constitution de 1848 était une Constitution parlementaire. Les ministres étaient responsables devant l'Assemblée nationale comme ils le sont aujourd'hui devant la Chambre des députés.

Enfin, au 16 mai 1877, sous l'empire de notre constitution actuelle, M. le maréchal de Mac-Mahon a pu légalement chasser du pouvoir M. Jules Simon qui avait une majorité parlementaire, appeler aux affaires M. de Broglie et M. de Fourtou. Et s'il ne s'était pas heurté à la ferme et inébranlable volonté qu'avait le pays de marcher avec M. Thiers et Gambetta à la conquête définitive de la République ; s'il avait eu une opinion publique hésitante ou fatiguée, une armée docile, et que lui-même n'eût point été arrêté par des scrupules de légalité, il aurait sûrement réussi un coup d'Etat.

Napoléon III n'avait pas procédé autrement que lui dans la première phase de l'action ; il avait transformé son ministère dans la nuit du 1er au 2 décembre, et il avait dissous illégalement l'Assemblée. Seule, l'insurrection aurait pu, comme pour Charles X, faire avorter son coup de force, et cette insurrection n'eut pas une puissance suffisante pour réussir.

Avec le système que je soutiens et que vous craignez, le 2 décembre eut été autrement difficile. Les ministres nouveaux n'auraient pas pu être nommés sans l'adhésion de l'assemblée, laquelle n'aurait jamais ratifié les choix de Morny et de Saint-Arnaud. Les ordres, s'il avait été passé outre, se seraient trouvés matériellement illégaux et nul n'y aurait dû obéissance.

Avec le régime parlementaire, au contraire, les ministres étaient régulièrement nommés. Saint-Arnaud était régulièrement le chef de l'armée, et le principe de l'obéissance passive ne permettant pas aux soldats de discuter les ordres des chefs, lorsque les chefs sont investis suivant les formes, les ordres du ministre furent exécutés.

D'ailleurs, il est un point qu'on doit toujours avoir présent à l'esprit ; c'est que les coups d'Etat et les révolutions demandent, pour être possibles, un certain état de l'opinion.

Lorsque l'instabilité, le défaut d'autorité légitime, l'anarchie gouvernementale, le piétinement sur place, le favoritisme, l'augmentation graduelle des impôts que ne justifie aucune ré-

formes, ont produit un mécontentement tel, un scepticisme tel que les masses profondes du pays en arrivent à tout accepter pourvu qu'on les débarrasse de ce qu'elles ont, alors tout est possible : un peuple est mûr pour la révolution par en haut ou par en bas.

Lorsque, au contraire, un peuple est animé d'un souffle de liberté puissant. Lorsqu'il entend fermement conserver les institutions libérales qu'il s'est donnée, ainsi que c'était le cas pour la charte en 1830, pour la République en 1877, aucune révolution, aucun coup d'Etat n'est à craindre. Celui qui serait assez aveugle pour vouloir le tenter, ne trouverait pas d'instruments, ou, s'il en trouvait d'aussi aveugles que lui, il serait brisé comme en 1830.

En 1888 et en 1889 un état de mécontentement existait qui avait créé le boulangisme. Si, à ce moment là, M. Carnot avait été un ambitieux sans scrupules, et qu'il eût voulu tenter un coup d'Etat, il eût vite acquis une popularité égale et supérieure à celle de Boulanger et il lui eût été facile de réaliser cet acte révolutionnaire.

En 1877, cela eût été matériellement impossible à M. le maréchal de Mac-Mahon.

Si vous acceptez ces prémisses, et il me paraît difficile que vous les repoussiez, si vous reconnaissez que le droit pour les chambres de renverser un ministère ne garantit pas celles-ci contre la violence de la part du pouvoir exécutif, si vous convenez avec moi que la seule garantie efficace est dans l'adhésion voulue d'un peuple à sa forme de gouvernement, le seul danger, réel, au contraire, dans le détachement de ce peuple de son gouvernement; si vous me faites ces concessions, vous serez bien près d'avouer que loin d'être la sauvegarde que vous avez cru jusqu'ici, c'est le gouvernement parlementaire, le régime de cabinet qui est le plus permanent des périls.

Qu'est-ce, en effet, qui engendre dans le scepticisme, l'irritation ? Qu'estqui déplore l'avilissement du gouvernement qui la régit ? C'est évidemment cet état anarchique que je résumais plus haut et qui est l'œuvre la plus certaine du parlementarisme.

Qu'est-ce qui resserre les liens d'un peuple et de la Constitution qui le régit ? La continuité d'un pouvoir qui a un but politique manifeste et qui peut le poursuivre, la limitation de l'autorité par la liberté sans laquelle l'autorité n'est, je le disais récemment, que le despotisme, et de la liberté par l'autorité sans laquelle la liberté n'est que la licence — deux formes de l'oppression et de la tyrannie. — C'est, en un mot, cet ensemble de garanties et de pondération compatibles avec l'action que tous les peuples républicains autres que la France se sont donné.

On dit quelquefois que l'Amérique peut se permettre ce qui nous est interdit par notre situation internationale et par notre centralisation.

C'est vrai, l'Amérique pourrait sans danger se permettre le parlementarisme.

Son administration intérieure dépend de chacun des états dont se compose l'Union; et sa situation géographique lui permet de n'avoir ni armée, ni politique extérieure importante. Elle pourrait admettre la responsabilité ministérielle et se payer le luxe d'une crise tous les mois sans grand danger pour la République; et cependant ses hommes d'Etat ne voudraient pas l'y exposer.

Chez nous, toute l'administration se fait à Paris; notre centralisation et l'existence de puissants rivaux nous obligent à avoir une politique financière et une politique extérieure suivies; et nous devons forcément apporter aussi une grande suite dans l'organisation de notre armée et de notre marine.

L'instabilité gouvernementale est incompatible avec cet esprit de suite qui s'impose à notre pays.

Le parlementarisme, qui serait pour les Etats-Unis un jouet sans péril, apparaît donc chez nous comme un danger immense pour l'existence de nos libertés et pour la sécurité de la nation.

Je connais, monsieur, l'extrême largeur de vos vues, l'excessive droiture de votre caractère, et si vous consentiez à reporter encore votre esprit sur ces sujets d'un si puissant intérêt, je ne désespérerais pas de vous amener à des vues plus ou moins rapprochées des miennes.

Je le désirerais, non par amour-propre personnel, non par esprit sectaire, mais dans l'intérêt même de la revision. Le plus grand obstacle à la revision est dans le défaut d'entente entre les revisionnistes. Une famille consent à démolir sa maison lorsqu'elle a le plan de celle qu'on lui construira à la place; mais si les architectes ne s'entendent pas, elle préfère conserver ce qu'elle a, n'étant pas sûre de ne pas avoir pire après.

Il en est de même d'un peuple lorsqu'il s'agit de son organisme constitutionnel. Le jour où un grand parti progressiste se serait formé qui aurait un plan de revision bien précis et bien net, et qui pourrait le défendre sans tomber dans des contradictions entre ses membres, ce jour-là, certes, la difficulté de déterminer en France un courant d'opinion sur une idée abstraite n'aurait pas disparu, mais elle se serait considérablement atténuée.

Veuillez agréer, monsieur, l'assurance de ma profonde estime et de ma très haute considération.

ALFRED NAQUET.

La nation Du 22 juin 1893 (n° 3332)

UN VOTE SENSÉ

La Chambre, dans sa séance de lundi, a émis un excellent vote, qu'on pouvait légitimement craindre de ne pas voir se produire, étant donné la majorité énorme qui s'était prononcée dans les bureaux en faveur du renouvellement partiel. Elle a repoussé cette revision à rebours pour laquelle se passionnaient des républicains sincères et des esprits judicieux. Elle a sagement agi.

Nous le disions ici, il y a trois mois : le renouvellement partiel simplement superposé à notre rouage actuel, ce serait l'immobilité définitive.

Et tout cela, pourquoi ? Parce que, disait-on, on éviterait la caducité des projets qui tombent à chaque fin de législature, et que l'on faciliterait ainsi le travail législatif.

M. Camille Pelletan, dans son brillant discours, a fait justice de cette argutie ; il a justement fait remarquer que, nulle part, sauf en Belgique, le vice que l'on dénonçait avec tant de violence n'est apparu. Il aurait pu ajouter qu'en Italie ce vice, si vice il y a, est encore bien plus grave que chez nous, puisque les projets deviennent caducs, non pas à la fin de chaque législature comme en France, mais à la fin de chaque session.

C'est un abus, sans nul doute ; mais si on ne l'a pas réformé, c'est en somme qu'il comporte bien peu d'inconvénients. Il oblige simplement la Chambre à une formalité par laquelle on reprend les projets et l'on confirme les pouvoirs des commissions.

Chez nous la caducité des projets à la fin de chaque législature n'est point une difficulté pour ceux d'entre eux qui sont sérieux : à peine un retard de quelques jours. Elle a, par contre, pour résultat utile — personne ne l'a fait remarquer au cours de la discussion — de dé

blayer le terrain d'un tas de propositions sans importance qui, sans cela, encombreraient l'ordre du jour et absorberaient le temps de la Chambre en séance publique.

Quant aux propositions mûries, étudiées, répondant à des besoins, ce serait une grande erreur de croire que le temps que l'on a passé à les étudier soit du temps perdu. Les travaux auxquels s'est livrée une commission demeurent et facilitent les recherches de la commission nouvelle qui sera chargée de les examiner dans une autre chambre s'ils y sont repris. Ils le sont d'ailleurs toujours, à moins que l'esprit de la Chambre ne se soit modifié de fond en comble et qu'ils n'y rencontrent plus de majorité. Mais alors qu'importe qu'ils soient caducs et ne soient pas repris puisque la Chambre renouvelée les aurait repoussé ?

Il y a un cas, il est vrai, que l'on peut prévoir : c'est celui où un renouvellement partiel aurait été insuffisant pour renverser la majorité de la Chambre alors que le renouvellement intégral aurait amené ce résultat. Dans cette circonstance où, suivant l'expression de RoyerCollard, on assisterait à l'absurdité de l'opinion actuelle mise en minorité devant l'opinion qui n'existe plus, on pourrait en effet faire encore passer des lois qui, si la Chambre eût été intégralement renouvelée, n'auraient probablement pas été reprises, et n'auraient sûrement pas été votées.

Mais dans cette hypothèse, les lois votées par une Chambre partiellement renouvelée le seraient en violation de la volonté nationale et consacreraient une usurpation.

Au point de vue du travail parlementaire même, de telles lois seraient des entraves, puis qu'on en demanderait deux ans plus tard l'a rogation, et qu'au temps qui aurait été perdu pour les faire il faudrait joindre celui qui le serait pour les abroger.

L'argument du travail parlementaire était donc le prétexte, le but était le coté politique du débat. On voulait rendre plus difficile les courants d'opinion, et nous immobiliser dans la situation présente. Ce qu'on nous proposait était un pas de plus dans la voie qui a été ouverte par la loi contre les candidatures multiples. Ce sont des freins que l'on veut adapter au suffrage universel, dans une idée républicaine sans doute, mais dans une idée étroite et sectaire qui irait contre son but.

Le suffrage universel est l'élément conservateur par excellence; qu'on essaie de le ligotter, de se mettre en travers de sa marche, il perd aussitôt ses effets d'apaisement, de pacification, et les passions subversives et révolutionnaires reprennent leur empire sur les masses.

Oh oui ! Le renouvellement partiel avec la suppression du Sénat, nous l'acceptons. L'élément régulateur nouveau que l'on introduirait dans la machine politique aurait infiniment plus d'effets utiles et infiniment moins d'effets nuisibles que n'en a la dualité du pouvoir législatif.

Mais la superposition du renouvellement partiel à l'existence d'un Sénat, c'est absolument inadmissible.

Les auteurs de la proposition s'en rendaient bien compte. « C'est la révision que nous commençons, disent-ils. Nous rendons le Sénat inutile, et, lorsque son inutilité éclatera à tous les yeux, il faudra bien qu'il disparaisse. »

La raison serait à retenir si la logique seule dominait la politique, Malheureusement ici, loin d'être dominatrice, la logique est dominée par les faits.

Si le renouvellement partiel avait passé, on aurait, cela est certain achevé de rendre le Sénat inutile, et rendu cette inutilité manifeste.

Mais en même temps on se serait privé de l'unique moyen que nous ayons de le supprimer un jour. On aurait fait disparaître la possibilité de ces grands courants d'opinion qui, seuls, peuvent réaliser des réformes d'un tel ordre.

Le Sénat, pour être devenu *manifestement* inutile, n'aurait pas de ce fait consenti à disparaître; et nous, nous aurions été privés du seul moyen — déjà passablement difficile — que nous ayons de l'y contraindre. Nous n'aurions plus pu opposer à ses résistances une consultation générale du pays.

Voter le renouvellement partiel pour démontrer le vice de la dualité des Chambres, et se priver ainsi de l'élément qui nous permettra peut-être un jour d'avoir raison de cette dualité, c'eût été mettre la charrue avant les bœufs.

Heureusement la Chambre s'en est rendu compte et, revenant sur l'engouement momentané dont elle avait été saisie au moment où elle avait élu sa commission, elle a infligé au projet une minorité de plus de cent voix.

La journée de lundi a donc été une bonne journée pour le suffrage universel, c'est-à-dire pour la République.

ALFRED NAQUET.

La Revendication du 30 juin 1893
Nᵒ 150 — rue montmartre 99 —

La Nation du 30 juin 1893 (nᵒ 2340)

CHAMBRE DES DÉPUTÉS

Paris, le 26 juin 1893.
44, Rue de Moscou.

Monsieur le Directeur,

Il y a trois jours, notre ami Gédéon m'apprit que la *Revendication* m'avait porté comme ayant voté, dans la question des Patentes, le projet amendé par le Sénat.

Croyant à une erreur de votre journal, je me suis reporté à l'*Officiel* que je n'avais pas consulté le jour même et j'ai constaté, à ma confusion, que l'erreur ne venait pas de vous, mais de l'*Officiel* lui-même.

Voici comment les choses se sont passées.

Au moment où M. Mesureur était à la tribune, on me fit appeler à la salle d'attente. J'eus le tort de m'y rendre, ce que l'on devrait jamais faire, et comme la discussion tourna court, on vota pendant que je n'étais pas dans la salle des séances.

Au moment où je rentrai, on achevait de voter, et les personnes qui étaient assises à mon bureau m'affirmèrent qu'on m'avait fait voter dans le sens de M. Mesureur. Elles se trompaient ; c'était, je m'en suis assuré depuis, M. Leydet qui avait pris mon bulletin et qui m'avait fait voter dans le sens du Ministère. Mais je ne le sus pas au moment même, je crus ce que l'on me disait et j'eus le tort de ne pas contrôler.

J'en suis navré, car il y aurait là une contradiction inexplicable avec les doctrines, que j'ai exposées à la Chambre et que je compte bien reprendre à la prochaine législature. Je ne veux pas la laisser persister dans l'esprit de mes concitoyens ; et puisqu'il est trop tard pour rectifier à l'*Officiel*, je vous prie, Monsieur le Directeur, de vouloir bien faire paraître la présente rectification dans votre estimable feuille.

Veuillez agréer, Monsieur le Directeur, l'assurance de ma considération la plus distinguée et l'expression de mes meilleurs sentiments.

A. NAQUET.

DISCOURS DE M. MAUJAN

Nous sommes à la période des discours. Tous les hommes politiques banquettent et exposent leurs idées sur tous les points du territoire. Ici, c'est le président du conseil ; là, c'est M. Constans ; ailleurs c'est M. Goblet, plus loin, c'est M. Piou ; sur un autre point, c'est M. Maujan, sans préjudice de tous ceux qui nous attendent au coin d'un banquet d'ici à la date du 20 août.

C'est là un des caractères de la vie politique dans un grand pays ; dans un gouvernement d'opinion ; c'est ainsi que les choses se passent en Angleterre et en Amérique, et tout en faisant la part du côté personnel de toutes les agapes oratoires, on doit se féliciter du choc des idées qui en résulte. Au surplus, on aura beau, à la suite d'Anacharsis Cloots, conseiller à la France de guérir des individus, on n'empêchera pas que la politique se fasse avec des êtres humains en chair et en os. L'idée pure a besoin d'un instrument qui l'exprime, et cet instrument ne peut-être qu'un homme ou un groupe d'hommes. Soyons donc heureux si beaucoup d'orateurs se font entendre ; cela indique qu'il y a une certaine fermentation politique, un travail social qui se manifeste sous cette forme. Dans les périodes où l'on ne cherche rien, les hommes politiques se taisent. Il en est de même dans les moments où les peuples se trouvent engagés dans une lutte vive, mais très nette, très précise et très déterminée dont ils ne veulent pas dévier, ainsi que c'était le cas de 1871 à 1878. C'est à peine alors si de temps à autre le chef reconnu prononce quelques rares et courtes paroles qui retentissent comme un coup de clairon.

Aujourd'hui, le corps politique est à la recherche d'une orientation nouvelle, et voilà ce qui explique que chacun cherche la voie et indique avec franchise ce qu'il croit avoir trouvé. C'est ce que nous faisons ici journellement nous-mêmes.

Et étudiant attentivement les discours si divers, si disparates même, qui ont été prononcés depuis trois ou quatre mois, on en dégage une chose certaine: c'est que la vieille concentration républicaine a vécu. M. Ribot aura été le dernier à en prononcer le nom. Si elle vivait encore, on n'aurait pas, en effet, à se préoccuper de son remplacement. Or, l'objet de tous les hommes politiques qui pérorent ou qui écrivent est de chercher ce qui doit se substituer à elle.

Aussi longtemps que la République a été menacée, il ne pouvait y avoir pour nous qu'une seule plate-forme, la défense et la consolidation de la République; elle suffisait au pays, lequel comprenait à merveille que le seul fait de supprimer à jamais la monarchie était une œuvre immense devant laquelle tout devait s'effacer.

Cette concentration, d'ailleurs, rendait les réformes difficiles puisque les hommes d'avant-garde étaient sans cesse retenus par l'aile droite du parti; mais elle ne les rendait pas impossibles. On a pu malgré cette difficulté, au cours des vingt années qui viennent de s'écouler, réaliser des progrès politiques considérables, parce que ceux-ci faisaient partie du bagage doctrinal de tous les républicains, et aussi parce que les hommes d'avant-garde sont souvent parvenus à faire marcher les traînards en les menaçant de rompre le contrat d'union. Toutefois, à mesure que les questions devenaient moins simples, qu'il ne s'agissait plus de réformes politiques mais de réformes sociales, les difficultés s'amoncelaient.

Il a été possible d'obtenir des réformes politiques d'une majorité constituée par des radicaux et par des modérés qui, au fond, au point de vue des libertés publiques, voulaient les mêmes choses et ne différaient que par la hâte plus ou moins grande avec laquelle ils avaient le désir de les réaliser. Mais il n'est pas possible d'obtenir des réformes sociales d'une majorité dont les deux éléments pensent, en la matière, d'une manière diamétralement opposée.

Or, en matière sociale, comme en matière philosophique et religieuse, nous rencontrons dans le sein de ce que l'on est convenu d'appeler la majorité républicaine les divergences les plus complètes. Les uns croient le moment venu de faire halte; les autres se préoccupent exclusivement des réformes sociales, et, tout en affirmant la suprématie de la société civile sur la société religieuse, tout en entendant conserver et défendre les lois que, dans cet ordre d'idées, la République nous a données, ils sont désireux de laisser s'éteindre ces querelles d'un autre âge pour permettre à chacun de se rapprocher de quiconque pense comme lui en matière sociale, sans se demander quel Dieu il sert ou s'il n'en sert aucun. D'autres encore rivés à ce que nous appelions autrefois le *vieux jeu*, ne voient rien en dehors des formules usées de l'anticléricalisme.

D'autres veulent nous mener par la voie la plus prompte au communisme, c'est-à-dire à la suppression de la propriété individuelle. Et puis, celui-ci donne la main au socialisme collectiviste, sans en admettre les doctrines, mais aussi sans se demander s'il est possible d'aiguiller sur une voie, et d'éviter ensuite — à moins de faire machine arrière — le point d'arrivée où elle conduit, tandis que celui-là ne veut du collectivisme ni de près ni de loin.

De là un véritable gâchis. L'union libérale, c'est-à-dire le vieux centre-gauche économiste; la droite républicaine, la concentration incertaine et vague du gouvernement, la concentration socialiste de MM. Goblet et Millerand, tout cela n'est qu'un ensemble d'éléments qui se heurtent dans le creuset, dont aucun ne comporte la solution désirée, mais qui, par leur choc, la détermineront peut-être.

Le discours de M. Maujan est intéressant en ce sens qu'il tranche sur les autres. Ces idées qui s'y trouvent ne sont pas neuves; nous les avons souvent formulées dans ces colonnes, et l'auteur de ces lignes les formulait à la tribune nationale lorsqu'il disait, dans la séance du 17 février 1893.

« J'estime que le parti républicain progressiste doit, en même temps qu'il est un levier de réformes, en même temps qu'il prépare, mûrit et fait aboutir toutes les réformes qui sont possibles, utiles et fécondes, se dresser devant le collectivisme de même que devant le socialisme chrétien, qui voudrait nous ramener à je ne sais quel idéal théocratique qui nous ferait regretter le moyen âge; il a le devoir de se dresser devant l'anarchie et de dire à tous ces systèmes comme le Dieu de l'écriture aux flots de la mer : « Vous n'irez pas plus loin. »

C'est la même pensée que nous sommes heureux de retrouver dans la bouche de M. Maujan.

Seulement, de tout ceci il résulte que l'on fait fausse route si l'on croit possible à cette heure de classer tous les Français en deux grands partis et en deux grands partis seulement. Il y a certainement place au moins pour trois partis irréductibles sans compter les nuances :

Le parti des modérés, des satisfaits, des économistes unis sur le terrain républicain, mais pour arrêter tout nouveau pas en avant;

Le parti collectiviste, avec M. Lafargue en avant-garde, et M. Millerand pour arrière-garde, le tout flanqué des radicaux-socialistes que commande M. Goblet.

Enfin le parti qui se place à égale distance du laissez-faire laissez-passer et du communisme, qui admet l'intervention de l'État pour protéger la liberté et non pour la supprimer, pour défendre la propriété individuelle et non pour la faire disparaître : *le socialisme libéral* en un mot.

Les parlementaires, qui rêvent la classification méthodique des partis, seule capable de faire fonctionner leur système de prédilection, cherchent à forcer la nature et veulent grouper dans un même cadre des libéraux et des collectivistes, c'est-à-dire l'eau et le feu. Telle est la tentative de M. Goblet. Nous doutons qu'elle réussisse.

M. Maujan l'a compris. Il a vu comme nous qu'il importe de constituer un parti socialiste anticollectiviste très nettement défini, et qu'aucune fusion n'était possible entre le collectivisme et qui repousse sa doctrine. Son discours nous a fait plaisir.

Alfred Naquet.

La nation du 6 juillet 1893 (n° 3346)

LA POLICE

Les faits qui se produisent depuis quelques jours sont profondément regrettables, et M. Millerand a eu raison, dans son interpellation, de généraliser les reproches qu'il apportait contre M. Lozé et l'administration qu'il dirige.

A l'heure où j'écris j'ignore si quand ces lignes paraîtront, l'agent qui s'est rendu coupable du meurtre de Nuger aura été retrouvé et puni. J'ignore aussi si M. Lozé aura enfin vidé les lieux qu'il occupe depuis beaucoup trop longtemps. Mais ce que je sais bien, c'est que ce qui se passe aujourd'hui est engendré par ce qui s'est passé hier, et c'est que les faits d'aujourd'hui engendreront les faits de demain si l'on n'y met bon ordre. Les malheurs que nous déplorons sont le résultat d'un système appliqué de longue date — depuis l'Empire — et si l'on veut qu'ils ne se renouvellent pas c'est le système qu'il faut modifier.

A chaque fois qu'une bousculade se produit, les agents qui commettent des brutalités sont couverts sous le prétexte qu'un ministre doit couvrir son personnel. Comment peut-on espérer que des agents subalternes, dont bien souvent l'éducation et l'intelligence laissent à désirer, ne voient pas dans cette impunité constante un encouragement à continuer de plus belle.

On commence par passer à tabac de vulgaires anarchistes et l'on termine par le meurtre du malheureux Nuger. C'est dans l'ordre.

Si quand le premier anarchiste a été passé à tabac on avait fait ce que n'aurait pas manqué de faire le gouvernement anglais, bien qu'il soit monarchique : si l'on avait rappelé aux agents qu'il leur est formellement interdit d'être agressifs et brutaux contre des citoyens même prévenus, même arrêtés, même coupables ils auraient compris et se le seraient tenu pour dit. Peut-être n'aurions-nous pas eu les explosions qui nous ont émus l'année dernière, et certainement nous n'aurions eu ni les incidents déplorables qui ont amené le procès Baudin, ni ceux autrement déplorables qui viennent d'aboutir

à la mort d'un homme,..... sans compter les blessés.

Mais on rit lorsqu'un anarchiste est passé à tabac ; on applaudit quand un député est frappé à coups de poings sous le prétexte, sans doute, que ce député est socialiste. Puis on cesse de rire lorsqu'on voit un malheureux qui n'a même pas manifesté tomber victime des brutalités des brigades policières centrales. Seulement alors le mal est fait et il est un peu tard pour y porter remède. On frappera peut-être M. Lozé, j'en ai le ferme espoir ; mais Nuger ne sera certainement pas rappelé à la vie par cette mesure de justice, et j'ajoute, d'accord en cela avec la *Petite République Française*, que si l'on ne porte pas une [illegible] [illegible] aux [illegible] système, le nouveau préfet continuera les errements de l'ancien, sans qu'il y ait autre chose de changé en France que le préfet de police lui-même.

Il faut donc agir et agir au plus tôt. Il faut réformer l'institution. Il faut exiger des agents qu'ils se montrent respectueux de la liberté des citoyens et qu'ils rentrent dans l'exercice normal de leurs fonctions — qui sont des fonctions de protection sociale — au lieu de vivre dans Paris comme dans une ville conquise.

La continuation du système actuel ne pourrait aboutir qu'à des conséquences tellement funestes que, à côté d'elles, la mort d'un homme elle-même, quelque pénible, quelque regrettable qu'elle soit, ne compterait plus absolument pour rien.

La police est un rouage nécessaire de nos sociétés modernes. Elle doit faire respecter le travail, la propriété, la liberté de chacun de nous ; et, en dehors de ce rôle pour ainsi dire privé, elle a la mission, dans les circonstances graves qui peuvent se produire, le jour où l'émeute, l'insurrection gronderaient sérieusement dans Paris, de contribuer à réprimer la révolte et à faire respecter la loi.

Mais pour qu'elle puisse remplir cette double fonction tutélaire, il faut qu'elle soit appuyée par la population, qu'elle soit l'auxiliaire et non l'ennemie de celle-ci.

Le jour où la population est décidément en conflit moral avec la police, la police devient impuissante à faire son œuvre de protection. Le peuple, en haine du policier, prend parti pour les voleurs et les assassins; et, au lieu de prêter main-forte à qui cherche à les arrêter, il s'efforce d'engager celui-ci sur de fausses pistes.

Nous n'en sommes heureusement pas encore là en France. Mais j'ai vu cet état d'anarchie en Sicile en 1863. C'était au lendemain de l'annexion. Les mœurs restaient encore ce que l'odieux gouvernement de Bourbon les avait faits, et la haine de la police se transformait en sympathie pour les malfaiteurs. Je me rappelle encore un jour où un honnête homme ayant, en plein midi et au milieu d'une des rues les plus centrales de la ville, été frappé d'un coup de poignard, tous les habitants jetèrent leurs meubles dans la rue pour paralyser l'action des agents et pour permettre à l'assassin de s'échapper.

Ces anciennes mœurs italiennes étaient le résultat de plusieurs siècles peut-être de mauvaise administration, d'anarchie gouvernementale, — car le despotisme est beaucoup plus compatible qu'on ne le pense avec l'anarchie — et il est impossible de prévoir combien de temps il faudra pour les corriger complètement.

Est-ce qu'on chercherait à les acclimater chez nous tandis qu'on s'efforce de les faire disparaître en Italie, et qu'elles sont inconnues en Angleterre? On le dirait à voir comment les préfets de police comprennent leurs devoirs.

Il est temps d'y songer. La rupture définitive entre le peuple de Paris et sa police serait un des plus grands malheurs qui pût s'abattre sur la République, dans l'ordre des faits relatifs à la politique intérieure. Il faut mettre une barrière en travers du courant qui nous y conduit. Ceci devrait être l'œuvre du ministère. Mais si le ministère se montre à cet égard au dessous de sa tâche, c'est à la Chambre qu'il appartient de parler haut et de se faire obéir. Je n'aime pas les crises ministérielles, mais fallût-il dix de ces crises consécutives, j'estime que ce ne serait pas payer trop cher cette harmonie qu'on s'efforce de rendre impossible entre Paris et les forces destinées à sa protection.

ALFRED NAQUET.

Journal officiel du 6 juillet 1893
25ième année - n° 181
Séance de la chambre des députés
du 5 juillet 1893
fixation de la date de l'interpellation
sur les brutalités de la police

M. le président. La parole est à M. Naquet sur la fixation de la date de la discussion, car je rappelle que le débat n'est pas ouvert.

M. Alfred Naquet. Messieurs, quoique je n'aie nullement le désir de créer systématiquement des embarras au ministère, il m'est absolument impossible de m'associer

...demande de renvoi de l'interpellation. Des événements graves, extrêmement graves, se sont passés ces jours-ci. (*Interruptions.*) Des victimes sont tombées et je ne puis admettre qu'en présence de faits pareils, M. le président du conseil apporte à cette tribune la réponse à une interpellation alors qu'il refuse aux interpellateurs le moyen de faire valoir leurs arguments.

J'estime qu'il y a deux jours M. le président du conseil devait donner une légitime et nécessaire satisfaction à l'opinion publique.

M. le président. Monsieur Naquet, vous sortez de la question, qui est limitée à la fixation du jour du débat. (*Exclamations à l'extrême gauche.*)

Ce ne sont pas les clameurs de quelques-uns qui m'empêcheront d'appliquer les dispositions du règlement. (*Applaudissements sur un grand nombre de bancs.*)

M. Alfred Naquet. Je reconnais, monsieur le président, que je m'écarte de la question de la fixation de la date, mais il me semble que M. le président du conseil, en venant ici, je le répète, développer la réponse à une interpellation qu'il n'accepte pas, m'autorise par cela même à entrer dans les détails. Vous ne m'y autorisez pas, je me soumets à votre autorité, mais je déclare qu'à l'heure actuelle, la responsabilité qui est passée hier du préfet de police à M. le président du conseil, passe de M. le président du conseil à la Chambre elle-même.

Plusieurs membres. Elle l'accepte.

M. Alfred Naquet. La législature touche à sa fin; dans un mois la Chambre actuelle ne siégera plus sur ces bancs; renvoyer l'interpellation à un mois, c'est la renvoyer d'une façon indéfinie.

Or, il est impossible, en présence des faits qui se sont produits, qu'un grand débat n'ait pas lieu à cette tribune. Je demande donc à la Chambre de voter la discussion immédiate de l'interpellation. (*Très bien! très bien! sur quelques bancs à l'extrême gauche.*)

Le journal officiel de la R. P. du 9 juillet 1893 – 25ème année – n° 184 –

Séance de la chambre des députés du 8 juillet 1893

Interpellations sur les assomades policières

M. le président. La parole est à M. Naquet.

Divers membres. La clôture !

M. le président. Vous n'ignorez pas, messieurs, qu'on a toujours le droit de parler après un ministre. (*Très bien !*)

La parole est à M. Naquet.

Un membre à droite. Ne soyez pas long!

M. Alfred Naquet. Je ne serai pas long, attendu que la Chambre est assez éclairée pour qu'il soit inutile de revenir sur les faits. (*Parlez !*)

Tout à l'heure, M. le président du conseil, avant de descendre de cette tribune, nous a demandé un répit pour organiser et modifier l'institution de la police. Eh bien, messieurs, il ne s'agit pas de modifier l'institution elle-même, il s'agit de savoir quelle est la direction qui lui est donnée.

Savez-vous pourquoi la police se livre à ces actes odieux qui ont été exposés à cette tribune ? C'est que depuis longtemps elle a été couverte toutes les fois qu'elle s'y est livrée.

Le jour où c'est un anarchiste qui se trouve passé à tabac, on rit dans cette Chambre (*Très bien! à l'extrémité gauche de la salle et sur divers bancs à gauche*), puis, un autre jour, c'est un député, un membre de cette Chambre, M. Baudin, qui est passé à tabac, et on rit encore, sans doute parce que M. Baudin est socialiste. (*Interruptions.*)

Et alors il est assez naturel que ces agents subalternes, qui ne sont pas recrutés dans la classe supérieure de la société, étant toujours couverts et par leur chef direct, M. L..., et par le ministre qui est sur ces bancs, il est assez naturel que ces agents recommencent de plus belle quand l'occasion s'offre de le faire. Par conséquent, si vous voulez faire cesser cet état de choses, ce n'est pas à ces misérables subalternes que vous devez vous adresser.

Je le sais bien, je l'espère, M. le ministre de l'intérieur trouvera au milieu de cette masse d'agents de la paix qui se sont livrés à des actes iniques, quelques hommes qu'il sacrifiera sur l'autel de la patrie. Mais ce n'est pas eux seulement qu'on demande de sacrifier. Celui que vous deviez sacrifier, monsieur le ministre, c'était M. Lozé. C'était lui qui vous était désigné dès le premier jour par la bouche éloquente de M. Millerand, par l'animadversion et par l'indignation publiques.

Ah oui! vous avez pu être surpris le premier jour. Mais si vous aviez tenu, je ne dirai pas ce que vous aviez promis, mais ce que vous nous aviez laissé entrevoir comme probable; si vous aviez frappé cet homme

qui est la cause de tout le mal, vous n'auriez pas à cette heure à déplorer les mas-
sacres qui se sont produits dans les rues
de Paris.

Vous ne l'avez pas fait. Aussi, à l'heure
actuelle, ce n'est plus M. Lozé qui est responsable, c'est M. le président du conseil
qui l'a maintenu à la tête de la direction
de la police, et tout à l'heure si vous ne
frappez pas le cabinet, c'est la Chambre
qui sera frappée par les électeurs.

Voix diverses. La clôture ! la clôture !

M. le président. On demande la clôture.
(*Oui ! oui !*)

Je consulte la Chambre.

(La clôture, mise aux voix, est prononcée.)

La Nation du 17 juillet 1893 (n° 3357)

L'ESPRIT SECTAIRE

Vendredi dernier, tout le monde put
lire dans l'*Intransigeant* une note par
laquelle les députés et les conseillers
municipaux de Paris, sans distinction de nuances, étaient convoqués, 1,
rue Feydeau, dans les bureaux de
Germinal. Cette note, nous l'avons su
depuis, émanait de M. Millerand.

M. Millerand s'était dit sans
doute qu'il ne saurait exister de distinction entre les députés de la Seine
alors qu'on s'assommait dans Paris et
que tous ceux qui voulaient protester
contre les assommades seraient les
bienvenus.

Peut-être était-il allé plus loin ?

Les événements les plus malheureux, les plus tristes, ont quelquefois
un côté utile. Peut-être avait-il voulu
dégager ce côté utile de la situation la-
mentable dans laquelle nous avait
mis le cabinet.

Peut-être avait-il espéré trouver,
dans les faits contre lesquels il s'a-
gissait de protester, une occasion de
réconciliation entre les deux branches depuis cinq ans séparées du
parti républicain progressiste.

J'ignore si telle avait été sa pensée.

Il y a cinq ans une division profonde
se produisit entre des hommes qui,
jusque là, avaient poursuivi en commun toutes les revendications contenues dans le programme radical-
socialiste.

Ce ne fut pas une question de principes, mais une question de voies et
moyens qui les divisa.

Les uns ne virent aucun danger
dans le Boulangisme et crurent y
trouver un excellent levier pour arriver plus vite et plus sûrement à la révision et par elle à toutes les réformes
attendues.

Les autres craignirent que ce mouvement n'aboutît à une nouvelle dictature ; et, pendant que les premiers
acceptaient le général Boulanger pour
porte-drapeau, eux, ils organisèrent
la résistance à outrance contre lui.

A ce moment-là, les conservateurs,
voyant les chefs républicains se déta-
cher du général, cherchèrent à profiter de la popularité de ce dernier et
voulurent se saisir de l'arme que d'autres abandonnaient.

Cette accession des conservateurs
au Boulangisme, qui exaspéra les
antiboulangistes, fut, au contraire,
aux yeux des républicains boulangistes une raison de plus de se serrer autour du général.

Croyant à son succès, estimant sa
victoire inévitable, ils pensèrent qu'il
devenait d'autant plus indispensable
de se grouper autour de lui que les
ennemis de la République cherchaient
à l'accaparer.

Accaparé par eux, il aurait pu devenir, malgré lui, un péril pour la République. Les républicains qui l'entou-
raient conjuraient le péril autant qu'il
était en eux.

Par contre, ceux des chefs répubcaïns qui s'étaient nettement séparés du Boulangisme devenaient d'autant plus ardents contre l'armée boulangiste, qu'ils trouvaient des conservateurs dans cette armée; et ils n'hésitaient pas à imputer à crime la coalition à ceux qui y demeuraient pour faire un bouclier de leur corps à la République, et qui le répétaient bien haut chaque jour dans leur journaux et dans toutes leurs réunions.

De là des haines farouches d'un camp à l'autre. Rien ne passionne plus que les questions de voies et moyens; on s'excuse réciproquement d'obéir à des principes différents; mais on ne se pardonne presque jamais, lorsqu'on professe les mêmes doctrines, d'en poursuivre l'application par des moyens opposés. On en arrive bien vite à faire de l'absolu. Chacun se croyant dans la véritable voie se dit que son adversaire est sciemment dans la mauvaise. La bonne foi n'est plus admise ni d'un côté ni de l'autre, et c'est ainsi que les Robespierre en arrivent à guillotiner les Danton.

Tout cela est naturel. Tout cela est la conséquence des ardeurs de la lutte. Mais la lutte passée, il devrait être également naturel qu'on réfléchît, qu'on s'apaisât et que les haines tombassent.

Robespierre et Danton, s'ils avaient conservé leurs têtes sur leurs épaules, en seraient probablement arrivés à se dire quelques années plus tard, qu'ils avaient pu différer à un moment donné sur la meilleure marche à suivre sans être pour cela ni l'un ni l'autre traîtres à la patrie.

Eh bien! quatre ans se sont écoulés depuis la défaite du Boulangisme. Les espérances des uns se sont évanouies tout comme les craintes des autres; et, si même les anciens adversaires en étaient encore à croire chacun que le moyen alors préconisé par lui était

le meilleur, ce ne serait point une raison, aujourd'hui qu'on est loin de ces événements et qu'ils ne peuvent plus revenir, pour continuer à s'anathématiser au nom de faits antédiluviens.

En politique, il est toujours mauvais de nier systématiquement la bonne foi qui ne pense pas comme nous.

Au cours de la période boulangiste, il a pu exister des deux côtés quelques hommes dépourvus de sincérité; mais nous voulons croire que les principaux auteurs du drame étaient sincères de part et d'autre. C'est ce qu'a cru M. Millerand et ce qui a dicté sans doute la convocation de vendredi dernier.

Il aurait suffi que la sortie de M. Chautemps et de M. Brisson n'eût pas eu lieu, pour que cette convocation devint féconde.

Il est bon de ne pas oublier que, si tous les ennemis du boulangisme n'étaient pas radicaux, tous les républicains passés au boulangisme provenaient de l'armée radicale. C'est donc surtout l'armée radicale, l'armée progressiste, l'armée socialiste qui a été coupée en deux par les événements d'il y a quatre ans.

Couper l'armée radicale en deux tronçons et s'efforcer ensuite, longtemps après que les motifs de la rupture ont disparu, de rendre ces Français irréconciliables, c'est faire la partie belle aux opportunistes et aux adversaires des réformes.

Effacer ces divisions et rétablir l'unité de l'armée radicale, c'est, au contraire, préparer la défaite de l'opportunisme et le triomphe de la politique réformiste.

Pour arriver à ces réconciliations, il est généralement nécessaire d'un événement extérieur, d'une occasion propice. Les brutalités de la police avaient offert cette occasion et M. Millerand en avait profité.

Mais M. Millerand avait oublié deux choses : la première qu'il existe de par le monde des esprits étroits qui ne comprennent rien à la grande politique et qui sacrifient tout à leur petite chapelle ; la seconde, que des questions électorales se glissent bien souvent sous ces intransigeances farouches, et que tel, qui transigerait volontiers sans cela, se montre irréconciliable parce qu'il aspire à la succession de tel autre, et qu'il a besoin de conserver sa plate-forme de division et de haine pour combattre un rival auquel, sur le terrain pur des idées et des principes, il n'aurait rien à reprocher.

Quoi qu'il en soit, et quel qu'ait été le mobile qui a dicté leur conduite, ceux qui ont demandé l'expulsion des anciens boulangistes ont fait une politique de sectaires. Là où l'union se faisait d'elle-même, et alors qu'ils avaient une occasion unique de la sceller définitivement, ils ont préféré enrayer la réconciliation dans sa marche et faire effort pour ranimer les querelles éteintes.

Heureusement le corps électoral voit plus haut et plus juste que les politiciens que la passion aveugle. Le corps électoral a depuis longtemps oublié les agitations de 1888 et de 1889. Il lui suffit de faire un départ entre les hommes de mauvaise foi et ceux qui étaient de bonne foi dans les deux camps. Il ne voudra pas en savoir davantage, et il ne demandera aux candidats qu'une chose : ce qu'ils entendent faire à la prochaine chambre, les moyens qu'ils se proposent de mettre en œuvre pour appliquer leurs principes, et, s'ils ont fait partie de l'assemblée actuelle, qu'elle a été leur attitude pendant la législature qui finit.

Ils n'iront pas au delà et ce sont seulement les questions d'aujourd'hui qui décideront de leurs votes.

Quant aux questions d'il y a quatre ans, au Boulangisme et à l'anti-boulangisme, ils ne s'en occuperont pas plus qu'ils ne s'occuperaient de Collot-d'Herbois ou de Billaud-Varennes, et, en couvrant ainsi du manteau de l'oubli ces luttes d'hier pour ne songer qu'aux luttes de demain, ils donneront une leçon méritée à ces hommes dont M. Fournière disait dans *la Petite République Française* parue samedi matin que « ne pouvant rien apprendre ils ne savent rien oublier. »

ALFRED NAQUET.

Circulaire aux électeurs de Carpentras partie le 20 juillet 1893

ÉLECTEURS

DE L'ARRONDISSEMENT DE CARPENTRAS

Je pose ma candidature à l'élection législative du 20 août dans votre arrondissement.

Vous connaissez mon programme. Je l'ai déjà développé dans les nombreuses réunions que j'ai faites dans vos différentes communes en mai et juin derniers.

1º Révision constitutionnelle. — L'outil législatif est détestable; il faut le changer. Un bon ouvrier lui-même est incapable de faire de la bonne besogne avec un mauvais outil. La révision s'impose.

2º Questions sociales. — Je pense que l'État doit intervenir pour empêcher l'absorption des petits capitaux par les gros et l'expropriation universelle au profit de quelques-uns.

Je veux un plus juste impôt des patentes, qui permette au petit et au moyen commerce de se défendre contre les grands bazars.

Je veux que, dans les sociétés par actions — qui tiennent leur existence de la loi, et desquelles, par conséquent, la loi a le droit d'exiger certaines charges en compensation de la vie qu'elle leur donne, — la participation du travail aux bénéfices, de l'exception qu'elle est aujourd'hui, devienne la règle. J'ai posé les bases de cette réforme dans la législature qui finit.

Mais si je veux de ces réformes possibles et bienfaisantes, je repousse de toute ma force ce *socialisme collectiviste* qui, de son vrai nom, s'appelle le *communisme*.

Le collectivisme tuerait à ce point l'émulation; il détruirait à un tel degré l'effort individuel, source de toute richesse sociale, que, sous prétexte de mieux répartir les produits, il nous amènerait à la misère universelle en supprimant la production.

Loin de vouloir détruire la propriété individuelle, je désire, au contraire, en élargir les cadres, en appelant chaque jour un plus grand nombre de citoyens à participer à ses bienfaits. La propriété individuelle est la source de tout travail, de toute découverte, de toute moralité, de tout progrès, pourvu qu'elle n'atteigne pas les limites de l'accaparement universel.

Convaincu que, dans les grands monopoles qui s'imposent, il importe de réduire le plus possible les profits des particuliers qui les exploitent, mais qu'il n'importe pas moins de garder le frein de l'intérêt individuel dans leur exploitation, je suis prêt à exiger le plus de concessions possibles des compagnies de chemins de fer, de la banque, des compagnies minières.

Mais je NE VOTERAI PAS la *nationalisation* de la *banque* et des *mines*, parce que ce serait évoluer vers le collectivisme dont je ne veux à aucun prix, et que d'ailleurs de nombreux et récents exemples m'ont démontré le danger de pareilles innovations.

3º Question religieuse. — Je suis partisan de la séparation des Églises et de l'État.

Mais j'estime que cette dernière conquête philosophique de l'esprit moderne doit être pacifique, qu'elle doit inaugurer un ordre de choses nouveau accepté de tous, comme au Canada ou aux États-Unis, et non consacrer une victoire de ceux qui ne croient pas sur ceux qui croient.

Je la voterai, lorsqu'elle se présentera à moi sous la forme d'un projet spécial, consacrant une large liberté d'association qui permette aux croyants d'organiser le service de leur culte, et sous réserve qu'elle sera soumise au vote direct du pays avant d'être appliquée.

Mais je *ne la voterai jamais par la simple suppression du budget des cultes*, parce qu'elle cesserait alors d'être l'hommage suprême rendu à l'affranchissement de la pensée et deviendrait, au contraire, une forme de l'oppression de celle-ci.

Je suis fermement résolu à empêcher tout empiètement de la société religieuse sur la société civile; mais je réprouve toutes les taquineries, toutes les tracasseries et, à plus forte raison, toutes les mesures oppressives qui pourraient être prises contre les cultes.

Je suis libre-penseur. Depuis quarante-cinq ans, mes actes l'ont établi.

Mais liberté de penser signifie, à mes yeux aussi bien pour ceux qui veulent croire le droit de croire que pour moi le droit de ne pas croire.

Depuis vingt ans, les politiciens ont berné le peuple. Ils se sont servis de la question religieuse pour éviter d'aborder le problème économique. L'heure est venue de leur montrer que le peuple a compris; l'heure est venue de laisser les questions de croyance religieuse à la conscience de chacun et de nous mettre résolument à l'œuvre pour la réalisation des réformes sociales qui nous sont chères à tous.

4° Attitude politique. — En principe, je ne m'occuperai que des lois en discussion et non des ministères qui les soutiennent ou les combattent. Je ne voterai pas contre un projet que je crois bon ou pour un projet que je crois mauvais en vue de maintenir ou de renverser un ministère; je ne ferai pas fléchir mon programme devant des intrigues ou des haines.

Si cependant je m'avisais que d'autres le font; si la présentation d'une loi n'était qu'un trompe-l'œil destiné à renverser un cabinet dans lequel j'aurais confiance, qu'un prétexte d'une heure sans lendemain, je ne consentirais pas à tomber dans le piège que des politiciens sans scrupules tendraient à ma bonne foi.

Telles sont mes idées, tel est mon programme résolument réformiste et résolument libéral.

En temps ordinaire, je n'aurais rien de plus à dire, dans ce département surtout qui me connaît, que j'ai représenté pendant dix-huit ans, et qui sait avec quelle énergie, avec quelle persévérance j'ai l'habitude de poursuivre et de faire aboutir ce que je crois juste.

Mais ce n'est pas sur mon programme que mes adversaires me combattent. Ils essayent de prolonger le malentendu qui s'est produit entre nous en 1888 et en 1889. Ils prétendent qu'ayant été boulangiste je suis à jamais disqualifié pour défendre les intérêts de la République.

J'ai donc le devoir de vous expliquer pourquoi je suis entré dans le boulangisme et pourquoi j'y suis resté au moment où ceux-là mêmes s'en retiraient qui en avaient été les instigateurs. Après m'avoir lu avec attention, vous pourrez peut-être penser que j'ai commis une erreur; mais si même telle est votre opinion, vous ne douterez pas de ma sincérité, vous serez convaincus que seul l'intérêt de la République — ou ce que j'ai cru être l'intérêt de la République — a dirigé mes actes. Vous serez convaincus que jamais des mobiles personnels ne sont intervenus dans ma conduite.

Pourquoi je suis devenu Boulangiste.

C'est ma passion pour la revision qui en a été la seule cause.

Je juge la revision indispensable. Je veux la suppression du Sénat; et je veux, pour éviter les intrigues qui faussent tous nos rouages législatifs et administratifs, que les députés ne puissent plus être ministres.

Or, cette revision que je juge indispensable est presque impossible. Elle ne peut se faire qu'avec le consentement de la Chambre et du Sénat.

Quand vous proposez au Sénat de se supprimer il résiste, et quand vous demandez aux députés, dont la moitié aspirent au ministère, de renoncer aux portefeuilles, ils ne protestent pas moins énergiquement que les sénateurs.

Donc, nécessité et impossibilité de la revision tout à la fois. Telle était la situation qui m'apparaissait au moment où l'extrême gauche porta le général Boulanger au ministère de la guerre.

Je crus trouver dans la popularité du général le moyen de vaincre cette difficulté.

Jadis Thiers et Gambetta avaient, par leur prestige personnel, établi le courant qui fonda la République. Je pensai que de même, grâce à la popularité énorme que possédait alors le général Boulanger, nous créerions le grand courant revisionniste qui nous vaudrait la revision comme l'autre nous avait valu la forme républicaine.

Il est vrai que je ne prévoyais pas alors que ceux qui avaient engendré le boulangisme se retourneraient contre lui. Là a été mon erreur. Mais l'erreur de ceux qui se sont retournés contre leur œuvre a été plus grande encore. S'ils étaient restés, à cette heure la revision serait chose faite, et nous aurions réalisé une enjambée d'un quart de siècle sur les temps futurs.

En tous cas, que l'erreur ait été du côté de ceux qui se sont séparés ou du côté de ceux qui sont demeurés dans le boulangisme, des deux côtés on était convaincu qu'on combattait pour le triomphe de la République.

Quant à ceux qui osent me calomnier et dire que je suis devenu Boulangiste par dépit de ne pas avoir obtenu de portefeuille, je n'ai qu'un mot à leur répondre.

En 1887, à la chute du ministère Goblet, M. Rouvier m'a offert le ministère des postes et des télégraphes. M. Delpech, M. de Hérédia, M. Spuller, M. Julien, M. Saint-Martin ont été les témoins de l'offre qui me fut faite. Plusieurs de ces messieurs ont cessé d'être mes amis, mais je ne crois aucun d'eux capable d'un faux témoignage. Si vous doutez de ma parole, renseignez-vous auprès d'eux.

Cette offre, je l'ai refusée pour ne pas entrer, moi radical, dans un ministère modéré dont le général Boulanger, Lockroy et Granet étaient exclus. Et après m'être refusé à cette concession secondaire qui ne m'eût pas disqualifié à vos yeux, j'aurais, en vue d'un ministère à venir, trahi la République ! Allons donc ! Ce n'est pas vous qui pouvez le croire.

Du reste, ce n'est pas à 54 ans, après une carrière de lutte quelque peu glorieuse, ce n'est pas à cet âge où l'on commence à avoir souci de sa mémoire, qu'on flétrit ses cheveux blancs, qu'on salit sa conscience et qu'on s'expose à laisser à ses enfants un nom déshonoré.

Pourquoi je suis demeuré boulangiste quand l'extrême gauche s'est séparée du général Boulanger?

Ne pas avoir prévu que l'extrême gauche se retournerait contre son œuvre n'a pas été ma seule erreur. J'en ai commis une seconde. Je n'ai pas cru qu'un jour viendrait où le général, par des fautes irréparables, briserait lui-même ce prestige qui, sans cela, le faisait invincible. Je croyais qu'il demeurerait à son poste et que contre tous vents et marées il serait vainqueur.

Or, je ne voulais pas, s'il triomphait, qu'il triomphât contre la République, et c'est encore l'intérêt républicain seul qui nous a décidés, mes amis et moi, à demeurer jusqu'au bout, pour empêcher l'absorption complète du général par les royalistes.

Ceux-ci, voyant en lui une grande force que les républicains abandonnaient, s'efforçaient de l'accaparer à leur profit.

Si, à cette heure décisive, nous étions sortis du Comité, laissant le général aux mains des monarchistes seuls, son triomphe aurait pu devenir périlleux pour la République.

Demeurant près de lui, lui imposant le plus grand nombre possible de Candidats républicains, nous évitions ce péril, nous pouvions y compromettre notre nom, notre situation, notre mémoire, mais nous avions présent à l'esprit le grand mot de Danton : « *Périsse notre mémoire et que la République soit sauvée.* »

Quoi qu'il en soit, lorsque l'extrême gauche s'est séparée, elle vous a inspiré des craintes pour la République elle-même. Dans ce département, si éprouvé en 1851, on vous a raconté la sornette d'un nouveau 2 décembre en préparation, et vous vous êtes laissés abuser.

Vous ne vous êtes pas dit à ce moment que si, en effet, le général Boulanger avait prémédité un coup d'Etat, il lui eût été facile de le réaliser, puisqu'il en avait eu trois fois l'occasion : 1° quand il était ministre de la guerre; 2° le jour de la gare de Lyon; 3° le soir de son élection à 85,000 voix de majorité par la population de Paris.

Vous ne vous êtes pas dit que, puisqu'il s'était alors toujours refusé à rien tenter contre la loi, il n'y avait pas de raison pour qu'il le fît plus tard. Vous ne vous êtes pas dit que la manifestation de la population républicaine par excellence, de la population de Paris, vous était une preuve que la République ne courait aucun péril.

Vous ne vous êtes pas dit non plus que, si péril il y avait, il ne pouvait venir que d'une élection de droite, et que notre devoir à nous était de demeurer sur la brèche, auprès du général, pour enrayer un mouvement de cette nature et en éviter les dangers.

Du reste, l'heure n'est plus aujourd'hui de rechercher qui de vous ou de nous s'est trompé; la seule chose sûre, c'est que des deux côtés on agissait de bonne foi, que des deux côtés une seule passion animait les combattants : la passion de ce qu'ils croyaient être l'intérêt de la République.

Aussi, à Paris, la réconciliation est-elle faite entre les anciens boulangistes républicains et leurs anciens adversaires vraiment progressistes. Les amis des réformes ont compris qu'ils feraient la partie trop belle aux ennemis de tout progrès s'ils demeuraient divisés entre eux. C'est ce que Tony Révillon, l'ancien adversaire acharné du boulangisme, est venu dire à Carpentras. J'ajoute que l'acte d'exclusion récemment accompli par MM. Chautemps, Brisson et quelques autres sectaires de marque, a accentué plus encore cette réconciliation, en donnant une occasion de protester contre cet acte d'ostracisme au journal de Goblet et de Millerand.

Mais il ne suffirait pas de vous dire, électeurs de Vaucluse, qu'à Paris, parmi les hommes de progrès, le passé est oublié et la réconciliation scellée entre les combattants de la veille.

Avant d'investir à nouveau de votre confiance votre ancien représentant, le vieux compagnon de vos luttes passées, vous aviez le droit de lui demander des renseignements sur son attitude au cours de la période troublée dont je viens de vous retracer les grandes lignes.

Ces renseignements, ces explications, vous les avez. A vous maintenant de déclarer :

Ou que je me suis trompé et que mon erreur est de celles qui ne peuvent être amnistiées;

Ou que j'ai agi dans l'intérêt de la République et que je n'ai pas démérité de vos suffrages.

Un dernier mot, citoyens.

Vous savez ce que j'ai fait dans le passé.

La loi sur la liberté de réunion est mon œuvre : j'en ai été l'initiateur et le rapporteur à la Chambre en 1880 et 1881.

La loi sur la liberté de la presse est mon œuvre : j'en ai été l'initiateur, et j'ai pris une part importante à la discussion qui en a précédé le vote.

La loi de 1885 sur les marchés à terme, réclamée pendant un siècle par le commerce, et qui m'a valu de si vives félicitations, est mon œuvre : j'en ai été l'initiateur et le rapporteur, tant à la Chambre qu'au Sénat.

Enfin, je ne parle pas de la loi du divorce, qui n'est, quoi qu'on en ait dit, nullement blessante pour aucune conscience, — je l'ai vingt fois démontré, — et qui est une loi de liberté et de moralité publique. Vous savez tous qu'elle est mon œuvre presque exclusive et quels efforts elle m'a coûtés.

Ce passé vous répond de l'avenir. La ténacité que j'ai déployée jadis vous est un gage de celle que je déploierai encore pour faire aboutir les réformes que j'ai en vue, notamment celle qui a trait à la participation du travail aux bénéfices dans les sociétés par actions.

A vous de voir si d'autres, qui n'ont jamais rien fait, vous apportent plus de garantie que moi dont les engagements pour l'avenir s'appuient sur des actes passés. Examinez et jugez. Je m'incline d'avance devant votre décision.

A. NAQUET.

La nation du 21 juillet 1893 (n° 3361)

LE VRAI PATRIOTISME

Nous assistons en ce moment à deux courants d'opinion qui sont contradictoires.

D'une part, la classe ouvrière, gagnée malgré ses affirmations d'internationalisme par la folle protectionniste qui s'est, depuis quelques années, emparée de nous, demande que des mesures soient prises contre les ouvriers étrangers, sous le prétexte que leur présence en France a pour effet d'avilir les salaires.

D'autre part, nous voyons se former des congrès pour la repopulation de la France, congrès dont le principal organe socialiste, la *Petite République Française*, adopte les conclusions, qu'elle déclare de nature à produire les plus fécondes conséquences pour peu que « les pouvoirs publics consentent à leur prêter l'attention qu'elles méritent ».

Je ne contredis pas aux affirmations de la *Petite République Française*. Je reconnais, ainsi que tout bon patriote doit le faire, combien il importe, dans l'état d'insolidarité où vit l'Europe, que la France ne se dépeuple pas alors que la population de nos rivaux va toujours en croissant. Il y va de notre indépendance et de nos libertés, et le phénomène sur lequel le congrès de la repopulation appelle nos réflexions ne peut que provoquer nos angoisses patriotiques.

Mais il est certain que les angoisses et les idées qu'elles provoquent sont en contradiction flagrante avec les sentiments protectionnistes de la classe ouvrière.

Si la présence chez nous, des ouvriers étrangers a pour effet d'avilir les salaires, c'est uniquement parce que, de ce fait, l'offre du travail augmente tandis que la demande demeure stationnaire. Or, le même phénomène, exactement le même, se produirait si la population française s'accroissait sur place comme nous le désirerions tous.

Pour que les salaires s'élèvent ou ne s'abaissent pas, il est indispensable que la population se limite, qu'elle ne s'accroisse pas d'une manière indéfinie. Si donc on se préoccupait exclusivement de la question des salaires, il ne suffirait pas de faire du protectionnisme aux frontières. A l'intérieur, il faudrait prêcher le malthusianisme.

C'est qu'en effet la question de la population domine la question sociale de toute sa hauteur; elle est la pierre d'achoppement de tous les systèmes socialistes.

Aussi, le jour où l'Europe formerait une seule et grande nation fédérée, comme ce sera forcément le cas dans quelques siècles, non seulement nous n'aurions pas à nous inquiéter de ce que la natalité cesserait de dépasser la mortalité, mais encore nous aurions à nous en réjouir. Ce serait le plus sûr garant que la misère va disparaître.

Malheureusement, les Etats-Unis d'Europe ne sont qu'une chimère lointaine, et les différents peuples dont se compose notre vieux continent en sont encore à lutter pour la vie les uns contre les autres.

Dans ces conditions, il est une chose qui prime en importance toutes les au-tres, c'est d'exister; et pour cela, il faut être en nombre.

Le jour où un peuple ne peut plus mettre en ligne un chiffre de soldats et de marins égal à celui que ses rivaux sont en mesure de lui opposer, il est perdu, il est dévoré. Rien ne servirait d'y avoir développé un état social supérieur à celui des nations voisines par une sage limitation des naissances. Cet état social supérieur deviendrait lui-même un danger parce qu'il serait une attraction pour l'ennemi, parce qu'il appellerait l'invasion.

Il est donc clair que les congrès pour la repopulation de la France ont raison et que nous devons faire tout ce qui dépend de nous pour accroître le nombre de nos habitants; mais il est non moins certain que le résultat social, au point de vue des salaires, en serait identique, si nous y parvenions, à celui que détermine chez nous la présence d'ouvriers étrangers.

On me demandera quelle conséquence j'entends tirer de ce qui précède.

Cette conséquence est bien simple. Je l'ai autrefois longuement développée au Sénat, alors que je faisais partie de cette assemblée et que l'on y discutait la dernière loi sur la naturalisation. Modifier les rapports entre la natalité et la mortalité chez un peuple est chose difficile. Sans doute, il est difficile de gagner quelque peu sur la mortalité par une sage observation des règles de l'hygiène publique et de l'hygiène privée. Mais cela ne va pas très loin, et il est chimérique de croire que les dégrèvements ou les récompenses honorifiques changeront quoi que ce soit à la natalité. La diminution de celle-ci tient à un ensemble de circonstances qui se trouvent dans les mœurs et non dans les lois, et l'on ne remonte pas un courant par une li-

...colaire. Les lois caduca-
...ont échoué à Rome ; elles échoué-
raient tout autant en France, si l'on
cherchait à les imiter.

Mais alors, il est indispensable d'accroître notre population, et si les mesures intérieures qu'il nous est possible de prendre sont impuissantes à
déterminer ce résultat, quel moyen
nous reste-t-il dont nous puissions
disposer.

Il y en a un et un seul. Au lieu de
faire de l'exclusivisme français, au
lieu de renoncer à ce caractère accueil-
lant qui faisait converger tous les peuples vers la France et qui a fait notre
force d'expansion, au lieu de prêcher,
sans cesse l'exclusion des ouvriers é-
trangers ou des capitalistes étrangers,
ouvrons au contraire largement nos
portes à ceux qui nous arrivent du
dehors; et, puisque nous ne nous re-
crutons plus assez à l'intérieur, faisons des recrues à l'extérieur, recrues
d'autant plus avantageuses qu'elles
nous arrivent toutes formées et qu'à
les produire nous n'avons dépensé
aucun effort et aucun capital.

Seulement, ces recrues étrangères,
hâtons-nous de les assimiler par la
naturalisation.

On met à la naturalisation tous les
obstacles imaginables.

On exige un long séjour en France
de l'étranger qui désire acquérir la
qualité de Français.

On lui rend l'acquisition de cette
qualité presqu'impossible s'il n'a pas
accompli son service militaire on lui
impose des droits de sceau. C'est une
ligne de conduite absolument inverse
qu'il conviendrait d'adopter.

Il faudrait que les étrangers rési-
dant en France ne trouvassent à devenir Français que des avantages et
aucun inconvénient. Ils se feraient
alors presque tous naturaliser, et, à
supposer qu'ils ne fussent eux-mêmes
que des demi-Français, ils feraient
souche de Français véritables qui,
élevés parmi nous, ayant reçu notre
éducation démocratique, ne se diffé-
rencieraient en rien de leurs concitoyens.

A l'heure ou nous sommes il n'existe
que bien peu de différences individuelles entre les hommes appartenant aux différentes nations civili-
sées, la principale est dans la langue,
pour les jeunes générations dont notre langue est devenue la langue ma-
ternelle l'assimilation est absolue.

On prétend quelquefois qu'un Allemand, un Italien ou un Belge ne peuvent pas donner le jour à des citoyens
français vraiment patriotes, sous le
prétexte que les lois de l'atavisme s'y
opposent.

C'est à la fois méconnaître les caractères de l'hérédité physiologique
et ne pas tenir compte de l'observation historique.

Ce qui se transmet héréditairement,
c'est ce sentiment patriotique qui nous
attache au pays dans lequel nous sommes nés, quel qu'il soit, et qui existe
aussi bien chez les Italiens et chez les
Allemands au profit de l'Italie et de
l'Allemagne que chez les Français au
profit de la France. Mais ce sentiment
qui nous porte à aimer la nation dont
nous faisons partie, cette famille étendue ne nous porte pas à aimer la
France ou l'Italie plutôt que l'Allemagne. Nous sommes dévoués à la France
parce que nous sommes nés et avons
été élevés en France, comme nous ai-
mons notre père et notre mère. Mais
nous aimerions tout autre peuple où
nous serions nés, comme nous aimerions tout autre homme, toute autre
femme que ceux qui nous ont donné
le jour, si c'était d'un autre homme ou
d'une autre femme que nous eussions
reçu l'existence.

Et de ceci l'histoire fait foi. Nous

La nation du 27 juillet 1893 (n° 467)

avons eu en France de grands hommes qui ont défendu avec énergie et avec gloire les intérêts français. Eh bien ! plusieurs d'entre eux — ce n'étaient certes pas les moins illustres — étaient étrangers de naissance ou fils d'étrangers. Gambetta était né d'un père italien qui n'a jamais été naturalisé. Mazarin était italien, et le plus grand homme des temps modernes, celui qui a promené en triomphateur le drapeau français sur tous les champs de bataille de l'Europe, Napoléon, était né en Corse un an avant l'époque où cette île fut annexée à la France. Il était donc Italien.

Par contre, et ceci est une observation plus douloureuse pour nous, nous voyons dans les rangs de l'armée et de l'administration prussienne des descendants en grand nombre des protestants français chassés de France au moment de la révocation de l'Édit de Nantes, et ces hommes, dont les noms rappellent l'origine, sont peut-être les plus chauvins d'entre les Allemands.

On n'a donc pas à redouter que les fils des étrangers naturalisés dans un pays soient moins patriotes que les fils des autochtones de ce même pays. Dès lors, puisque nous avons besoin d'accroître notre population pour pouvoir tenir tête à nos rivaux, demandons à ces derniers cet excédent de population que nous ne produisons plus nous-mêmes. Au lieu de devenir exclusivistes vis-à-vis des étrangers, appelons-les parmi nous et rendons-leur la naturalisation si facile et si avantageuse que personne, une fois chez nous, n'hésite à l'acquérir. C'est en cela, et non dans un protectionnisme chauvin et étroit que réside le *vrai patriotisme*, l'intérêt, bien entendu du pays.

ALFRED NAQUET.

LA
Revision de la Constitution

LE SÉNAT

I

Dans les trois lettres que je me suis permis d'adresser, il y a quelques mois, à M. Goblet dans les colonnes de ce journal, je me suis borné à discuter le régime parlementaire actuel sans aborder la question de l'organisation du pouvoir législatif, parce que, sur ce point, M. Goblet, dans ses articles, se déclarait en complète conformité d'idées avec moi.

Mais si l'honorable M. Goblet est comme moi un adversaire de l'institution sénatoriale, il est loin d'en être de même de tous les revisionnistes ; et, à une heure où la revision recommence à agiter sérieusement les esprits, la question du Sénat doit être examinée.

La principale préoccupation des partisans de la dualité des Chambres est de créer un pouvoir régulateur, pondérateur, qui joue vis-à-vis de l'organisme politique le même rôle que jouent les volants dans les machines,..... qui en empêche les emportements.

Un Sénat joue-t-il vraiment et utilement ce rôle? Et celui-ci ne serait-il pas mieux rempli par le renouvellement partiel d'une assemblée unique, mode de renouvellement qui, inadmissible avec deux Chambres, serait indispensable avec une seule assemblée ?

A notre humble sens, un Sénat s'acquitte très mal de sa tâche modératrice. Non seulement il n'empêche pas les fautes, mais souvent il les aggrave; par contre, toujours ou presque toujours, il enraye les mesures utiles.

Un exemple.

En 1879 M. Ferry avait imaginé le fameux article 7 qui, à mes yeux comme aux yeux de Louis Blanc et de bien d'autres, était une faute parce qu'il entreprenait sur la liberté des citoyens.

Le Sénat le repoussa.

Jusque-là tout va bien et les faits semblent donner raison aux partisans d'une chambre haute. Mais poursuivons.

L'article 7 était encore modéré dans ses dispositions. Il visait l'enseignement et n'allait pas au delà.

Devant les résistances du Sénat, la Chambre se gendarma, ainsi qu'elle le fait toujours lorsqu'il s'agit de questions politiques, c'est-à-dire passionnantes.

Ne pouvant obtenir le vote de l'article 7, elle mit M. Ferry en demeure d'appliquer ce qu'on appela les lois existantes ; elle lui enjoignit de recourir à la législation de la monarchie et de l'empire et d'expulser les corporations religieuses.

Cette mesure illibérale fut alors blâmée par un grand nombre de républicains. La plupart d'entre eux la votèrent, il est vrai, pour ne pas donner au gouvernement, dans ces temps troublés, sur une telle question, un échec qui aurait pu devenir une arme entre les mains des ennemis de la République. Mais beaucoup de ceux-là même qui l'avaient consacrée de leur vote voyaient avec peine qu'elle eût été introduite. Les décrets furent néanmoins exécutés. La résistance du Sénat n'eut donc pas l'effet de modérer la Chambre, mais de centupler son emportement, au contraire et de remplacer une loi mauvaise, mais infiniment moins illibérale que les décrets qui la remplacèrent, par ces décrets violents. Au lieu d'enrayer le mouvement, le Sénat le précipita.

Par contre, lorsqu'il s'agit de réformes qui ne passionnent pas les esprits, il en va tout autrement. Par ses atermoiements, par les modifications qu'il fait subir aux divers projets de loi et que, par lassitude, il finit par imposer à la Chambre, le Sénat enraye alors d'une manière déplorable toutes les réformes et tous les progrès.

On craint les empiètements d'une assemblée unique sur les droits de la nation. On se dit que la souveraineté est toujours mauvaise sur quelque tête ou sur quelque collectivité qu'elle repose, et l'on cherche dans la coexistence de deux Chambres un frein contre cette souveraineté.

Certes, c'est là une préoccupation légitime dont nous reconnaissons le bien fondé. Une collectivité humaine se compose non seulement d'une majorité qui gouverne, mais encore d'une minorité dont les droits doivent être respectés.

C'est pour cela que nous ne défendons ni le fédéralisme ni l'autonomie des communes, que nous cherchons dans la tutelle de l'Etat une garantie contre les usurpations les entraînements, les violations du droit qui pourraient se produire dans les localités. Mais ici l'Etat, c'est le pays dans son ensemble jugeant une question locale et restreinte ; c'est un juge désintéressé se substituant à un juge partial et passionné. Et encore cette tutelle doit-elle avoir des limites et ne peut-elle aller jusqu'à la suppression des libertés locales.

L'action du Sénat ne ressemble en aucune façon à celle que l'État exerce sur les départements et les communes. Le Sénat ne constitue pas un pouvoir moins passionné que la Chambre, mais un pouvoir tout aussi passionné dans un sens différent. Ce n'est pas une tutelle qui en sort journellement. C'est un conflit, ce qui est bien autre chose.

Lorsqu'on nous aura démontré que dans ces conflits il n'y a pas autant de chances pour que les torts soient du côté de la haute que du côté de la basse assemblée, et lorsqu'on nous aura garantis contre les débordements que les obstacles déterminent, nous pourrons attacher quelque valeur à l'argument de l'élément régulateur. Mais pas avant. Or, cette démonstration ne nous sera jamais faite.

Au point de vue philosophique, la souveraineté d'un pays républicain ne se divise pas. Elle réside dans la majorité des citoyens, elle est une, et l'on ne conçoit guère les électeurs choisissant une première Chambre pour exécuter leurs volontés, puis ayant peur d'eux-mêmes et en élisant une seconde pour s'opposer à ce que cette volonté soit exécutée.

A la Constituante de 1848, Marrast exprimait clairement cette vérité.

Les partisans des deux Chambres, disait-il, reconnaissent comme nous l'unité de la France et prétendent respecter la souveraineté du peuple. Il n'y a qu'un malheur. C'est qu'ils s'exposent continuellement à méconnaître ou à violer sa volonté. Imaginez deux chambres organisées comme il vous plaira : dès que vous les portez côte à côte égales en puissance, vous n'arrivez qu'à l'un de ces deux résultats :

Ou les Chambres sont d'accord, et alors une double discussion, un double vote, ne servent à rien et peuvent nuire en retardant la loi.

Ou bien elles seront en désaccord, et alors c'est la lutte que vous établissez au sommet de l'Etat. Or, la lutte en haut, c'est l'anarchie en bas : les deux Chambres sont donc un principe de désordre.

En fait, ce qu'il y a dans la pensée des défenseurs du Sénat, c'est une peur, non point égoïste, sans doute, mais souvent même patriotique, de voir le parti qui est aux affaires perdre le pouvoir. Ils cherchent à se garantir contre une telle éventualité, qu' envisagent comme un désast pour cela ils accumulent les obstacles contre le suffrage universel.

Il faudrait cependant bien que les partis consentissent à se dire que la France et la République ne s'identifient pas avec un groupe d'hommes, quelques services qu'il ait pu rendre, que le pays est libre de changer l'orientation de sa politique, et qu'à vouloir l'empêcher par des barrières artificielles, on ne fait que le rendre plus violent.

Dans une République, un Sénat est une entrave permanente. Ce n'est jamais une garantie de stabilité et de liberté.

ALFRED NAQUET.

La nation (du 3 août 1905 n° 332)

LA
Révision de la Constitution

LE SÉNAT

II

Nous disions dans notre précédent article que l'assistance d'une Chambre haute ne vise à rien autre, dans la pensée de ceux qui la défendent, qu'à donner au parti au pouvoir une assurance contre les aléas du suffrage universel.

C'est parce que l'assemblée nationale espérait se perpétuer en lui, et avoir raison par lui des élections républicaines qu'elle prévoyait, que cette assemblée a institué le Sénat.

Elle croyait pouvoir s'opposer ainsi à l'avènement du parti républicain.

Elle a été déçue dans ses espérances ; mais le parti vainqueur éprouve des craintes analogues à celles qu'elle éprouvait alors, et il veut conserver l'organisme que lui ont légué les monarchistes pour s'en faire une arme à la fois contre eux et contre les éléments avancés.

L'assemblée nationale avait fait un rêve chimérique ; l'opportunisme qui a adopté sur ce point les vues de ses adversaires vaincus, est aujourd'hui dans la chimère et dans le songe comme ils y étaient hier.

L'expérience a été faite et elle a été, me semble-t-il, concluante.

En 1877, le maréchal de Mac-Mahon, M. Fourtou et M. de Broglie ont tiré du Sénat en résistance tout ce que la Constitution leur donnait le moyen d'en tirer. Ils ont dissous la Chambre ; ils ont préparé le pays pendant six mois par l'épuration de toutes les municipalités républicaines ; puis ils ont fait au 14 octobre des élections dans lesquelles la pression administrative a dépassé tout ce qu'on avait vu jusque là. Résultat : élection des 363 ; soumission puis démission du maréchal ; enfin prise de possession définitive du pouvoir vers le parti républicain.

Qu'a empêché le Sénat ? Rien ! Il n'a eu qu'un effet et cet effet a été mauvais. Il a prolongé la crise et placé pendant six mois la France dans une situation révolutionnaire.

Avec l'unité de chambre, l'élection de 1876 qui balaya l'Assemblée nationale en finissait une fois pour toutes avec les ennemis de la République.

Grâce au Sénat, l'incertitude s'est prolongée pendant deux ans, et même pendant trois ans, car jusqu'au renouvellement sénatorial de 1879 et à la démission de M. de Mac-Mahon rien n'était sûrement fini.

Ainsi le Sénat a été entre les mains des monarchistes une arme impuissante. Il ne les a pas sauvés — rien ne peut sauver un parti condamné par la volonté de la nation — mais il a donné à la France une crise pénible de trois années, laquelle aurait pu être évitée si nous n'avions pas eu le bonheur d'être dotés d'une chambre haute.

Il en serait de même si le suffrage universel en venait un jour à vouloir fermement remercier ceux qui détiennent la puissance publique aujourd'hui. Le Sénat rendrait la lutte plus longue, par conséquent plus préjudiciable au pays ; mais il n'en changerait pas l'issue.

On objectera le boulangisme. Le boulangisme ne prouve rien de ce qu'on veut lui faire prouver.

Ce n'est pas la Haute-Cour qui a causé la perte du général Boulanger, c'est le départ du général. S'il était resté, le jugement contradictoire de la Haute-Cour n'aurait fait que le rendre plus difficile à vaincre. Il est d'ailleurs fort possible que, dans ce cas, on ne l'eût pas même poursuivi.

Du reste, la Haute-Cour eût-elle produit un effet utile au parti gouvernant que cela ne prouverait rien encore. Il y avait une Haute-Cour qui fonctionna à Bourges et à Versailles sous la Constitution de 1848 et cette Constitution n'admettait pas de Sénat. Ceux qui croient à la nécessité d'avoir une haute juridiction politique peuvent l'avoir avec une chambre unique : L'existence de cette juridiction n'est nullement liée à la dualité du pouvoir législatif.

Pour que l'expérience du boulangisme fût concluante, pour qu'il fût possible d'attribuer la défaite du général à l'existence d'une chambre haute, il faudrait que l'expérience du 16 Mai se fût renouvelée en sens inverse : il faudrait que le parti boulangiste eût été vainqueur aux élections de 1889, que M. Carnot, avec l'avis conforme du Sénat, eût dissous la Chambre issue de cette manifestation populaire, et qu'aux élections suivantes le boulangisme eût été défait. Alors, et alors seulement, les hommes qui gouvernent auraient le droit de considérer le Sénat comme les ayant sauvés d'une manière indirecte. Leur salut en effet serait dû à une dissolution, et l'existence d'une Chambre haute étant la condition première du droit de dissolution dans une République, il serait indirectement dû au Sénat.

Mais ce n'est point ainsi que les choses se sont passées, ni qu'elles se seraient passées si le général avait été victorieux.

Le général a été vaincu le jour où il a quitté le sol de la patrie.

S'il était resté je crois fermement qu'il aurait triomphé. Son parti avait cependant, il faut le reconnaître, des causes profondes d'insuccès qui ne sont apparues qu'au dernier moment. Ces causes résidaient dans son peu d'homogénéité. Tant que Boulanger se présentait aux élections, républicains, royalistes, bonapartistes votaient pour lui, mais dès qu'il fallait choisir un candidat à sa place, la coalition se déchirait, aucun de ceux qui la composaient ne consentant à s'effacer devant les autres. Demeuré en France, j'estime qu'il aurait eu assez de force et de prestige pour empêcher ces guerres intestines. De l'étranger, avec un prestige amoindri, il ne le pouvait plus ; de là sa défaite, dans laquelle les circonstances sont pour tout et le Sénat pour rien.

Mais supposons qu'il eût été victorieux et que la Chambre eût été dissoute. Il n'y a pas de doute que son triomphe final aurait été absolu, tout comme celui des républicains après le 16 Mai. De ceci une demi-preuve a été faite.

Au lendemain des élections du 22 septembre et du 6 octobre 1889, les vainqueurs se livrèrent à une petite dissolution partielle : ils invalidèrent sinon en masse, du moins en très grand nombre, les vaincus. Qu'arriva-t-il ? Malgré l'influence morale de la défaite, et dans des circonscriptions qui, quelques mois

La nation du 11 août 1893, n° 338

plus tard, aux élections municipales de Paris, infligeaient à la coalition boulangiste une véritable déroute, tous les invalidés étaient réélus avec des majorités de beaucoup supérieures à celles qu'ils avaient obtenues d'abord.

C'eût été le sort réservé à la Chambre dissoute si le boulangisme avait triomphé en 1889. Le suffrage universel n'admet pas qu'on brise ses élus. Ce sentiment, qui s'est même manifesté dans la défaite, se serait manifesté bien autrement irrésistible au lendemain d'un premier succès.

Qu'on abandonne donc la légende de « la République sauvée par le Sénat ». S'il était vrai que le boulangisme eût mis la République en péril — ce qu'on me permettra de ne pas admettre, quoique ce Journal ait une opinion différente de la mienne sur ce point — si cela était vrai, il serait non moins vrai que le Sénat *n'a été pour rien, absolument pour rien*, dans ce que l'on considère comme l'œuvre de salut.

« La République sauvée par le Sénat en 1889 », c'est une légende qu'invoquent volontiers les partisans des deux Chambres. Mais ce n'est qu'une légende à laquelle il suffisait d'un moment de réflexion sérieuse pour couper les ailes. C'est fait.

Par contre, si le Sénat ne peut jamais avoir le mérite de sauver la République, il la compromet souvent.

Nous avons démontré son inutilité, nous reviendrons sur ses effets nuisibles.

ALFRED NAQUET.

Révision de la Constitution

LE SÉNAT

III

Le Sénat ne rend pas à l'organisme politique les services que des partisans lui attribuent; mais par contre il pousse à l'excès les inconvénients du régime représentatif.

Tout en effet a sa contre partie; et le régime représentatif, le régime de la liberté, s'il présente sur le régime autocratique des avantages qui nous le font préférer à ce dernier et qui nous déterminent à n'en plus jamais vouloir d'autre, présente cependant aussi, vis-à-vis de l'absolutisme, certaines infériorités, certaines imperfections, que tous nos efforts doivent tendre à diminuer.

La principale de ces imperfections est la lenteur avec laquelle la loi s'élabore.

Quand un monarque absolu conçoit l'idée d'une réforme, il charge des hommes spéciaux de la préparer. Ceux-ci lui apportent un projet harmonique dans toutes ses parties, et il n'a plus qu'à le signer et à le promulguer.

Dans une chambre, un député — ou un ministre — élabore un projet qui forme lui aussi un tout, dont les divers articles se tiennent, et qui répond à une vue d'ensemble. Mais ce projet est renvoyé à une commission qui le modifie; il subit l'épreuve de deux ou de trois délibérations en séance publique. Le droit d'amendement s'exerce à son égard. Comment espérer, dans ces conditions, quelque chose de systématique. En sortant des mains de son auteur, le projet présentait une unité de composition; après les modifications que la commission de la Chambre lui a fait subir, toute l'économie en est altérée.

Si l'on joint à cela un ordre du jour horriblement chargé, une extrême difficulté pour chaque projet de venir en discussion, lorsqu'il n'y a pas une violente poussée de l'opinion publique ou une vigoureuse intervention du gouvernement, on voit que ce sont des années qu'il faut pour faire aboutir la moindre réforme.

Or, cette imperfection du régime représentatif qui est déjà très-fâcheuse avec une assemblée unique, à quel degré ne se multiplie-t-elle pas lorsqu'a affaire à deux assemblées?

Quand une Chambre a terminé son travail, celui-ci recommence dans l'autre avec les mêmes formalités. L'économie de la loi subit des modifications nouvelles; tout ce qui pouvait rester de coordonné, de systématique disparaît; et lorsque, au bout de bien des va-et-vient entre les deux Chambres, après des années et des années, la loi peut enfin être promulguée, ce n'est plus qu'un assemblage informe.

Il est naturel que cette durée interminable de la moindre réforme, cette quasi impossibilité d'aboutir, et cette certitude lorsqu'on aboutit de mal aboutir, les nécessités de transactions dont le résultat fatal est qu'on s'arrête toujours à des demi-mesures qui ne satisfont personne, tout cela fatigue le pays, énerve l'opinion et fait beau jeu aux panégyristes du pouvoir personnel. Or l'existence d'une chambre haute aurait ces causes de malaises sociaux et il est par suite d'une sage politique d'en revenir de la dualité à l'unité.

Et combien les conclusions doivent paraître plus vraies encore à ceux qui se font les défenseurs du régime parlementaire? Faire vivre un ministère responsable avec une seule assemblée est chose peu commode; avec deux, c'est la recherche de l'absolu, les deux assemblées obéissant à des impulsions différentes, que peuvent faire les malheureux ministres? Si non cherchez un équilibre impossible et tombez avant même d'en avoir entrevu les éléments.

On nous dit, il est vrai, que les ministres ne sont responsables que devant la chambre basse.

D'abord la constitution ne dit rien de tel; et nous avons même vu des crises se produire au Sénat. Nous convenons cependant qu'ici un usage presque constant a suppléé au silence de la loi. Toutefois, de ce qu'il ne renverse pas directement les ministres, infère-t-on donc que le Sénat n'exerce aucune action sur le gouvernement?

Les ministres ne peuvent pas ne tenir aucun compte de ses décisions, puisqu'elles leur sont indispensables dans le travail législatif; et souvent, lorsqu'ils résistent à la chambre basse, et que leur résistance est le signal de leur chute, l'idée qui les domine est celle d'éviter un échec à la chambre haute.

L'action du Sénat vient d'ailleurs facilement en aide aux faiseurs d'intrigues de la Chambre.

Dans la chute du ministère Ribot, par exemple.

La réforme de l'impôt des boissons, l'impôt sur les opérations de Bourse, la réforme des patentes était votée. Le cabinet avait subi victorieusement l'épreuve du budget. Mais il doit le porter au Sénat; il y rencontre des résistances; il s'efforce de les aplanir, parce qu'il importe de ne pas prolonger indéfiniment le régime des douzièmes provisoires; il propose pour cela à la Chambre de faire des concessions. La Chambre — qui d'ailleurs devait y consentir huit jours plus tard — s'y refusé avec intransigeance et elle ouvre une crise qui aurait été certainement évitée si nous n'avions eu qu'une seule assemblée.

Défectueuse au point de vue du travail législatif, même avec un régime représentatif pur, dans lequel les ministres seraient pris hors des Chambres et ne seraient pas responsables devant elles, la dualité des assemblées devint donc plus défectueuse encore avec le système parlementaire. Elle fait à peu près passer dans l'ordre des chimères l'établissement d'un ministère durable.

Espère-t-on une heure toujours fuyante où l'esprit des deux assemblées serait le même ?

Cette heure ne viendra jamais. Au dessus de l'esprit il y a, en effet, le tempérament plus important que toutes les doctrines.

Les hommes avancés en âge, même lorsque leurs idées ne se sont pas modifiées — et elles ont toujours subi quelques modifications — ne sont plus dans la maturité ce qu'ils étaient dans la jeunesse.

Ayant souffert, lutté, conquis, ils deviennent craintifs en vieillissant et sont beaucoup plus préoccupés de la conservation de ce qu'ils ont acquis que de la poursuite de ce qui reste à acquérir.

Les jeunes, au contraire, ne connaissant le passé que par l'histoire, n'en ayant conservé aucune impression personnelle, ardents, passionnés, sont bien moins préoccupés de conserver ce qui existe, et ce qui, à leurs yeux, paraît inébranlable parce qu'ils sont élevés, que de s'élancer vers l'avenir, que de rechercher de nouveaux progrès.

Or, le Sénat se recrute parmi les vieux et la Chambre parmi les jeunes. La Constitution l'a voulu ainsi, et n'en a-t-elle pas fait une disposition obli-

...voir les choses se seraient passées de même, une pente naturelle poussant les hommes âgés vers cette demi-retraite des parlementaires qui s'appelle l'assemblée du Luxembourg.

De là cette conséquence que Lamartine avait bien vue et qu'il avait dénoncée en 1848.

D'un côté une assemblée d'hommes graves, sérieux, intelligents, rompus aux affaires, possédant au plus haut degré les traditions parlementaires, mais prudents jusqu'à la pusillanimité, craignant les innovations, exagérant la sagesse et la poussant quelquefois jusqu'au respect des préjugés les plus funestes.

De l'autre côté une assemblée d'hommes jeunes, intelligents aussi, mais passionnés, non rompus aux traditions parlementaires et dont la réunion forme un assemblage incohérent.

Si les deux assemblées n'en faisaient qu'une, l'esprit des uns tempérant celui des autres, tandis que la fougue de ces derniers galvaniserait les premiers, il y aurait une espèce de fusion, de pénétration. Il en résulterait un tout homogène, continu, dans lequel des gradations naturelles seraient observées : et, au lieu de deux assemblées insuffisantes l'une et l'autre, et souvent hostiles l'une à l'autre, on aurait une grande et lumineuse assemblée.

L'institution sénatoriale a donc le triple inconvénient d'éterniser le travail législatif, de rendre la loi incohérente et de répartir en deux détestables assemblées le même personnel qui, réuni, fournirait une Assemblée excellente. Ce dernier vice, cet écrémement de la Chambre par le Sénat est peut-être ce que la dualité législative renferme de plus préjudiciable à l'harmonie gouvernementale.

Enfin pour les parlementaires, cette dualité des assemblées multiplie ...

core au centuple les difficultés d'un régime qui leur est cher.

Que reste-t-il aux défenseurs de la Chambre haute ?

Il leur reste cette allégation que, sans le Sénat, il serait impossible de se garantir contre les dangers de la souveraineté. Nous verrons que cette allégation n'est pas plus exacte que les autres, et que le Sénat trouve exclusivement sa force dans de vieilles traditions démodées. La dualité des Chambres est une institution fossile.

ALFRED NAQUET.

Circulaire aux Électeurs de l'arrondissement de Carpentras - 12 août 1893 -

ÉLECTIONS LEGISLATIVES DU 20 AOUT 1893

Citoyen,

Depuis que je vous ai adressé ma dernière circulaire, un candidat conservateur, le même que vous avez battu en 1885 et en 1889, s'est présenté pour briguer à nouveau vos suffrages.

M. Fortunet croit vous faire illusion en se présentant à vous comme rallié. Il espère passer à la faveur des divisions qui existent entre républicains.

Il oublie que les républicains peuvent bien au premier tour se diviser dans l'espoir que possède chacun d'eux de faire triompher la nuance qui lui est chère ; mais les exemples de 1876 à Apt, de 1877 à Avignon et de 1889 ici même, devraient avoir appris à nos adversaires royalistes ou impérialistes que, au second tour, quand le drapeau de la monarchie est déployé, les républicains votent tous comme un seul homme pour celui de leurs candidats que le suffrage universel a désigné.

Pour ma part, on peut être assuré que si, au premier tour, je n'arrivais pas le premier, je me désisterais en faveur de celui de mes concurrents républicains qui serait le plus favorisé.

M. Eugène Fortunet nous dira que *malgré ses préférences individuelles, il s'incline devant la volonté nationale.*

Seulement, il se gardera bien de se dire républicain. Il s'incline devant la volonté nationale, mais le jour où ses amis et lui seraient en majorité à la Chambre, dirait-il que la République a triomphé en leur personne, ou affirmerait-il le contraire ? C'est une question que je lui pose.

Il n'y répondra pas et pour cause, Mais le passé de son parti répondra pour lui.

En 1871, les conservateurs avaient eu bien soins dans leur profession de foi, de ne parler que de la paix, de déclarer que l'Assemblée nationale ne serait pas constituante, de ne pas attaquer la République. A peine élus ils se déclaraient constituants et s'efforçaient de confisquer la République.

Quatorze ans plus tard, en 1885, deux cents et quelques conservateurs furent élus députés au premier tour, tandis que ceux des républicains qui devaient être élus n'arrivèrent qu'au ballottage parce qu'ils étaient divisés.

Là aussi, les conservateurs avaient caché leur drapeau au plus profond de leurs poches. Là aussi, ils avaient déclaré qu'ils ne s'attaquaient pas aux institutions, mais aux hommes. Cela ne les empêcha pas, le soir du premier tour, grisés par leur apparent succès, d'entonner des chants de triomphe et de crier bien haut que la monarchie était victorieuse.

Il en serait de même aujourd'hui. Le parti conservateur cache soigneusement son drapeau. Mais il le sortirait au lendemain de la victoire, si les électeurs manquaient de vigilance et se laissaient arriver en majorité.

Seulement, les républicains de France en général, et en particulier ceux de Vaucluse, sont trop éclairés pour se laisser prendre à des paroles captieuses. Le candidat conservateur n'a pas plus de chances chez nous que par le passé.

Reste à choisir parmi les républicains.

Ici je veux dire peu de chose, estimant que s'attaquer entre soi, c'est faire le jeu des monarchistes et rendre difficile le ralliement au second tour. Aussi me bornerai-je à me défendre, et à discuter le programme de mes concurrents, sans m'attaquer à leurs personnes.

On m'affirme que M. Béraud ne m'imite pas et que partout où il passe il s'attaque à moi avec violence. Tant pis pour lui! les électeurs jugeront, au point de vue de la correction républicaine, laquelle est préférable de son attitude ou de la mienne; ils jugeront de quel côté est l'esprit de sacrifice et de dévouement à la République et cela me suffit.

D'ailleurs, M. Béraud est pour le maintien du Sénat, cette Chambre des inutiles et des nuisibles contre laquelle ont toujours voté les électeurs vauclusiens.

Il est pour rendre la machine gouvernementale plus lourde encore; puisqu'il veut ajouter au Sénat le renouvellement partiel de la Chambre et empêcher ainsi tous les grands courants d'opinion. Autant dire qu'il est pour l'immobilité. Malgré l'épithète radicale dont il se pare, M. Béraud est donc un adversaire des réformes. Les républicains vraiment progressistes ne peuvent pas lui donner leurs voix.

Quant au second de mes concurrents républicains je ne puis rien en dire par le seul fait que je ne le connais pas, pas plus d'ailleurs que les électeurs.

Il peut avoir de la valeur, du talent, du dévouement, de l'enthousiasme, mais nul de nous n'en sait rien, et l'on ne pourrait l'affirmer qu'en le croyant sur parole.

Or, un député est un ouvrier, un ouvrier des réformes législatives.

Eh bien ! si j'étais industriel et si deux ouvriers se présentaient à moi, dont l'un n'aurait servi dix-huit ans avec dévouement et intelligence, et dont l'autre n'aurait jamais travaillé chez moi, me serait inconnu et ne m'apporterait même aucune référence, je choisirais certainement le premier parce que j'en serais sûr, parce que ce qu'il aurait fait dans le passé me serait un gage de ce qu'il saurait faire dans l'avenir, tandis que le second représenterait pour moi un coup de jeu de hasard.

Au point de vue de la vie politique, je suis cet ouvrier qui vous ai servi dix-huit ans avec dévouement et compétence, qui n'ai jamais négligé vos intérêts locaux, qui ai, dans une certaine mesure, justifié votre confiance en dotant la République de réformes capitales ; je suis cet homme que vous connaissez et dont le passé garantit l'avenir.

L'autre est un étranger dont vous ne savez que ce qu'il veut bien vous dire, qui ne se recommande ni d'une haute personnalité qui réponde de lui, ni d'un acte accompli par lui, et qui ne vous offre comme garantie que ses propres affirmations.

Or, lorsque ce nouveau venu est en face d'un lutteur qui vous a conduits à la victoire depuis vingt ans, qui a fait ses preuves et qui, aujourd'hui, peut seul encore battre le modérantisme et la monarchie, vous ne pouvez hésiter à vous prononcer pour votre vieux représentant.

Vous le pouvez d'autant moins que l'on comprend difficilement un radical venant diviser les voix radicales et s'exposant à faire arriver premier le modéré grâce à cette diversion.

Quant au boulangisme dont on vous parle pour vous éloigner de moi, j'ai pris les devants. Je vous l'ai expliqué dans mes réunions et dans ma précédente circulaire.

Je n'ai pas la prétention de vous avoir tous convaincus que ma politique de 1888 et 1889 était la meilleure. Cette idée est la mienne ; mais il peut s'en trouver beaucoup parmi vous qui ne la partagent pas.

J'ai toutefois une certitude : c'est celle d'avoir prouvé même à ceux d'entre vous qui persistent à croire que je me suis alors trompé, que dans tous les cas j'ai agi consciencieusement et que j'ai cru défendre l'intérêt de la République.

Ai-je commis une erreur ? Je ne le crois pas ; c'est possible, car nul de nous n'est infaillible.

Seulement, si même j'avais commis une erreur, je dirais à mes concurrents que qui ne fait jamais rien ne se trompe jamais. S'ils parvenaient à obtenir vos suffrages et à me remplacer au parlement, peut-être, quand ils auraient comme moi vingt-deux ans et demi de vie politique, auraient-ils commis beaucoup plus d'erreurs que moi, sans avoir, en compensation, rendu à la République les services que je lui ai rendus.

Du reste, depuis vingt-deux ans, j'ai toujours triomphé parce que toujours j'ai eu avec moi le peuple, les petits, les humbles, qui savent que je les aime et qui me le rendent. Il en sera de même cette fois encore.

Je vous envoie ci-inclus deux bulletins de vote à mon nom. J'ai le ferme espoir, citoyen, que vous en ferez usage le 20 août et que, ce jour-là nous compterons une victoire radicale de plus à l'avoir de notre beau et vaillant département.

Vive la République !

Alfred NAQUET,

Ancien Député, ancien Sénateur de Vaucluse,
Député sortant de la Seine.

deux Chambres redoutent la souveraineté d'une Assemblée unique et c'est pour empêcher le despotisme de l'anonymat qu'ils repoussent l'idée de l'unité du pouvoir législatif. Ils citent les souvenirs de la Convention et de l'Assemblée nationale de 1871 ; et avec ces deux épouvantails ils croient avoir donné à leur opinion une base de granit.

Ils se trompent, parce que leur

exemples sont mal choisis. La convention, l'Assemblée nationale de 1871, tout comme aussi la Constituante de 1848, étaient les assemblées non pas seulement uniques, mais souveraines, et obéissant par cela même à tous les entrainements des pouvoirs absolus. On pourrait presque en dire autant de l'Assemblée législative de 1792 et de celle de 1849. Elles n'étaient pas souveraines en droit; en fait elles fonctionnaient dans des temps troublés et révolutionnaires; temps dans lesquels les circonstances, sont plus fortes que les institutions et où l'on n'est pas plus — l'époque du Directoire l'a bien prouvée — à l'abri des coups de force avec deux Chambres qu'avec une seule. La législation de 1849 tenait d'ailleurs de la Constitution des pouvoirs trop étendus.

Mais personne, parmi les partisans de l'unité de Chambre, ne songe à confier à l'Assemblée nationale la souveraineté d'une Constituante, ni même la demi-souveraineté qu'avait la Législative de 1849.

Au-dessus du pouvoir législatif il faut un texte constitutionnel étroit, qui soit une garantie efficace pour les droits des citoyens et de la collectivité. Les lois qui sauvegardent la liberté de réunion, la liberté d'association, la liberté de la presse, la loi électorale surtout, doivent faire partie de la Constitution et ne doivent pouvoir être modifiées que par la procédure de la révision.

Une société est en droit d'exiger une double garantie. D'une part, il faut assurer la subordination des citoyens aux pouvoirs publics : c'est le rôle des lois ordinaires;

d'autre part, il faut subordonner les pouvoirs publics à la souveraineté nationale, les mettre dans l'impossibilité d'usurper, d'entreprendre contre la liberté des citoyens : c'est le rôle dévolu aux textes constitutionnels.

Un peuple, bien qu'en le faisant il commit un acte contraire aux principes et n'engageant pas les consciences, a le pouvoir — le pouvoir et non le droit — de se dépouiller de sa souveraineté. Ce danger ne peut être combattu que par le développement de l'instruction, par la diffusion, chaque jour plus grande dans les masses, de la notion des droits et aussi des devoirs qui sont corrélatifs à ces droits.

Mais à côté de ce danger qui ne peut être combattu que dans les mœurs: le *Suicide d'un peuple*, il en est un autre, l'*Assassinat d'un peuple*, que l'on peut combattre par les Constitutions.

Ce qu'il faut empêcher au moyen de textes précis, c'est que des hommes placés à la tête d'un pays puissent, sans sortir en apparence de la légalité, abdiquer au nom de ce dernier alors que directement consulté il ne sanctionnerait pas cette abdication lui-même.

Il ne faut pas que l'on puisse redouter des abus de pouvoir comme celui qu'a failli commettre l'Assemblée de 1873, ou comme celui que connut l'Assemblée de 1850 lorsqu'elle mutila le suffrage universel.

Comment obtenir cette garantie ? En établissant une procédure de révision telle, qu'une loi constitutionnelle ne puisse être modifiée que par une double délibération devant le suffrage universel.

Dans les Chambres, pour éviter les entraînements et les erreurs, on soumet les lois à la formalité de deux délibérations. Et cependant, agissant par elles-mêmes et leurs commissions n'ayant aucun pouvoir de décision, les Chambres, si elles peuvent se tromper, ne peuvent pas être polluées. Combien donc n'est pas plus nécessaire pour les citoyens qui, eux, délèguent leur souveraineté, cette formalité de deux votes successifs du suffrage universel lorsqu'il s'agit de modifications à apporter aux lois constitutionnelles? Ici, en effet, on peut craindre non seulement l'erreur du corps électoral, mais encore la trahison du mandataire!

Quel est le moyen d'arriver à cette double consultation? Il y en a plusieurs. L'un d'eux consiste à soumettre à une Constituante nommée « ad hoc », les points à reviser après que ces points ont été fixés par une législature ordinaire.

Mais cette solution présente l'inconvénient de mettre toujours, à un moment donné, le peuple entre les mains de mandataires, et ceux-ci peuvent être infidèles. L'autre système, que je préfère de beaucoup, est le système suisse. Celui-ci consiste à faire appel au peuple lui-même par la voie du *referendum*, et ne permet pas qu'un texte constitutionnel soit promulgué lorsque le corps électoral ne s'est pas prononcé sur ce texte par *oui* ou par *non*. Il autorise même les citoyens s'ils réunissent par voie de pétitionnement un nombre suffisant de signatures, à exiger le *referendum*

sur les matières législatives ordinaires.

Voilà la véritable garantie démocratique. Tout le reste est chimère.

Cette garantie, la Constitution de 1875 ne nous la donne pas, et le Sénat est loin de nous en fournir une équivalente.

En principe, une Constitution doit répondre à cette double condition d'être d'une revision facile et de rendre impossibles les usurpations.

Rien de tel n'existe dans l'article de la loi constitutionnelle de 1875 qui règle la procédure de la revision.

La formalité de la réunion des deux Chambres en congrès est une formalité illusoire lorsque les deux Assemblées dont le congrès se compose sont mues par les mêmes intentions si le Sénat et la Chambre le voulaient, ils n'auraient pas beaucoup plus de peine pour rétablir la monarchie ou supprimer le suffrage universel que pour voter une surtaxe à l'octroi de Pontoise. Il leur suffirait de se réunir en Assemblée nationale, ce qui dépend d'eux, et le tour serait joué sans que les citoyens eussent eu la moindre voix au chapitre.

On compte, il est vrai, sur la difficulté d'un tel accord, et il est clair que, la République s'implantant de plus en plus dans les mœurs, nous avons dans l'opinion publique un élément de résistance qui devient plus fort chaque jour et qui rend le rétablissement de la monarchie impossible. Mais si l'on ne peut plus détruire la République on peut encore tenter des entreprises contre la démocratie et le suffrage universel ; la proposition récente qu'ont faite de bons républicains, inconscients de leur œuvre en faveur du renouvellement partiel de la Chambre des députés l'a bien prouvé.

La Constitution de 1875 n'offre donc aucune de ces garanties qui peuvent résulter de la sanction populaire et qui sont la raison d'être d'une Constitution.

En compensation offre-t-elle au moins l'avantage de rendre la revision facile ?

C'est le contraire. Facile s'il s'agit de la destruction de la République, la revision est presque impossible pour le développement de celle-ci. Il faut l'adhésion des deux Chambres séparées pour que le Congrès se réunisse ; dès que l'une d'elles redoute — ce qui est presque toujours le cas — que le congrès réuni n'aille plus loin que là où elle consent à aller, elle refuse son adhésion et la modification la plus petite devient ainsi matière à résistances opiniâtres.

Ainsi, les lois constitutionnelles de 1875 opposent une barrière presque infranchissable à toute revision républicaine et n'en opposent aucune à la revision monarchique, — aucune autre du moins que celles qui proviennent de la composition des Chambres et des choix des électeurs, et qui n'ont rien à voir avec les textes constitutionnels.

On conçoit donc, à la rigueur, que ceux qui se contentent d'une pareille loi fondamentale recherchent, dans l'existence de deux Assemblées et dans la difficulté de rencontrer entre elles un accord préalable, une sécurité que la loi elle-même ne leur procure pas.

Mais on doit reconnaître que nous n'aurons plus à rechercher un abri aussi imparfait et aussi fragile lorsque nous aurons une Constitution réelle, couvrant de son égide la République, le suffrage universel, les droits des citoyens.

Une Assemblée unique, soumise au renouvellement partiel — lequel ne présenterait plus alors les inconvénients qu'il aurait aujourd'hui avec l'institution des deux Chambres — et rencontrant en face d'elle le contre-poids du *referendum* obligatoire en matière de lois constitutionnelles, facultatif suivant des conditions à régler en matière législative, une telle Assemblée n'aurait rien de commun avec les Constituantes souveraines que l'on nous oppose sans cesse. Elle conjurerait sûrement les périls qui font accepter le système des deux Chambres par certains théoriciens de notre parti. J'ajoute que ces périls seraient infiniment mieux conjurés de la sorte qu'ils ne le sont par le Sénat.

ALFRED NAQUET.

La République du ... de montpellier)
Du 19 août 1893 (n° 225)

VAUCLUSE

CARPENTRAS. — M. Naquet nous communique la lettre suivante :

L'*Echo du Jour* me diffame en insinuant que j'ai été mêlé aux infamies du Panama. C'est une calomnie odieuse, L'*Echo* oublie de dire que l'accusateur Micros dont il parle a été obligé de se rétracter devant...

La nation ? 25 août 1893 (n° 3395)

...rouler, et que lui-même s'est qualifié de malhonnête homme dans le journal de l'*Éclair* de Paris.

L'*Écho* oublie de dire que le gouvernement obligé de poursuivre ses propres membres, a cherché pendant 4 mois, pour détourner l'attention à mettre en cause un ancien boulangiste, et que ni lui ni la Commission d'enquête n'ont rien trouvé ni contre moi ni contre aucun de mes anciens collègues du Comité national. Il oublie de dire que la *Libre Parole*, qui menait l'attaque contre les panamistes et qui, à cause de mes origines israélites, désirait m'atteindre tout comme le désirait le gouvernement, qui de plus avait publié les articles de Micros, cités dans l'*Écho du Jour*, a été forcé par l'éclat de la vérité de prendre ma défense dans son numéro du 23 février 1893, et cela sous une forme qui démontre à la fois l'obligation où elle était de me défendre et le dépit qu'elle en éprouvait.

Il oublie de rappeler qu'à Paris, en pleine crise sur le Panama, j'ai provoqué une grande réunion publique pour répondre aux propos de Micros et que, dans cette réunion, mes ennemis acharnés eux-mêmes sont venus à la tribune, affirmer leur confiance complète en moi sur ce point.

Enfin, il a bien soin d'omettre que tout le monde avait intérêt à me perdre et que personne n'a rien pu contre moi, parce que qui ne peut rien contre un innocent. — *Alfred Naquet.*

— Il nous revient de toutes les communes que la candidature de M. Joanny-Magdelaine ne réunira aucun suffrage. Les électeurs aiment beaucoup à connaître celui qui veut les représenter. Or, personne ne peut dire ce qu'est M. Joanny, puisqu'il ne le dit pas lui-même. Aussi entend-on partout poser ces questions : Est-il vrai que M. Joanny-Magdelaine s'appelle en réalité M. [illegible]... conseiller municipal de [illegible]... serait-il ? Et pourquoi [illegible]... Est-il vrai qu'il s'est marié à l'Église, lui qui se vante d'être un si pur libre-penseur et si [illegible] franc-maçon ?

Revision de la Constitution

LE SÉNAT

V

Après les arguments que nous avons fait valoir jusqu'ici, que reste-t-il aux partisans de la dualité des Assemblées? L'exemple des autres peuples dans le présent et dans le passé. On nous cite la Suisse, l'Angleterre, les États-Unis, et l'on ajoute : partout où la liberté existe il y a deux Chambres, donc la preuve expérimentale est faite.

L'argumentation n'aurait de la portée que si la contre-épreuve avait été faite également, que si, à côté des pays libres ayant deux Chambres, on nous montrait des pays où le régime d'une seule Chambre aurait tué la liberté.

Cette contre-épreuve, on ne nous la fournit pas. Il n'existe qu'un seul pays ayant une Chambre unique : la Grèce. On ne peut pas, il est vrai, la citer comme modèle. La Grèce possède le régime parlementaire et avec lui les vices qui lui sont inhérents. Mais on n'a pas montré jusqu'ici que le fonctionnement de la Constitution y soit plus difficile ou plus préjudiciable à la liberté qu'il ne l'est là où le pouvoir législatif est partagé entre deux Assemblées.

Quelquefois on prétend, il est...

vrai, que c'est l'unité de Chambres qui a tué la Constitution de 1791 et qui a amené la chute de la Constitution de 1848.

De telles affirmations ne supportent pas l'examen. Un Sénat n'aurait certainement pas eu plus d'autorité que l'Assemblée nationale pour empêcher Louis-Napoléon de perpétrer et de réussir le coup d'Etat du Deux-Décembre, et quant à la Constitution de 1791, elle portait un germe de mort dans le fait, non qu'elle avait institué l'unité du pouvoir législatif, mais qu'elle était à la fois démocratique et monarchique, deux termes qui s'excluent. Un pareil régime, surtout lorsqu'au lieu d'être l'œuvre des temps, il est fondé de toutes pièces, ne tarde pas à engendrer le conflit qui se termine par l'écrasement de l'un des deux pouvoirs antagonistes, le pouvoir parlementaire ou le pouvoir royal.

L'expérience sérieuse de l'unité de Chambre n'a donc pas été faite. Mais peut-on conclure de ce que l'Angleterre, la Belgique, les Etats-Unis et la Suisse ont deux Chambres, que nous devons aussi en avoir deux, si nous entendons protéger efficacement la liberté !

Nullement ! parce que dans ces divers pays, les Chambres hautes répondent à des conditions politiques ou sociales qui n'existent à aucun degré en France.

En Angleterre il y a eu jusqu'à ce jour, — il y a encore — une aristocratie puissante basée sur les majorats et les substitutions. Le régime qui s'est établi là, œuvre du temps, fruit de mille transactions successives, ne s'est point piqué de respecter la logique. Il s'est fondé peu à peu, par suite de l'esprit politique de l'aristocratie anglaise celle-ci, loin de résister sans cesse, comme la nôtre, et d'amener ainsi, comme chez nous, une subversion totale du système, a su céder lorsqu'il l'a fallu. De là, un gouvernement fait de pièces et de morceaux, dans lequel l'aristocratie conserve sa haute situation, tout en laissant d'ordinaire en fin de compte le dernier mot à l'opinion publique.

L'aristocratie anglaise aurait depuis longtemps cessé d'exister si elle n'avait pas eu un organe légal de conservation : la Chambre des Lords. Cet organe perd chaque jour de sa puissance parce que, chez nos voisins comme partout ailleurs, la démocratie gagne tous les jours du terrain. Mais il demeure là comme la dernière forteresse d'un état de choses qui, quoique condamné par les lois inéluctables de l'histoire, ne s'en défend pas moins pied à pied.

Le monarque sert d'ailleurs de tampon entre les Lords et les Communes. Lorsque l'opinion publique devient trop pressante, la couronne a le moyen de forcer la main aux nobles, soit en leur adjoignant une poignée de pairs, soit simplement en les en menaçant.

En Angleterre, en un mot, il existe

une Chambre haute, parce qu'il y a deux intérêts différents à sauvegarder, et que la Chambre des lords est la sauvegarde de l'un d'eux.

La Chambre des lords est donc le résultat d'une évolution historique particulière au peuple anglais et qui n'a pas eu d'analogue dans le continent.

Toutefois, comme la Grande-Bretagne est la première nation du monde qui soit entrée dans les voies de la liberté, toutes, ou presque toutes les autres nations, l'ont imitée, qui se sont efforcées d'établir la liberté chez elles sans détruire la monarchie. De là le Sénat italien, le Sénat belge, les Chambres hautes de Prusse, d'Autriche, d'Espagne, etc., œuvres d'imitation que tout cela, dont la cause première est à Londres et qui, par conséquent, ne prouvent rien de plus que la division en deux branches du Parlement anglais.

Restent les exemples de la Suisse et des Etats-Unis. — Je ne parle pas des autres Républiques américaines qui se sont bornées à calquer leurs Constitutions sur celle de l'Amérique du Nord, comme les monarchies constitutionnelles de l'Europe calquaient les leurs sur celle de l'Angleterre.

Mais ici encore, s'il existe deux Chambres, c'est qu'il y a deux intérêts à sauvegarder. Les Etats-Unis et la Suisse sont des fédérations, état mixte qui n'est plus la séparation et qui n'est pas encore l'unité.

Chaque canton suisse, chaque Etat américain légifère librement chez lui sur toutes les matières où la liberté d'action n'est pas entravée par la législation fédérale. Ils sont d'ailleurs fort jaloux de leur souveraineté et ne se résignent qu'avec peine aux lois fédérales qui viennent de temps à autre la restreindre en les acheminant vers la concentration et vers l'unité.

Il en résulte que toutes les Constitutions de cette nature ont stipulé des garanties excessives contre la multiplication des lois fédérales. L'existence des deux Chambres est une de ces garanties.

Tous les cantons sont loin d'être également peuplés. Il y en a de grands et de petits. Supposons dans ces conditions une Assemblée unique à Washington ou à Berne.

Ou bien cette Assemblée serait élue par les divers Etats ou cantons proportionnellement à leur population. Les grands pèseraient alors dans la balance d'un poids plus fort que les petits et pourraient entreprendre sur l'autonomie de ces derniers.

De là la nécessité de deux Chambres, dont l'une élue proportionnellement à la population de chaque Etat sauvegarde les grands Etats contre les petits, et dont l'autre élue par chaque Etat, à nombre égal protège les petits contre les grands. La première est une véritable Assemblée nationale; la seconde est, selon l'heureuse expression de Gambetta, un congrès formé par la réunion des ambassadeurs de toutes les petites Républiques dont la fédération se compose.

En Suisse, cette garantie n'a même pas paru suffisante. On a établi le *referendum* et, dans le cas où le *referendum* fédéral est réclamé, la loi n'acquiert force et vigueur que si elle obtient à la fois l'adhésion de la majorité absolue des électeurs et de la majorité absolue des cantons. C'est l'application au plébiscite lui-même de l'idée qui a fait instituer le Conseil des Etats à côté du conseil national.

L'exemple de l'Amérique ou de la Suisse n'est donc pas plus recevable que celui de l'Angleterre. Si là la Chambre des lords est la conséquence de privilèges aristocratiques à jamais disparus chez nous, le Sénat américain ou le Conseil des Etats suisses est le reflet du fédéralisme dont nous ne voulons pas plus que de l'aristocratie.

C'est ce que faisait ressortir Lamartine dans la séance de l'Assemblée Constituante du 27 septembre 1848, dans un des plus admirables discours qu'il ait prononcés.

Après avoir analysé la Constitution américaine ainsi que nous venons de nous efforcer de le faire, il terminait par cette explosion d'éloquence.

Voilà l'origine, voilà la cause, voilà le motif de l'existence des deux Chambres en Amérique (Très bien ! très bien !)

Et si, reportant maintenant vos esprits, d'une nation qui a si peu de rapports essentiels, si peu de conformité d'origine et de nature avec la nation française, sur votre propre situation, sur votre propre nature à vous, sur vos propres intérêts présents, à venir, vous vous interrogez. vous vous demandez : Une Chambre française doit-elle imiter cette Constitution adaptée à un autre peuple ? Doit-elle faire représenter des éléments fédératifs qui n'existent plus chez nous ? Vous vous répondrez mille fois non ! *Vous imiteriez un défaut, vous vous calqueriez sur un vice : vous introduiriez une imperfection fédérale dans l'unité de la représentation de la France.*

Qu'on ne nous dise donc pas que l'on cherche en vain un grand pays libre ayant une seule Chambre législative. Ce qu'on cherche en vain en dehors de la France. C'est une grande nation constituée en République démocratique une et indivisible. Si l'argument qu'on nous oppose avait une valeur, ce n'est pas l'unité de Chambre qu'il frapperait, c'est l'unité de la République elle-même. Ce n'est pas la nécessité d'un Sénat que nous devrions en déduire, mais l'obligation qui s'imposerait à nous de revenir au passé, soit sous la forme monarchique, soit sous la forme fédérative.

Nous ne le faisons pas, parce que nous savons que dans la vie de l'humanité il existe, à côté d'une loi de tradition, une loi d'évolution ; parce que nous ne croyons pas que le développement de notre espèce soit parachevée ; parce que nous sommes convaincus que l'on peut innover encore ; parce que nous estimons que nous réalisons un progrès immense au point de vue du gouvernement des sociétés.

Mais s'il en est ainsi, et si nous nous croyons le droit d'innover, ayons au moins le courage d'accepter les conséquences de cette innovation. Après avoir imaginé et implanté un organisme social et politique nouveau dans le monde, sachons lui donner les organes qui lui sont nécessaires. N'essayons pas de le faire vivre avec les instruments créés en vue d'autres organismes que nous répudions. N'empruntons pas leurs rouages particuliers aux nations dont nous avons repoussé l'organisation générale ; et puisque nous voulons faire du neuf en fondant une République unitaire, faisons aussi du neuf en lui donnant l'unité législative qui découle logiquement de l'unité nationale.

ALFRED NAQUET.

Circulaire aux électeurs de l'arrondissement de Carpentras — le 26 août 1893

ÉLECTIONS LÉGISLATIVES DU 3 SEPTEMBRE 1893

ARRONDISSEMENT DE CARPENTRAS

Citoyens,

Permettez-moi d'abord, et avant tout d'adresser un chaud et profond remerciement aux 2457 républicains qui, le 20 août dernier, se sont comptés sur mon nom.

Ce témoignage de confiance m'impose des devoirs que je saurai remplir jusqu'au bout.

M. Joanne-Magdelaine qui, lui aussi, avait recueilli des suffrages exclusivement radicaux, ayant été moins favorisé que moi devant le suffrage universel, s'est loyalement désisté en ma faveur.

Il a, dans une affiche nette et franche, appelé tous ses amis du premier tour à faire, au deuxième tour, la concentration radicale sur mon nom contre le candidat officiel, contre le docteur Béraud.

Je rappelle à mes amis comme à mes adversaires que je suis libre de tout engagement.

Dans la seconde affiche que j'ai fait apposer sur vos murs, vous avez pu lire :

« En ce qui me concerne, je prends, dès à présent, l'engagement formel, *si au second tour* M.

FORTUNET demeure candidat, et si je n'arrive pas en tête au premier tour, de me désister en faveur de celui de mes concurrents républicains qui aurait le plus de voix. »

M. Eugène Fortunet se désiste. Je redeviens libre, la concentration radicale se substitue à l'union républicaine et je suis de nouveau candidat.

Je n'ai pas besoin d'ajouter que je me désisterais encore s'il surgissait *un nouveau candidat conservateur* SÉRIEUX, SOUTENU PAR SON PARTI.

Mais je n'ai pas besoin d'ajouter non plus qu'une candidature conservatrice de paille, éclos dans les bureaux de la Préfecture, ou dans l'esprit de quelque écervelé sans soutiens, ne modifierait en rien ma décision.

Citoyens !

Ce que je combats aujourd'hui, c'est surtout la CANDIDATURE OFFICIELLE.

Vous vous êtes montrés vaillants et fiers contre elle pendant des jours de lutte présents à toutes les mémoires.

Vous inclinerez-vous devant elle par lassitude aujourd'hui que nous avons conquis la liberté ?

Obéirez-vous aux ordres du Gouvernement dans l'espérance de faveurs administratives ? Ou revendiquerez-vous noblement vos droits devant des Préfets et des Ministres qui n'ont pas d'ordres à donner au suffrage universel, mais seulement des ordres à recevoir de lui ?

On vous promet des faveurs si vous votez pour le candidat officiel et l'on vous menace de ne pas même vous accorder justice si vous votez pour l'opposition.

N'en croyez pas un mot et répudiez comme elles le méritent ces promesses et ces menaces.

Les ministres ne servent que ceux qu'ils craignent. Ils ne craignent pas les députés élus par la candidature officielle. Ces députés qui leur doivent leurs sièges ne peuvent rien leur refuser et rien exiger d'eux.

Les ministres, au contraire, craignent les députés indépendants et libres qui ne leur doivent pas leurs sièges, et qui peuvent se dresser devant eux pour réclamer au nom du peuple ce que la justice commande.

Pour être traités comme vous voulez l'être et comme vous devez l'être, citoyens, commencez d'abord par voter en hommes libres, et faites voir au Gouvernement que nous sommes en République et que le suffrage universel COMMANDE et n'obéit pas.

Citoyens,

C'est contre l'ingérence administrative, contre la pression gouvernementale, contre la dictature préfectorale, contre la CANDIDATURE OFFICIELLE en un mot, que je vous appelle aux urnes le 3 septembre.

En votant pour moi, vous ne voterez pas pour un homme d'opposition systématique. Je ne l'ai jamais été.

Mais vous voterez pour un homme indépendant, qu'aucun gouvernement, aucun parti n'ont jamais pu asservir. Vous voterez pour un homme qui, élu par vous, gardera demain comme par le passé, son indépendance pour soutenir vos intérêts, pour défendre vos droits et pour affirmer la souveraineté du suffrage universel, c'est-à-dire la République.

Citoyens,

Je prends la liberté de vous envoyer ci-inclus deux bulletins de vote. J'espère que vous mettrez l'un des deux dans l'urne le 3 septembre et que vous contribuerez ainsi au triomphe des véritables principes républicains.

Alfred NAQUET.

Circulaire aux électeurs de l'arrondissement de Carpentras du 1ᵉʳ 7ᵇʳᵉ 1893

INFAMIE

Comme un homme qui se noie se raccroche à toutes les branches, M. Béraud se sentant perdu recourt aux calomnies, et, montrant son impuissance, me diffame à la dernière heure, tandis que, fort de mon programme, de mon passé et de la justesse de mes idées, je n'avais, moi, pendant toute la période électorale, injurié aucun de mes concurrents.

Il me fait attaquer par M. Pourquery de Boisserin, et celui-ci intervient dans la lutte parce que, en vertu du proverbe qui dit que *dans le royaume des aveugles les borgnes sont rois*, il a occupé jusqu'ici la première place dans la députation vauclusienne, et qu'il a pu ainsi obtenir tout pour Avignon au détriment des autres arrondissements, et qu'il sent bien que, SI JE SUIS ÉLU, LA DIRECTION POLITIQUE PASSERA D'AVIGNON A CARPENTRAS.

Dans un placard sur lequel M. Béraud n'a pas même osé mettre « Vu, le Candidat, » on parle de quantité de choses et notamment du Panama.

Je répondrai non pas par des phrases vagues, mais par un fait.

M. Pourquery de Boisserin a proposé à la Chambre de donner à la Commission d'enquête sur le Panama les pouvoirs nécessaires pour faire la lumière complète.

Fort de ma conscience, j'ai voté pour.

Pour sauver les tripoteurs, M. Béraud a voté contre.

Aux électeurs de juger !

Alfred NAQUET.

Le petit provençal du 19 7bre 1893
XVIIIme année — N° 6.093—

Dans leur numéro du 13 courant, le *Petit Méridional*, le *Lyon Républicain* et le *Petit Marseillais*, organes opportunistes, publiaient la lettre que voici, dont le *Petit Provençal*, bien connu par son attitude franchement antiopportuniste, n'avait pas eu L'IIONNEUR (sic!) de la communication.

M. E. Guérin, ministre de la justice, a adressé la lettre suivante à M. Naquet, député de Vaucluse :

« Monsieur le député,

« Vous avez affirmé publiquement, au cours de la dernière période électorale, que M. Eugène Fortunat, un de vos concurrents, possédait des lettres, ne portant pas ma signature, mais émanant du ministère de la justice.

« Je ne veux pas rechercher quel a été le but de cette affirmation mensongère : je me borne à lui opposer le démenti le plus formel. M. Eugène Fortunet, à aucun moment, n'a reçu aucune lettre du ministère de la justice.

« Recevez, etc. — E. GUÉRIN. »

En réponse à la lettre ci-dessus de M. le ministre de la justice, on nous communique la lettre suivante que M. Alfred Naquet adresse aujourd'hui au *Lyon Républicain*, au *Petit Marseillais* et au *Petit Méridional* :

« Monsieur le directeur.

« Dans votre numéro du 13 septembre, vous publiez une lettre de M. Guérin, opposant un démenti à une allégation venant de moi, lettre que je n'ai pas encore reçue.

« J'aurais déclaré, au cours de la dernière période électorale, que M. Fortunet possédait des lettres ne portant pas la signature de Guérin, mais émanant du ministère de la justice, et c'est là ce que M. Guérin dément.

« J'espère, monsieur, que sans me forcer à recourir au droit que la loi me confère, et que je n'invoquerai pas, d'ailleurs, j'obtiendrai de votre courtoisie l'insertion de cette réponse.

« Précisons les faits : le samedi 2 septembre, la veille même de l'élection, à 11 heures du soir, à Bédoin, après la réunion publique que je venais de donner dans cette localité, une personne qui est particulièrement liée avec M. Fortunet, que je compte moi-même au nombre de mes amis, et qui a, je crois aussi, de fort bonnes relations avec M. Guérin, me dit :

« M. Fortunet a reçu récemment *une lettre* « (et non pas *des lettres*) n'émanant pas de « M. Guérin, mais écrite par un ami commun « à lui et à M. Fortunet, et dans laquelle « l'auteur affirme refléter la pensée du mi- « nistère de l'*Intérieur*. Dans cette lettre, on « demande à M. Fortunet de poser à nou- « veau sa candidature au second tour, et on « lui promet l'appui formel de l'adminis- « tration. »

« A minuit, je quittai Bédoin, et entre 1 heure et 1 heure 1/2, au Cercle Radical de Carpentras, en présence de quelques amis personnels très peu nombreux, je racontai cette conversation. C'est toute la publicité que j'ai donnée à cet incident. M. Guérin le sait parfaitement, car je puis affirmer, sans crainte d'être démenti cette fois, que la personne de qui je tiens le fait a affirmé l'existence de la lettre à M. le sous-préfet de Carpentras, vendredi 8 septembre, alors que M. Guérin était dans le cabinet de ce dernier avec M. Gustave Valabrègue.

« Il est vrai que dans ma narration, je m'exprimai ainsi : « Une lettre n'émanant « pas de M. Guérin, mais émanant d'un ami « commun à M. Fortunet et à M. Guérin et « reflétant la pensée du ministère. »

« On a pu comprendre qu'il s'agissait du ministère de la justice et non de celui de l'intérieur, et c'est sur cette pointe d'aiguille que porte le démenti du chatouilleux ministre.

« Eh bien! je ne lui permettrai pas de s'échapper par cette tangente. Que la lettre reflète la pensée de l'intérieur ou de la justice, c'est tout un. Tout le monde sait que quand un département compte un ministre dans sa représentation, c'est celui-ci qui inspire le Cabinet pour tout ce qui a trait à la politique électorale de ce département. Ici, M. Dupuy c'est M. Guérin, avec cette aggravation que, reflétant la pensée de l'Intérieur, la lettre prend un caractère plus énergique et plus violent d'immixtion illicite de l'administration dans les élections.

« Que M. Guérin cesse donc d'ergoter avec l'habituelle mauvaise foi de quiconque cherche des échappatoires pour « s'évader des mains de la vérité sombre » comme disait Victor Hugo. La lettre a-t-elle été écrite? Contient-elle des phrases dans le goût de celle-ci: « On ne veut ni du juif ni de B...? »

« Si oui, que M. Guérin se taise; qu'il garde le silence qui lui convient après sa défaite; ce silence qu'il garderai si, dans la coterie à laquelle il appartient, la pudeur était chose connue.

« Sinon, je lui propose une chose bien simple. Je n'ai rien vu moi-même. Je n'ai fait que raconter à quelques amis ce que l'on venait de me dire en me permettant de le répéter. Que M. Guérin obtienne de M. Fortunet une déclaration affirmant que tout cela est un roman, et je reconnaîtrai de bonne foi que j'ai été victime d'un racontar erronné.

« Mais ce témoignage, qui trancherait tout, je gage que M. Guérin ne le produira pas et pour cause. Le *Lyon Républicain* ajoute à la lettre ministérielle : « *Qu'ainsi tombe une légende à laquelle je dois mon élection.* » Je ne vois guère comment un fait raconté à quelques rares amis de Carpentras, le samedi qui a précédé le vote, à 1 heure du matin, et qui n'a reçu aucune autre publicité (M. Guérin, lui-même, le sait fort bien, puisque c'est seulement par un de mes amis qu'il l'a connu) pourrait bien avoir influencé l'élection, — à moins cependant que M. Guérin ne prétende que son impopularité est telle qu'il lui suffit d'être défavorable à un candidat pour le faire triompher. — Mais je suis bon prince, et je propose à M. Guérin un duel d'une espèce nouvelle. Qu'il consente à poser sa candidature contre la mienne dans l'arrondissement de Carpentras, et qu'il prenne *l'engagement formel de se démettre de son mandat de sénateur s'il n'est pas élu.* S'il accepte, je m'engage, moi, à donner ma démission immédiatement après ma validation, c'est-à-dire à partir du moment où la loi me le permettra, afin que la lutte puisse s'engager.

« Parions que M. Guérin se dérobera.

« Veuillez agréer, Monsieur le directeur, l'assurance de ma considération distinguée. »

ALFRED NAQUET.

L'Éclair du 7 xbre 1893 – n° 1837

Interview sur le projet Demôle tendant à exempter les fils de div...

L'approbation de M. Naquet

Ainsi parle M. Mézières, prudent et sévère. M. Demôle, qui présida à la justice, se montre plus large. M. Naquet aussi. Le père de la loi sur le divorce approuve chaleureusement. Il ne se laisse pas arrêter par cette considération qu'un de nos législateurs faisait valoir : « Ne croyez-vous pas que la possibilité d'exempter son fils par le divorce ne pousse plus d'une femme à rompre le lien conjugal ? » Mais il entend qu'on distingue...

« Je suis absolument partisan de ce corollaire à ajouter à la loi militaire, dit le député de Vaucluse. Je le voterai très volontiers, en y apportant toutefois une légère restriction.

» Je voudrais que dans cet amendement on fît la distinction entre les femmes au profit de qui le divorce a été prononcé et celles contre lesquelles on a obtenu l'annulation du mariage.

» Il ne serait pas logique que la loi protégeât les femmes qui par leur inconduite ou tout autre motif ont forcé leur époux à se séparer d'elle et à obtenir la cessation de tous rapports entre eux.

» Par contre, je trouve qu'il est juste que l'on assimile aux femmes veuves et, par suite, que l'on fasse bénéficier de la protection que la loi accorde à celles-ci, les femmes qui ont obtenu le divorce contre leur mari.

» Leur situation n'est-elle pas identique à celle des femmes veuves ? Elles ont le souci et la charge de leurs enfants, il est naturel qu'elles aient les avantages de cette situation et que l'on ne les sépare pas de leur fils qui peuvent être d'un grand appui pour elles lorsqu'ils ont l'âge d'homme. C'est très humain et très juste. J'ajouterai même que l'on peut s'étonner que l'on n'ait pas encore songé à combler une lacune aussi regrettable de la loi militaire. »

De l'enquête précédant la discussion à laquelle nous nous sommes livré, il résulte que très certainement des fils de divorcées seront traités justement à l'égal des fils de veuves — mais non tous. Par exemple, il est à craindre que la distinction, dont on laisse l'embarras aux législateurs, aux colonels, aux membres de la commission, ne soit parfois extrêmement subtile.

Le Journal du dix décembre 1893

Chez M. Naquet

Nous nous sommes rendu chez M. Naquet qui, en sa double qualité de député et de savant, pouvait nous donner d'intéressants renseignements sur l'explosion d'hier soir.

— Je me trouvais à la séance, nous dit l'éminent député de Vaucluse, et je causais avec mon voisin, lorsque, soudain, en levant les yeux, j'aperçus une boule de feu qui tombait sur mes collègues de la droite. Une détonation, semblable à celle d'un pétard, se produisit. Une indescriptible agitation succéda, pendant laquelle il me fut impossible de rien distinguer. Tout le monde était debout et cherchait à fuir.

Je me retirai dans les couloirs. Là, je vis M. Delaporte qui était légèrement blessé à la lèvre. Plusieurs groupes s'étaient formés; l'on s'interrogeait sans pouvoir se rendre un compte exact de la situation. C'est seulement dans la salle de la buvette, où les blessés venaient d'être transportés, que je pus constater l'étendue de la catastrophe. Il y avait du sang partout. Environ quarante de mes collègues avaient été atteints. Au milieu d'eux, j'aperçus M. l'abbé Lemire, couché sur un lit. Je l'abordai; il me dit en souriant : « Si personne n'a plus de mal que moi, il n'y a rien à déplorer. » L'abbé Lemire n'avait, en effet, qu'une légère blessure à la tête.

— Maintenant, dis-je, pouvez-vous, en tant que chimiste, me donner quelques éclaircissements sur la nature même de l'engin explosif ?

— Il m'est impossible de vous répondre à ce sujet, me répond M. Naquet. Tout ce que je puis vous dire, c'est que la bombe en question ne ressemblait pas à celle qui fut lancée, il y a quelques jours, à Barcelone. Celle-ci était à percussion. La bombe de ce soir est, au contraire, une bombe à mèche, probablement chargée avec de la dynamite et remplie de gros clous. Elle a heureusement éclaté avant d'atteindre le sol, à la hauteur des premières galeries, sinon le nombre des victimes eût été bien plus considérable. L'auteur de ce crime avait mal calculé son coup.

Quant à moi, au moment de l'explosion, je n'ai aperçu qu'une fumée blanche répandant une odeur âcre. Bien que la détonation ait été assez faible, il est certain que l'engin avait une certaine force, puisque des clous ont été projetés jusque sur les bancs de la gauche. Plusieurs de mes collègues qui siègent de ce côté en ont ra-

J'ai moi-même recueilli cette petite parcelle tombée à mes pieds.

Et M. Naquet nous montre un morceau de métal qui probablement devait appartenir à l'enveloppe même de l'obus. Il nous le cède, d'ailleurs, très obligeamment, afin que nous l'exposions dans notre Salle des Dépêches.

— Pensez-vous, demandons-nous, qu'on découvrira le coupable ?

— Ce sera peut-être difficile. Il est possible que les personnes qui se trouvaient assises à côté du criminel et qui ont été témoins du fait ne veuillent pas parler, par crainte d'une vengeance. Cependant, deux ou trois députés affirment qu'ils ont vu allumer la mèche. D'ailleurs, on a eu, je crois, la présence d'esprit de fermer les tribunes après l'incident. L'auteur de cet attentat n'a pu s'échapper. J'espère qu'on le trouvera.

— Y a-t-il eu d'autres blessés ?

— Oui, paraît-il. La bombe ayant éclaté à la hauteur des premières galeries, quelques spectateurs placés là ont dû être atteints. L'un d'eux, dit-on, a eu le doigt coupé par un éclat de mitraille.

Journal officiel de la R.F. 17 xbre 1893 (25e année n° 342)
Séance de la Chambre du 16 xbre.
incident minman.

M. le président. La parole est à M. Naquet.

Voix nombreuses. La clôture !

M. Alfred Naquet. Je demande à la Chambre de vouloir bien voter l'urgence sur la proposition de résolution déposée par l'honorable général Iung.

Il me paraît, en effet, que cette proposition de résolution touche à quelque chose de plus élevé encore, s'il est possible, que la loi militaire : elle touche à l'organisation même des pouvoirs publics et de la démocratie dans ce pays.

Il est certain que la règle générale veut que tous les citoyens doivent le service militaire à leur pays ; mais il n'est pas de règle qui ne souffre des exceptions. (*Interruptions sur divers bancs.*)

Ainsi, les ministres qui siègent sur ces bancs sont aussi, je suppose, des citoyens français, et il n'entrerait dans l'esprit d'aucun d'entre vous de déclarer qu'ils seraient obligés, en temps de guerre et s'ils ont moins de quarante-cinq ans, d'abandonner leurs départements respectifs pour faire le service militaire.

Vous ne voudriez pas davantage désorganiser les préfectures et les tribunaux. Les grandes fonctions publiques ne peuvent pas vaquer. (*Aux voix! aux voix!*) Or, il n'en est pas de plus haute, dans une démocratie, que celle qui est remplie par les représentants du peuple. Si, le jour de la déclaration d. guerre, la Chambre était désertée par tous les députés âgés de moins de quarante-cinq ans, elle cesserait d'exister pendant toute la durée de la guerre.

Il s'agit de savoir si, le jour où la guerre éclaterait, vous entendez supprimer pendant un temps le pouvoir législatif et abandonner l'administration du pays à une dictature militaire. (*Bruit.*) Si vous voulez conserver absolument les pouvoirs publics en temps de guerre comme en temps de paix, avec l'autorité respective que la Constitution a attribuée à chacun d'eux, je vous fais alors observer qu'il n'y a pas de mission plus haute que celle de représenter son pays, et que le député qui siège dans cette Assemblée en vertu du mandat de ses électeurs, ne peut être appelé sous les drapeaux, pas plus en temps de paix qu'en temps de guerre.

Sur divers bancs. Pourquoi?

M. Alfred Naquet. Si j'avais le bonheur d'avoir moins de quarante-cinq ans, je serais assez embarrassé pour défendre l'opinion que j'émets; mais, malheureusement, je suis d'un âge qui me permet de m'exprimer librement sur cette question.

Dans une grande assemblée qui s'appelait la Convention nationale, et dont on a dit ici qu'il fallait accepter ou répudier en bloc tout son héritage, est-il jamais venu à l'idée d'un seul de ses membres de décréter que les représentants devaient abandonner leur siège pour aller servir à l'armée, sac au dos?

M. Cuneo d'Ornano. Et les commissaires de la Convention!

M. Alfred Naquet. Les commissaires ont été envoyés aux armées en petit nombre, comme délégués de la Convention, en conservant leur qualité de représentants, et la Convention restait avec l'intégrité de ses pouvoirs.

Je ne crois pas que la Chambre actuelle, qui doit se montrer jalouse de ses prérogatives qui sont les prérogatives de la démocratie tout entière, puisse accepter un principe qui tendrait à démembrer pendant toute la durée de la guerre la représentation nationale. (*Aux voix!*)

M. le président. La parole est à M. Humbert.

Le journal officiel du 16 janvier 1894

*Demande de renvoi du projet de Conversion
à une Commission spéciale*

M. Alfred Naquet. Je demande la parole.

M. le président. La parole est à M. Naquet.

M. Alfred Naquet. Messieurs, en 1883 et, antérieurement, toutes les fois qu'il a été procédé à une conversion, une commission spéciale a été nommée pour étudier le projet. La question est, en effet, d'une importance assez grande pour nécessiter une délibération dans les bureaux.

Je propose à la Chambre de renvoyer le projet qui vient d'être déposé à une commission spéciale. (*Mouvements divers.*)

Le journal officiel du 17 janvier 1894

Discussion du projet de Conversion

M. le président. La parole est à M. Naquet.

M. Alfred Naquet. Messieurs, je suis certainement aussi soucieux que l'honorable M. Jaurès des intérêts de l'agriculture et des populations agricoles; j'en suis d'autant plus soucieux que j'ai l'honneur de représenter une population agricole; mais j'estime en l'état ne pouvoir me rallier à la proposition de l'honorable M. Jaurès, et, allant plus loin, j'ajoute que toutes les propositions de cet ordre me paraissent présenter un danger très grave dans une démocratie, au point de vue des réformes démocratiques que nous désirons tous.

M. Camille Pelletan. Tous, c'est beaucoup dire !

M. Alfred Naquet. Faut-il ou ne faut-il pas dégrever la propriété foncière? C'est une question que, j'ai hâte de le dire, je ne voudrais pas aborder actuellement, car si nous l'abordions, en laissant de côté toutes celles qui visent d'autres réformes, il est incontestable que nous serions tous d'avis qu'il y a lieu de diminuer les charges qui pèsent sur la propriété foncière.

Mais ce problème n'est pas le seul qui se dresse devant nous. Après-demain nous allons nous réunir dans nos bureaux pour nommer la grande commission du travail; on va nous demander des réformes qui viseront aussi bien les populations agricoles

que les populations urbaines, car je pense
que nos amis, ceux qui se préoccupent des
questions sociales plus spécialement, visent toutes les populations ouvrières, aussi
bien les populations rurales que les populations urbaines. Une des questions qui se
présentera tout d'abord sera celle de la
caisse des retraites des travailleurs. Or, on
l'a dit ici déjà, il est impossible de réaliser
des réformes sans argent. Il faut des fonds
pour faire une réforme quelconque; et
toutes les fois, monsieur Jaurès, que vous
nous apporterez ici un projet de réforme,
comme la création d'une caisse de retraite
ou tout autre, il est incontestable qu'il y
aura une contre-partie, la dépense.

Il est non moins incontestable que l'Etat
ne peut pas tout faire à la fois, ayant des
ressources déterminées; on ne peut pas aller au delà de ces ressources; il ne s'agit
pas d'examiner si une réforme prise en particulier est utile, mais quelle est la plus
utile des réformes qui peuvent être accomplies dans l'ensemble de celles qui sont
proposées.

Si aujourd'hui, *hic et nunc*, à propos de
cette question de conversion, question spéciale qui, comme le disait éloquemment M.
le rapporteur, devrait être examinée, résolue pour elle-même en laissant de côté
toute question subsidiaire, nous décidions
tout de suite que nous allons dégrever de
67 millions la propriété foncière en lui at-
tribuant tout le bénéfice que la conversion
doit apporter au Trésor, nous rendrions par
là même impossibles toutes les autres réformes qui se présenteront à nous.

Je ne dis pas que le jour où nous aurons
à discuter entre ces réformes diverses je
ne choisirai pas celle que vous propose à
l'heure actuelle M. Jaurès ; peut-être est-ce
celle que je choisirai. Mais encore faut-il
que toutes ces questions soient agitées
ensemble, qu'on puisse faire un choix entre
elles et qu'on ne vienne pas au pied levé
priver le Trésor des ressources dont il
pourra avoir besoin.

C'est donc surtout à mes amis qui siègent de ce côté de l'Assemblée (*l'orateur
désigne l'extrême gauche*) et qui sont comme
moi préoccupés des réformes sociales, que
je fais appel en leur demandant de ne pas
supprimer immédiatement à l'actif de nos
finances le bénéfice de la conversion, de ne
pas venir ainsi s'interdire d'autres réformes
que peut-être ils regretteraient eux-mêmes
d'avoir rendues impossibles, parce que
peut-être demain les trouveraient-ils supérieures à celles qu'on vous propose aujourd'hui.

C'est par ces motifs que je demande à la Chambre de repousser l'amendement de M. Jaurès. (*Aux voix ! aux voix !*)

ont voté comme moi Baradat, Gobet, Lockroy, mazeraux.
au 1er vote - abstention au 2e vote.

Le Figaro du 18 janvier 1894 (40e année - 3e série - n° 18)

La Défense du Littoral

Il est peut-être à regretter, puisque les désastres de 1870-1871 n'ont pas pu nous être évités, que ces désastres ne se soient pas produits sur mer comme sur terre, et que nous n'ayons pas essuyé un nouveau Trafalgar comme nous avons essuyé un nouveau Waterloo.

Nos défaites sur la terre ferme ont eu au moins pour résultat de nous ouvrir les yeux et de nous démontrer la nécessité de réorganiser notre armée sur les bases de la science et de la stratégie modernes.

La leçon nous a profité, et aussi bien quant au matériel que quant au nombre et à l'organisation, nous avons aujourd'hui une armée capable de tenir tête aux meilleures troupes de l'Europe.

La sécurité du pays serait complète à cette heure si nous avions accompli, depuis vingt ans, pour la marine, ce que nous avons accompli pour la guerre, si notre matériel maritime avait réalisé les mêmes progrès que nous avons réalisés pour l'armée de terre, si nous avions fait l'effort que nous pouvions et que nous devions faire pour conserver à notre marine la supériorité incontestable qu'elle avait en 1870 sur les marines allemande, italienne et autrichienne réunies.

Malheureusement, cette supériorité a été telle alors que nous nous sommes endormis dans une quiétude analogue à celle qu'inspirait à l'Empire son armée d'avant 1870, et si quelques hommes de cœur, quelques ardents patriotes ne jetaient le cri d'alarme, nous aurions à craindre du côté de la mer un réveil analogue à celui qu'a eu l'Empire lors de la dernière guerre.

On n'a pas subi d'échec et l'on a négligé les réformes indispensables, tandis que nos rivaux, avec une activité infatigable et digne des plus grands éloges, arrivaient à transformer en supériorité pour les flottes de la triple alliance leur infériorité manifeste de 1870.

Que ce soit par la rapidité, par la force et par la construction de leurs navires, ou que ce soit par le nombre de leur croiseurs et de leurs torpilleurs, l'Allemagne, l'Italie et l'Autriche ont aujourd'hui le pas sur nous ; les diverses grandes manœuvres qui ont eu lieu au cours de ces dernières années l'ont démontré surabondamment.

Mais s'il est un point où notre administration soit plus particulièrement en défaut, c'est surtout dans ce qui concerne la défense des côtes, parce que, cédant aux rivalités administratives des ministères entre eux, le gouvernement de la République n'a pas su introduire là cette unité de commandement qui est à la guerre comme en toutes choses, et plus peut-être à la guerre qu'ailleurs, la première, la plus indispensable des conditions du succès.

Cette unité de commandement, M. de Moltke, soutenu par l'empereur Guillaume I", l'a imposée à l'Allemagne malgré des compétitions qui certainement devaient être là aussi vivaces que chez nous. L'Italie s'en est approchée récemment, et, il y a près d'un siècle, le plus grand homme de guerre des temps modernes, Napoléon, qui, en ce qui concernait l'armée, était son propre ministre et concentrait tout en lui, Napoléon avait un ministre de la marine auquel il laissait une autonomie réelle, comprenant qu'un seul homme ne pouvait pas tout embrasser.

Nous, au contraire, et cela à une époque où les progrès dans l'art de la destruction ont rendu la spécialisation beaucoup plus nécessaire, nous avons tout confondu.

Il y a un an environ, nous avons renversé un ministre parce qu'il ne voulait pas établir l'unité de commandement au Dahomey. Et cette unité que la Chambre jugeait indispensable pour la conquête du Dahomey, nous négligeons l'imposer à ceux qui sont chargés de défendre la France.

Le décret du 13 mai 1890, qui avait prétention de tout régler, n'a constitué ainsi que le fait judicieusement observer M. Lockroy dans le remarquable projet qu'il a soumis aux Chambres qu'une sorte de compromis entre les deux ministères de la guerre et de la marine, et il laisse tout en suspens.

Ce décret, tout en laissant l'autorité concentrée entre les mains du ministre de la guerre, confie, dans la plupart des cas, aux officiers maritimes le soin de défendre le littoral.

Et si nous disons dans la plupart des cas, c'est que là même il y a des exceptions qui compliquent le système et rendent encore plus complet le gâchis.

Le décret de 1890 porte qu'au moment de la déclaration de guerre les préfets maritimes « passeront sous les ordres directs du ministre de la guerre et recevront de lui des lettres de service spéciales ».

Rien n'est donc préparé en temps de paix. C'est seulement après la déclaration de guerre, au milieu des travaux sans nombre résultant de la mobilisation et auxquels un homme pourrait à peine suffire, que le ministre de la guerre devra s'aboucher avec son collègue de la marine et, pour ainsi dire, sous le feu de l'ennemi, discuter administrativement le partage de leurs attributions respectives.

Ce n'est pas tout : le nombre de nos croiseurs et de nos torpilleurs et l'emplacement que ceux-ci devront occuper restent à déterminer. C'est encore sous le feu de l'ennemi, peut-être que, surpris par une invasion soudaine, nous n'aurons plus le temps de les faire arriver à leur poste de combat, c'est seulement alors qu'on s'occupera de décider vers quel point ils devront être dirigés.

Les préfets maritimes, habitués à recevoir des ordres du ministre de la marine, les recevront désormais du ministre de la guerre, obéissant ainsi brusquement à un chef qu'ils ne connaîtront

et qui ne les connaîtra pas.
encore ils en relevaient d'une manière absolue ! Mais pour certains actes
de défense, pour tout ce qui concerne
une certaine zone, ils continueront à relever de la marine, tandis que, passé
cette zone, ils relèveront de la guerre.

Quel gâchis !

De plus, beaucoup de préfets maritimes seront appelés à diriger des escadres et devront céder leurs places à de
nouveaux venus. Ceux-ci non seulement
ne connaîtront pas leur chef, mais igno-
reront leur service.

Au-dessous des préfets maritimes, il
y aura des chefs de secteurs, qui, eux,
n'existent pas en temps de paix, et qui
seront pris indistinctement parmi les
officiers de l'armée de mer et parmi les
officiers de l'armée de terre. Si bien
que, ainsi que le fait encore remarquer
Lockroy, empruntant son affirmation
au livre d'un de nos meilleurs officiers
généraux, la double investiture qu'ils
feront donnera aux officiers de mer
le droit de commander des fantassins et
aux officiers de terre le droit de commander des escadrilles.

On est allé plus loin encore dans la
réorganisation : les défenses terrestres
semblent exclusivement dévolues à l'armée par le décret, mais si l'on pénètre
jusqu'au fond, je ne dirai pas de l'organisation mais de la désorganisation actuelle, on s'aperçoit bien vite qu'il en
sont autrement.

Dans les ouvrages fixes destinés à la
défense de nos ports, l'artillerie de la
du fort qui fait face à la mer —
front maritime — sera desservie et
commandée par des marins. Le reste
par des soldats de l'armée de

Ceux de nos ports de guerre ou
de commerce qui, comme Rochefort ou
ceux, sont au milieu des terres, c'est
qui sera chargé de veiller à la
des navires français et d'empêcher les navires ennemis de pénétrer

Avec l'infinie variété des constructions navales actuelles, les officiers de
l'armée de terre, ignorant ces constructions, incapables de reconnaître la na-

tions d'un navire autrement que par
les signaux convenus, qu'il pourra devenir
facile à l'ennemi de surprendre et d'imiter, seront exposés à tirer sur les Français et à laisser passer l'ennemi.

Il en a été fait la preuve aux dernières
grandes manœuvres italiennes; et c'est
pour parer à ce danger que l'Italie, n'o-
sant pas aller jusqu'au bout dans l'unité
de commandement, a créé un corps
d'officiers consultants pris dans la marine et seuls chargés de décider quand
il faut tirer. Nous n'avons pas même
cela et nous serions exposés demain aux
plus regrettables erreurs. Comment remédier à cette situation ? En confiant à
la marine, à la marine seule, le soin de
la défense du littoral.

« La défense des côtes, dit M. de
Moltke, est organisée en prévision d'attaques exécutées par des corps de troupes transportées par mer et débarquées
sous la protection d'escadres de combat.
*Les officiers de marine sont seuls à
même de discerner les points faibles de
ces escadres et d'engager la lutte en conséquence ; ils peuvent seuls découvrir la
portée des mouvements des navires as-
saillants et en reconnaître le but réel.*

Ce qui est vrai pour l'Allemagne l'est
à plus forte raison pour nous qui avons
une étendue de côtes infiniment plus
considérable à sauvegarder et dont les
grands ports de commerce sont tous, ou
presque tous, en façade sur la mer, au
lieu d'être protégés comme en Allemagne
au fond de profonds estuaires.

Nous n'avons pas une minute à perdre
pour imiter la sagesse des Allemands,
pas plus que nous n'avons de temps à
perdre pour organiser la défense de la
Corse, de la presqu'île du Cotentin et de
quelques autres points de première importance qui, la guerre déclarée, deviendraient sans cela, et dès la première
heure, la proie certaine de l'ennemi.

Nous ne désirons pas la guerre; nous
ne la déclarerons pas. Mais elle peut nous
être déclarée, et il ne vaudrait vraiment
pas la peine d'avoir fait tous les sacrifices que nous avons faits et de faire
tous ceux que nous faisons sans cesse
en vue de cette redoutable éventualité,
si ces sacrifices devaient être en pure

porte et ne devaient aboutir qu'à de nouveaux désastres.

Gambetta, en 1881, avec le regretté Gougeard, alors ministre de la marine, préparait, lorsqu'il est tombé, un projet de loi qui aurait centralisé au ministère de la marine tout ce qui concerne la défense des côtes.

Il n'eut pas le temps de réaliser cette réforme, qu'essaya plus tard de reprendre l'amiral Aube, lequel rencontra au ministère de la guerre des résistances qu'il ne put pas vaincre.

C'est le projet de Gambetta, le projet de l'amiral Aube, le projet que M. de Moltke a réalisé en Allemagne, le projet qui est aux trois quarts réalisé en Italie, c'est ce projet que, avec une persévérance infatigable que rien ne décourage, l'honorable M. Lockroy s'efforce de faire triompher aujourd'hui.

L'œuvre en vaut la peine. Elle est pour enflammer le cœur d'un patriote. Il faut espérer que la Chambre comprendra, que le gouvernement ne voudra pas, pour satisfaire à des rivalités mesquines, entraver une réorganisation d'où dépend la sécurité de la patrie et que bientôt, grâce à un dernier effort, nous pourrons nous reposer sur un organisme défensif qui, pas plus du côté de la mer que du côté de la terre, ne laissera la France ouverte,

Alfred Naquet.

L'événement du 3 février 1894 (année - n° 2985)

LES ENFANTS NATURELS

CHEZ. M. ALFRED NAQUET

« Second coup de hâche porté par l'apôtre du divorce à l'Institution sacrée du mariage », disent les défenseurs décidés de l'union légitime, en parlant de la nouvelle proposition de loi de M. Alfred Naquet.

Et de fait le député de Vaucluse, toujours actif, vient de voir prendre en considération son projet d'assimiler les enfants naturels aux enfants légitimes quant aux droits héréditaires.

Faut-il en conclure qu'un pas de plus aura été fait vers l'union libre, cher Élisée Reclus? Écoutons à ce sujet ce que dit M. Naquet lui-même.

— Et d'abord, nous a-t-il déclaré, dois vous dire qu'il existe déjà, datant la précédente législature, une proposition de loi de MM. Letellier et Jullien augmente la quotité de la part héréditaire des enfants naturels et leur accorde plein droit de tester. Cette proposition est actuellement soumise au Sénat auquel la nouvelle Chambre avait droit de transmettre pourvu qu'elle fût revêtue de la signature de quarante députés; ce m'empresse d'ajouter que j'ai été des premiers à la signer.

« Mais une telle proposition m'a paru encore incomplète et c'est la parfaite assimilation des enfants naturels aux enfants légitimes que je veux, moi, réclamer à la tribune, au nom de l'esprit de justice, au nom de l'humanité.

« Supportera-t-on plus longtemps en effet qu'un être qui n'est que le résultat d'une faute, sinon contre la nature du moins contre les conventions sociales, soit l'innocente victime d'un regrettable état de choses ? N'est-ce pas assez, en tout cas de l'infériorité morale qui résulte pour lui de sa seule naissance et faut-il qu'un désavantage matériel vienne encore l'exposer aux rigueurs de la fortune ?

« Et tenez, parmi les encouragements que je commence à recevoir déjà de correspondants nombreux, tout comme pour le divorce, je prends comme type le cas d'un jeune homme de vingt-cinq ans, fils naturel reconnu, qui a toujours vécu aux côtés de son père, commencé et mené à bien avec lui un petit commerce aujourd'hui prospère ; ce père, par imprévoyance par laisser-aller ou même par peur de l'idée seule de la mort n'a pas fait et ne fera pas de testament ; son fils verrait donc, au lendemain de sa mort, s'élever autour de lui les réclamations de nombreux collatéraux, le réduisant à la portion congrue. Serait-ce conforme à l'esprit de justice ?

« On me parle d'immoralité. Mais savez-vous bien qu'en l'état actuel de la législation on n'a qu'un moyen d'assurer l'hérédité à un enfant naturel. C'est de ne pas le reconnaître et d'attendre que les conditions d'adoption soient remplies de part et d'autre, c'est-à-dire que l'adoptant ait cinquante ans révolus, que l'adopté soit majeur et aussi éviter la co-existence d'enfant légitime. Eh bien ! n'est-ce pas, en même temps, détourner du fameux conjungo quiconque est père hors mariage.

— N'empêche que vous voilà plus que jamais accusé d'attenter à l'existence de la légitime union.

— Croyez-vous que cela m'effraye ou m'arrête ? Seulement j'avoue ne pas bien comprendre en quoi je porte atteinte au mariage en réparant en partie l'injuste sort fait à l'enfant naturel. Il est hors de doute, pour qui est de bonne foi, que toute considération relative à l'enfant qui peut naître n'a jamais influé, n'influera jamais sur le nombre d'unions libres et d'héritiers illégitimes dans la société; que jamais, homme ou femme « avant la faute » n'a présent à l'esprit la situation que fait tel état de nos lois à un rejeton éventuel.

« Et puis, voulez-vous toute ma pensée ? Je ne prononcerai certainement pas ce terrible mot d'union libre, qui a le don d'effrayer si fort les esprits... timorés. Mais peut-on se dissimuler que pour l'idée de famille comme pour bien d'autres conceptions, une évolution naturelle s'opère dans les esprits ; que la famille d'aujourd'hui n'a plus rien de la *familia* romaine, que la famille de demain sera sans doute bien différente de celle d'aujourd'hui ?

« Oui, je veux faire un nouveau pas dans le large chemin de la liberté ; oui, je veux marcher encore en avant dans la voie des justes réformes de la loi. Après le divorce, l'assimiliation des enfants naturels aux enfants légitimes. Et j'estime que s'opposer à des progrès de cette nature, c'est faire preuve d'étroitesse de vues, c'est demeurer l'esclave des préjugés qui nous environnent. »

André Jakson.

Le Figaro du 9 février 1894 (3ᵉ série n° 40)

LÁ REVISION

DE LA

CONSTITUTION

Un débat d'une réelle importance doit s'engager à la Chambre sur la revision de la Constitution. Il est même probable qu'il s'ouvrira dès mardi prochain.

La Chambre est, en effet, saisie d'une proposition de M. Bourgeois tendant à convertir le droit de veto absolu du Sénat en un simple droit de veto suspensif.

Elle sera, en outre, saisie d'une proposition de M. Goblet, tendant à peu au même but, si l'on en juge par une remarquable brochure qu'a récemment publiée le député du 1ᵉʳ arrondissement.

Et l'auteur de ces lignes se propose de mêler au débat une troisième proposition, dans laquelle il compte faire appel à une Constituante et demander la suppression du régime de Cabinet.

Le régime de Cabinet consiste...

sait, en ceci que le Cabinet doit disparaître dès qu'il est mis en minorité à la
Chambre soit sur une loi qu'il propose
et que la Chambre rejette, soit sur une
loi qu'il rejette et que la Chambre adopte,
soit sur une interpellation, soit même
— il y en a eu des exemples — sur la
fixation de l'ordre du jour.

Un tel système paralyse les bonnes
volontés, cela saute aux yeux. L'effort
patient du député qui s'attache à une
idée féconde devient stérile. Les partis
ne se meuvent et ne se passionnent que
pour la possession du pouvoir. Le reste
n'est qu'un prétexte à bataille : on cherche bien plus un programme nouveau
pour y trouver le moyen d'une scission,
qu'on ne se divise parce qu'on a des programmes divergents.

Il surexcite en outre les ambitions
malsaines, c'est tout aussi évident. Dire
à une assemblée que c'est dans son sein
que seront pris les ministres, qu'elle a
constamment le moyen de les renverser, que leurs successeurs devront être
choisis dans la majorité nouvelle; dire,
en un mot, à des hommes que le pouvoir est là toujours devant eux et qu'il
leur suffit de le vouloir pour le prendre,
n'est-ce pas favoriser toutes les convoitises, donner un aliment à l'intrigue,
fournir une prime à l'instabilité du gouvernement?

Ce ne sont pas là tous les vices
du système :

Il fait naître pour le député honnête
des conflits de devoir. Candidat, vous
avez promis de dégrever l'impôt foncier
— vous avez eu tort de le promettre,
mais ce sont vos convictions et vous
avez promis; — la question se pose à la
Chambre, vous votez d'abord conformément à vos engagements.

Puis, tout à coup, un ministre intervient, un ministre dans lequel vous
avez confiance, un ministre que vous
voulez conserver au pouvoir, et ce ministre vous enjoint de revenir sur votre
vote et de fouler aux pieds vos engagements sous peine de le voir donner sa
démission.

Vous voilà pris entre deux sentiments
opposés. Vous tenez au Cabinet, vous
devez reconnaître dans la proposition
sur laquelle on vous appelle à vous prononcer un simple moyen de le jeter bas
et de le remplacer par un autre qui vous
inspirerait des craintes. Allez-vous prêter la main à cette manœuvre qui se
retournera contre vous?

Mais, d'autre part, allez-vous vous dé-
juger? Allez-vous rejeter une proposition qui figure sur votre programme?
Allez-vous donner aux populations le
mauvais exemple du mépris de la parole donnée?

Le malheureux député honnête hésite,
tâtonne, se déjuge une fois, renverse le
ministère une autre fois, se lamente sur
la situation dans laquelle on le place.
Seul, l'ambitieux sans scrupules sait ce
qu'il fait, où il va, et il y va sans hésitation.

Enfin, le régime de Cabinet fausse
toutes les questions et déplace toutes
les responsabilités, et il c'est peut-être là
son inconvénient le plus grave.

Renverser un Cabinet ouvertement, de
propos délibéré, sur un ordre du jour
terminant une interpellation, on ne le
fait pas volontiers. Il faut prendre la responsabilité de cet acte et l'on redoute le
jugement de l'électeur.

Mais si l'on cherchait habilement une
question qui passionnât quelques crédules, quelques naïfs, quelques épris
de vérité et sur laquelle on serait certain de se heurter à une opposition du
Cabinet!

On serait assuré de l'appoint de tous
les convaincus, on y joindrait celui de
tous les ennemis du ministère et l'on
aurait un prétexte auprès des électeurs
pour écarter toute responsabilité : « J'ai
dû renverser les ministres, leur dirait-
on, parce qu'ils s'opposaient à une réforme nécessaire. Je l'ai fait à mon corps
défendant; mais le respect des principes
m'y obligeait. »

Le Cabinet est renversé, et, le lendemain, quand la prétendue réforme a
produit la crise attendue, on la relègue
au magasin des accessoires d'où on ne
la retirera que lorsqu'on en aura besoin
pour provoquer une crise nouvelle.

En veut-on quelques exemples?

Un jour, M. de Freycinet était au pouvoir. Quelques députés conjurés médi-

taient son renversement. Comment y parvenir? L'un d'eux, M. Blanc-Subé, eut une idée géniale. « Je vais proposer, dit-il, d'établir une mairie centrale à Paris. Le Cabinet s'opposera à ma proposition. Celle-ci aura nos voix et celles des radicaux. M. de Freycinet n'a qu'à se bien tenir. »

Ce qui fut dit fut fait : le soir, M. de Freycinet était à terre, et les bons autonomistes parisiens se congratulaient. Ils ont dû déchanter depuis. Il y a plus de douze ans de cela et Paris est toujours administré par le préfet de la Seine. Mais la conspiration avait réussi.

Une autre fois — M. de Freycinet était encore ministre — un amendement au budget propose la suppression des sous-préfets. Le Cabinet résiste, l'amendement est voté, la crise ministérielle est ouverte. Mais bien qu'il y ait huit ans de cela, les sous-préfets n'ont jamais cessé d'émarger.

Une autre fois, en 1882, Gambetta propose une revision limitée de la Constitution. La Chambre vote une revision intégrale, Gambetta tombe et l'on ne parle plus ni de revision intégrale, ni de revision limitée.

Une autre fois, en 1888, M. Tirard s'oppose à ce que la Chambre vote l'urgence sur une proposition de revision. La Chambre décide qu'il n'y a pas une minute à perdre pour reviser, et M. Tirard tombe. M. Floquet le remplace. Au bout d'un an, le cabinet Floquet estime que le moment de reviser est venu puisqu'un an auparavant déjà la Chambre estimait la revision urgente.

La Chambre alors décide de ne plus reviser du tout, et M. Tirard reprend à M. Floquet la place que douze mois avant M. Floquet lui avait prise.

Le pays ne comprend plus. C'est cependant bien simple. La vérité est qu'on n'a jamais discuté sérieusement ni la mairie centrale, ni les sous-préfets, ni la revision. On a discuté M. de Freycinet, Gambetta, M. Floquet ou M. Tirard. Les diverses propositions sur lesquelles ces hommes politiques sont tombés n'ont été que des moyens de grouper des majorités de circonstance en réunissant les convaincus aux malins et en parmettant [...] ci d'esquiver la responsabilité de leur vote.

Est-il besoin d'insister pour prouver qu'un tel régime ne peut entraîner que le gâchis dans le gouvernement, l'anarchie dans les idées, le scepticisme partout ?

Et s'il en est ainsi, ne se lèvera-t-il pas chez nous un Gladstone pour se mettre à la tête de ceux qui désirent briser cette vieille machine de désordre et pour faire, en vue de ce grand résultat, un effort pareil à celui que fit, en 1877, le parti républicain, sous la conduite de M. Thiers et de Gambetta, pour la conquête de la forme républicaine ?

Le parlementarisme nous aurait-il déjà à ce point énervés que cette grande tâche, que cette politique féconde, fût aujourd'hui impuissante à tenter un homme d'État ?

Alfred Naquet.

Le petit provençal du 9 février 1894 (19ᵉ année, n° 6.144)

LA RÉVISION DE LA CONSTITUTION

On s'attend, à la Chambre, à un prochain important débat sur la révision de la [Constitu]tion.

[La] Chambre est, en effet, déjà saisie d'une [proposi]tion due à l'initiative de M. Bour[geois], du Jura, tendant à ce but et déjà rap[portée] par la Commission d'initiative. En [outre] deux propositions nouvelles seront [dépo]sées prochainement : l'une par M. [G]oblet, l'autre par l'auteur de cet ar[ticle].

[La] proposition de M. Bourgeois tend à [remplace]r le droit de veto absolu du Sé[nat par] un simple droit de veto suspensif. [Celle de M. G]oblet sera vraisemblablement moins [...], ne voulant pas limiter d'avance [l'œuvre] du Congrès. Mais il a publié, l'an[née der]nière, une très intéressante bro[chure où] les idées constitutionnelles se [trouv]ent exposées et dont nous pouvons [...].

[L'honor]able député de la Seine n'entend [pas tou]cher à l'organisation du pouvoir exé[cutif].

[...] du pouvoir législatif, partisan d'une [...] par ex[...] [...] conserver le Sénat en [... dimin]uant les attributions et en le réduis[ant] à peu près au rôle d'un corps consul[tatif].

Son système se rapproche donc infiniment de celui de M. Bourgeois.

Tout autre sera la troisième proposition que prépare l'auteur de cet article.

En premier lieu — ceci est la question de forme — elle se distinguera des deux autres en ce sens qu'elle n'admettra pas la révision par le Congrès, mais bien la révision par une Constituante.

En second lieu, elle présentera des différences de fond d'une importance beaucoup plus grande encore.

Le but visé sera double :

La suppression de la dualité des Chambres, c'est-à-dire le pouvoir législatif confié à une assemblée unique qu'il y aurait lieu, dans ce cas, de soumettre au renouvellement partiel.

La condamnation du régime de cabinet, c'est-à-dire l'organisation du pouvoir exécutif sur les bases conformes aux traditions de la Révolution française et à l'exemple qu'ont donné les autres peuples républicains, en établissant l'incompatibilité en[tre...]

tre les fonctions ministérielles et le mandat législatif, en excluant les ministres du Parlement.

C'est au point de vue de la politique générale, du but poursuivi et de la facilité de l'atteindre, que doivent être examinées les diverses propositions sur lesquelles la Chambre des députés va avoir à se prononcer.

Quoique plus large, plus absolue que les deux autres, quoique presque intransigeante, la troisième nous paraît infiniment plus propre à conduire au résultat cherché.

Proposer au Sénat la limitation de ses pouvoirs, ce serait se heurter à une opposition très vive de sa part.

M. Ferry, malgré la puissante influence qu'il exerçait alors au Luxembourg, en a fait l'expérience en 1884. Il avait voulu restreindre les attributions financières du Sénat et il se brisa devant la résistance de la Haute-Assemblée.

Si demain la Chambre des députés adoptait la proposition de M. Goblet ou celle de M. Bourgeois, celle-ci serait rejetée au Luxembourg et il en serait de cette nouvelle tentative comme de toutes celles qui l'ont précédée.

Il faudrait, pour réussir, se cantonner sur la question de la révision, cette réforme primordiale sous laquelle aucune autre n'est possible, et il faudrait déployer la même volonté, la même vigueur, la même énergie qu'en 1877, lorsqu'on a voulu consolider l'édifice républicain.

Mais ce moyen exige un très fort courant d'opinion et il n'est pas facile, dans un pays de suffrage universel, de déterminer un tel courant sur une idée abstraite.

Au moins faut-il, si l'on veut avoir quelques chances de succès, ne présenter aux populations que des idées simples (1).

En 1877, l'opposition entre la [illegible] et la monarchie était une de ces idées simples.

Il en serait de même aujourd'hui de la révision par une Constituante visant la suppression du Sénat et l'incompatibilité entre les fonctions ministérielles et le mandat législatif. Sur un tel programme, le suffrage universel pourrait être séduit, entraîné, convaincu.

Il serait, au contraire, chimérique d'espérer qu'on parviendra à provoquer le mouvement d'opinion voulu sur l'idée d'une révision par le Congrès, et en vue seulement d'une série d'améliorations de détail, utiles sans doute, mais trop compliquées pour saisir l'esprit des populations.

[illegible] vrai que si la proposition de M. Goblet ou celle de M. Bourgeois était votée, [illegible], qui n'aurait pas plus pour résultat de hâter la révision que ne l'ont eu les votes de 1881 et de 1882, aurait un effet : il modifierait l'orientation politique de la Chambre et entraînerait la substitution d'un ministère radical au ministère modéré que préside l'honorable M. Casimir-Perier.

Si tel est le but principal que l'on poursuit, la méthode de M. Goblet et de M. Bourgeois est la meilleure, car il est plus facile d'obtenir à la Chambre une majorité sur cette transaction que sur une proposition absolue.

Si, au contraire, ce qu'on cherche à obtenir c'est la révision pour elle-même, cette méthode est la moins bonne : elle ne conduirait pas au succès.

La révision est un but ou un moyen.

Est-elle un moyen, M. Goblet et M. Bourgeois ont raison.

Est-elle un but, ils ont tort.

Il serait toutefois inadmissible qu'elle ne fût qu'un moyen.

Recommencer, en effet, l'éternel jeu de bascule parlementaire qui se répète depuis vingt ans ; se servir un jour de la révision, un autre jour du dégrèvement de l'impôt foncier ou de toute autre réforme apparente ou réelle, non pour résoudre les problèmes ainsi posés, mais pour remplacer un Cabinet par un autre, cela ne semble pas une pensée assez haute, un but assez élevé pour tenter un homme politique et moins encore pour passionner le pays.

D'aucuns prétendent, il est vrai, que poursuivre, par contre, une solution absolue, par les moyens énergiques seuls capables de conduire à un aboutissement, ce serait engager le pays dans la voie d'une agitation dangereuse.

L'inverse nous paraît être la vérité.

A de certaines heures, il est des agitations qui sont bienfaisantes.

Nous traversons une de ces heures-là.

Dans tous les gouvernements d'opinion, après une vingtaine d'années de possession du pouvoir, les partis politiques [illegible] pays qui, fatalement, avait conçu [illegible] avènement des espérances supérieures à celles qu'ils ont réalisées, en vertu de [illegible] loi que l'imagination dépasse toujours la réalité, le pays se fatigue, et un mécontentement se produit qui se manifeste par la lassitude et l'abstention électorale d'une part, par des tendances révolutionnaires d'autre part.

Canaliser cet état d'esprit, ces tendances morbides, en les dirigeant vers un but [illegible] ne saurait être une politique dangereuse, bien au contraire.

(1) Cette phrase a été [illegible] à la Composition.

En 1887, la République étant fondée depuis peu, les républicains pouvaient craindre de la remettre en question.

En 1888, le parti aux affaires pouvait se sentir effrayé par le boulangisme.

Mais aujourd'hui ?

La République est inébranlable ; ses ennemis ont désarmé devant elle et comprennent que, puisqu'elle existe, il importe de l'organiser de manière à en faire un gouvernement digne de ce nom.

Le pays est dans un état de tranquillité profonde.

La révision s'impose donc et le moment est très favorable.

ALFRED NAQUET, *député*.

Le journal officiel de la R. F. du 18 février 1894
26ème année n° 48
Séance de la Chambre du 17 février

discussion sur les droits des blés

M. le président. La parole est à M. Naquet.

M. Alfred Naquet. Messieurs, élevé dans les principes qui ont reçu leur application de l'autre côté de la Manche sous le nom de *free breakfast* (déjeuner libre), dans ces principes qui étaient, au temps de ma jeunesse, ceux de tous les républicains et qui tendaient à condamner les impôts de consommation comme n'étant pas proportionnels, même lorsqu'ils sont perçus au profit de l'Etat et, à plus forte raison, lorsqu'ils sont perçus au profit de particuliers, comme c'est le cas pour cette contribution particulière qui résulte de l'exhaussement du prix de tous les produits sous l'influence des droits de douane ; élevé dans ces principes, je n'ai pu me défendre d'une vive émotion à la séance dernière, lorsque j'ai entendu M. le ministre de l'agriculture terminer son discours, très remarquable d'ailleurs, par l'apologie du blé cher et nous dire, en en faisant un titre de gloire à la République, qu'à l'exception peut-être de l'Italie notre pays était celui où les tarifs sur les blés étaient le plus élevés et où les prix du blé atteignaient également un taux supérieur à celui des autres nations.

Je me demande avec effroi jusqu'où nous irons dans l'œuvre de réaction économique que vous avez inaugurée, si de pareilles déclarations et de pareilles glorifications ne provoquent aucune protestation de votre part. Je m'en étonne d'ailleurs, car cette politique nouvelle...

M. Jules Méline, *président de la commission des douanes.* Elle n'est pas nouvelle!

M. Alfred Naquet. Je l'appelle nouvelle quoiqu'elle date de quelques années, parce qu'elle tranche sur celle qui a prévalu jusqu'en 1885.

Je dis que cette politique est en contradiction, non seulement avec ce qu'ont fait vos prédécesseurs depuis le commencement de ce siècle, mais encore avec ce que vous avez fait vous-mêmes.

Depuis vingt ans, en effet, vous nous avez demandé des millions, que nous vous avons donnés sans compter, pour creuser des ports en eau profonde et pour créer de nouvelles lignes de chemins de fer; vous avez accru dans des limites extrêmement larges les garanties d'intérêt ; vous avez accordé des subventions à nos services postaux maritimes, vous avez créé une prime à la marine marchande, et quand vous avez eu ainsi ouvert largement vos portes, créé des moyens de communication pour faciliter les échanges pour permettre aux produits étrangers d'entrer facilement jusque dans vos plus petites bourgades et aux produits français d'émigrer vers l'étranger ; quand vous avez eu fait cela, vous avez établi des droits de douane, afin que tous vos ports se vident, que vos navires n'aient plus de fret et vos chemins de fer plus de trafic, sauf peut-être — car les contradictions ne vous pèsent pas beaucoup — à venir dans quelque temps, quand vous aurez ruiné notre marine marchande, nos ports et nos chemins de fer, nous demander de nouveaux sacrifices pour les relever.

Oh ! je connais bien votre argumentation ; je l'ai étudiée avec beaucoup de soin ; j'ai suivi avec une attention extrême la discussion actuelle comme aussi le grand débat qui a précédé le vote du tarif de 1892. Je dirai même que je l'ai étudiée et suivie dans une certaine mesure avec sympathie, avec le désir d'être de votre avis, car je représente, moi aussi, une circonscription agricole.

Je suis ému comme vous des souffrances de l'agriculture, et si le fait de poursuivre un même but devait nécessairement nous entraîner à adopter un même moyen, certainement je serais à cette heure à vos côtés au lieu de vous combattre.

Mais enfin, si les souffrances de l'agriculture m'émeuvent, lorsque mon honorable collègue M. Jaurès vient à cette tribune exposer à vos yeux en paroles éloquentes les souffrances profondes des classes laborieuses, lorsqu'il vous fait le tableau de la misère humaine, il vous émeut aussi et, quoique vous soyez profondément touchés et que vous ayez comme lui le désir de faire cesser ces misères, vous ne vous ralliez pas à sa panacée collectiviste, que vous croyez pire que le mal.

Je suis vis-à-vis de vous ce que vous êtes vis-à-vis de lui, c'est-à-dire qu'ému par les souffrances de l'agriculture, je ne me rallie cependant pas à votre médication parce que je la crois non seulement inefficace, mais nuisible, parce que vous ne donnez rien à l'agriculture et que vous tuez le commerce et l'industrie, c'est-à-dire deux forces vives du pays.

J'ai donc suivi la discussion et, je le répète, avec presque le désir d'être de votre avis, car avec ce mot de protection vous avez su créer un courant d'opinion publique considérable. Je m'en suis aperçu aux dernières élections, lorsque je me suis présenté dans un arrondissement rural. La société d'agriculture de Vaucluse m'a demandé de souscrire à des projets comme celui que vous nous présentez aujourd'hui. Quoique je fusse en ce moment-là très attaqué pour d'autres motifs, j'ai refusé d'y souscrire, parce que j'estime que nul n'est obligé d'être député, mais que nous avons le devoir de ne venir siéger ici que pour y voter conformément à ce que nous dicte notre conscience. (*Très bien ! très bien !*)

C'est votre avis à tous, j'en suis profondément convaincu.

A l'époque de la grande discussion générale sur le libre échange et la protection, en 1892, quand M. Léon Say est monté à cette tribune et qu'il a dénoncé au pays la contribution énorme de 1.500 millions — c'est son chiffre — que les nouveaux tarifs allaient prélever sur les consommateurs, M. Méline lui a répondu que l'homme n'est pas simplement consommateur ou producteur, qu'il est consommateur et producteur tout à la fois, que le consommateur et le producteur sont deux aspects de l'être humain. Il faisait ressortir que si, pendant qu'on prélève ces 1.500 millions sur notre consommation, on nous rend 2 milliards en tant que producteurs, il est évident que nous sommes protégés.

C'était là l'argumentation des protectionnistes. Ils disaient encore : « Que vous importe de payer un produit très cher, si vous avez de quoi le payer ? N'aimez-vous pas mieux payer le pain 30 centimes si vous avez cette somme dans votre poche, que d'avoir à le payer 20 centimes si vous n'avez pas les 20 centimes qu'exige de vous le boulanger ? »

Cela est parfaitement juste et je n'aurais pas à y contredire si M. Méline avait fait en même temps la démonstration qu'en effet il apportait au producteur plus qu'il ne retirait au consommateur. En un mot, si la protection douanière est créatrice, si de rien elle engendre quelque chose, je n'ai rien à objecter. Mais il faudrait démontrer qu'il en est ainsi, et cette démonstration n'a pas été faite ; elle ne pouvait pas l'être.

Je pense que ce qu'on pourrait demander de moins mauvais à la protection généralisée qu'on a inaugurée dans notre pays, c'est d'être nulle, c'est de ne produire ni mal ni bien, de se chiffrer par zéro ; le mieux, ce serait qu'elle aboutît à un résultat analogue à celui qu'atteindrait un décret établissant que les pièces de monnaie de 1 fr. vaudront 2 fr.

Il est évident que si les pièces de 1 fr. valaient 2 fr., nous serions tous possesseurs d'un nombre de francs double ; mais notre richesse n'en serait pas augmentée, parce que nous payerions tout le double de ce que nous le payons aujourd'hui.

La protection généralisée ne pourrait produire, dans les conditions les plus avantagences, qu'un résultat de cet ordre.

En effet, — et je prie la Chambre de vouloir bien suivre mon raisonnement, — je comprends fort bien la protection lorsqu'elle s'adresse à une industrie de détail, qui ne met en œuvre qu'un nombre de capitaux et de bras déterminé et limité. Je prends une hypothèse ; je suppose — je n'affirme pas — que l'industrie métallurgique soit dans des conditions d'infériorité telles qu'elle ne puisse pas vivre dans notre pays sans protection. Je suppose également que par des motifs tirés de l'intérêt de la défense nationale, par exemple, vous vouliez l'y faire vivre.

Il est évident que soit par des subventions directes, soit par une élévation du prix résultant d'un droit sur les produits similaires étrangers, vous pourrez y parvenir, parce que, ici, il ne s'agit que d'un petit nombre de travailleurs, d'un petit nombre de citoyens à favoriser et que l'immense majorité de la population peut le faire en s'imposant un très minime sacrifice.

Mais quand vous arrivez à l'industrie agricole, la chose change de face : l'industrie agricole, c'est la grande industrie française, ce n'est pas une industrie limitée ; les agriculteurs sont au nombre de vingt millions dans ce pays, ils dépassent la moitié de la population de la France, et alors, lorsque vous aurez élevé le prix de leurs produits afin de les protéger, qui donc, je vous prie de me le dire, — car c'est là le fond même du débat auquel on n'a jamais répondu, ou plutôt si, on a essayé d'y répondre par la différence entre le prix du pain et le prix du blé sur lequel je reviendrai tout à l'heure, — qui donc paye les frais de cette énorme protection ? Je me hâte de faire la réponse moi-même.

D'abord, ce sont les agriculteurs eux-mêmes qui les payeront au moins pour moitié, puisqu'ils dépassent la moitié de la population et qu'ils consomment tout comme les autres producteurs. Reste la seconde moitié. Elle sera supportée par les industriels, les commerçants des villes. Mais alors il arrivera ce que nous avons vu en 1892. Jamais le principe « *do ut des*, je donne en échange de quelque chose », n'a été appliqué avec plus de force et de vigueur qu'à cette époque. Nous avons vu défiler ici toutes les industries nationales, aussi bien les industries agricoles que les autres; nous les avons vues venir vous demander tour à tour des protections pour compenser la situation d'infériorité que leur faisaient les tarifs agricoles qu'on venait d'établir. Nous avons vu que cette espèce de contrat synallagmatique entre tous les intéressés ayant subi un accroc en ce qui concernait les filés de coton, toute l'œuvre a pu, à un moment donné, à la fin du débat paraître compromise et on a dû rentrer dans les termes du contrat.

Ainsi donc ce n'est pas une industrie limitée que vous avez protégée, que vous auriez pu protéger; vous avez protégé toutes les industries, c'est-à-dire que vous avez abouti à ce résultat : tout le monde protégeant tout le monde. Or, dire cela c'est à peu près comme si l'on disait : personne ne protégeant personne.

J'avais raison dès lors de vous dire en commençant, que ce qu'on pourrait demander de mieux à vos tarifs protecteurs c'est d'être entièrement nuls dans leurs résultats, de donner au consommateur ce qu'on enlèverait au producteur sans aucune autre espèce d'effet. On ne peut pas sans illogisme leur demander de créer la richesse. Ce serait le problème du mouvement perpétuel résolu.

Mais ceci, messieurs, est malheureusement impossible. D'abord, je vous ferai remarquer que la mise en œuvre de la protection coûte, — elle est même très chère, — et que le prix de revient de cette mise en œuvre se répartit entre les consommateurs et les producteurs, et appauvrit les uns et les autres. En outre, sans même tenir compte de ceci, qui n'est que le petit côté de la question, vous reconnaîtrez sans doute avec moi que ce que je puis appeler la péréquation de la protection, c'est-à-dire la protection établie d'une manière telle que chacun soit protégé exactement dans les mêmes proportions et de la même manière, est impossible. Vous avez fait tout ce que vous avez pu pour y arriver, vous y avez travaillé avec tout votre cœur et toute votre intelligence, mais vous n'y êtes pas parvenus, parce que la question est si variable et si compliquée qu'il est impossible à l'intelligence humaine de la résoudre.

Vous arrivez donc à protéger fatalement les uns plus que les autres, et alors vous jetez un trouble profond dans le commerce, dans l'industrie nationale. Vous édifiez des fortunes, et vous consommez des ruines.

Si encore cet état de choses une fois voté était définitif, on pourrait se dire qu'après tout il s'établit un ordre de choses nouveau sous lequel on recommence à agir. Mais l'honorable président de la commission des douanes a dû, sous ce rapport, vous enlever toutes vos illusions.

Il m'a rappelé, l'autre jour, un souvenir bien ancien. Un jour, à l'Assemblée nationale, voulant exprimer cette idée que, sous la forme républicaine, le pouvoir appartient exclusivement à la nation et que les hommes qui le détiennent ne le détiennent jamais que provisoirement et à titre précaire, je m'étais servi d'un mot peut-être maladroit et qui fut très critiqué à cette époque; j'avais dit : « La République est le provisoire perpétuel. » Eh bien, M. Méline nous a dit l'autre jour, sous une autre forme, que le nouveau régime qu'on a institué en France est le provisoire perpétuel, et il nous l'a très nettement expliqué avec sa parole claire et lucide. M. Méline vous a dit : Qu'est-ce que les droits protecteurs ? C'est la compensation à établir entre les frais généraux, le prix de revient à l'étranger et le prix de revient en France. Or, comme les prix de revient à l'étranger sont indéfiniment variables, il en résulte que les tarifs destinés à les compenser doivent varier indéfiniment comme eux.

Si donc j'établis, d'une part, que vous ne pouvez pas faire la pér'quation de la protection, que toutes les fois que vous protégez une grande industrie comme l'industrie agricole vous êtes entraînés à les protéger toutes dans la même proportion, et que vous ne pouvez pas arriver à une proportion exacte, que dès lors vous édifiez des fortunes et vous consommez des ruines; si j'établis, de plus, qu'en même temps vous créez un état essentiellement variable, j'ai le droit de conclure que ce que vous nous apportez, c'est l'instabilité absolue dans les fortunes de ce pays-ci.

Chose bizarre de la part d'hommes qui tonnent sans cesse contre la spéculation !

Je poursuis.

Vous nous avez affirmé que le prix de revient du blé en France est de 25 fr.; vous en concluez que si le prix de vente n'est pas d'au moins 25 fr., l'agriculture est en perte sur sa production et que si on ne porte pas remède à cette situation, les champs seront désertés et un capital d'exploitation énorme sera perdu pour la France.

Je ne vous le cache pas, j'ai quelques doutes sur ce prix de revient de 25 fr. Ces doutes se sont même accrus l'autre jour en entendant le très remarquable discours de notre collègue M. Charles-Roux et ensuite les chiffres cités par M. Raiberti.

Sans même d'ailleurs me donner la peine de rechercher si ces chiffres sont absolument exacts, j'avoue que je suis porté à croire que ce prix de revient de 25 fr. est exagéré; car, s'il était vrai, s'il était exact que, au prix actuel, les terres à blé ne peuvent engendrer que des pertes pour ceux qui les cultivent, ces terres n'auraient plus aucune valeur vénale. Evidemment, on n'achèterait pas une terre pour le plaisir de perdre son argent en exploitant cette terre. Cependant je ne vois pas, jusqu'à présent, que les terres à blé, si dépréciées qu'elles puissent être, soient données pour rien, ou même qu'on paye les preneurs pour les prendre, car il faut toujours acquitter l'impôt foncier.

Je conclus de cette constatation que ce prix de revient de 25 fr. ne correspond pas à la réalité. Mais, fût-il une réalité, que je ne me rallierais pas encore à votre théorie. Je chercherais une autre solution.

Laquelle, me direz-vous? L'autre jour, MM. Raiberti, Charles-Roux et Labat ont essayé de vous indiquer les mesures à prendre : je ne le ferai pas aujourd'hui, parce qu'il ne s'agit pas en ce moment de discuter et de résoudre le problème agricole. On nous soumet un moyen particulier qu'on nous invite à examiner, et ce moyen particulier, si je le trouve mauvais, détestable même, si je suis d'avis que, sans apporter aucun adoucissement à l'agriculture, il ruine nos industries, je puis le repousser sans avoir à rechercher et à indiquer d'autre solution pour le moment. Ce sera l'œuvre de demain.

Je soutiens que la surélévation du droit de douane n'apportera aucun soulagement à l'agriculture et nuira beaucoup à l'industrie.

Cet accroissement du droit élèvera, en effet, les prix de revient de nos produits industriels, d'une part; et comme, d'autre part, vous n'êtes pas les maîtres de ce qui se passe au delà des frontières, vous vous heurterez aux représailles des autres nations, représailles qui tueront notre exportation.

Pensez-vous que la France puisse se passer d'exportations? Si elle le peut, c'est bien. Si, selon vous, le pays est assez vaste pour posséder tous les éléments, tous les sols, toutes les productions, s'il peut se suffire à lui-même et permet ainsi de constituer une petite humanité à vous tout seuls, c'est entendu, fermez vos portes, établissez la prohibition, remontez le courant de l'histoire, déclarez la guerre à la vapeur, condamnez l'électricité, supprimez les chemins de fer, le télégraphe, le téléphone; enfermez-vous chez vous à double cadenas, pour employer une expression dont il a été question ces jours-ci à propos d'une loi nouvelle; cela vaudra mieux que ce que vous proposez, parce qu'au moins vous ne nous demandere plus de voter des dépenses pour accroître les facilités de l'échange. (*Très bien! très bien! sur divers bancs à gauche.*)

Mais vous ne le pouvez pas ; vous ne pouvez pas vous passer de l'étranger, dont vous êtes tributaires pour des produits dont notre civilisation ne peut se passer. Où prendrez-vous, par exemple, l'or, l'argent, le mercure, l'étain, les bois précieux, les épices, le coton, et tant d'autres produits dont je ne parle pas ? Où prendrez-vous même ceux que vous produisez, mais que vous ne produisez pas en quantité suffisante, et parmi eux le blé ? Vous serez bien obligés d'aller les chercher là où ils existent. Et alors, qu'arrivera-t-il ? Avec quoi les payerez-vous ?

On l'a dit depuis longtemps : les produits ne se payent qu'avec des produits. La contre-partie de ce que vous achetez, c'est ce que vous vendez à l'extérieur. Or, le jour où, grâce aux tarifs que vous avez établis et que vous voulez aggraver encore, par l'effet des représailles qu'ils auront provoquées, vous ne vendrez plus rien à l'étranger ou presque rien, — et je n'ai pas besoin d'insister, car les chiffres cités ces jours-ci démontrent à quel point nos exportations sont atteintes, chiffres auxquels M. Méline, malgré ses efforts, n'a pas suffisamment répondu à mon sens, — ce jour-là, ce sera la ruine pour la France.

M. Fernand Crémieux. Voulez-vous me permettre de vous poser une question ?

M. Alfred Naquet. Volontiers !

M. Fernand Crémieux. Comment expliquez-vous que l'Angleterre, qui est un pays libre-échangiste, ait vu ses exportations baisser dans une plus forte proportion que les nôtres depuis que nous avons établi notre tarif douanier ?

M. Charles-Roux. Les exportations de l'Allemagne et de la Belgique n'ont pas diminué.

M. Henry Boucher. L'Allemagne est un pays protectionniste.

M. Alfred Naquet. Je ne connais pas les causes qui ont pu déterminer la diminution des exportations de l'Angleterre ; je veux bien que le tarif de douane ne soit pas le seul et unique facteur qui agisse sur l'extension ou la diminution des exportations ; mais personne ne peut prétendre que, en brisant, par exemple, le traité de commerce avec la Suisse et en provoquant ainsi des représailles de la part de ce pays, qui se sont traduites par l'application de son tarif général aux marchandises françaises, vous avez favorisé nos exportations. Il peut y avoir d'autres causes qui influent, en France comme en Angleterre, sur le mouvement des exportations, mais certainement la surélévation des droits de douane doit entrer en ligne de compte pour une large, pour la plus large part.

Lorsque vous aurez ainsi tué ou tout au moins diminué dans une proportion considérable vos exportations, vous serez obligés, pour payer les produits que vous demandez à l'étranger, d'en prélever la valeur sur votre réserve en numéraire. Or, le jour où une nation en arrive là, elle est bien près de la ruine.

L'argumentation que je vous expose n'est pas neuve, je le reconnais. Je n'ai pas la prétention de l'avoir inventée, et elle était plus ou moins dans vos esprits. Elle y était si bien que vous avez cherché à y faire une réponse. Vous avez trouvé cette réponse et j'avoue qu'elle est originale.

C'est M. Castillard, je crois, qui a formulé l'argument. Il a dit : Nous élevons le prix du blé, c'est vrai ; mais la France ne se nourrit pas de blé : elle se nourrit de pain, et l'élévation du prix du blé n'influe pas sur le prix du pain.

Voyons ! il faut préciser le débat ; il faut serrer les données du problème afin de voir si réellement le prix du blé n'influe pas sur le prix du pain.

M. Siegfried a supputé la somme que l'impôt de 8 fr. doit procurer aux producteurs de blé : il l'a chiffrée à 720 millions, si je ne me trompe. Si ces 720 millions à prélever au profit du producteur ne sont pas payés par le consommateur, comme ils ne tombent pas du ciel sous la forme d'une manne céleste, il faut bien qu'ils soient payés par quelqu'un. Vous prétendez qu'ils seront payés par qui ? par les boulangers et les minotiers.

Je ne m'étais jamais douté, jusqu'à ce jour, que l'industrie de la minoterie et de la boulangerie réalisât des bénéfices aussi formidables et gagnât 720 millions par an ; je ne supposais pas que l'industrie de la minoterie et de la boulangerie encaissât des bénéfices tels qu'elle pût donner la totalité de la somme dont vous avez besoin pour protéger l'agriculture.

Je n'en crois même rien ; car, par ce temps de concurrence ardente, âpre, effrénée, où les producteurs se disputent un gain d'un demi-centime et où cette concurrence amène tous les produits au plus bas prix possible, si l'industrie de la boulangerie produisait les bénéfices formidables qu'on accuse, demain 3,000 ou 4,000 nouveaux boulangers s'établiraient et feraient baisser le prix du pain.

On nous a fait entrevoir qu'on taxerait les boulangers, qu'on reviendrait à la loi de 1791. M. le ministre de l'agriculture a rappelé que lui-même, comme maire de sa commune, il avait taxé le pain. M. le ministre, il est vrai, nous a bien dit qu'il avait taxé le pain, mais il n'a pas ajouté que le prix du blé n'était pour rien dans le prix du pain. Il nous a fait le raisonnement suivant : J'ai constaté qu'un certain nombre de kilogrammes de blé donnent un certain nombre de kilogrammes de farine ; qu'un certain nombre de kilogrammes de farine donnent un certain nombre de kilogrammes de pain ; et alors, prenant le prix de cette farine d'un côté, et laissant, d'autre part, aux boulangers une marge de bénéfices de 14 p. 100 kilogr. de pain, j'ai établi ma taxe. (*Très bien ! très bien !*)

Mais alors, demain, lorsque le blé aura haussé et que le prix de la farine aura augmenté, M. le ministre de l'agriculture, en sa qualité de maire de sa commune, sera obligé de surélever le prix du pain.

D'ailleurs, messieurs, le système de la taxe est-il applicable? Je prétends que non! Je prétends que nous ne sommes plus dans les conditions où étaient nos pères quand la loi de 1791 a été établie.

Aujourd'hui, les procédés mécaniques ont été introduits dans la boulangerie comme ailleurs, et il résulte de cette innovation, qui n'a pas encore fait disparaître complètement la petite boulangerie, que les prix de revient, que les impenses des boulangers, comme dit la loi de 1791, sont extrêmement variables.

Il en est en cette matière comme en ce qui concerne le grand et le petit commerce.

Si, à Paris, on fixait des frais généraux identiques pour les petits magasins et pour le Louvre et le Bon Marché, on commettrait une iniquité. Il en est de même dans la boulangerie. Cela peut ne pas être vrai pour les petits centres; mais c'est exact pour les grands centres, et l'échec de la dernière tentative du maire de Marseille pour taxer le pain l'a surabondamment démontré. Ce maire n'a pu arriver à la taxe officielle du pain. C'est qu'en effet, à Paris et dans les centres importants, la boulangerie mécanique est en présence de la petite boulangerie. Si on voulait établir la taxe du pain en considérant seulement la grande boulangerie mécanique, c'est-à-dire en ne laissant à cette grande boulangerie que le bénéfice naturel et légitime auquel elle a droit, cette taxe serait inique pour la petite boulangerie, qui ne pourrait plus vi-

vre. Si, au contraire, on établissait la taxe en prenant pour point de mire le bénéfice nécessaire aux petits boulangers pour leur permettre de continuer leur industrie, on accorderait ainsi une marge énorme, excessive à la grande boulangerie mécanique.

Il n'est donc pas possible d'établir un prix de revient général, absolu. Dans ces conditions, vous êtes fatalement obligés de renoncer à la taxe.

Je veux maintenant pour une minute entrer dans vos vues; je ne les trouve pas justes, mais je les considère pour un moment comme vraies. Je veux admettre avec vous que la taxe du pain soit facile à établir partout; je veux admettre avec vous que les boulangers réalisent de tels bénéfices que vous puissiez par cette taxe leur faire rendre les sommes énormes de millions qui sont nécessaires à la protection de notre agriculture.

Vous avez quelque chose de beaucoup mieux à faire que ce que vous faites! Au lieu de surélever le prix des grains et de taxer ensuite le pain, commencez par taxer le pain et par faire rendre aux boulangers les 720 millions qu'ils gagnent indûment, selon vous. Qui ne voit que, le pain ayant ainsi baissé, vous pourrez nous apporter, au lieu d'un projet de loi surélevant indéfiniment les droits de douane, un projet abaissant ces droits en toute matière. Et dans ces conditions, vous aurez favorisé votre industrie en abaissant ses frais généraux et en faisant cesser les représailles de l'étranger; et quant à votre agriculture, vous l'aurez protégée, non pas en surélevant le prix de ses produits, mais en abaissant le prix de revient.

Ainsi, je crois vous avoir enfermés dans un dilemme d'où il vous est impossible de sortir : ou il n'est pas vrai que les boulangers réalisent des bénéfices tels que, par une taxe que je crois d'une application impossible, quant à moi, vous puissiez leur faire supporter la totalité de la charge que vos nouveaux tarifs vont imposer au pays, — et dans ce cas vous rentrez dans la première partie de mon dilemme, à savoir tout le monde protégeant tout le monde, c'est-à-dire personne ne protégeant personne; — ou il est vrai que les boulangers réalisent les bénéfices en question, et alors, au lieu de protéger l'agriculture par une surélévation du prix du pain, vous pourriez la protéger par une détaxation générale des produits taxés en douane, ce qui aurait pour conséquence, par la diminution des prix de la main-d'œuvre industrielle, de diminuer ainsi les frais généraux de l'agriculture et de favoriser ainsi les exploitations agricoles.

Je le répète, vous sortirez très difficilement de ce dilemme ou, pour mieux dire, vous n'en sortirez pas. Eh bien! faut-il vous le dire? j'ai la conviction que les protectionnistes le savent fort bien. Ce sont des hommes profondément intelligents : ils nous l'ont démontré par l'admirable campagne qu'ils ont faite dans le pays et qui a amené les petits producteurs et même les consommateurs, auxquels la réforme ne peut être que préjudiciable, à se faire les partisans ardents de cette réforme qui doit leur préjudicier. Profitant de ce que les sujets comme ceux que je traite sont très difficiles à comprendre pour les intelligences non préparées, pour les masses qui n'ont pas les mêmes études préalables que nous, ils ont dit aux agriculteurs, aux paysans : Voulez-vous être protégés? Qui donc ne veut pas l'être? Bien entendu, les paysans ont répondu : Oui, nous voulons être protégés.

M. Henry Cochin. Ils ne sont pas si naïfs que vous croyez!

M. Alfred Naquet. Et alors on les a protégés à peu près comme l'Angleterre protège le khédive d'Égypte.

Oui, les protectionnistes sont fort intelligents. Ils l'ont démontré par cette magnifique campagne qu'ils ont faite dans le pays et qui a abouti au mouvement d'opinion qu'ils ont déterminé; et, par conséquent, je ne peux pas leur faire l'injure de supposer qu'ils n'ont pas vu les conséquences de leur système, qu'ils n'ont pas compris que la protection d'une industrie qui occupe la moitié du pays entraîne fatalement la protection généralisée, et que cette protection généralisée aboutit à l'absence de protection, ou, mieux, — car elle ne peut jamais être parfaitement égale, — à un trouble permanent dans les industries et dans la richesse du pays.

Je dois donc supposer que s'ils ont poursuivi leur tâche avec l'âpreté qu'ils y ont mise, — et j'appelle votre attention sur ce point, — c'est qu'à côté de ce but chimérique de protection universelle ils avaient un but immédiat, possible à atteindre, absolument tangible.

Eh bien, oui! ils l'avaient ce but immédiat, facile à atteindre et tangible; et voulez-vous savoir quel il est? Il se résume en trois mots : l'immuabilité absolue de la rente foncière. Oui, ce que les protectionnistes ont voulu obtenir, c'est de rendre absolument immuable la rente foncière.

Ah! ceci, c'est autre chose. Je reconnais que ce but était possible à atteindre, mais je crois en même temps qu'il est mauvais.

Messieurs, je voudrais vous démontrer que c'est bien là, en effet, le but que poursuivent les protectionnistes.

L'autre jour, dans le très beau discours que M. Brice a prononcé, j'ai relevé cette phrase :

« Avez-vous songé à ce que représente pour lui (le fermier, le cultivateur) ce qu'on est convenu d'appeler la rente de la terre, c'est-à-dire soit le prix de son fermage, soit la représentation des intérêts du capital dépensé pour acquérir la terre elle-même? »

Ainsi donc, c'est bien compris : ce que l'on redoute, ce que l'on craint, c'est de voir baisser la rente de la terre; et la preuve manifeste que c'est bien la protection de la rente foncière que l'on poursuit, c'est que les très grands propriétaires sont les seuls qui seront protégés par votre loi.

L'autre jour, l'honorable M. Siegfried vous a apporté une statistique des plus intéressantes; il vous a montré que toutes les petites exploitations ne recevront rien ou presque rien sur la somme énorme que vous allez demander aux consommateurs, mais que, par contre, les grosses exploitations recevront beaucoup. Il a même oublié un point du problème qui a son importance.

Supposez avec moi un cultivateur qui a à vendre 10 quintaux métriques de blé. Le droit étant de 7 fr., combien recevra-t-il? En admettant que ce droit batte son plein, il recevra 70 fr. à la fin de son année. Or, l'augmentation du prix du blé aura eu sa contre-partie dans l'augmentation du prix du pain et, d'une manière indirecte, dans l'augmentation du prix de toutes les marchandises ; car, soyez tranquilles, aujourd'hui on vous demande d'augmenter le prix du blé; mais demain, vous verrez apparaître les viticulteurs; après demain, vous verrez apparaître les producteurs de betteraves — ils n'y manqueront pas! — puis les industriels proprement dits, et, par suite, à ce cultivateur à qui vous aurez donné 70 fr., vous reprendrez peut-être 140 fr. avant la fin de l'année, sous forme d'augmentation du prix de son pain, de son vin, de son sucre, de ses instruments aratoires, de ses vêtements, etc. Vous ne l'aurez donc pas protégé, vous l'aurez spolié.

Mais, par contre, faisons une autre hypothèse. Supposons un homme qui, au lieu de 10 quintaux métriques de blé, en livre au marché 10,000. Oh! à celui-là, ce n'est pas 70 fr. que vous donnerez dans l'année, c'est 70,000 fr., et comme le riche, quelque riche qu'il soit, ne consomme pas, au moins quant à la quantité des objets, mille fois plus que le pauvre, à celui-là vous ne lui reprendrez pas, sous forme de consommation, tout ce que vous aurez donné sous forme de production; il lui restera un boni extrêmement considérable. (*C'est vrai! à gouche.*)

Je crois que ma démonstration est faite. Ce que vous voulez obtenir, ainsi que M. Brice l'a constaté, — peut-être sans s'en être rendu suffisamment compte — c'est l'immuabilité de la rente foncière.

Et cela dans ce siècle, où personne n'a la prétention de se soustraire à la fatalité inéluctable des lois économiques! Car enfin l'autre jour, en face d'hommes, de citoyens qui, il y a vingt-trois ans, nous ont apporté leurs économies pour permettre la libération du territoire, et parmi lesquels il y avait des petits, des humbles, des établissements hospitaliers, est-ce que par hasard vous êtes venus nous dire que pour les récompenser de la confiance qu'ils avaient eue en vous dans les jours de danger et de désastre. vous deviez leur perpétuer une rente de 5 ou de 4 1/2 p. 100, alors que le taux de l'intérêt était tombé à 3 1/2? Non! vous avez fait la conversion, et vous avez bien fait, car les lois économiques doivent s'imposer à tous.

Oui, tout le monde est sujet à ces lois, elles sont inéluctables pour tous. Et une seule classe de citoyens n'y serait pas soumise?

Aux yeux de nos contradicteurs, les propriétaires fonciers constituent l'arche sainte, à laquelle il ne faut pas toucher, — l'honorable M. Brice prétendait que la rente entrait pour 5 fr. par quintal métrique dans le prix de revient du blé, — il faut que cet état se perpétue! Et cependant, si ces grands propriétaires fonciers suivaient la loi commune, si leurs rentes baissaient de manière à amener un abaissement de 2 fr. par hectolitre de blé, nous arriverions au même résultat que celui que vous voulez atteindre en nous apportant un nouveau droit de 2 fr.

Ce n'est pas, certes, que je désire la baisse de la rente foncière; je m'afflige de tout ce qui vient diminuer le capital de mon pays; mais je m'élève contre cette prétention d'une classe de citoyens de se placer au-dessus de toutes les autres et de dire : Alors que toutes les autres classes subissent la fatalité des lois économiques, nous, nous ne voulons pas la subir!

Messieurs, je vous ai fait tout à l'heure un parallèle à propos des hommes qui avaient prêté leur argent à l'Etat en 1871 et 1872; je sais bien qu'ils n'ont peut-être pas toutes vos sympathies, car il est convenu dans cette Assemblée que ceux qui détiennent la propriété mobilière n'ont rien de commun avec l'arche sainte qu'est la propriété foncière : ce sont des spéculateurs éhontés qui n'ont pas droit à notre faveur! Mais il y a quelqu'un dans ce pays qu'on ne peut pas accuser de spéculation éhontée: c'est l'ouvrier.

Je ne voudrais pas empiéter sur ce qu'aura tout à l'heure à vous dire mon honorable collègue M. Jaurès. Mais, en somme, puisque vous surélevez le prix de toutes choses au profit de quelques grands propriétaires fonciers, que direz-vous à M. Jaurès et à ses collègues collectivistes lorsqu'ils viendront vous demander de faire acte de socialisme au profit des ouvriers eux-mêmes? Car, ne l'oubliez pas, ce que vous faites en ce moment, c'est du socialisme, puisque vous faites intervenir l'Etat dans les relations économiques entre citoyens.

M. Jourde. C'est du socialisme à rebours!

M. Dejeante. Il en a toujours été ainsi!

M. Alfred Naquet. Mais c'est du mauvais socialisme, comme le dit M. Jourde, c'est du socialisme retourné, du socialisme à rebours (*C'est cela!*), au profit des grands au préjudice des petits, et c'est ce que je me permets de dénoncer à cette tribune.

M. Avez. C'est du socialisme ploutocratique.

M. Alfred Naquet. J'en ai fini, messieurs. En montant à cette tribune, je n'ai pas eu la prétention de modifier votre vote; — je ne cherche pas à obéir à cette fiction parlementaire qui veut que, quand un orateur est à la tribune, il soit censé croire que ses paroles influenceront ses auditeurs. (*Sourires.*) Je ne me berce pas de cette espérance; je sais que vous allez voter les droits.

M. Louis Terrier. Alors, on aurait pu voter avant de discuter!

M. Alfred Naquet. En réponse à ce que me dit mon honorable collègue M. Terrier, à savoir que j'aurais dû laisser voter les droits sans parler...

M. Louis Terrier. Je n'ai pas dit cela! J'ai dit que si la discussion est inutile on aurait pu voter avant de discuter. Quant à votre discours, je l'ai écouté avec un in vif intérêt

M. Alfred Naquet. Je vous remercie, mon cher collègue, et cela ne m'étonne pas de votre part, car vous êtes toujours très bienveillant pour moi.

Je vous réponds que quand nous débattons des questions de cette importance à la tribune, c'est bien moins pour modifier l'état d'esprit de nos collègues que pour parler au pays et pour instituer devant lui les grandes discussions dont nous attendons une réaction prochaine contre l'œuvre que vous avez entreprise.

Je crois, pour ma part, avoir accompli un devoir en défendant ici des idées que je juge utiles à mon pays. Je désire que des discours comme ceux des honorables MM. Charles-Roux, Raiberti, Labat — je ne parle pas du mien qui est le moindre de tous — puissent avoir une répercussion dans le peuple de France, et amènent cette réaction assez rapidement pour empêcher que vos tarifs quasi prohibitifs n'aient pour résultat de nous isoler en Europe au point de vue politique et de tuer d'une manière irrémédiable notre exportation. (*Applaudissements sur divers bancs.*)

Le Figaro du 19 février 1894
— 40ᵐᵉ année - 3ᵉ série - n° 50 —

PROTECTION
ET
Liberté Commerciale

Après le vote des tarifs douaniers de 1892 les esprits peu clairvoyants pouvaient supposer que, pendant un laps de temps relativement long, les choses demeureraient en l'état.

Les esprits plus avisés ont été loin de nourrir de telles espérances, et les autres ont dû être désabusés depuis en entendant M. Méline confesser, mardi dernier, que les tarifs douaniers étaient chose essentiellement mobile, et que le régime dont il est l'apôtre est, au point de vue

économique, celui du provisoire perpétuel.

Le droit de 5 francs sur les blés n'a pas amené le prix de 25 francs que nos protectionnistes considèrent comme un minimum, il faut le surélever.

Malheureusement ceux qui s'ingénient ainsi à faire monter le prix de nos produits ne s'aperçoivent pas que c'est à un pur mirage qu'ils sacrifient les intérêts vitaux du pays.

C'est, qu'en effet, la protection universelle — et c'est bien la protection universelle que nous avons inaugurée en 1892 — est la conception la plus contraire à la science qui ait jamais pu germer dans une cervelle humaine.

Que l'on protège une industrie restreinte, limitée, c'est bon ou c'est mauvais, mais, dans tous les cas, c'est possible.

Si un État juge, par exemple, que la métallurgie ne peut pas vivre sous le régime de la libre concurrence avec l'étranger et s'il croit nécessaire, au point de vue de la défense nationale, de conserver cette industrie, il le peut, soit en frappant de droits de douane les similaires étrangers, soit en accordant une subvention à la production indigène, ainsi qu'on l'a fait chez nous pour la sériciculture.

C'est alors une contribution que l'on impose au pays pour entretenir une industrie de minorité, comme on lui en impose d'autres pour entretenir et développer sa marine et son armée.

Mais l'agriculture nourrit en France près de vingt millions d'habitants, c'est-à-dire plus de la moitié de la population française. Si l'on cherche à la protéger en faisant artificiellement monter les prix du vin ou du blé, qui paiera les frais de cette hausse des cours ?

Elle d'abord pour plus de moitié, puisqu'elle dépasse, nous venons de le rappeler, la moitié de la population totale du pays, et puisque, comme nous tous, les agriculteurs sont consommateurs en même temps que producteurs.

L'autre moitié de la charge pèsera, il est vrai, sur les populations industrielles et commerçantes. Mais comme la hausse du prix du pain entraînera fatalement celle de la main-d'œuvre, et conséquemment élèvera les frais généraux de toutes les industries, celles-ci demanderont à être surprotégées à leur tour, et l'on ne pourra pas plus se refuser demain à satisfaire des exigences aussi légitimes qu'on ne l'a pu il y a deux ans. Les prix de toutes les marchandises se trouveront finalement exhaussés dans une même proportion.

S'il en est ainsi, on n'aura absolument rien fait, et l'immense travail de tarification auquel on se sera livré aboutira à peu près au même résultat qu'un décret édictant que les pièces de un franc vaudront deux francs désormais.

Encore un tel décret hypothétique, s'il était inutile, serait-il du moins inoffensif. Tout propriétaire d'une monnaie appelée un franc la veille se trouverait propriétaire d'une monnaie appelée deux francs le lendemain. Mais comme du même coup tout ce qui se payait un franc la veille se paierait deux francs le lendemain, la situation de fortune de chacun demeurerait exactement ce qu'elle était auparavant.

Il n'en va pas de même avec la protection.

Si l'on pouvait arriver à la rendre rigoureusement égale pour tout le monde, rien, absolument rien, ne serait modifié dans les relations économiques des habitants d'un même pays.

Mais cet idéal étant impossible à atteindre, malgré tous les efforts que l'on fait pour y parvenir, on arrive toujours à protéger les uns plus que les autres, et l'on jette un trouble profond dans les échanges.

On provoque, en outre, des représailles des autres peuples, et l'on porte de la sorte un coup funeste à l'exportation qui est l'un des principaux facteurs de la richesse d'un pays. Etant tributaire de l'étranger pour tout ce qu'on ne produit pas soi-même, on s'appauvrit en cessant de vendre au dehors les produits indigènes qui formaient la contre-partie de ceux qu'on en importait, et en se plaçant ainsi dans l'obligation de prélever la valeur de ces derniers sur la réserve métallique du pays importateur.

Si encore ce trouble que l'on apporte

dans les conditions [...] nation faussait la bal[ance ...] pauvres, on comprendrait qu'à la rigueur une démocratie s'y laissât entraîner.

Mais c'est l'inverse qui arrive. Dans la question du blé comme dans celle du vin, la mesure ne peut profiter qu'aux riches.

M. Siegfried a établi par des chiffres indiscutables que sur les sept cents et quelques millions de francs que les droits de huit francs vont coûter au consommateur, seize millions seulement iront au petit producteur, tout le reste profitant exclusivement à la grande culture.

Et M. Siegfried n'a indiqué qu'un des côtés de la question.

Supposons un paysan qui récolte mille kilogrammes de froment en plus de ce qu'il consomme : mille kilogrammes pour la vente. A raison de sept francs par 100 kilogrammes, les droits lui rapporteront soixante-dix francs.

Or, il n'est pas douteux que, par suite des droits sur les autres produits que les droits sur les blés auront rendus nécessaires, par suite de l'augmentation du prix de son vin, de sa viande, de ses vêtements, de ses outils, ses dépenses augmenteront de plus de 70 francs dans le courant de l'année. La balance se soldera pour lui en déficit.

Supposons, par contre, un riche propriétaire qui récolte un million de kilogrammes de blé : au lieu de 70 francs, c'est soixante-dix mille francs de bénéfice que lui vaudront les tarifs douaniers.

Et comme la consommation du riche n'est pas, en quantité de produits au moins, mille fois supérieure à celle du pauvre, la balance qui se soldait en déficit pour le pauvre se soldera en excédent pour le grand propriétaire. Celui-ci retirera un bénéfice réel de la protection.

La soi-disant protection agricole n'est donc, en dépit de tous les sophismes que l'on accumule, que du socialisme à rebours; et malheureusement, les grands propriétaires ont été assez habiles pour se concilier ici la complicité des pauvus qui ne comprennent pas et, fascinés par un mot, le mot *protection*, participent à un mouvement dirigé contre leurs intérêts.

Dans tous pays, et dans une démocratie surtout, pousser à la cherté des matières nécessaires à l'existence est chose qui devrait paraître inadmissible, et c'est cependant ce que l'on fait.

Puissent au moins les effets de ce triste système éclairer assez vite les populations pour qu'il soit possible de réagir avant que nos alliances politiques ne soient détruites et notre marché extérieur irrémédiablement compromis !

Alfred Naquet.

L'Éclair du 23 février 1894 (7ᵉ année — n° 1915)

— interview sur l'épandage des eaux d'égout —

M. Naquet

— J'ai fait partie, il y a quelques années de la commission sénatoriale qui avait été chargée d'examiner le projet d'épandage. En cette qualité, je fus l'un des membres qui allèrent étudier à Berlin les résultats de ce système employé dans la capitale de l'Allemagne. J'en suis revenu, bien que l'épandage fonctionne là-bas d'une manière à peu près satisfaisante, absolument hostile au projet. Ce qui est, en effet, possible, facile même, lorsqu'on a à sa disposition des steppes immenses où l'on peut à loisir déverser d'énormes quantités d'eaux résiduaires, n'en est pas moins impossible lorsqu'on n'a à sa disposition que des terrains comme ceux de Seine-et-Oise, qui sont beaucoup trop exigus et couverts d'habitations. Si l'on évacue sur des espaces restreints une trop grande quantité d'eaux, le terrain ne tarde pas à être saturé et les épidémies alors sont à craindre.

Le projet qu'on nous propose aujourd'hui n'est pas une solution, car il n'empêchera pas, — les terrains manqueront, — le déversement dans la Seine. A Berlin même, lorsqu'il se produit de forts orages, de grandes pluies, les eaux d'égout vont encore dans la Sprée. A plus forte raison, celles de Paris beaucoup plus abondantes puisque la population est plus nombreuse et aussi parce que les terrains d'épandage seront bien moins étendus.

Ce qu'il faudrait, selon moi, serait de trouver par un procédé chimique le moyen d'épurer les eaux d'égout. Jusqu'à présent, je n'en connais pas, mais je ne crois pas que ce soit là une question insoluble. Ou bien encore, que l'on fasse un canal de Paris à la mer, avec des emprises sur le parcours de ce canal, et les cultivateurs viendraient puiser les eaux qui leur seraient nécessaires pour la culture. De cette manière, ils prendraient ce dont ils auraient besoin, sans plus, et ne se-

talement les ... d'épandage ... que l'on vous propose
en Seine-et-Oise.

Pour moi, de toutes les façons que l'on peut trouver
de se débarrasser des eaux d'égout, le système de l'é-
pandage en ce moment préconisé me semble incontes-
tablement le plus ...

Le Comtat (de Carpentras) du 4 mars 1894 (n° 22)

Une lettre de M. Naquet

Nous recevons de M. Alfred Naquet, député de l'arrondissement de Carpentras, la
lettre suivante :

*Monsieur le Directeur politique
du COMTAT, à Carpentras.*

Dans une lettre de Paris qui renferme à
mon égard un mélange de critiques et d'appréciations bienveillantes, vous me faites un
reproche d'avoir voté contre le droit de 2 fr.
sur les blés, et vous dites que dans l'espèce
j'ai voté selon mes vues personnelles et nullement selon les vues de mon arrondissement,
qui est protectionniste.

Ceci demande une réponse.

L'arrondissement de Carpentras est-il protectionniste ?

Ce serait bizarre. Sur cinq cantons, trois, celui de Pernes et les deux de Carpentras, font
surtout de la culture maraîchère, du fourrage
et des fruits. La ville exporte des masses de
fruits confits à l'étranger et peut craindre les
représailles. Trois cantons au moins sur
cinq, et de beaucoup les plus peuplés,
doivent donc être opposés aux droits sur les
céréales.

Quant à l'ensemble de l'arrondissement, il
est importateur de blé. Il en achète plus qu'il

d'en vend, et dès lors l'élévation des prix ne pourrait que lui être préjudiciable.

Si donc je n'étais pas hostile aux nouveaux droits par principe ; si je n'étais pas foncièrement convaincu que la prétendue protection ne protège personne, qu'elle n'est pas créatrice de richesses, qu'elle ne profite qu'à quelques rares personnalités au détriment de tous, qu'elle nuit à notre commerce sans servir notre agriculture ; si même, dis-je, je n'étais pas convaincu de cela, en me plaçant au point de vue étroit de l'intérêt de mes commettants, j'aurais dû voter comme je l'a fait.

Je sais que les protectionnistes, par une campagne très-habile, ont entraîné avec eux ceux que leurs intérêts auraient du rendre leurs adversaires les plus résolus : le petit cultivateur et l'ouvrier agricole.

Mais je sais aussi qu'un député est un éducateur en même temps qu'un représentant.

Si, comme représentant, il se doit de ne jamais manquer à son programme, comme éducateur il a le devoir strict de ne mettre dans ce programme que ce qu'il croit conforme à la vérité, sauf à n'être pas élu s'il ne parvient pas à convaincre ses électeurs de la justesse de ses idées.

C'est ce que j'ai fait.

Au moment de la période électorale, répondant à la Société d'agriculture de Vaucluse, qui me demandait de souscrire aux principes de la prétendue protection agricole, je m'y suis très nettement refusé par lettre en ce qui concerne les droits de douane, n'admettant de ses revendications que les améliorations législatives où je vois une protection efficace et réelle.

J'ai exposé ces idées dans mes conférences au cours des différentes visites que j'ai faites aux communes. Je me suis expliqué là-dessus non seulement dans les cantons de Pernes et de Carpentras, mais encore dans ceux de Sault et de Mormoiron, les seuls où la question pourrait se poser, et j'ai été élu dans ces conditions.

Je suis donc en règle avec mon double rôle de représentant fidèle à son mandat et d'éducateur. J'ai voté et j'ai parlé à la Chambre conformément aux engagements que j'avais pris, conformément à ce que je crois être l'intérêt général de la France entière, conformément à ce que je considère comme l'intérêt plus particulier, plus spécial encore de notre bel arrondissement.

Je vous serai très obligé, Monsieur le Directeur, si vous voulez bien avoir la courtoisie d'insérer dans votre plus prochain numéro ces quelques lignes explicatives, que l'article de votre correspondant de Paris rend indispensables.

Veuillez agréer, Monsieur le Directeur, l'assurance de ma considération la plus distinguée.

A. NAQUET.

Qui veut trop prouver ne prouve rien. Dans la question des blés M. Naquet a voté comme il lui a plu de le faire : c'est son droit, comme ce sera aussi le droit des électeurs de choisir, à la première occasion, un député plus au courant de leurs besoins et de leurs aspirations. Pas un député éducateur, comme prétend l'être M. Naquet ; nous ne connaissons, en fait d'éducateurs, que les éducateurs de vers à soie. Et ceux-là ont besoin de protection contre les soies de la Chine et du Japon. Et nos vignerons n'ont-ils pas besoin d'être protégés contre l'envahissement des vins étrangers ! Et les vignes sont aujourd'hui la principale culture de notre arrondissement !

Ce qui est vrai, c'est que le paysan, ne pouvant plus vendre son blé, renonce à le semer.

Voilà ce que M. Naquet semble ignorer ! Qu'il consulte nos agriculteurs, qu'il se mette en rapport avec nos sociétés agricoles, et partout on lui répondra : il nous faut des droits protecteurs, sinon c'en est fait de notre agriculture !

L'Éclair du 6 mars 1894 (7me année — n° 1926)

LE DIVORCE ET L'ÉGLISE

Chez M. Naquet

M. Naquet, qui prend connaissance de ce chiffre élevé — 975 mariages religieux dissous par les cardinaux — fait plusieurs remarques. Celle-ci d'abord :

— Du fait du Code, une union ne peut être annulée que par suite du défaut du consentement libre et par erreur sur la personne physique. L'Eglise, plus accueillante, reconnaît 14 causes de nullité. Elle peut ainsi repousser le divorce tout en faisant largement profiter les fidèles des facilités de cette institution antichrétienne.

» Sous l'empire du code civil, une demande en nullité n'est plus recevable toutes les fois qu'il y a eu six mois de cohabitation continue du moment de l'erreur reconnue ou de la liberté du plaidant reconquise. L'Eglise admet la nullité des années après le mariage. C'est une épée de Damoclès suspendue sur la tête des époux catholiques.

» Dans les quatorze cas sont comptés : l'erreur non seulement sur la personne physique, mais encore sur la personne morale — l'erreur par défaut de consentement libre — l'impuissance — la non consommation du mariage — la parenté rapprochée.

» On arrive par ces moyens à démarier 975 catholiques en un an. On dira que ce chiffre s'étend sur toute la chrétienté. Soit. Mais il y a 46 annulations pour l'Italie ; — mettons qu'il y en ait, par réciprocité, cinquante pour la France. Or, d'après notre Code civil, c'est à peine si un mariage est déclaré nul par an. L'Eglise est donc cinquante fois plus facile. En fait, ses annulations sont des divorces inavoués. Ne nous en plaignons point : par là, l'Eglise reconnaît la nécessité du divorce.

La procédure romaine

» La procédure en cour de Rome est longue, c'est vrai. Le plaignant adresse sa demande au diocèse, en expliquant les motifs qui, selon lui, assurent la nullité de son union. Le procès est plaidé et un abbé qu'on appelle l'avocat du mariage remplit les fonctions du ministère public. Il a mission de rechercher si les moyens invoqués sont sérieux et lorsque, après avoir prêché, il n'a pas eu gain de cause et que le mariage a été annulé, il doit faire appel devant la Congrégation des cardinaux, à Rome, qui décide en dernier ressort.

» L'Eglise voit dans cette procédure le moyen d'être toujours à peu près assurée de pouvoir annuler un mariage si elle le juge à propos tout en menant une campagne acharnée contre le divorce. Le vrai encore, c'est que l'Eglise se préoccupe beaucoup moins d'assurer l'indissolubilité des unions que d'être seule souveraine dans ces questions de mariages si importantes pour le maintien de son influence sur l'humanité. Et si le Code civil et les lois sur le mariage civil n'étaient là, il est probable que l'Eglise se montrerait encore plus facile quand les époux ne peuvent s'entendre, sur les cas de nullité.

» Le nombre des mariages annulés par elle en une année est déjà assez considérable pour donner quelque crédit à cette opinion. Pour ma part, je sais une personne dont le mariage fut annulé à Rome; le demandeur assurait que l'union n'avait pas été consommée. Il obtint gain de cause, et cependant il était de notoriété publique, dans la ville qu'il habitait, que la femme avait eu un enfant non venu à terme.

» D'autre part, j'ai souvent demandé aux théologiens de répondre à cette objection : Pourquoi, leur disais-je, vous refuser à admettre l'institution du divorce ? qui mettrait d'accord la loi et la religion. Voici un mariage religieux annulé à Rome par suite d'une cause de nullité reconnue, mais cette nullité est de celles que ne reconnaît pas la loi civile, car plus de six mois se sont écoulés depuis la célébration du mariage; le divorce n'existant pas, les époux dont l'union religieuse a été annulée, devront cependant rester l'un près de l'autre enchaînés dans les liens du mariage civil. Avec le divorce, au contraire, ils peuvent, après s'être mis à l'abri de tout reproche, au point de vue de leur foi religieuse, demander à la loi civile le moyen de délier leurs liens. Les décisions de l'Eglise auront ainsi leur plein effet.

» Un abbé des plus distingués, dont j'avais lu

un [illisible] sur la question et auquel j'avais
écrit, me répondit par une longue lettre bien
curieuse. Il expliquait que j'avais raison à un
certain point de vue, mais que les cas où l'Eglise
et la loi civile se trouveraient d'accord ne seraient pas assez nombreux pour que l'Eglise,
dans l'intérêt de ses fidèles — toute question de
dogme écartée — accepte l'idée que l'union librement consentie de deux individus puisse
être rompue autrement que par suite d'un cas
de nullité, d'un empêchement dirimant... »

Le Figaro du 11 mars 1894 (40ᵉ année — 3ᵉ série — nᵒ 70

LA DÉPOPULATION

DE LA FRANCE

Depuis plusieurs semaines, la presse
s'occupe de l'arrêt qui s'est produit dans
l'accroissement de notre population,
elle s'en émeut, elle en cherche les
causes, puis elle passera à d'autres
questions en attendant que la publica-
tion d'une nouvelle statistique vienne
réveiller ses patriotiques angoisses.

Le phénomène dont on s'alarme n'est
pas neuf. Il s'est produit dans le monde
antique, il se manifeste chez nous, on
commence à l'observer dans beaucoup
d'autres contrées, notamment aux Etats-
Unis, dans les provinces de l'Est, où il
s'accuse déjà avec une grande force, et
quelles qu'en soient les raisons, que
l'on doit laisser aux philosophes le soin
de rechercher, il accompagne toujours
et partout le développement de la civilisation.

Est-ce un bien? est-ce un mal? faut-il
s'en attrister ou s'en réjouir?

Il en est, hélas! de ce problème comme
de beaucoup d'autres. L'état d'insolidarité, de guerre virtuelle, dans lequel
vivent les nations, ne permet pas de lui
donner une solution absolue.

Si le monde ne formait qu'un peuple,
si les questions d'indépendance, et par
conséquent de défense nationale, dispa-
raissaient de nos préoccupations, cette
tendance de la civilisation à modérer
l'accroissement de l'espèce serait un
grand bien dont il faudrait se féliciter.

Depuis longtemps, en effet, les savants
ont reconnu que lorsque la population
suit sa loi générale d'accroissement sans
être entravée par la prévoyance individuelle, le nombre des habitants d'un
pays augmente avec infiniment plus de
rapidité que les subsistances.

Ils en ont conclu justement que la misère et la mort sont les conséquences de
cet état de choses, et que la limitation
de la population est la condition première et nécessaire de toute amélioration sérieuse des sociétés humaines.

Si donc on n'avait d'autre préoccupation que l'adoucissement des mœurs,
l'élévation des intelligences et le bien-
être matériel de tous, il y aurait lieu de
se montrer satisfait en voyant la population devenir stationnaire.

Malheureusement, toutes les nations
ne sont pas parvenues au même degré de
développement. Tandis qu'un peuple
cesse de voir s'élever le chiffre de ses
habitants ou le voit même diminuer, le
phénomène inverse se produit chez d'autres moins avancés en civilisation, et
ceux-ci peuvent puiser, soit au point de
vue économique, soit au point de vue
militaire, dans l'excès de leur population et dans la misère même qu'il engendre, une force qui leur permettra d'é-
vincer leurs rivaux.

Redoutable antinomie!

A l'heure actuelle, en présence de l'Europe armée et de l'accroissement que
subissent encore les populations d'Alle-

magne, d'Italie, d'Autriche, la seconde de ces considérations prime la première. Il faut à tout prix, coûte que coûte, que nous évitions de nous dépeupler, sans quoi nous serons inévitablement subjugués.

Mais peut-on, soit par un enseignement philosophique ou religieux, soit par des modifications dans nos lois successorales, soit par des récompenses aux familles nombreuses, soit même par des pénalités telles que l'impôt sur les célibataires, arriver à un relèvement de la natalité?

Tous les exemples du passé semblent démontrer que cette espérance serait chimérique.

Les Romains, par leurs fameuses lois, connues sous le nom de *Lois Caducaires*, ont été aussi loin qu'il est possible d'aller dans cette voie, et les résultats obtenus par eux ont été nuls.

Il serait donc inutile de recommencer une expérience qui doit fatalement échouer, comme échouera toujours tout ce qui est en opposition avec l'évolution naturelle de l'humanité.

Heureusement, il existe deux voies par lesquelles peut se maintenir la population d'un pays, l'accroissement de la natalité ou la diminution de la mortalité; et si nous sommes sans action sur la première, nous avons par contre une action puissante sur la seconde. Les règles d'hygiène appliquées avec une rigueur extrême enrayent les épidémies — la démonstration n'en est plus à faire — et par la surveillance constante des enfants en bas âge, on peut conserver à la patrie un nombre considérable de citoyens qui, certainement, si la société n'intervient pas, seront inéluctablement fauchés.

Il résulte d'une enquête déjà vieille de dix ans de M. le docteur Denis-Dumont que, dans le Calvados, en 1865-1866, années qui cependant n'avaient présenté aucunes causes exceptionnelles de mortalité, la proportion des enfants en nourrice enlevés par la mort avait dépassé 30 0/0.

Par contre, en 1881 et 1882, le Calvados avait un préfet, l'honorable M. Monod, depuis lors devenu directeur de l'assistance publique au ministère de l'intérieur, qui, avec un zèle digne de

loux éloges, surveilla activement l'application de la loi Roussel sur la protection de l'enfance, la mortalité s'abaissa de 30 0/0 à 10 0/0.

On voit à quels résultats considérables on arriverait si l'administration apportait partout à la surveillance des enfants en nourrice le même zèle qu'y apportait M. Monod lorsqu'il était préfet du Calvados.

Malheureusement, la plupart de ses collègues trouvent plus profitable de faire de la politique et d'organiser la candidature officielle contre les candidats indépendants.

Les lois de l'hygiène, la surveillance des enfants en bas âge ne sont, d'ailleurs, pas les seuls moyens d'empêcher un pays de se dépeupler. Il en est un autre que, par un vieux préjugé absurde, on néglige systématiquement : l'assimilation des éléments étrangers.

***

Lorsqu'un peuple se civilise, en même temps que la natalité y diminue, les étrangers affluent chez lui : les étrangers riches à cause des attraits de tous genres que leur offre une civilisation raffinée, les pauvres parce qu'ils y trouvent d'ordinaire des salaires plus élevés que dans leur pays d'origine.

Il en résulte des conflits regrettables, comme les récents incidents d'Aigues-Mortes entre les ouvriers immigrés et les ouvriers autochtones. Ceux-ci s'irritent de l'avilissement des salaires, auquel la surabondance de l'offre donne lieu. Ils supportent, en outre, difficilement l'inégalité choquante qui existe entre leurs concurrents et eux. Tandis qu'ils sont soumis à toutes les charges qui pèsent sur les citoyens d'un pays, et particulièrement à l'impôt du sang, le plus lourd de tous quoique le plus honorable, les autres non seulement s'y soustraient, mais se créent, grâce à cet avantage, des situations privilégiées.

Il serait cependant bien facile de transformer en un bien ce mal dont on se plaint, d'apaiser les conflits, de faire disparaître une concurrence déloyale et de parer en même temps aux dangers de la dépopulation.

Il suffirait pour cela d'ouvrir toutes

grandes les barrières qui s'opposent à la naturalisation au lieu d'en barrer toutes les issues, de supprimer les droits de sceau et d'imposer la nationalité française, lorsqu'ils ne la répudieraient pas à leur majorité, à tous les enfants nés en France, au lieu de ne la conférer d'office, comme c'est le cas aujourd'hui, qu'aux enfants nés en France de parents étrangers eux-mêmes nés chez nous. Loin d'affaiblir notre race, cet afflux de sang étranger ne pourrait que la fortifier par le croisement. — Les étrangers qui sont nés sur notre sol, qui ont appris notre langue dès leur naissance, qui, pour la plupart, ignorent leur langue d'origine, qui ont fait leur éducation parmi nous, qui ont servi dans les rangs de notre armée, qui ont appris à aimer la France parce qu'on aime le pays qui vous a vu naître, où l'on a été élevé, dont on a acquis les mœurs et les habitudes, ces étrangers sont aussi Français par le cœur que qui que ce soit, et c'est souvent parmi eux que nous avons recruté nos patriotes les plus illustres : Mazarin, Napoléon, Gambetta étaient nés étrangers ou de parents étrangers.

Si donc, en attendant un état de l'Europe qui permette de voir avec faveur la population devenir stationnaire, on veut empêcher que la France ne tombe trop au-dessous de ses rivaux par le nombre de ses habitants, on le peut, en insistant sur l'hygiène, sur la protection de l'enfance et surtout en favorisant la naturalisation.

Mais vous verrez qu'on préférera se livrer au protectionnisme des hommes après avoir fait le protectionnisme des choses, éloigner de chez nous l'étranger, cette source de force et de richesses, et chercher des remèdes à ce qui n'en a pas, la diminution de la natalité.

Alfred Naquet.

Journal officiel de la R. F. du 16 mars 1894.
Séance
Discussion de la révision

M. le président. La parole est à M. Naquet.

M. Alfred Naquet. Je demande à la Chambre toute sa bienveillante attention. Ma pensée exige en effet des développements qui seront un peu longs, je ne puis le dissimuler... (*Exclamations sur quelques bancs.*)

M. le président. Messieurs, vous remerciez bien mal l'orateur de sa franchise. (*On rit.*)

M. Alfred Naquet. Je suis en outre atteint depuis quinze jours d'une légère bronchite qui me mettrait dans l'impossibilité absolue de forcer ma voix. Je suis donc obligé de compter sur la bienveillance et sur la courtoisie de la Chambre. (*Parlez ! parlez !*)

Messieurs, si en présence des propositions qui ont été apportées et brillamment défendues à cette tribune par nos honorables collègues M. Goblet et M. Bourgeois, et si, en présence de la proposition qu'a faite plus tard mon honorable collègue M. Michelin, j'ai déposé moi-même sur le bureau de cette Chambre une proposition spéciale de revision, c'est que mes idées diffèrent sous bien des rapports, dans le fond et dans la forme, de celles qu'ont exposées nos collègues. Au point de vue du fond, mon ami M. Goblet et M. Bourgeois font porter tout l'effort de la revision sur la dualité ou sur l'unité du pouvoir législatif. M. Goblet ne demande pas la suppression du Sénat, mais il a dit de la manière la plus nette et la plus claire, dans le petit opuscule qu'il nous a fait distribuer et dans son discours, que s'il ne la réclamait pas, c'est parce qu'il croyait que le Sénat ne consentirait pas à se supprimer lui-même, qu'il ne voyait donc pas la possibilité d'établir l'unité du pouvoir législatif, mais que s'il se trouvait dans une Constituante en face d'une table rase, il n'hésiterait pas à établir l'unité de Chambre. Sur ce point, je suis complètement d'accord avec l'honorable M. Goblet.

Comme lui je suis partisan de l'unité de Chambre; mais M. Goblet s'en tient là; il ne demande pas la réforme du pouvoir exécutif, ou tout au moins, s'il la demande, c'est pour placer plus encore qu'il ne l'est le pouvoir exécutif dans l'Assemblée.

Moi, au contraire, j'estime que la question principale, fondamentale, en matière de revision, c'est le débat entre le régime parlementaire, entre le régime de cabinet, tel qu'il est institué chez nous, et le régime représentatif, tel qu'il est institué dans toutes les autres républiques, sans aucune espèce d'exception.

J'estime que le pouvoir exécutif doit être établi sur des bases nouvelles; que les ministres doivent être pris en dehors des assemblées; qu'ils ne doivent pas être politiquement responsables devant l'Assemblée, sans quoi le ministère peut tomber sur certain détail particulier, sur un léger désaccord intervenu entre lui et la Chambre. J'estime que c'est là le nœud du débat, à ce point que, si je me trouvais demain, par hypothèse, dans une Assemblée constituante en présence d'une table rase et si j'étais forcé d'opter entre deux transactions, l'une qui m'accorderait la suppression du régime de cabinet en laissant subsister le Sénat, et l'autre, qui supprimerait le Sénat en laissant subsister le régime de cabinet, bien que j'attache une grande importance à l'unité du pouvoir législatif, — — et je m'efforcerai d'établir tout à l'heure pourquoi, — entre ces deux solutions, ne pouvant pas avoir la totalité de ce que je désire, j'opterais sans hésitation pour celle qui me donnerait le régime représentatif, c'est-à-dire la suppression du régime de cabinet en laissant subsister le Sénat, de préférence à celle qui conserverait le régime de cabinet en supprimant le Sénat.

M. Paul Guieysse. Pas nous !

M. Alfred Naquet. Je parle en mon nom et pas au vôtre, mon cher collègue.

Telle est la vue fondamentale qui me sépare de l'honorable M. Goblet. Mais il y a aussi un côté de forme qui distingue ma proposition de la sienne. L'honorable M. Goblet, je l'ai rappelé tout à l'heure, et il le disait éloquemment l'autre jour lui-même, est partisan en principe de l'unité de Chambre; mais pour les raisons d'opportunité, il se contenterait d'une disposition qui enlèverait au Sénat son veto absolu pour le réduire à un simple veto suspensif. Je crois au contraire que, soit au point de vue du résultat final, — si la proposition de revision pouvait aboutir, — soit au point de vue plus important encore de l'aboutissement même de la proposition, le système de transaction proposé par M. Goblet doit faire place à un système beaucoup plus complet, beaucoup plus intransigeant. Je demande nettement la suppression du Sénat, ou plutôt l'unité de Chambre. Je ne voudrais pas, en effet, me servir du mot suppression du Sénat dans un sens absolu, parce qu'en réalité, le jour où il y aurait unité du pouvoir législatif, la Chambre unique serait élue, recrutée et renouvelée dans des conditions différentes des Chambres actuelles. Ce ne serait donc ni la suppression du Sénat, ni la suppression de la Chambre, ce serait la suppression du système et son remplacement par un système nouveau.

Je crois donc, disais-je, plus utile, au point de vue de l'aboutissement même de la proposition, de nous montrer plus intransigeants, de demander nettement l'unité de Chambre, de demander la revision non par le Congrès, non par une Assemblée nationale composée de cette Chambre-ci, qui n'a pas reçu des électeurs le pouvoir constituant, et du Sénat, qui l'a reçu bien moins encore, mais par une Constituante nommée *ad hoc*. (*Très bien! très bien! sur divers bancs.*)

Je viens de vous dire que c'était au point de vue de l'aboutissement même de la revision qu'en dehors du but à atteindre je croyais ma méthode la meilleure.

Il est certain que si la revision n'était pas le véritable but qu'on poursuit, s'il advenait, comme nous en avons vu plusieurs fois des exemples dans les Chambres antérieures, que la revision fût simplement une question posée au Parlement pour donner à celui-ci l'occasion de s'orienter d'une certaine manière et de modifier le caractère de sa majorité; que si le but poursuivi n'était pas d'obtenir la revision de la Constitution, mais d'arriver à ce que le cabinet que préside l'honorable M. Casimir-Perier fût mis en échec et remplacé par un cabinet radical, le procédé de M. Goblet serait préférable au mien.

En effet, il serait plus facile d'obtenir de vous, messieurs, un vote favorable à une semblable transaction que de vous faire adhérer à un projet absolument intransigeant comme celui que je soumets à vos délibérations.

Mais tout autre est la question; si aujourd'hui vous votiez — je ne crois même pas que vous alliez jusque-là — le projet de l'honorable M. Goblet et celui de l'honorable M. Bourgeois, qu'adviendrait-il?

La majorité de la Chambre serait modifiée, le ministère actuel serait remplacé par un autre et j'avoue que, pour ma part, je n'y verrais aucune espèce d'avantage; car, l'outil constitutionnel restant le même, le nouveau ministère qui serait entre les mains des radicaux ne pourrait pas faire beaucoup plus que le ministère actuel, et il enlèverait à l'opposition l'avantage considérable d'apporter ici des idées, un programme, et de préparer les élections pour la grande consultation de 1898.

Si le projet de M. Goblet ou le projet de M. Bourgeois était voté, il en résulterait peut-être une orientation nouvelle. (*Bruit.*)

Messieurs, il est absolument impossible de parler dans le bruit lorsqu'on est obligé de faire une démonstration quelque peu didactique.

Sur divers bancs. Attendez le silence!

M. le président. Messieurs, l'orateur vous a prévenus qu'il avait la voix fatiguée, veuillez faire silence pour lui permettre de développer sa pensée.

M. Prudent-Dervillers. C'est un devoir pour tous.

M. Alfred Naquet. Je répète que, si l'un des deux projets qui ont été déjà défendus à cette tribune était voté, il en résulterait probablement une orientation nouvelle de la majorité de cette Chambre, mais que la revision ne ferait point un pas. Le Sénat ne la discuterait même pas, il est aussi hostile à l'amoindrissement de ses prérogatives qu'à sa propre disparition, il l'a bien montré lorsqu'il a refusé à M. J. Ferry, malgré l'autorité dont jouissait sur lui ce dernier, une modification de ses attributions financières, lorsqu'il a obligé M. Ferry à capituler et à accepter une revision que celui-ci avait appelée une revision décapitée. Il en serait de cette résolution comme il en a été de celle qui fut votée à l'époque de la chute du cabinet Gambetta ou de celle qui fut votée lors de la chute du cabinet Tirard.

La revision, messieurs, elle est possible, et je réponds ici en passant à une objection qui m'était faite l'autre jour à mon banc. On me disait : Vous prétendez que le Sénat fait obstacle à tout et que dès lors la moindre réforme est impossible à obtenir; s'il en est ainsi, comment espérez-vous obtenir la revision, qui est elle-même une réforme et une réforme des plus importantes?

Messieurs, je ne suis pas embarrassé pour répondre. Lorsque je dis que la moindre réforme est impossible, je veux dire par là, dans un langage qui dépasse peut-être un peu ma pensée, que la moindre réforme, avec l'organisme actuel, exige un effort disproportionné au résultat que l'on veut obtenir. Mais quand il s'agit d'une réforme capi-

de comme celle de la revi on, d'une réforme qui rendra toutes les autres possibles
lorsqu'elle-même aura été réalisée, d'une
réforme en un mot qui demande un effort
considérable pour aboutir, mais qui est assez
importante pour mériter cet effort, elle devient possible.

En 1877, lorsque la France se trouvait
placée entre d'une part l'idée monarchique
représentée par le Sénat et le Président de
la République d'alors, et d'autre part l'idée
républicaine que représentait cette Chambre, certes, il fallait vaincre aussi les résistances des pouvoirs publics.

Il fallait que cette Chambre l'emportât,
et la consolidation de la République à ce
moment nécessitait un effort suprême.

Mais cet effort, dans leur patriotisme, vos
prédécesseurs ont su le faire. Le pays les a
suivies avec un admirable mouvement d'opinion; le Sénat comme le Président de la
République d'alors ont été obligés de capituler devant cet effort de la nation, et la
République a été fondée.

Eh bien! faites aujourd'hui pour cette
grande cause de la revision, qui est la base
de tout, car c'est elle qui rendra toutes les
réformes possibles, faites un effort analogue à celui que vos prédécesseurs ont fait
pour établir la République dans ce pays, et
la revision sera faite; tous les pouvoirs
qui ne veulent pas se soumettre devant la
souveraineté nationale seront bien obligés
de s'incliner.

Mais, pour faire un effort pareil, il faut
déterminer un grand courant l'opinion
dans le pays, et s'il est vrai de dire que,
quand la France voudra réellement la revision personne ne pourra l'empêcher de
l'obtenir, je ne me dissimule pas que le fait
de déterminer un grand courant d'opinion
sur des idées abstraites de cette nature présente les plus grandes difficultés. Au moins
faut-il, si l'on a l'intention d'y réussir, que
ces idées soient particulièrement simples,
particulièrement capables de s'imposer à
l'esprit des masses, de les convaincre et
de les entraîner.

En 1877, l'opposition entre l'idée monarchique et l'idée républicaine était une idée
simple qui pouvait passionner les masses
et les entraîner. Aujourd'hui encore, l'idée
de la suppression du Sénat, l'idée de l'incompatibilité absolue à prononcer entre les
fonctions ministérielles et le mandat législatif, l'idée d'une Constituante et du *referendum*, ces idées sont des idées assez
nettes, assez simples, assez précises pour
que le peuple les comprenne et pour qu'il
puisse être, je le répète, entraîné et con-

vaincu par elles.

Par cela même qu'elles dépassent le milieu législatif, qu'elles dépassent ces transactions qui peuvent aboutir ici; par cela
même qu'elles sont plus complètes et plus
larges, elles s'imposeront plus facilement
au sentiment du pays qui les comprendra.

Mais si nous allons devant le pays avec
une idée comme celle que nous a apportée
l'honorable M. Goblet, quelque importante
qu'elle soit aux yeux des penseurs et des
philosophes, si nous allons demander au
pays de modifier les attributions du Sénat
au point de vue financier et même de transformer complètement son droit de veto absolu en un droit de veto suspensif, soyez
convaincus que ces questions de détail ne
seront pas de nature à s'imposer à l'intelligence des masses et que là-dessus vous ne
réaliserez jamais le courant d'opinion qui
est indispensable si vous voulez aboutir.

Voilà pourquoi, au point de vue de la
forme aussi bien qu'au point de vue du
fond, je me trouve en désaccord avec mon
honorable ami M. Goblet. Je ne me suis pas
dissimulé, toutefois, qu'une difficulté de
procédure se présentait à moi. La Constitution du 25 février 1875 existe et, aussi longtemps qu'elle existera, qu'elle sera la Constitution légale, nous lui devrons l'obéissance.
Or, cette Constitution a réglé la procédure
au moyen de laquelle elle peut être revisée
et cette procédure est tout autre que celle
que je propose. La loi constitutionnelle du
25 février 1875 a décidé, par son article 8,
que, lorsque les deux Chambres séparément décideraient qu'il y a lieu à revision
du pacte constitutionnel, elles se réuni-
raient en Assemblée nationale à Versailles
et procéderaient elles-mêmes à la revision.
Comment arriver à obtenir la convocation
d'une Constituante qui me paraît absolument indispensable, et pour produire le
mouvement d'opinion qui seul rendra la
revision nécessaire et fatale, et, lorsque ce
mouvement d'opinion se sera produit, pour
en faire sortir tous les résultats que nous
sommes en droit de désirer et de vouloir?

La première question qui se pose s'est
posée très souvent à la tribune de cette
Chambre. On s'est demandé si, d'après la
Constitution de 1875, les deux Chambres
avaient ou non le droit de limiter au préalable l'œuvre du Congrès. La loi est muette
sur ce point et il est incontestable qu'on
peut soutenir à peu près ce qu'on veut. Je
crois cependant que, dans l'esprit du législateur de 1875, l'œuvre du Congrès ne devait
pas pouvoir être limitée, et voici sur quoi
je m'appuie.

M. René Goblet. Certainement !

M. Alfred Naquet. Il ne faut pas oublier une minute ce que disait l'autre jour M. Goblet, que la Constitution de 1875 a été faite par une Assemblée monarchiste.

A ce moment-là le parti monarchiste n'avait pas refait son unité : le comte de Chambord vivait encore; l'Assemblée nationale ne pouvait pas s'éterniser; elle chercha une pierre d'attente. Cette pierre d'attente, ce fut la Constitution actuelle. Elle se disait que, le jour où l'union du parti monarchiste serait reconstituée, si les circonstances donnaient une majorité monarchiste à la Chambre et une majorité monarchiste au Sénat, grâce à ce système de revision, inauguré par elle, qui permettait aux deux Chambres de changer de fond en comble le pacte fondamental sans faire un nouvel appel au suffrage universel, il serait aussi facile de transformer la République en monarchie que de voter une loi d'intérêt local. Seulement, l'Assemblée nationale avait probablement pensé que ses espérances pourraient être déçues, et elle s'était dit que peut-être les Chambres seraient républicaines et non pas monarchistes, ainsi que le fait est arrivé. Et alors, en même temps qu'elle voulait rendre la revision facile quand il s'agirait de transformer la République en monarchie, elle voulait la rendre à peu près impossible quand il s'agirait d'introduire la plus petite réforme démocratique dans la Constitution, et elle en a trouvé le moyen en donnant la souveraineté au Congrès. Car elle pensait sans doute qu'un Sénat de 300 membres pourrait s'effrayer à l'idée d'être noyé dans une Assemblée de 600 membres qui, à un moment donné, pourrait voter sa suppression, ou tout au moins son amoindrissement. Il me paraît donc que l'impossibilité pour les deux Chambres de limiter d'avance l'œuvre du Congrès avait dû être pour les constituants le moyen de rendre possible la revision monarchiste et impossible la revision républicaine.

Mais il faut bien reconnaître que la loi n'a rien dit, qu'elle a laissé dès lors toutes les interprétations possibles et que, d'ailleurs, aurait-elle dit quelque chose, aurait-elle spécifié l'impossibilité pour les deux Chambres de limiter à l'avance l'œuvre du Congrès, cette interdiction eût été illusoire, car on ne peut pas empêcher individuellement les membres de deux majorités de s'entendre entre eux et de faire un pacte dont, sauf le cas de trahison, personne ne peut prévoir la violation, puisqu'il émanerait de deux majorités qui, réunies, ne sauraient alors se transformer en minorité.

Aussi le Congrès de 1884, aussi souverain que l'Assemblée nationale de 1875, interpréta-t-il, contrairement à ce que je suppose avoir été l'idée du législateur de de 1875, la Constitution dans le sens d'une limitation possible. Eh bien ! je prends cette jurisprudence et je formule ma proposition de la manière suivante :

Désireux d'obtenir une revision intégrale, convaincu que cette revision ne peut être obtenue par le Congrès et qu'une Constituante seule est apte à la réaliser; convaincu que, pour que cette revision produise tous les effets qu'on en attend, elle devra être soumise, comme sous la Révolution française, comme en Suisse, à l'acceptation directe du suffrage universel; convaincu d'ailleurs que la réunion d'une Constituante exige d'abord une modification de l'article 8 de la loi de 1875 et de la procédure de revision, je donne à ma proposition la forme suivante, qui diffère de celle adoptée par M. Goblet. Ma proposition est conçue en ces termes :

« La Chambre des députés, considérant que la revision intégrale de la Constitution est nécessaire;

« Considérant que cette revision ne peut produire son effet que si elle est l'œuvre d'une Constituante;

« Mais considérant que ce mode de revision exige la revision préalable par la procédure actuelle de la loi constitutionnelle du 25 février 1875.

« Décide :

« Il y a lieu de réunir l'Assemblée nationale à Versailles pour reviser l'article 8 de la loi constitutionnelle du 25 février 1875. »

Voilà, messieurs, les différences de forme et les différences de fond qui distinguent d'une manière générale ma proposition, de celle de l'honorable M. Goblet et qui m'ont décidé à déposer une proposition qui m'est personnelle.

Si nous nous trouvions en présence d'une situation identique à celle qui est la nôtre dans le vote des lois ordinaires; si je pouvais penser que vous allez voter tout à l'heure l'urgence de ma proposition; que cette proposition sera renvoyée à une commission spéciale, et qu'un grand débat s'ouvrira dans trois ou quatre mois sur le fond de la question; si même, allant plus loin, je pouvais espérer que le Sénat nous suivra dans cette voie et que le Congrès de Versailles se réunira dans quelques mois, mon discours devrait s'arrêter aux quelques paroles que je viens de prononcer et je devrais conserver, pour les apporter à cette tribune au moment du débat sur le fond ou, mieux encore, devant le Congrès de Versailles, les idées qui me restent à développer devant vous.

Mais à cette heure personne ne se fait illusion, et mes honorables amis comme moi nous savons fort bien que vous n'allez pas voter l'urgence de notre proposition. Seulement, les partisans comme les adversaires de la revision dans cette Chambre ont pensé qu'il était bon qu'un grand débat s'ouvrît sur ce sujet afin d'éclairer le pays. Ils ont pensé qu'il fallait que cette question revisionnelle dont on parle depuis si longtemps fût enfin discutée largement ici afin que le pays connût les motifs de ceux qui estiment que la revision est nécessaire, aussi bien que les raisons de ceux qui, comme M. Deschanel, estiment que la revision doit être écartée ; et il a été convenu entre les différentes fractions de la Chambre et entre le Gouvernement et nous que ce débat complet aurait lieu à propos de l'urgence. C'est pourquoi je vous demande la permission de répondre au discours de M. Deschanel — qui m'a réfuté l'autre jour par anticipation, et qui, par cela même, sur quelques points déterminés, a peut-être un peu défiguré le fond de ma pensée — et de vous exposer les motifs qui me portent à être l'adversaire de la dualité des Chambres et à être par-dessus tout l'adversaire du régime de cabinet qui n'existe dans aucune république, en dehors de la République française, qui avait été condamné par la Révolution, par la Convention aussi bien que par la Constituante, malgré la haute autorité de Mirabeau, qui a été importé chez nous par la Restauration et qui s'y est implanté depuis.

L'honorable M. Deschanel, l'autre jour, avec sa parole vibrante, a certainement impressionné la Chambre lorsqu'il a dit qu'il ne voulait ni de la dictature d'une Assemblée, ni de la dictature d'un homme et que par suite il combattait les idées de M. Goblet, qu'il considère comme des idées conventionnelles, ainsi que les miennes, parce que si les premières lui paraissent de nature à introduire dans ce pays la dictature d'une Assemblée, les secondes lui semblent aboutir à la dictature d'un homme.

Eh bien ! que l'honorable M. Deschanel se rassure, pas plus M. Goblet que moi nous ne désirons établir une dictature dans ce pays. (Rumeurs au centre.)

Messieurs, je ne fais pas d'histoire rétrospective ; nous ne discutons pas en ce moment sur les événements de ces six dernières années ; mais, si nous le faisions, il ne me serait pas difficile de vous prouver que, même en supposant que je me sois trompé à cette époque, jamais je n'ai voulu la dictature d'un homme ni d'une Assemblée. (Exclamations sur divers bancs.)

Un membre à gauche. Vous vous êtes sûrement trompé à cette époque !

M. Jules Guesde. Nous avons la dictature d'une classe maintenant.

M. le président. Je vous en prie, messieurs, restons dans le temps présent.

M. Alfred Naquet. M. Deschanel, je le répète, peut se rassurer, tel n'est pas notre but. En ce qui me concerne, j'estime que dans toute machine — et, en somme, une Constitution est une machine législative, — dans toute machine, dis-je, il faut un frein. Mais tous les freins ne sont pas également bons, et c'est sur ce point que j'appelle l'attention de mon honorable collègue M. Deschanel.

Pour que le frein d'une machine soit bon, quelles qualités doit-il posséder ? Il doit en posséder deux : il doit avoir la puissance nécessaire pour empêcher la machine de s'emporter, de tourner à vide, et il doit aussi ne pas empêcher la machine de produire un travail utile.

Si un frein n'est pas capable d'empêcher la machine de s'emporter ou si, lorsqu'elle ne s'emporte pas, il l'empêche de travailler d'une manière utile, on est en droit de dire que ce frein est détestable, qu'il vaudrait mieux n'en pas avoir du tout ou, du moins, en avoir un autre.

M. Paul Deschanel. Le frein qui a empêché le boulangisme, c'est la présidence de la République et le Sénat ! (Dénégations sur quelques bancs à l'extrême gauche.)

M. Leydet. Pas du tout ; c'est le suffrage universel qui a arrêté le boulangisme.

M. Jules Guesde. Si le Sénat eût été seul, il n'eût pas été long à balayer.

M. Michelin. C'est la mutilation du suffrage universel qui a empêché le boulangisme, c'est le vote de la loi sur les candidatures multiples.

M. Alfred Naquet. Je réponds à l'argument de M. Deschanel, argument que j'ai déjà lu dans les journaux de sa nuance, notamment dans le Temps.

Non, messieurs, le Sénat ne vous a servi à rien pour battre le boulangisme. En quoi vous aurait-il donc servi ? Par la Haute Cour ? Est-ce que vous croyez que c'est la procédure de la Haute Cour qui a produit le triomphe que vous avez obtenu en 1889 ? Je ne le crois pas. Mais enfin je vous fais cette concession, si elle peut vous être agréable; j'admets pour un moment avec vous que la Haute Cour vous ait servi en cette circonstance. Mais l'existence d'une Haute Cour n'est pas du tout rivée à l'existence d'un Sénat. Sous l'empire, le Sénat ne possédait pas d'attributions judiciaires, et cependant il y avait une Haute Cour, qui a fonctionné à Blois et à Tours. Sous la République de 1848, l'unité législative existait et il y avait une Haute Cour, qui a fonctionné à Bourges et à Versailles. Ces jours-ci encore, une Haute Cour, qui a été d'ailleurs arrêtée dans son œuvre, a fonctionné à Belgrade, et cette Haute Cour n'était pas un Sénat transformé en corps judiciaire.

Vous auriez donc pu avoir une Haute Cour sans Sénat, et s'il était vrai que ce fût la Haute Cour qui vous eût sauvés du boulangisme, vous seriez arrivés au même résultat sans avoir la dualité des Chambres.

Savez-vous ce qu'il faudrait pour que vous fussiez autorisés à prétendre que c'est le Sénat qui vous a sauvés du boulangisme? Il faudrait qu'il se fût passé, à cette époque, en sens inverse, quelque chose d'analogue à ce qui s'est passé lors du 16 Mai. Si les hommes qui défendaient alors le parti boulangiste étaient arrivés en majorité à la Chambre, si le Président de la République, sur l'avis conforme du Sénat, avait dissous cette Chambre et que cette majorité boulangiste n'eût pas été renommée, et qu'à la seconde consultation du suffrage universel vous fussiez revenus en majorité, oui! alors vous eussiez été en droit de dire que le Sénat vous avait sauvés, parce que vous eussiez été sauvés par la dissolution et que, dans une république, le droit de dissolution ne peut pas être conféré au pouvoir exécutif seul. Mais les faits ne se sont pas passés ainsi, et, permettez-moi de le dire, ils ne pouvaient pas se passer ainsi.

Dans une démocratie comme la France, où le suffrage universel est réellement digne de ce nom et indépendant, on concevrait à la rigueur que, si une dissolution se produisait au bout de deux ou trois ans de législature, alors que la Chambre a pu se mettre en désaccord avec le pays, la même majorité ne revînt pas; mais s'imaginer qu'il sera jamais possible de briser des élections le lendemain de la consultation nationale, comme on a essayé de le faire au 16 Mai, et que les élus ne reviendront pas, c'est une chimère, une absolue chimère! (*Applaudissements à l'extrême gauche.*)

Vous en avez fait l'expérience vous-mêmes, une expérience petite et restreinte, à l'époque du boulangisme. Après les élections du 22 septembre, vous avez invalidé un grand nombre de députés qui avaient passé avec l'étiquette boulangiste.

M. Prudent-Dervillers. Ce fut une faute.

M. Alfred Naquet. Je le crois. Néanmoins la situation était bien meilleure pour vous qu'elle ne l'eût été dans une consultation générale du pays après une dissolution de la Chambre, car il était certain que la défaite que le parti boulangiste venait de subir vous donnait plus de force dans les circonscriptions où des invalidations avaient été prononcées. Qu'est-il advenu cependant? C'est que, dans ces circonscriptions, et bien qu'à ce moment l'idée boulangiste y fût morte, — si bien morte que, deux mois après, au moment des élections municipales à Paris, le boulangisme était écrasé, — les hommes que vous aviez invalidés ont été réélus et avec des majorités supérieures à celles qu'ils avaient obtenues au premier tour. Qu'est-ce que cela veut dire? Cela veut dire que, dans ce pays de suffrage universel, les électeurs n'admettent pas que tant qu'il n'y a pas eu fraude, corruption ou pression officielle, les élus du suffrage universel soient brisés, et, quand on les brise malgré la nation, la nation les renvoie à la Chambre.

M. Bourgoin. Pourquoi ne vous êtes-vous pas représenté dans le cinquième arrondissement?

M. Alfred Naquet. Je n'ai pas à vous répondre de mes actes personnels…

M. Bourgoin. Nous les connaissons, vos actes.

M. Alfred Naquet. … mais je puis vous dire, puisque vous m'interrogez sur ce point, qu'en 1889 j'avais obtenu dans le cinquième arrondissement 85 voix de majorité. On m'a invalidé, je me suis représenté et j'ai été renommé avec 800 voix de majorité.

M. Bourgoin. Voulez-vous y retourner une troisième fois, vous verrez. (*Bruit à l'extrême gauche.*)

M. Marcel-Habert. Allez-y donc, monsieur Bourgoin.

M. le président. Chacun est libre de se présenter où il veut.

M. Alfred Naquet. Messieurs, je crois avoir répondu à l'objection que m'a faite M. Deschanel et que j'avais prévue parce qu'on la répète souvent.

Non, il n'est pas vrai que le Sénat vous ait sauvés du boulangisme. Ce qui a permis aux partis dominants de se maintenir dans cette Assemblée, ce sont d'autres raisons, d'autres causes; c'est le suffrage universel qui vous a donné raison, et ce n'est pas le Sénat qui vous a sauvés. Si vous n'aviez eu que le Sénat pour vous défendre, soyez convaincus qu'il y a beau temps que vous ne seriez plus là. (*Très bien! très bien! à l'extrême gauche.*)

M. le comte Christian d'Elva. C'est la vérité!

M. Prudent-Dervillers. Les ouvriers ont été écœurés du boulangisme!

MM. Paulin-Méry et Pierre Richard. Ce sont les ouvriers qui nous ont élus.

M. Pierre Richard. Oui; moi en particulier j'ai été élu par des populations exclusivement ouvrières. (*Bruit.*)

M. le président. Messieurs, je vous en prie, veuillez garder le silence.

M. Alfred Naquet. Je reviens à ma démonstration. Je disais que le Sénat est un frein détestable, parce qu'il n'empêche pas les emportements et qu'il empêche le travail utile.

Il n'empêche pas les emportements, et on le conçoit. Dès qu'il s'agit d'une question passionnelle, d'ordre purement politique, qui excite la Chambre, celle-ci affirme sa volonté; si le Sénat résiste, elle résiste à son tour et comme elle a derrière elle le suffrage universel, c'est-à-dire la grande force du pays, elle finit nécessairement par l'emporter.

En voulez-vous la preuve? Je vais vous la fournir. Je la trouve dans le fameux article 7. Je ne le discute pas, je n'examine pas s'il a été bon ou mauvais; moi qui suis ce que j'ai toujours été, un homme de liberté, je ne l'ai jamais approuvé. Mais, peu importe, la question n'est pas là. C'était un acte politique passionnel; la Chambre le voulait; le Sénat n'en voulait pas et il a voté contre. Qu'a fait la Chambre? Elle a interpellé le ministère, elle a exhumé des lois de la monarchie et elle a enjoint au Gouvernement d'appliquer ces lois. On est allé ainsi jusqu'à l'expulsion des corporations religieuses, ce qui était un acte infiniment plus grave que n'aurait été l'article 7.

Dans cette circonstance, le Sénat non seulement n'a pas servi de frein, mais encore il a aggravé ce que voulait faire la Chambre en voulant l'empêcher.

Par contre, quand il s'agit des lois ordinaires, non politiques, qui ne passionnent pas la masse du pays, comme celles du divorce, des syndicats professionnels, des délégués mineurs, des employés commissionnés des compagnies de chemins de fer, alors, comme pour ces lois il n'existe pas dans la Chambre assez de passion pour résister jusqu'au bout et pour pousser le Sénat jusque dans ses derniers retranche-

ments, la Chambre finit, pour arriver au vote de la loi, par accepter les modifications que le Sénat propose, et il ne reste plus qu'une loi déformée. (*Très bien! très bien! à gauche.*)

M. René Goblet. Parfaitement!

M. Alfred Naquet. L'honorable M. Deschanel vous a cité tout à l'heure une statistique que j'avais lue le matin même dans l'*Eclair*. C'était son droit, et il m'arrivera souvent de me servir de statistiques qui auront paru dans les journaux. Cette statistique démontrait combien est faible le chiffre des lois que le Sénat a complètement rejetées.

C'est très vrai; le Sénat n'a, en effet, repoussé qu'un nombre très restreint des lois que vous lui avez envoyées; mais, par contre, il les a toutes déformées. (*Très bien! très bien! à gauche.*)

Quand la Chambre lui a envoyé la loi sur le divorce, le Sénat y a introduit un article 310 qui a engendré une double jurisprudence. Quand la Chambre lui a envoyé la loi pour garantir les employés commissionnés des compagnies de chemins de fer contre le bon plaisir des compagnies, le Sénat a transformé la loi en une modification de l'article du code civil qui vise le contrat de louage, et il a voté ainsi une loi qui ne remplit plus le but que vos prédécesseurs s'étaient proposé.

Je pourrais multiplier les exemples, si je ne craignais de faire perdre le temps de la Chambre. En réalité, le Sénat n'arrête d'une manière absolue qu'un petit nombre de lois au passage; mais il les transforme toutes et leur enlève leur caractère libéral et démocratique pour les faire rentrer dans je ne sais quelles vieilles ornières qui datent du commencement du siècle et qui ne sont plus en harmonie avec les besoins de notre époque.

Ainsi le Sénat n'empêche pas les emportements, et il empêche le travail utile. Le Sénat est donc le plus détestable des freins que vous puissiez introduire dans une machine gouvernementale.

Le Sénat présente en outre l'inconvénient d'aggraver tous les défauts du régime représentatif. Rien n'est absolu dans ce monde et nos ancêtres disaient comme nous que toute médaille a son revers. Le régime représentatif, le régime de la liberté, du *self-government*, comme disent nos voisins les Anglais, est tellement supérieur au régime autocratique qu'à aucun point de vue nous ne voudrions renoncer au régime représentatif en faveur du régime autocratique. Mais comme rien n'est absolu, il est incontestable que sur certains points de détail, qui ne suffisent certes pas à nous le faire préférer, le régime dictatorial et autocratique présente certains avantages sur le régime représentatif.

Ainsi, avec le régime absolutiste, la loi est faite plus rapidement, elle est homogène, harmonique dans toutes ses parties.

Avec le régime représentatif, au contraire, que de temps perdu depuis le jour où un député effectue le dépôt d'une proposition de loi jusqu'au moment où, après avoir passé par les commissions d'initiative, les commissions spéciales, par la double délibération à la Chambre et après avoir subi à nouveau cet ensemble de formalités au Sénat même, elle sera enfin transformée en loi et promulguée au *Journal officiel* !

Ce n'est pas tout. Ce projet de loi, émané d'un président du conseil, d'un ministre, ou bien cette proposition de loi — puisque les noms changent suivant l'auteur d'un projet — émanée d'un simple député, le jour où elle se produit, est harmonique dans toutes ses parties; mais la commission la modifie, la transforme, l'amende ; puis, en séance publique, des amendements, qui parfois même n'ont pas eu le temps d'être examinés par la commission, arrivent et sont votés par vous.

Alors toute l'économie du projet de loi se trouve bouleversée; au début vous aviez une loi harmonique dans toutes ses parties; après le vote, cette loi est devenue absolument chaotique. Eh bien ! ce défaut, ce manque de l'harmonie nécessaire en matière législative, ne voyez-vous pas qu'il est aggravé considérablement par l'existence de deux Chambres, puisque le même travail que vous avez fait ici doit être recommencé dans la seconde Assemblée, puisque cela prend du temps, puisque ce temps s'augmente encore du va-et-vient, des mouvements de raquette d'une Chambre à l'autre, puisque enfin les amendements se multiplient d'autant plus qu'il y a plus de délibérations et plus d'Assemblées délibérantes. (*Très bien! très bien! sur quelques bancs à l'extrême gauche.*)

Espère-t-on d'ailleurs qu'un jour les deux Chambres pourront avoir une telle uniformité d'opinions que les quelques conflits qui se produisent entre elles et qui aggravent, comme je viens de le dire, les inconvénients du système représentatif, disparaîtront ?

Je ne le crois pas, car il y a quelque chose de plus important que les idées et l'esprit des hommes qui constituent les Chambres, c'est le caractère et le tempérament de ces hommes.

La Constitution a voulu que les sénateurs fussent plus âgés que les députés, et l'usage sur ce point est allé beaucoup plus loin que la loi constitutionnelle.

La prévision de cet état de choses n'avait pas échappé à ce grand penseur, à ce grand orateur qui s'appelait Lamartine. Il l'avait fait ressortir dans l'admirable discours qu'il prononça en faveur de l'unité de Chambre à l'Assemblée constituante de 1848.

M. Paul Deschanel. Il prépara le coup d'Etat avec ce discours.

M. Alfred Naquet. Non, il ne préparait pas le coup d'Etat avec ce discours. Il a pu avoir tort de faire voter l'élection directe du Président de la République par le peuple, mais il avait eu raison de vouloir l'unité de Chambre.

M. Paul Deschanel. Par ces deux discours il prépara le coup d'Etat.

M. Alfred Naquet. Lamartine, dis-je, avait prévu cet état de choses. D'un côté, à cause de cette différence d'âge et de tempérament, vous avez une Chambre formée d'hommes profondément intelligents, profondément instruits, rompus aux traditions parlementaires, très dévoués au régime républicain; mais en vertu de cette loi qui veut que les hommes d'un certain âge qui ont beaucoup lutté pour conquérir un ensemble de réformes soient plus préoccupés de la conservation de ce qu'ils ont conquis que de la conquête de ce qui reste à acquérir, ces hommes intelligents, honnêtes, dévoués, instruits, rompus aux traditions parlementaires, poussent quelquefois la timidité jusqu'à la pusillanimité et vont jusqu'à respecter même des préjugés séculaires.

D'un autre côté, vous avez une autre Chambre, celle qu'on appelle la seconde, comme disait M. Thiers, au point de vue hiérarchique, mais qui est la première en autorité; c'est celle devant laquelle j'ai l'honneur de parler en ce moment. Ah! ici, c'est l'inverse : elle est composée d'hommes également instruits, également intelligents, également dévoués à la cause publique. Mais ils sont jeunes, et comme les jeunes, contrairement à ce qui se passe pour les vieux, n'ont aucune crainte pour ce qui a été déjà conquis, parce qu'ils ont été élevés au milieu de l'édifice actuel, parce qu'ils le considèrent comme inébranlable et qu'ils ne conçoivent pas qu'il puisse jamais être remis en question. ces jeunes sont surtout préoccupés de l'avenir, de ce qui reste à conquérir; et il en résulte que cette seconde Chambre est animée d'un esprit de progrès, de hardiesse qui quelquefois va jusqu'à la témérité. C'est ainsi que vous avez deux Assemblées qui, réunies l'une avec l'autre, vous donneraient une Assemblée admirable par son esprit de progrès et de pondération, tandis que, séparées, ce sont deux Assemblées insuffisantes l'une et l'autre. (*Très bien! très bien! à gauche.*) Lamartine l'avait bien montré. Il avait bien décrit ce mécanisme du Sénat écrémant la Chambre et rendant ainsi les deux Assemblées également inaptes par des raisons inverses à remplir complètement leur fonction.

Voilà les objections qui s'imposent à l'attention de la Chambre.

L'institution de deux Assemblées rend la loi plus incohérente.

Elle éternise le travail législatif.

Elle a pour effet d'écrémer la Chambre du suffrage universel de façon à produire deux Assemblées insuffisantes avec le même personnel qui créerait une seule Assemblée lumineuse.

Maintenant, je crois que je ferais injure à l'Assemblée si j'abordais le côté historique de la question.

M. Deschanel cependant s'en est saisi l'autre jour.

Il nous a dit que dans tous les pays du monde où on a voulu installer la liberté on a créé deux Chambres, et il nous a prémunis contre la tentation d'inaugurer un système nouveau qui n'a jamais réussi nulle part.

Vraiment, lorsqu'on veut faire des comparaisons historiques, il faut prendre des situations comparables entre elles. Je ne puis pas comparer l'Angleterre, pays aristocratique, où la Chambre des lords représente de vieux privilèges héréditaires — que l'on bat en brèche d'ailleurs en ce moment-ci, comme nous l'avons vu l'autre jour par le vote de l'amendement Labouchère — avec la France, pays démocratique, qui ne possède plus chez elle ni droits aristocratiques ni droits monarchiques d'aucune sorte. Mais il reste la Suisse, les États-Unis et le Mexique. Oui! toutes ces républiques ont une Chambre haute : Sénat en Amérique, Conseil des États en Suisse.

Mais, messieurs, nous faisons une grande expérience en France : nous avons institué une République une et indivisible, et les plus décentralisateurs d'entre nous — et je suis moi-même un décentralisateur, — estimant qu'un des éléments de pondération pour empêcher l'omnipotence d'une Assemblée unique, c'est une très grande décentralisation, — les plus grands décentralisateurs parmi nous ne vont pas jusqu'à la

fédération, et personne ne demande de morceler la souveraineté nationale. La loi se fait au centre et rien qu'au centre. (*Très bien! très bien!*)

Il n'en est pas de même en Suisse ni aux États-Unis. Là, dans la limite des attributions que la Fédération leur a conservées, chaque État, chaque canton a une autonomie qu'il conserve et dont il est profondément jaloux.

Or, il est bien clair que si, en Amérique, on avait nommé une Chambre unique élue avec un nombre de députés proportionnel à la population de chaque État, les grands États auraient été tout-puissants et auraient pu empiéter sur l'autonomie des petits. Si, par contre, on avait donné à chaque État le droit de nommer le même nombre de représentants quelle que fût leur population, les petits États auraient pu entreprendre sur l'autonomie des grands, et alors on a trouvé ce moyen terme, — qui déjà ne fonctionne pas si bien ; car, aux États-Unis, à cette heure, il y a un mouvement revisionniste qui se produit et contre l'institution du Sénat et contre l'institution de la présidence de la République, — on a établi deux Chambres pour que l'une, la Chambre des représentants, fût la représentation de la Fédération tout entière et que la seconde fût la représentation des États autonomes et garantît leur part de souveraineté. (*Très bien! très bien!*)

C'est ce qui fait que Gambetta, dans l'admirable discours qu'il prononça au Corps législatif sur cette question, disait : Le Sénat américain, ce n'est pas une Assemblée législative, c'est un Congrès d'ambassadeurs. (*Très bien!*)

Et c'est ce qui fait que Lamartine, dans le grand et merveilleux discours auquel je me reportais tout à l'heure, terminait par ces mots : « Si vous établissiez une Chambre haute en France pour imiter les États-Unis, vous imiteriez un défaut, vous vous calqueriez sur un vice, vous introduiriez une imperfection fédérale dans l'unité de la représentation de la France. »

M. Paul Deschanel. Gambetta a fait aussi un autre discours depuis lors!

M. Alfred Naquet. Je n'ai pas à discuter les actes de Gambetta. Il est certain qu'il a eu le tort, plus tard, d'appeler le Sénat « le grand conseil des communes de France », d'être hostile à la revision que nous avons tant de peine à faire aujourd'hui, et qu'il aurait faite en 1877 s'il l'avait voulu. C'est pourquoi j'ai été alors en désaccord avec Gambetta, comme je le suis aujourd'hui avec vous. Il n'en est pas moins vrai que

J'ai le droit de me servir de son opinion à un moment donné, surtout quand elle est aussi nettement justifiée que celle qu'il a émise en comparant le Sénat américain à un Congrès d'ambassadeurs. Ainsi donc, messieurs, vous ne pouvez pas vous prévaloir de cet exemple.

La différence est dans la manière dont vous avez conçu la République. Vous avez voulu faire une grande expérience, créer une République une et indivisible. Eh bien! donnez-lui les organes qui lui conviennent. S'il n'en était pas ainsi, si vous deviez vous inspirer exclusivement de l'exemple des autres peuples, ce n'est pas l'unité du pouvoir législatif qu'il faudrait attaquer, c'est l'unité même de la République, et vous en seriez réduits, ou à revenir à la monarchie pour éviter la fédération, ou à accepter la fédération pour éviter la monarchie.

Vous n'avez voulu ni l'une ni l'autre. Vous avez voulu tenir compte des traditions séculaires de la France sans renoncer à l'idée républicaine; vous avez cru qu'on pouvait établir une grande République unitaire et libérale dans ce pays. Donnez à cette République l'unité qui lui convient, c'est-à-dire l'unité du pouvoir législatif.

M. Deschanel nous dit que confier le pouvoir à une seule Assemblée ce serait créer l'omnipotence d'une Convention. Il se trompe. Si nous établissions une Assemblée unique, elle aurait des contre-poids. La Convention n'en avait pas; c'était une Assemblée souveraine: elle était Constituante et n'était pas même limitée dans la durée de son mandat. La Constituante de 1848, l'Assemblée nationale de Versailles de 1871, étaient des Constituantes, c'est-à-dire des Assemblées issues d'une révolution, absolument souveraines et dont le mandat était illimité dans sa durée; c'est en cela que consiste évidemment l'omnipotence et la dictature d'une Assemblée.

Mais est-il si difficile de borner les pouvoirs d'une Assemblée par une constitution très limitative? Ne pouvez-vous pas donner le caractère constitutionnel à toutes les grandes lois auxquelles on ne peut toucher sans engager le pays d'une manière irrévocable, comme la loi électorale, la loi sur la liberté de la presse, la loi sur la liberté de réunion, la loi sur l'état de siège; en un mot, à toutes ces grandes lois qui doivent être mises à l'abri d'un coup de main, auxquelles on ne doit pouvoir toucher qu'en en appelant par deux fois consécutives au suffrage universel, car si l'on y touche par une surprise, le suffrage universel peut être mis dans l'impossibilité de revenir sur le fait accompli?

Si, en 1848, l'Assemblée constituante avait eu le bon esprit d'introduire la loi électorale dans la Constitution, la loi criminelle du 31 mai 1850 n'aurait jamais été votée. Il ne faut pas oublier que cette loi qui rayait 3 millions d'électeurs des listes électorales fut un premier coup d'État parlementaire précédant le coup d'État du président de la République et permettant peut-être au crime du Deux-Décembre de se réaliser et de s'imposer au pays.

Oui! si la loi électorale avait été mise dans la Constitution, si l'Assemblée nationale n'avait pu y toucher que par une consultation nouvelle du suffrage universel, jamais la loi du 31 mai n'aurait été promulguée et peut-être n'aurions-nous pas eu à subir le coup d'État du Deux-Décembre et la honte d'une invasion.

Créer une Constitution limitative; à côté de cette Constitution, établir, comme aux États-Unis, une cour suprême judiciaire qui puisse, dans les espèces, affranchir l'individu de l'obéissance à la loi lorsqu'elle est inconstitutionnelle, absolument comme vos tribunaux peuvent briser dans les espèces l'arrêté d'un maire lorsqu'il est illégal; introduire cette loi du renouvellement partiel que l'on vous proposait il y a un an et contre laquelle j'ai voté parce que le renouvellement partiel est un frein, — et que, lorsqu'on met deux freins à une machine elle ne fonctionne plus du tout, — parce que l'on ne peut pas avoir à la fois le Sénat et le renouvellement partiel, mais que l'on pourrait au contraire admirablement introduire avec le système d'une Assemblée nationale unique: enfin décréter dans la Constitution, comme l'a fait la Suisse, avec des conditions d'organisation particulières qu'il faudrait étudier à fond pour un grand pays comme le nôtre, l'appel direct au suffrage universel, le *referendum* pour les lois tout à fait importantes, pour les lois constitutionnelles notamment; je crois que ce serait assurer une tout autre garantie que celle qui résulte de cette Assemblée, impuissante à empêcher le mal, puissante seulement à empêcher le progrès, que l'on a créée sous le nom de Sénat. (*Très bien! très bien! sur divers bancs.*)

J'en ai fini avec ce qui concerne l'unité de Chambre. J'ai fait valoir tous les motifs, tous les arguments qui, à mon sens, militent en faveur de l'unité du pouvoir législatif. Mais, comme je me suis hâté de le déclarer en commençant, si j'avais à opter entre la conservation du Sénat et la conservation du régime de cabinet, c'est-à-dire d'un pouvoir exécutif organisé comme il l'est chez nous à l'heure actuelle; si, ne pouvant pas avoir à la fois le régime représentatif et l'unité d'Assemblée, j'étais obligé de faire un choix, j'aimerais mieux renoncer à la suppression du Sénat pourvu qu'on me débarrassât du régime de cabinet.

M. Le Hérissé. Débarrassez-nous des deux! Cela vaudra mieux. (Bruit.)

M. Alfred Naquet. C'est mon désir, vous le savez, monsieur Le Hérissé. J'estime, en effet, que ce régime de cabinet qui consiste à prendre les ministres dans les Assemblées et à les rendre responsables pour la plus petite vétille devant elles, ce régime qui consiste, par exemple, un jour à renverser M. le duc de Broglie à l'Assemblée nationale, un autre jour à renverser M. Jules Ferry ici, parce qu'ils n'étaient pas d'accord avec la Chambre sur la mise à l'ordre du jour de telle ou telle loi...

M. Camille Pelletan. En apparence, mais il y avait des motifs plus sérieux pour les renverser.

M. Alfred Naquet. Je me rappelle qu'en 1880 il y avait deux fois qu'on voulait mettre à l'ordre du jour : la loi sur l'enseignement primaire et la loi sur la réforme de la magistrature.

M. Le Hérissé. La loi dite de la réforme de la magistrature,

M. Alfred Naquet. M. Jules Ferry, qui était à ce moment-là président du conseil, déclara qu'il était également partisan et de la loi sur l'enseignement primaire et de la loi sur la réforme de la magistrature, mais qu'il trouvait la première plus urgente que la seconde. Il demanda que la loi sur l'enseignement primaire fût mise en tête de l'ordre du jour; ce fut la loi sur la magistrature qui eut la priorité, et M. Ferry dut donner sa démission.

Il est vrai que, deux jours après, on restaura le pouvoir de M. Jules Ferry, mais enfin il n'en reste pas moins acquis que l'instabilité du régime parlementaire est telle, qu'il a suffi d'un désaccord de cet ordre pour que M. Jules Ferry se soit cru obligé de donner sa démission.

Déjà, à l'Assemblée nationale, M. le duc de Broglie, président du conseil, était tombé sur une question du même ordre, et lui ne se releva pas.

M. Camille Pelletan. Vous savez bien dans quelles conditions il est tombé : ce fut un prétexte qui entraîna sa chute, mais, en réalité, il s'agissait de raisons plus sérieuses.

M. Alfred Naquet. J'y reviendrai tout à l'heure.

M. Le Hérissé. Cela prouve que dans le régime parlementaire on ne vote pas toujours sur la véritable question; c'est d'ailleurs ce qui va se passer aujourd'hui.

M. le président. Ne cherchez pas à être prophète. (On rit.)

M. Le Hérissé. Il n'y a pas grand mérite dans l'espèce.

M. Alfred Naquet. L'honorable M. Deschanel a dit, l'autre jour : Je ne suis pas l'admirateur du régime parlementaire tel qu'il a fonctionné depuis vingt ans; je rêve toute autre chose; je rêve un pouvoir autrement constitué, avec une majorité de principe groupée derrière lui, comme nous voyons le fait se produire de l'autre côté de la Manche.

Je trouve que M. Deschanel, dans la dernière partie de son discours, qui a d'ailleurs été d'une très grande éloquence, a fait le plus admirable plaidoyer que l'on puisse entendre en faveur de la revision et contre le régime parlementaire. Remarquez-le bien! M. Deschanel nous a montré ce qu'il désirait. Eh bien! si je croyais que le régime parlementaire pût exister sous la forme que nous a exposée l'autre jour notre honorable collègue, je ne serais pas à cette tribune pour demander le régime représentatif.

M. Paul Deschanel. Ayez un peu de courage, et ce sera!

M. Alfred Naquet. Je n'ai pas le courage que vous me demandez, parce que j'ai la conviction profonde que c'est absolument impossible.

Nous ne sommes pas en Angleterre; nous sommes dans un pays de suffrage universel.

M. Le Hérissé. L'Angleterre supprimera la Chambre des lords avant que nous arrivions à supprimer le Sénat.

M. Alfred Naquet. En Angleterre même, depuis le jour où la démocratie a commencé à monter, le régime parlementaire ne fonctionne plus avec la même rigueur qu'antérieurement et l'incident qui vient de se produire il y a trois jours à la Chambre des communes, qui a été réparé, je le veux bien depuis, le vote de l'amendement Labouchère, prouve déjà que les germes des divisions, des groupes et des sous-groupes qui sont la condition inséparable d'une Assemblée démocratique existent en Angleterre, y ont fait leur apparition. (Très bien! très bien! sur divers bancs.)

Plus l'Angleterre ira en se démocratisant, moins le régime parlementaire y sera possible; car pour que le régime parlementaire soit possible, il faut non pas une monarchie élective comme celle que nous avons, mais une véritable monarchie constitutionnelle comme celle qu'ont les Anglais.

Ah! ce n'est pas que les monarques se fassent faute de peser de leur autorité dans l'action gouvernementale. Mais enfin, théoriquement parlant, on peut admettre l'axiome de M. Thiers : Le roi règne et ne gouverne pas, parce que le roi ne doit pas son pouvoir à un parti, il doit son pouvoir au hasard de la naissance.

M. Leydet. Louis-Philippe, par exemple!

M. Alfred Naquet. Louis-Philippe était un président de la République viager.

M. Camille Pelletan. La pire des républiques.

M. Alfred Naquet. C'était un président analogue à ceux que nous avons vus depuis.

Le roi peut se tenir au-dessus des partis, comme leur arbitre, et s'appliquer le vieux proverbe latin : *patiens quia æternus*, patient parce qu'éternel. Mais le président d'une république démocratique n'est pas dans les mêmes conditions : il est porté à la présidence par un parti ; et sous peine de devenir le plus nul des hommes ou d'être traître au parti qui l'a élevé à la présidence, il est obligé de se départir de cette situation d'arbitre absolument désintéressé qui peut être l'apanage de la couronne, mais qui ne peut, dans aucun cas, être l'apanage d'un magistrat élu.

C'est pourquoi l'idée d'un chef du pouvoir exécutif régnant et ne gouvernant pas, ayant simplement la signature et la représentation de la France et cherchant des ministres dans la majorité que les indications de l'Assemblée lui ont donnée, ce président ne peut pas exister, car il est contraire à l'idée d'un chef élu.

Mais il y a autre chose : l'Angleterre est un vieux pays aristocratique. Il y a peu de temps que la démocratie y a fait son apparition ; il a fallu deux réformes électorales, dont la première ne remonte qu'à 1832, pour que la démocratie y ait fait son apparition ; dans ce pays les whigs et les tories n'étaient pas séparés par des programmes aussi différents que ceux qui nous séparent nous-mêmes. En outre, les questions qui ont été soumises à la nation ont toujours été extrêmement simples. Ainsi, dans les dernières élections, qu'avez-vous vu ? Une seule question importante, la question du *home rule*, qui primait tout.

M. Camille Pelletan. Et la question du travail!

M. Alfred Naquet. C'est bien la question du *home Rule* qui primait tout ; la question du travail était secondaire, à ce point que le lendemain du jour où les élections ont été finies en Angleterre, les journaux ont pu nous faire connaître qu'il y avait 42 voix de majorité pour le ministère Gladstone et ces 42 voix de majorité se sont maintenues depuis dix-huit mois.

Chez nous, au contraire, après les élections du 20 août et du 3 septembre, on a discuté pendant trois mois pour savoir si la majorité de cette Assemblée était radicale ou modérée.

Est-ce que vous trouvez qu'une comparaison est possible entre la France et un pays où les partis sont tellement disciplinés, enrégimentés que dès le jour du vote on sait de quel côté est la majorité et que cette majorité se perpétue pendant toute une législature.

En France, la situation est tout autre. Au lieu de ces deux partis qui ressemblent à deux corps d'armée, avec leurs *leaders* et leurs *whips*, qui sont presque analogues à des colonels et à des généraux, avec la disposition matérielle même de la Chambre des communes qui met les deux partis face à face et indique ainsi à l'œil le moins exercé la séparation nette, précise, régimentaire de ces partis, qu'avons-nous ?

Nous avons un pays de suffrage universel, où tout le monde se fait une idée éclairée ou non, juste ou fausse, bonne ou mauvaise, mais une idée des questions politiques ; *tot capita tot sensus* : autant de têtes, autant d'idées ; et la Chambre qui est la miniature du pays est divisée comme le pays lui-même.

Entre les deux extrêmes, entre le blanc immaculé, d'un côté, et le rouge écarlate, de l'autre, il y a toutes les dégradations de l'arc-en-ciel ; si bien que cette Chambre peut presque se comparer à une boîte à pastels dont les membres seraient les bâtons et dont les différents bâtons sont tellement rapprochés par leur nuance, qu'il faut en parcourir une certaine série pour constater une différence dans les couleurs. Il en résulte que vous ne pouvez jamais avoir une majorité de gouvernement.

Supposez par hypothèse — c'est une hypothèse qui certainement ne se réalisera pas — que quand M. le président du conseil nous aura répondu et aura déclaré qu'il ne veut pas de la revision, la Chambre la vote ; que, demain, sur cette indication, le ministère actuel s'étant démis, un ministère nouveau soit constitué ; il sera en harmonie avec la majorité de la Chambre sur la question de la revision ; mais rien ne me prouve qu'il sera en communion avec elle sur une autre question qui surgira après-demain, telle que l'impôt sur le revenu, ou tout autre. Il sera d'accord sur la revision avec les revisionnistes; mais rien ne me prouve qu'il sera d'accord sur le reste, car moi, par exemple, qui parle sur la revision en ce moment, je ne suis pas d'accord sur tous les points avec les autres membres qui voteront avec moi tout à l'heure.

M. Leydet. Si l'on pouvait se mettre d'accord sur deux ou trois questions, ce serait déjà bien beau !

M. Alfred Naquet. Par conséquent, nous n'aurons jamais en France, dans un pays de suffrage universel, ces majorités solides qu'on appelle des majorités de gouvernement et qui, d'un bout à l'autre d'une législature, peuvent maintenir un ministère au pouvoir, comme le fait se produit de l'autre côté du détroit.

Les Chambres, dans notre pays, n'ont qu'une alternative : ou bien chacun maintient son indépendance, la liberté de son opinion, et vote chaque jour pour ce qu'il croit juste et bon sans savoir, et même sans désirer savoir, ce que pense le Gouvernement ; et, dans ce cas, c'est l'instabilité constante dans le gouvernement, ou bien, comme le Gouvernement n'a pas été porté au pouvoir par une majorité formée sur un programme et sur des idées simples, précises et bien déterminées, si le Gouvernement trouve une majorité qui le soutienne jusqu'au bout, cette majorité le soutiendra uniquement en vue de la stabilité ministérielle parce qu'il est le Gouvernement, et ce sera alors une majorité servile.

Les Chambres, dans un pays de suffrage universel, n'ont pas le choix ; il faut ou qu'elles obéissent servilement au ministère, ou qu'elles engendrent l'instabilité perpétuelle.

Messieurs, il y a un autre point de vue que je désire envisager devant vous.

Pour ma part, depuis bientôt vingt-trois ans que j'ai l'honneur de siéger dans le Parlement de ce pays, j'ai été bien souvent et profondément ému par les devoirs contradictoires qui s'imposent tous les jours à nous.

Un ministère est sur ces bancs. Je suppose que ce ministère, au point de vue de l'administration du pays, ait toute ma confiance ; que je le reconnaisse comme le ministère le plus avancé que je puisse avoir, étant donnée la composition de la Chambre ; je suppose, en un mot, que j'aie le plus

grand désir de le conserver au pouvoir. Un beau jour — comme on ne peut pas être d'accord sur tous les points — une question se pose, la question de la revision, par exemple, ou celle de l'impôt sur le revenu, ou celle de l'enquête sur la marine.

Le président du conseil, ce président du conseil qui m'inspire une grande confiance et que je désire, dans l'hypothèse où je me place, conserver au pouvoir, monte à la tribune, pose la question de confiance et me dit : Vous voterez contre la proposition qui vous est soumise ou je me retire du pouvoir. Je me trouve alors placé dans cette alternative cruelle pour un homme de cœur : ou de voter contre mes convictions ou de fouler aux pieds le programme que j'ai signé, l'engagement synallagmatique conclu entre moi et mes électeurs. (*Très bien ! très bien !*)

Je suis obligé de laisser croire à mes électeurs que les engagements sont des chimères, des leurres, de répondre à leur confiance par le mépris de la chose jurée, d'engendrer par là une sorte de scepticisme commun à toutes les classes de la population française et dangereux au plus haut chef, ou bien, si je vote conformément à mes convictions, je renverserai un ministère dans lequel j'ai confiance, et peut-être donnerai-je la main à une intrigue qui amènera au pouvoir un autre ministère dans lequel j'aurai une confiance infiniment moindre.

Je veux rappeler un exemple.

A l'époque où l'honorable M. Goblet, président du conseil, tomba du pouvoir, je ne faisais pas partie de cette Chambre, je siégeais au Sénat.

Mais je ne vous cache pas que, si j'avais été député, j'aurais été très embarrassé dans mon vote ; car d'un côté j'avais pris l'engagement de ne voter ni nouveaux impôts ni nouveaux emprunts et de faire des économies, et c'était sur la question d'économies que la crise ministérielle s'ouvrait.

M. René Goblet. C'était le prétexte !

M. Alfred Naquet. Et d'un autre côté je savais très bien que ce n'était là qu'un prétexte, que le but était le renversement du cabinet, que derrière la question d'économies se cachait une intrigue ayant pour but de se débarrasser du cabinet dans lequel j'avais alors confiance. J'aurais donc été fatalement obligé ou de voter contre mes principes ou de donner la main à une intrigue. C'est une alternative qui, je le répète, est cruelle et qui se reproduit à tout instant.

Ce n'est pas tout; le régime de cabinet fait appel à la fois aux meilleurs et aux plus mauvais côtés des passions des hommes et donne une prime à l'instabilité gouvernementale.

Je ne veux prendre que le bon côté; le mauvais, je vous laisse le soin de le déduire vous-mêmes.

Je suppose un député nouveau qui arrive dans cette enceinte avec des idées très élevées, avec des projets de réforme et avec un absolu désintéressement.

Il a rédigé une proposition de loi, il va la déposer sur le bureau de la Chambre; mais il réfléchit et il se dit que s'il fait appel à l'initiative parlementaire, il attendra peut-être dix ans avant d'aboutir, à supposer qu'il aboutisse; qu'il se heurtera à l'hostilité du Gouvernement aujourd'hui, et que demain, ne pouvant pas aller défendre son projet dans une autre Assemblée, il se heurtera à l'hostilité du Sénat; que les années succéderont aux années avant que son projet, libellé sous forme de loi promulguée, apparaisse au *Journal officiel*.

Alors, il se fera ce petit raisonnement, très désintéressé dans l'espèce : « Si, au lieu d'être un simple député, j'étais ministre, si j'étais même président du conseil et si je pouvais déposer ma réforme sur le bureau de la Chambre, avec toute l'autorité que donne le Gouvernement, elle triompherait. »

Aussitôt ce député, que je suppose mu uniquement par le désir de faire triompher sa réforme, — s'il était mu par tout autre sentiment ce serait bien plus grave, — ce député, se dira: Il faut que je devienne ministre.

Lorsqu'on veut devenir ministre et que ceux qui le sont ont le mauvais goût de vouloir conserver leur portefeuille, il faut évidemment commencer par les renverser.

Aussi, au lieu de déposer une proposition de loi, savez-vous ce que l'on fait ? On crée un groupe ou un sous-groupe; on imagine un programme spécial pour constituer un groupe, bien plus qu'on ne fait un groupe parce qu'on a un programme spécial; on tâche de se faire élire président de ce groupe, et à un moment donné on apporte une question habilement choisie, comme celle des économies dans le cas de M. Goblet, comme celle de la réforme de l'impôt des boissons, l'année dernière, et on se dit: Il y a dans la Chambre des naïfs qui voteront cette réforme parce qu'ils la veulent; il y en a d'autres qui s'en soucient peu, mais qui, sachant que la réforme ne doit pas aboutir parce que le Sénat est là pour

l'arrêter au passage, la voteront quand même pour faire obstacle au cabinet, et la petite réforme étant bien choisie, le cabinet est renversé. Ah! nous en avons vu des exemples! Je me rappelle encore un jour où M. Blancsubé apportait ici un projet de mairie centrale pour Paris.

Il fut voté, oh! avec une majorité considérable parce que, d'un côté, tous les radicaux qui en étaient partisans le votèrent et que, d'un autre côté, tous les ennemis du ministère qui n'en étaient pas partisans le votèrent également. Les bons Parisiens s'imaginèrent ce jour-là qu'ils allaient avoir un maire pour administrer leurs affaires municipales. Il y a plus de douze ans de cela, et le préfet de la Seine administre encore les affaires de la ville de Paris. Ce sont là les beautés du régime parlementaire.

Un autre jour, M. de Freycinet était ministre. A propos du budget, on apporta un amendement qui supprimait les sous-préfets. M. de Freycinet s'y opposa. C'était, comme toujours, un prétexte. Car, remarquez-le bien, dans le régime parlementaire — et c'est là le vice peut-être le plus absolu de ce régime — on ne discute jamais les questions qu'on est censé discuter; on discute toujours une question qui est en dehors, qui est dans la coulisse, à côté, qui n'apparaît pas à la tribune. Vous arrivez avec un amendement sur la suppression des sous-préfets; la suppression des sous-préfets est votée par les radicaux, qui ne veulent plus des sous-préfets; elle l'est par les adversaires de M. de Freycinet. Il y a huit ans de cela, et les sous-préfets émargent toujours au budget de la République.

Voulez-vous d'autres exemples? Un jour, Gambetta propose à la Chambre des députés un projet de revision limitée : la Chambre ne s'en contente pas; elle vote une revision intégrale. Gambetta tombe, M. de Freycinet arrive, et il n'est plus question de revision.

Quelques années plus tard, M. Tirard est président du conseil, et on demande l'urgence sur une proposition de revision. M. Tirard s'oppose à l'urgence : la Chambre la vote quand même. M. Tirard est renversé. Un an plus tard, M. Floquet, qui avait remplacé M. Tirard, apporte le projet de revision dont la Chambre avait voté l'urgence : la Chambre déclare qu'elle ne veut plus de revision du tout.

Qu'est-ce que cela veut dire? Qu'on n'a jamais discuté ni sur la mairie centrale de Paris, ni sur l'existence des sous-préfets, ni sur la revision: on a discuté le ministère

Freycinet, le ministère Gambetta, le ministère Floquet, le ministère Tirard; mais les questions qui ont été apportées à la tribune et sur lesquelles on a parlé n'ont été que le paravent, le prétexte, et rien de plus. Vos organes eux-mêmes le reconnaissent : permettez-moi de vous lire trois lignes du *Temps*.

« C'est là, dit le *Temps* du 21 décembre 1893, pour le dire en passant, une des conséquences du régime parlementaire que ses ennemis lui pardonnent le moins. D'après eux, toute question d'intérêt général y est fatalement faussée par l'importation de l'esprit de parti dans le débat. Les problèmes qui tiennent le plus étroitement à l'existence nationale elle-même s'y posent de travers, sous un angle rétrécissant, dans leurs rapports avec le seul problème qui passionne les groupes rivaux, celui de la possession du pouvoir.

« Cette critique, ajoute le *Temps*, ne manque pas de justesse. »

Ainsi, messieurs, voilà donc un député désireux de devenir ministre, non pas — oh! loin de moi cette pensée — pour jouir des avantages inhérents au pouvoir, mais pour faire triompher les idées qui lui sont chères et pour lesquelles il veut obtenir la force que donne le pouvoir.

Il s'unit à un groupe, à un sous-groupe, pour renverser le cabinet; il réussit dans son œuvre de démolition. Le Président de la République l'appelle à constituer un cabinet nouveau; il est président du conseil.

Vous croyez que, le lendemain, il va déposer les projets pour lesquels il a voulu devenir ministre? Ah! que ce serait mal connaître le régime parlementaire! Le lendemain du jour où il est devenu ministre, il considère qu'il est arrivé par une coalition, qu'il n'a pas de majorité solide, qu'il lui faut d'abord consolider sa majorité et que quand cette majorité sera solidement établie, alors, et alors seulement, il pourra arriver avec son projet; mais comme ce qu'il a fait à son prédécesseur d'autres le lui font à lui, il n'a le temps ni de travailler, ni de proposer son projet de loi et de le défendre; il n'a que le temps de se défendre lui-même et, après être resté simple député ne faisant rien qu'une chose, pendant qu'il était député, essayer de devenir ministre, une fois qu'il est ministre, rivé sur son banc par les nécessités du régime parlementaire contre lequel il se débat, il ne peut faire qu'une chose : travailler à le demeurer, sauf, quand il sera redevenu député, à travailler de nouveau à ressaisir un portefeuille. Voilà à quoi se passe la totalité de la vie parlementaire.

En outre, avec ce régime, vous avez une interversion bizarre de toutes choses qui a été bien mise en lumière par un penseur anglais, un monarchiste qui s'appelait sir Henry Maine, et qui, faisant le tableau du fonctionnement de la Constitution anglaise et du fonctionnement de la Constitution américaine, concluait dans son ouvrage, lui monarchiste, en disant que, s'il avait à opter entre une Constitution comme la Constitution anglaise, qui, par une interversion bizarre, fait que le pouvoir législatif administre et que le pouvoir exécutif légifère, et le régime américain où, au contraire, chaque chose est à sa place : le pouvoir exécutif administrant et le pouvoir législatif légiférant, chacun dans la plénitude de son indépendance, de sa liberté, et la pénétration, les rapports entre les deux pouvoirs restant limités à ce qui est nécessaire pour la conservation, l'indépendance de chacun d'eux, il opterait pour la Constitution américaine contre la Constitution anglaise; et, je le répète, sir Henry Maine était un monarchiste.

Nous vivons, ainsi que l'a dit sir Henry Maine, et bien plus encore que les Anglais, sous un régime où, par une interversion singulière, le pouvoir exécutif légifère et où le pouvoir législatif administre.

L'année dernière, un de nos honorables collègues, qui malheureusement n'est pas revenu parmi nous, M. Cousset, nous a fait ici un tableau palpitant de cette action permanente des députés envahissant les antichambres des ministères, demandant constamment pour leurs arrondissements des perceptions, des recettes, des débits de tabac, des places de facteurs, que sais-je encore? et finissant par disposer de toutes les fonctions administratives, parce qu'ils disposent des ministères et que les ministres sont obligés de plier devant leurs exigences.

Dans les moments de crise, où le ministère est à la merci des députés, les ministres sont obligés de céder à cette ingérence des membres du Corps législatif qui viennent ainsi substituer leur action à l'action gouvernementale et introduire la confusion de toutes choses dans l'administration du pays. Dans les moments, au contraire, où le ministère est fort, le député qui veut avoir sa réélection garantie et qui a besoin pour cela de répandre les faveurs dans son arrondissement pour y démontrer son influence, cède au président du conseil comme le président du conseil et le ministre lui avaient cédé dans d'autres circonstances. Et alors vous voyez ce résultat que, suivant les circonstances, c'est le député qui fait fléchir sa conscience pour obtenir les faveurs ou c'est le ministre qui fait de mauvaises nominations pour complaire au député. Voilà le résultat de votre régime, résultat qui n'existera plus le jour où les deux pouvoirs seront indépendants l'un de l'autre et liés seulement par des relations limitées à ce qui est indispensable pour garantir l'indépendance de chacun.

J'ai à peu près fini, messieurs. L'honorable M. Deschanel m'a dit l'autre jour : Mais vous êtes partisan du régime américain et, dans un pays centralisé comme le nôtre, confier le pouvoir exécutif à un président de la République aussi puissant que le serait le président de la République des Etats-Unis s'il n'était pas dans un pays de fédération, ce serait très dangereux.

L'honorable M. Deschanel m'a fait l'honneur de lire un opuscule que j'avais publié en 1883 et intitulé : *Questions constitutionnelles.*

M. Paul Deschanel. Je l'ai même lu avec un vif intérêt.

M. Alfred Naquet. Mais il avait peut-être, comme cette époque est déjà éloignée, oublié une partie de cet opuscule. Dans cette brochure j'ai déclaré que j'étais partisan d'un pouvoir exécutif nettement séparé des Chambres, que je voulais que les ministres fussent pris obligatoirement en dehors du Parlement, que je ne voulais pas que des ministres pussent être renversés uniquement parce que sur un projet de loi une dissidence s'établit entre eux et le Parlement, que je voulais que les ministres ne pussent être renversés que par une loi votée à la majorité absolue des membres composant la Chambre.

Et s'il fallait cela, soyez convaincus qu'ils ne seraient jamais renversés qu'en cas d'absolue nécessité et que depuis le 16 Mai nous n'eussions pas assisté à une crise ministérielle.

Mais j'ai ajouté que je préférerais un directoire à une présidence de République, que dans un pays armé et centralisé comme le nôtre, ayant de vieilles traditions monarchiques, peut-être un pouvoir exécutif personnel présenterait des dangers et que, pour garantir complètement le pays, je ferais aiguiller ma Constitution non pas du côté de la Constitution américaine, mais du côté de la Constitution suisse; j'établirais un conseil des ministres semblable au directoire fédéral, nommé pour un temps déterminé, ne tombant que devant une loi formelle prise à la majorité des membres du Parlement, composé de membres choisis en dehors du Parlement d'une manière

obligatoire, et je soumettrais même ce directoire à certaines garanties que la Constitution des Etats-Unis a édictées. Je voudrais, par exemple, que le décret de nomination du gouverneur de la place de Paris fût soumis à la sanction de l'Assemblée nationale. J'estime qu'un pareil régime garantirait infiniment mieux la liberté que le régime actuel.

Les Constitutions sont des œuvres de paix et aucune d'elles ne peut garantir absolument un pays contre les révolutions et les coups d'Etat, qui sont des actes de guerre; mais ce qui est bien établi, c'est que la responsabilité ministérielle telle que vous la concevez, telle qu'elle existe aujourd'hui, n'a jamais garanti le pays ni contre les révolutions ni contre les coups d'Etat.

La charte de Saint-Ouen était une charte parlementaire, et il y avait alors des ministres responsables : le parlementarisme n'a pas empêché Charles X et M. de Polignac de faire les ordonnances de Juillet. Si Charles X a été vaincu, ce n'est pas au parlementarisme qu'on le doit, c'est à l'héroïsme de la population parisienne et aux barricades de juillet 1830. (*Très bien! très bien! sur divers bancs à gauche.*)

Le parlementarisme n'a pas sauvé le régime de Juillet de la révolution du 24 février. Plus tard, au 2 Décembre, bien que la Constitution fût également une Constitution parlementaire — puisque les ministres étaient responsables — le coup d'Etat n'en a pas été empêché.

J'ajoute qu'à l'heure actuelle, s'il existait un mouvement d'opinion qui se prêtât à un crime de ce genre et si un Président de la République était assez criminel pour vouloir le tenter, rien ne s'y opposerait. Le maréchal de Mac-Mahon vous a démontré, au 16 Mai 1877, que la Constitution actuelle permet au Président de la République, en une nuit, de renverser un ministère qui a la majorité dans la Chambre et de le remplacer par un ministère de combat.

Si, au lieu d'être respectueux de la Constitution, le maréchal de Mac-Mahon, après avoir fait la substitution du ministère de Fourtou-de Broglie au ministère Jules Simon dans la nuit du 15 au 16 mai 1877, avait voulu tenter un coup d'Etat, en admettant que l'opinion et la force armée eussent été disposées à le suivre, ce ne sont pas les paroles prononcées à cette tribune et la responsabilité ministérielle qui l'en auraient empêché, puisque le Parlement aurait été clos et la responsabilité ministérielle illusoire dès lors.

Ce qui l'en a empêché, c'est peut-être sa conscience ; c'est aussi l'attitude de la population française, qui, dans toutes ses parties, voulait la République et qui aurait lutté contre le coup d'État et aurait eu raison de toutes les entreprises criminelles ; mais ce n'est pas le parlementarisme, qui même a failli nous perdre en donnant un appui au Président de la République dans le Sénat.

Messieurs, si vous voulez défendre efficacement le pays contre les coups d'État et les révolutions, ayez un gouvernement de réformes, ayez un gouvernement qui satisfasse le pays. Quand le pays est satisfait de son gouvernement, les fauteurs de révolutions et les fauteurs de coups d'État ne trouvent pas d'instruments pour accomplir leur œuvre, et, s'ils en trouvent, ces instruments sont infailliblement brisés.

Mais lorsque, au contraire, un régime comme celui qui existe se manifeste comme le régime de l'instabilité, le régime de l'impuissance, le régime de l'avortement perpétuel ; quand toutes les réformes sociales qui doivent être l'honneur de la République, pour lesquelles les classes laborieuses ont combattu en établissant la République et pour lesquelles elles nous ont envoyés ici, demeurent sans solution parce que ce régime est impuissant à les résoudre, alors il se produit dans le pays, contre le Gouvernement, un mécontentement qui rend tous les accidents possibles, et ces accidents, ce n'est pas le régime parlementaire qui les empêchera ; c'est le parlementarisme qui, par son impuissance à rien fonder, à rien résoudre, l'aura provoqués. (*Très bien ! très bien ! à l'extrême gauche.*)

Le petit provençal du 31 mars 1894. n° 6294.

Carpentras. — En réponse à une correspondance émanant d'Avignon, voici la note qu'on nous prie d'insérer :

« Les quelques prétendus radicaux socialistes d'Avignon qui ne sont en réalité que les anciens partisans déchus de M. Béraud, jaloux du succès énorme que le parti, auquel cependant ils disent appartenir, venait d'obtenir à Carpentras, ont tenu, paraît-il, à le diminuer, afin que leur ancien candidat battu ne fût pas trop écrasé par l'éclat de la belle fête qui venait d'avoir lieu.

« Dans ce but qui n'échappe à personne, ils ont voté un ordre du jour contre notre député, le citoyen Naquet. Depuis la nouvelle nature, à la Chambre, des hommes comme M. Rayaal, comme M. Deschanel, avaient seuls parlé de boulangisme et avaient déchaîné en le faisant les protestations de toute l'extrême gauche fraternellement unie »

« Lockroy qu'on estime un vieux et sincère républicain, même au cercle socialiste d'Avignon, puisqu'on l'y invite, vient à Carpentras avec notre député, à sa prière, y fait une conférence et y prend part à un banquet sous sa présidence ».

« Pendant la période électorale, Millerand, dont tous les socialistes de France se réclament, était allé plus loin et avait officiellement, au nom du Parti, dans une dépêche rendue publique par l'affichage, recommandé la candidature du citoyen Naquet aux électeurs.

« Les prétendus socialistes d'Avignon (ceux qui ont de la sympathie pour Béraud par la seule raison qu'ils boivent souvent des bocks ensemble) sont plus sages que les socialistes de la Chambre, plus sages que leurs chefs, plus sages que Millerand, plus sages que Lockroy, plus sages que leur président même, M. Barbier, lequel mardi soir recevait M. Naquet à sa table.

« Libre à eux ; mais ils montrent trop le bout de l'oreille. Ce qui s'est passé à Carpentras le 26 mars les gêne comme ce qui s'y est passé le 3 septembre et cela pour des raisons de personnalité, de jalousies locales, auxquelles la politique n'a rien à voir.

« Leur mauvaise humeur accentue leur amertume et n'en démontre que mieux toute l'étendue de notre manifestation triomphale du 26 mars. »

La Commission de la fête Lockroy.

A.N.

Le Figaro du 4 avril 1894 (40ᵉ année - 3ᵉ série - nᵒ 94)

Croiseurs et Cuirassés

Les questions qui touchent à notre outillage maritime de défense nationale sont en ce moment de celles qui passionnent le plus le public. C'est justice, car la marine jouera dans la prochaine guerre un rôle considérable dont ne donne pas la moindre idée celui qu'elle a joué dans les guerres précédentes.

Il est donc intéressant, pendant qu'une commission d'enquête étudie à fond nos navires et nos arsenaux, d'examiner quel est le type de bateaux qui doit définitivement fixer nos préférences.

Non qu'il y ait lieu de rouvrir ici la vieille querelle entre les grands navires de guerre et les torpilleurs. L'avis de tous les hommes compétents est que les uns et les autres sont nécessaires.

Les torpilleurs sont à une flotte ce que la cavalerie légère est à une armée, et ils sont absolument indispensables à la défense des côtes.

Mais l'utilité incontestable de ces petits bateaux, la nécessité absolue qui s'impose à toutes les puissances d'en construire, n'empêchent pas qu'il ne faille aussi de grands navires de guerre,

Ce sont là des instruments de combat qui se complètent loin de s'exclure.

Ce qu'il importe d'examiner c'est, parmi les grands navires de guerre, quel est le type qui peut rendre le plus de services à la défense du pays. Il y a deux types principaux, les cuirassés et les croiseurs. Doit-on continuer à construire des uns et des autres, ou bien faut-il résolument choisir l'un de ces deux types et renoncer à l'autre ?

La seconde de ces solutions paraît la meilleure.

D'abord, il n'est pas absolument vrai de dire qu'il existe deux types, le type « croiseur » et le type « cuirassé ».

Si le type « croiseur » est bien défini, il en est, en effet, tout autrement du « cuirassé ». Ici les diverses unités diffèrent toutes les unes des autres, et le type est tout ce qu'il y a de moins déterminé. Il y a des cuirassés d'escadre, des cuirassés de croisière, des garde-côtes cuirassés, des canonnières cuirassées ; et, outre que chacun de ces genres se distingue du genre voisin, dans le même genre les unités qui le composent se différencient entre elles.

C'est déjà une raison de douter de l'excellence du cuirassé. Si l'on avait trouvé la construction idéale, on s'y tiendrait, comme on se tenait autrefois, il y a cinquante ans, aux trois ponts, aux frégates et aux corvettes — qui ne variaient pas dans leur construction.

Le cuirassé type n'a donc pas été trouvé puisqu'on le cherche encore, puisque chaque fois qu'on en met un sur le chantier on fait du neuf, et si cela ne prouve pas absolument qu'on ne puisse le trouver un jour, c'est cependant de nature à susciter sur ce point des doutes que confirme un examen plus minutieux. Il y a bien des raisons pour supposer qu'on ne parviendra jamais à faire du cuirassé un instrument de guerre parfait.

D'abord le cuirassé tel que le public se le figure n'existe pas. On croit généralement que les navires blindés ont une cuirasse impénétrable qui recouvre toute la partie supérieure du vaisseau, et qui descend même un peu au-dessous de la ligne de flottaison.

Il n'en est rien. Un navire ainsi construit serait incapable de se mouvoir, et même il se tenait sur l'eau.

En réalité, les cuirasses constituent, autour du navire, une ceinture de 3 mètres au plus, dont 1 mètre environ au-dessous et 2 mètres au-dessus de la ligne de flottaison. Cette ceinture, qui a son maximum de largeur au centre où elle protège les machines, se rétrécit même un peu à l'avant et à l'arrière.

Les cinq ou six mètres de parois qui la dépassent en hauteur, de même que la coque qui plonge dans l'eau, sont dépourvues de plaques de blindage et sont simplement construites en tôle.

Il est vrai qu'au-dessus de la cuirasse verticale, il existe un pont cuirassé, une cuirasse horizontale, qui protège les machines, les soutes à poudre, etc., contre les feux plongeants de l'ennemi.

La ceinture cuirassée n'est évidemment pas inutile. Mais la question se pose de savoir si les avantages qui en résultent ne sont pas compensés et bien au delà par des désavantages considérables.

Le premier et le plus grave de ces désavantages est de diminuer la vitesse. Les Italiens l'ont si bien compris — et les Anglais aussi — qu'ils ne cuirassent plus verticalement que la partie centrale du bateau, celle qui correspond aux machines, et qu'ils n'appliquent plus de plaques blindées à l'avant et à l'arrière. Ils obtiennent ainsi des vitesses supérieures aux nôtres, et il ne peut échapper à personne que la vitesse est l'élément essentiel, puisque seule elle permet à la flotte qui la possède de choisir son heure et d'imposer ou d'éviter le combat selon ses convenances.

Non seulement le cuirassé pèche par le défaut de vitesse, mais il manque de ce que les marins appellent l'autonomie. Son poids énorme ne laisse disponible que trente pour cent de la puissance de flottaison résultant du volume de l'eau déplacée. Il ne peut par suite emmagasiner que très peu de charbon ; et, même en ne marchant qu'à 14 ou 15 nœuds, il lui est à peu près impossible de franchir une distance comme celle qui sépare Toulon d'Alexandrie sans renouveler son combustible.

Il possède en outre une masse de machines auxiliaires, telles que les machines destinées à l'éclairage, les machines hydrauliques qui actionnent les monte-charges, les ~~pesants~~ moteurs qui mettent en mouvement le gouvernail, les machines qui compriment l'air destiné au lancement des torpilles, celles des canots à vapeur, les alambics pour distiller l'eau de mer, etc., etc. Tous ces appareils usent du charbon, plusieurs d'entre eux pendant que l'escadre est au mouillage, et, dans cette dernière condition, ils en consomment près d'un tiers de la provision en un mois.

On peut ajouter qu'un cuirassé est un véritable appareil d'horlogerie, dont il a toute la délicatesse. Un enfant peut y faire manœuvrer les tourelles qui en surchargent le pont. Mais aussi, tout comme dans une montre de Genève, un rien peut en entraver tout le mouvement.

Enfin l'énorme superstructure des cuirassés, qui, elle, n'a pas de cuirasse, est une large cible qui s'offre au tir de l'ennemi. Un obus peut renverser les tourelles, et quelques projectiles peuvent faire de tels ravages dans le personnel, que le cuirassé soit pris sans que sa cuirasse ait été atteinte. Ce fut, on se le rappelle, le cas du *Huascar*, pendant la guerre du Chili et du Pérou.

Les cuirassés, il est vrai, portent des torpilles, mais ils ne peuvent les lancer utilement que si la distance qui les sépare des bateaux qu'il s'agit de faire sauter ne dépasse pas trois cents mètres, et la nécessité d'opérer d'aussi près équivaut presque pour eux à l'impossibilité d'utiliser ces engins destructeurs.

* * *

Les croiseurs ne diffèrent des cuirassés que par l'absence de la cuirasse verticale et en ce qu'ils ne possèdent pas la gigantesque superstructure de ces derniers. Ils possèdent le pont cuirassé, au-dessous duquel ils ont même un second pont appelé « pont pare-éclats ».

Sans doute leurs machines sont moins protégées, mais plus petites, se mouvant plus facilement, doués d'une vitesse très supérieure, ils sont beaucoup plus difficiles à atteindre, ce qui rachète largement cet inconvénient.

Ils n'ont pas de pièces d'un diamètre supérieur à 14 et à 16 centimètres, tandis que les cuirassés ont de grandes pièces de 34. Cela est vrai. Mais celles-ci ne tirent qu'une fois tous les quarts d'heure et ne peuvent donner que 190 à 200 coups au cours de toute leur existence. Entre deux coups consécutifs on peut faire sauter le cuirassé qui les porte. C'est ce qui arriva au *Blanco Encalada* pendant la guerre chilo-péruvienne. Les pièces de 14 et de 16 percent d'ailleurs toutes les tôles à l'exception de la seule cuirasse.

Il est une autre considération qui mérite d'entrer en ligne de compte.

Nous avons en ce moment trois cuirassés sur chantiers : le *Saint-Louis*, le *Charlemagne* et le *Henri IV*; à eux trois ils coûteront au moins quatre-vingts millions.

Un grand croiseur tel que le *Cécile* ou le *Tage* ne coûte pas plus de dix millions de francs. On pourrait donc avoir huit croiseurs avec la même somme qui va nous donner trois cuirassés; et si même, pris isolément, chaque cuirassé demeurait supérieur à chaque croiseur, ce qui est plus que contestable, il resterait hors de doute que huit croiseurs seraient capables de rendre beaucoup plus de services que trois cuirassés.

Peut-être la solution serait-elle dans le système anglais et italien qui consiste, avons-nous dit, à construire sous le nom de cuirassés des navires qui ne sont en réalité que des croiseurs dont on blinde les parois dans la partie qui protège les machines.

Mais ces navires gigantesques qui s'élèvent au-dessus des flots comme des citadelles mobiles, qui manquent d'autonomie à cause du peu de charbon qu'ils peuvent emmagasiner, qui sont inférieurs par la vitesse, dont le mécanisme merveilleux présente les défauts de tous les organismes délicats et se trouve mis hors d'usage par le moindre accident, qui enfin immobilisent des capitaux formidables, en navires paraissent devoir céder le pas à ces bateaux rapides, mobiles, difficiles à saisir, stables à la navigation, et d'un prix relativement peu élevé, que l'on désigne sous le nom de croiseurs.

Se décidera-t-on bientôt à le reconnaître? ou persistera-t-on à engloutir des millions dans la construction de chefs-d'œuvre qui, par leur complication et leur beauté, défient le génie humain, mais qui ne paraissent point appropriés au but en vue duquel on les construit et que nos rivaux abandonnent?

Alfred Wagnet.

Le Figaro du 16 avril 1894 (40e année — 3e série — n° 106)

LES
Députés dans les Grèves

Tout récemment une grève a éclaté dans les aciéries de Trignac.

Quelles sont les réclamations des ouvriers? Quelles ont été les propositions des patrons? Peu importe! Ce qu'il importe seulement de savoir, c'est que l'apaisement était sur le point de se faire; la cessation du travail allait prendre fin et, avec elle, les dommages causés à l'industrie nationale aussi bien que les privations imposées aux travailleurs. La grève était presque considérée comme terminée, lorsque M. Toussaint, député socialiste du onzième arrondissement de Paris, arrive sur les lieux.

Aussitôt le tableau change. M. Toussaint harangue les femmes qui, jusque-là, avaient conseillé à leurs maris la reprise du travail. Il les passionne, il les enflamme et, complètement retournées, elles se dirigent vers l'entrée de l'usine aux cris enthousiastes de: « Vive la grève! »

Que résultera-t-il de cela? Il est encore impossible de le prévoir, quoique les dernières nouvelles semblent permettre d'espérer, qu'avec un bon sens dont il y aurait lieu de les louer sans mesure, les ouvriers résisteront finalement aux excitations dont ils sont l'objet. Ceci ne présente d'ailleurs qu'un intérêt tout à fait secondaire pour la question que nous voulons examiner ici.

Cette question n'est point, en effet, celle de la légitimité plus ou moins grande de la grève de Trignac. C'est celle de la légitimité de l'intervention des hommes politiques dans les conflits du travail et du capital.

Ces conflits deviennent fréquents, et il est, hélas! à craindre qu'ils ne deviennent de plus en plus à mesure que le petit patronat est évincé par la grande industrie, à mesure que le petit et le moyen commerce meurent de misère sous la concurrence des grands bazars.

Autrefois, quand le commerce et l'industrie étaient décentralisés à l'infini, l'ouvrier et le capitaliste étaient en contact plus intime; il y avait entre eux une pénétration constante qui permettait à la loi de l'offre et de la demande de s'exercer pacifiquement et d'amener sans crise la fixation régulière des salaires. Les grèves et les lock-out étaient inutiles. Ils étaient de plus infiniment difficiles parce que ouvriers et patrons étaient trop nombreux et trop disséminés pour s'entendre, se concerter, se coaliser.

Mais la mécanique a tué les petits patrons, dont il ne reste plus que des vestiges, témoins préhistoriques d'un passé disparu, et le Louvre et le Bon Marché ont porté au commerce petit et moyen des coups dont ceux-ci ne paraissent pas près de se relever.

La première conséquence de cet état de choses nouveau, la plus grave peut-être, a été de supprimer cette classe tampon qui amortissait les chocs entre l'ouvrier et le capitaliste, de rendre impossible cette pénétration normale et lente d'où résultait la fixation des salaires sans à-coups et sans lutte. Travail et capital sont devenus deux grandes armées puissantes, l'une par son organisation et ses moyens financiers, l'autre par le nombre. Ces deux armées, un beau matin, se sont trouvées en présence, prêtes à en venir aux mains, à s'entre-déchirer, et plus s'accentue la substitution de la grande industrie à la petite, plus s'accentue aussi cet état de guerre sociale. La grève semble être devenue le réel et unique moyen par lequel la loi de l'offre et de la demande puisse aujourd'hui s'exercer.

Nous ne discutons pas si c'est un bien ou un mal. Cela dépend du point de vue auquel on se place. Aux yeux des collectivistes qui rêvent l'absorption de tous dans la société, c'est un bien : l'expropriation graduelle des petits par les grands leur paraît préparer l'absorption finale de tous par l'État; elle les achemine vers le but qu'ils poursuivent.

Les socialistes libéraux, au contraire, qui ont horreur de la confiscation de l'individu par l'État, et dont l'idéal est dans la division indéfinie, dans la démocratisation chaque jour plus grande de la propriété individuelle, voient un mal dans ce courant qu'ils s'efforcent de remonter. Mais dans tous les cas, qu'on s'en réjouisse ou qu'on s'en afflige, il y a là un fait indéniable, qui ressort des conditions actuelles de la société, et avec lequel il nous faut compter désormais.

Du moins, si cette forme de la guerre s'impose à nous, devons-nous nous efforcer d'en restreindre le plus qu'il est en nous les funestes effets.

Toute guerre internationale, pour juste qu'elle soit, entraîne des désastres même pour le vainqueur. Il en est de même de la guerre industrielle, grosse, elle aussi, de ruines et de deuils. Si nous ne pouvons pas plus empêcher la seconde que la première, si même il nous est beaucoup plus difficile d'y mettre obstacle, du moins chacun devrait-il tendre, tout comme pour les conflits armés entre nations, à la limiter le plus possible dans le temps et dans l'espace, de manière à en atténuer les conséquences désastreuses sans en supprimer les résultats nécessaires.

Partant de ces données, qui paraîtront raisonnables à tout esprit sensé, il semble que tout le monde devrait être attristé quand commence une grève même juste, que tout le monde devrait être enchanté lorsqu'elle se termine par une transaction librement consentie entre les parties, sans défaite ni victoire ni pour les uns ni pour les autres.

Aussi ne s'explique-t-on guère que des hommes politiques, dont la préoccupation constante devrait être d'encourager et de défendre la production nationale, descendent dans la lice, où personne ne les appelle, pour prolonger une conflagration prête à s'éteindre.

Certainement il est des circonstances où l'intervention des députés peut se comprendre et, à la rigueur, se justifier.

Si une grève présente un caractère particulièrement politique, comme à Carmeaux;

Si entre les ouvriers et les Compagnies la lutte devient âpre et violente, comme il y a quelques mois dans le Nord;

Si le gouvernement prend parti dans cette lutte; si, sous prétexte de faire respecter la liberté du travail, il protège l'une des puissances belligérantes contre l'autre et menace, par son action, de rendre le combat inégal; si même il ne le fait pas, s'il se borne à exercer sa fonction normale qui consiste à faire respecter la liberté de tous, mais qu'on l'accuse injustement d'ingérence abusive, on conçoit que des représentants socialistes aillent sur place faire contrepoids à ce poids énorme qu'exerce, ou qu'ils croient de bonne foi qu'exerce le gouvernement. A ce qu'ils considèrent comme un abus de pouvoir de l'exécutif, ils se bornent alors à opposer l'action d'une fraction du législatif. Ils peuvent se tromper. On est en droit de blâmer leur attitude si l'on pense que le gouvernement n'est pas sorti, comme ils le prétendent, de ses attributions normales. Mais du moins ne peut-on les accuser que d'une appréciation erronée de la situation. En principe, leur intervention demeure défendable.

Rien de tel ne s'est observé à Trignac. Ici le conflit n'a point été suraigu ; la lutte a été très circonscrite ; patrons et ouvriers se sont abouchés et l'on était sur le point de transiger lorsque M. Toussaint est survenu, et après lui, MM. Groussier et Sembat.

Que venaient-ils faire ?

Est-ce que les ouvriers ne sont pas meilleurs juges qu'eux de leurs intérêts et des conditions auxquelles ils croient pouvoir concéder leur travail à la Compagnie ?

De quel droit le député du onzième et ses collègues viennent-ils s'immiscer dans cette affaire qui ne les regarde en rien ?

Si la grève continue ; si la Compagnie subit des pertes qui favorisent la concurrence étrangère et qui se répercutent sur les ouvriers, en rendant moins avantageuses les conditions du travail national ;

Ou si seulement la Compagnie, voyant repoussées des propositions qu'on est en droit de supposer raisonnables — puisque les ouvriers étaient disposés à les accepter, — met à son tour la main sur la garde de son épée, oppose un refus formel à des prétentions dictées par des préoccupations politiques ; si elle l'emporte, et si en fin de compte les ouvriers épuisés et vaincus en arrivent, comme dans le Nord, à se voir obligés de mettre bas les armes sans avoir rien obtenu, M. Toussaint et ses collègues les indemniseront-ils des pertes qu'ils auront subies et des souffrances qu'ils auront endurées par leur faute ? Évidemment non, et chef que leur intervention dans des conditions pareilles met en cause d'une manière très grave leur responsabilité.

Nous sommes de ceux qui pensent que l'Etat peut souvent intervenir efficacement dans les conflits survenant entre le travail et le capital, que les députés peuvent y rendre des services, mais c'est à la condition qu'ils interviennent comme arbitres pour les apaiser et non comme fauteurs d'incendie pour les aggraver.

Lorsqu'ils agissent, comme dans le cas de M. Toussaint, pour perpétuer une lutte, ils font ce que feraient des neutres qui proposeraient leur médiation non pour restaurer la paix, mais pour l'empêcher de renaître. Leur attitude nous apparaît comme absolument condamnable.

Alfred Naquet.

Le petit provençal du 25 avril 1894 (n° 6.319)

LA RÉVISION

Le « Temps » et le duc de Broglie

La question de la révision qui semblait momentanément épuisée, épuisée tout au moins, jusqu'au moment où l'extrême gauche commencera la campagne de propagande qu'il importe de faire dans le pays, sur cette importante réforme, a été remise sur le tapis par un article sensationnel de M. le duc de Broglie.

Se plaçant sur le terrain monarchiste, l'ancien ministre du 16 mai a émis une idée que j'avais émise moi-même à la Chambre. Il soutient avec raison que l'irresponsabilité du chef du pouvoir exécutif, facile à comprendre dans une monarchie constitutionnelle, n'a plus de raison d'être dans une République.

« Théoriquement, disais-je à la Chambre, on peut admettre l'axiome de M. Thiers : le roi règne et ne gouverne pas, parce que le roi ne doit pas son pouvoir à un parti. Il doit son pouvoir au hasard de la naissance.

« Le roi peut se tenir au-dessus des partis, comme leur arbitre, et s'appliquer le vieux proverbe latin *patiens quia æternus*, patient parce qu'éternel. Mais le président d'une République démocratique n'est pas dans les mêmes conditions : porté à la présidence par un parti, il est obligé de se départir de cette situation d'arbitre, absolument désintéressé, qui peut être l'apanage de la couronne, mais qui ne peut, dans aucun cas, être l'apanage d'un magistrat élu.

« C'est pourquoi l'idée d'un président régnant et ne gouvernant pas, ayant simplement la signature et la représentation de la France, et cherchant des ministres dans la majorité que les votes de l'assemblée lui ont indiquée, ce président ne peut pas exister, car il est contraire à l'idée d'un chef élu. »

M. de Broglie, lui, considère qu'un chef du pouvoir exécutif peut et doit exercer une action bienfaisante, et que cette action, si elle peut, grâce à sa haute situation arbitrale, être exercée par un monarque, ne peut pas l'être par un président irresponsable, lequel, en l'exerçant, sortirait forcément de ses attributions et agirait au nom et dans l'intérêt d'un parti.

Il montre le roi élevé dans « un milieu politique héréditaire », habitué dès son enfance à entendre traiter, et par suite, à traiter lui-même, les grands intérêts tant intérieurs qu'extérieurs du pays, et tellement familiarisé avec ces questions qu'il n'a pas besoin de génie pour les connaître, « une capacité moyenne suffit avec l'application. »

En outre, le monarque héréditaire se trouve en meilleure situation pour opposer l'intérêt général à l'intérêt d'un parti, si ses ministres sacrifiaient trop à ce dernier, et, par cela même qu'il ne doit rien à personne, que sa parole est absolument indépendante de toute préoccupation électorale, il peut exercer une influence persuasive des plus utiles là où un président serait suspecté de vues personnelles ou de vues de coterie.

M. de Broglie conclut à la monarchie. J'avais conclu à la suppression du régime de Cabinet sous la République. Mais, à part la différence des solutions, je suis parfaitement d'accord avec l'écrivain royaliste sur les idées spéciales que je viens d'analyser.

Le *Temps*, journal essentiellement favorable à notre régime parlementaire actuel, sans nier absolument ce qu'il y a de fondé dans les affirmations du duc de Broglie, cherche à prouver que c'est là de la scolastique, que l'on peut avec autant de raison, défendre l'opinion contraire, et il cite à l'appui de sa thèse M. de Laveley, qui déclare, en matière de conclusion et après avoir fait la critique du roi constitutionnel, que, « dans nos sociétés actuelles, le pouvoir exécutif sera débile s'il est héréditaire ; fort, s'il est électif. »

Et le *Temps* ajoute :

Qui ne voit, qui ne sent qu'il y a, pour le moins, autant de vérité, dans la thèse de l'écrivain belge que dans celle de M. de Broglie ! En les mettant l'une en regard de l'autre, nous n'avions, d'ailleurs, pas dessein de rechercher laquelle mérite une préférence théorique et doctrinale, mais seulement de montrer que toutes deux sont des thèses d'école, en faveur desquelles militent des raisons à peu près équivalentes, qui prêtent, l'une comme l'autre, aux considérations ingénieuses, ou piquantes, ou subtiles :

Malheureusement, le *Temps* fait une confusion qui enlève toute valeur à sa critique, c'est que M. de Laveley parlait d'un président responsable et que c'est à l'irresponsabilité présidentielle que s'adressent les critiques de M. de Broglie.

Oui ! un chef du pouvoir exécutif, président du Directoire, lorsqu'il est responsable, lorsqu'il représente un parti, lorsqu'il ne vise pas au rôle d'arbitre — ce rôle demeurant dévolu au peuple seul — mais au rôle d'un chef de gouvernement effectif, est supérieur à un monarque constitutionnel, qui peut fausser la volonté nationale. Mais il n'en reste pas moins établi que le système constitutionnel emprunté par nous à l'Angleterre, assez mauvais partout, devient plus détestable encore dans les républiques que dans les monarchies.

C'est même pour cela qu'à part la nôtre, dont l'Assemblée nationale — le duc de Broglie le reconnaît — préparait la transformation en monarchie en en votant la Constitution, aucune république n'en a voulu.

La monarchie, par suite de l'irrévocabilité et de l'hérédité du monarque, n'a que deux cordes à son arc : l'absolutisme ou le parlementarisme. L'absolutisme étant le pire des maux, les peuples qui ont voulu se gouverner eux-mêmes sans renverser la monarchie, ont recouru au parlementarisme. C'est naturel.

Mais ce régime, moins impraticable chez eux que dans une république, n'y est cependant pas exempt de tout reproche, et y fonctionne de moins en moins facilement à mesure que ces pays se démocratisent. L'Angleterre commence à en fournir la preuve.

Le régime républicain, au contraire, a trois cordes à son arc : la dictature — forme républicaine de l'absolutisme — comme dans certains pays de l'Amérique du Sud, que nul de nous ne voudrait imiter ; le parlementarisme, dont nous faisons la triste expérience en ce moment, et qui lui ferait préférer la monarchie constitutionnelle, s'il n'existait pas d'autre alternative ; enfin le régime de la séparation des pouvoirs sous ses diverses formes, soit sous sa forme américaine, soit sous sa forme suisse.

Ce dernier régime réserve complètement les droits de la nature, ce que ne peut faire la monarchie, répudie également la dictature et la fiction constitutionnelle, harmonise la liberté et l'égalité qui, loin d'être des contraires, ont chacune leur rôle et ne peuvent aller l'une sans l'autre, assure le bon fonctionnement du pouvoir exécutif et du pouvoir législatif, est, en un mot, le meilleur outil d'ordre et de progrès que le génie humain ait encore conçu.

C'est sous cette troisième forme, sa forme naturelle, que la République l'emporte sur la monarchie, et c'est un pouvoir exécutif ainsi conçu que visait M. de Laveley lorsqu'il écrivait les lignes que le *Temps* a citées.

Ces lignes, dès lors, militent contre l'opinion de notre confrère, dont les observations portent à faux.

Oui! la République est la seule forme logique que la démocratie puisse se donner.

Mais c'est à la condition qu'elle soit la République et non la Monarchie élective.

Si elle devait être la monarchie élective, la vraie monarchie vaudrait mieux, parce que rien ne peut être bon qui procède de deux systèmes opposés.

C'est ce qui fait que tous les républicains à la fois sincères et éclairés doivent lutter passionément pour la révision.

Nous n'avons encore qu'une forme bâtarde de monarchie, et nous voulons conquérir la République.

Voilà pourquoi, n'en déplaise au *Temps*, nous sommes et demeurons révisionnistes.

ALFRED NAQUET.

Le Figaro Du 18 avril 1894 (40e année 9e série - n° 118)

Un Budget Intéressant

Le projet de budget de 1895 qui vient d'être discuté dans les bureaux de la Chambre est des plus intéressants. Il présente des parties que l'on doit louer sans hésitation et des parties auxquelles un esprit judicieux aura beaucoup de peine à acquiescer.

La partie vraiment digne d'éloges est celle qui a trait à la substitution à l'impôt actuel des portes et fenêtres et à la contribution personnelle et mobilière d'une contribution nouvelle, dite d'habitation, et formée elle-même de deux parties : une taxe sur les loyers et une taxe sur les domestiques.

Par cette substitution, M. Burdeau fait décidément entrer le principe de l'impôt sur le revenu dans notre législation. Il faut le reconnaître, quelque préférence que l'on puisse avoir pour la forme que d'autres pays ont donnée à cet impôt.

Les économistes divisent depuis longtemps les impôts en impôts réels qui sont assis sur les objets, et impôts personnels dans lesquels on demande chaque année aux divers contribuables une quote-part de ce que leur travail ou leurs capitaux leur rapportent.

Toute contribution qui comporte ce caractère, — et la contribution de M. Burdeau sur l'habitation le comporte, — est un impôt sur le revenu.

Les impôts personnels sont les seuls, malgré la logomachie de l'Ecole, qui mériteraient le qualificatif de réels. Seuls, en effet, ils ont le caractère d'une contribution.

Les autres, ceux qui portent sur les objets, déterminent, au bout d'un laps de temps plus ou moins long, des baisses sur les prix des valeurs qui en sont frappées. Il en résulte qu'ils s'incorporent dans ces prix et que, quand plusieurs mutations ont eu lieu, personne ne les paie plus. Les acheteurs postérieurs des valeurs ainsi dépréciées placent leurs capitaux au même intérêt que ceux qui les avaient payées plus cher avant l'établissement de la taxe. Ceux-là seuls, par conséquent, qui possèdent les matières taxées au moment de la taxation, acquittent l'impôt une fois pour toutes en capital. Ils sont spoliés et leurs successeurs sont exempts de toute charge de ce chef.

L'impôt sur le revenu global des individus n'entraîne, au contraire, aucune répercussion. C'est bien véritablement un impôt que chacun acquitte en proportion de ses facultés.

Si donc on pouvait établir, avec une certitude mathématique, quel est le revenu net de chacun, en faisant une distinction pour les taxer différemment, cependant, entre les revenus qui proviennent du capital seul et ceux qui proviennent du capital et du travail réunis, la vérité fiscale serait un impôt unique sur le revenu.

Malheureusement, ainsi que Proudhon l'a magistralement établi, l'unité de l'impôt doit être reléguée au rang des chimères. Si elle en sortait pour devenir une réalité, elle deviendrait, par suite des inégalités et des injustices que l'imperfection de nos moyens d'évaluation rend fatales, l'iniquité fiscale par excellence.

Du moins, si l'on ne peut songer par ces motifs à l'établissement d'un impôt unique sur le revenu, un impôt de superposition de cette nature, destiné à remédier aux inégalités des autres taxes, devrait-il toujours figurer dans un système financier démocratique. M. Burdeau l'apporte dans le nôtre et sur ce point les éloges ne doivent pas lui être refusés.

Maintenant la forme adoptée par le ministre des finances pour évaluer les ressources de chaque contribuable est-elle la meilleure?

Ici les avis diffèrent.

Beaucoup de bons esprits, chez nous comme au dehors, estiment que le moyen le plus équitable d'évaluation consiste dans une déclaration des contribuables, contrôlée par l'administration.

Cette méthode présente cependant des difficultés et des inconvénients énormes qui, là où l'on y a recours, soulèvent contre elle d'universelles clameurs. Si le contrôle de l'administration s'exerce imparfaitement, la fraude, avec laquelle il faut toujours compter en ces matières, se développe outre mesure; les fraudeurs sont dégrevés et les honnêtes gens payent pour eux, ce qui est la pire des injustices. C'est ainsi que les choses se passent en Italie.

Si, par contre, l'administration veut rendre son contrôle efficace, comme en Allemagne, elle est obligée de recourir à des moyens vexatoires et inquisitoriaux auxquels les populations refusent de se plier ou ne se plient qu'à contre-cœur. Lorsqu'on voit les résistances que soulève l'exercice relatif à l'impôt des boissons, exercice restreint cependant à une catégorie limitée de citoyens, on devine ce que produirait un exercice universalisé ; et si cela ne suffisait pas, on n'aurait, pour se convaincre, qu'à examiner quelles protestations générales ce système engendre en Suisse, en Prusse, et en Angleterre même où, cependant, il est employé de façon si anodine.

M. Burdeau n'a pas voulu s'engager dans une telle voie. Il a cherché, d'accord avec les principes de l'Assemblée Constituante, à évaluer les revenus en se basant sur un signe extérieur. Il s'est adressé au loyer, combiné avec le fait pour le contribuable d'avoir ou de n'avoir pas de domestiques, en introduisant en outre dans le calcul un coefficient spécial qui en modifie les résultats suivant le chiffre de la population des communes.

Ce système certainement n'est qu'approximatif. Mais on chercherait vainement autre chose qu'une approximation dans la déclaration, et, à tout prendre, la méthode à laquelle s'est arrêté le ministre des finances paraît à la fois moins vexatoire, moins apte à se prêter à la fraude, et tout aussi approchée peut-être que toute autre d'une évaluation exacte.

M. Burdeau ne se borne pas à introduire l'impôt sur le revenu dans nos lois. En dégrevant les tout petits loyers et en grevant ceux des personnes riches de 20 ou de 40 pour cent en plus lorsqu'il y a un ou plusieurs domestiques, il y introduit aussi, bien qu'il s'en défende, le principe de la progressivité. Sans doute, c'est une progressivité qui est encore réduite à deux ou trois termes au lieu de compter un nombre considérable d'échelons. Celle qu'a proposée

M. Cavaignac serait préférable. Mais enfin le principe existe et, sauf à rechercher ultérieurement s'il convient ou non de le pousser plus avant, dans la limite restreinte où il est proposé, il présente au moins l'avantage de pouvoir être accepté par tous.

Par ces côtés le nouveau projet de budget est donc vraiment réformateur dans le bon sens du mot.

On ne saurait en dire autant de la combinaison destinée à alléger, prétend-on, les charges de l'État en ce qui concerne les garanties d'intérêt. Ici la voie est excessivement périlleuse.

On connaît les propositions du ministre : escompter les bénéfices que sont censées devoir réaliser les Compagnies d'Orléans et du Midi de 1931 à 1956 pour la première, et de 1956 à 1960 pour la seconde ; gager sur ces bénéfices, et sur le matériel du Midi, des obligations à longue échéance, et faire servir le produit de ces obligations, d'une part, à éteindre la dette actuelle de l'Orléans et du Midi vis-à-vis de l'État, de l'autre à subvenir aux insuffisances futures. Les intérêts des obligations seraient d'ailleurs payés par l'État, lequel demeurerait également responsable du capital au cas où les bénéfices prévus ne se réaliseraient pas dans la période de 1951 à 1960.

M. Burdeau reconnaît que ses propositions seraient dangereuses si les progrès de l'exploitation ne donnaient pas les résultats attendus. Mais il espère qu'ils les donneront. Il se refuse d'ailleurs à considérer les charges de la garantie d'intérêt comme définitives. À ses yeux elles ne sont — pour partie au moins — que des avances remboursables. Il lui répugne, pour des charges de cette nature, dont l'acquittement sur les ressources ordinaires du budget lui paraît dès lors revêtir le caractère d'un amortissement partiel, de recourir à de nouveaux impôts.

M. Burdeau nous paraît là trop optimiste. Les dettes des Compagnies, à l'expiration de leurs concessions, dépasseront de beaucoup la valeur d'un matériel qu'elles se garderont bien d'entretenir dans les dix ou vingt dernières années. Les chiffres que donne lui-même l'exposé des motifs du projet de budget le prouvent surabondamment.

Quant aux recettes prévues pour elles après l'amortissement de leurs actions et de leurs obligations, de 1951 à 1960, il est bien difficile de ne pas concevoir sur ce point des doutes sérieux.

Notre population ne s'accroît pas, notre agriculture souffre, la civilisation universelle soumet nos industries à une concurrence chaque jour plus dure ; la science peut, d'ailleurs, d'ici à 60 ans, découvrir de nouveaux moyens de transports qui évinceraient les chemins de fer, comme les chemins de fer ont évincé les diligences.

Que de causes de nature à déjouer les prévisions actuelles !

Et si le malheur veut que ces craintes se vérifient... lorsqu'en 1960 le gouvernement, après avoir fait face aux intérêts des obligations pendant 60 ans, devra en rembourser le capital, où en trouvera-t-il les moyens ? Vraisemblablement dans une prolongation des concessions, dans une nouvelle aliénation du domaine national qu'il faut empêcher à tout prix.

Il aurait été presque plus sage, si, décidément, des économies sont impossibles, de rouvrir le grand livre et d'emprunter franchement pour payer les garanties d'intérêt, sauf à amortir plus tard si les compagnies sont en situation de rembourser.

Mais prétendre qu'on laisse le Grand Livre fermé, et faire faire par les Compagnies un emprunt dont on paiera les arrérages, et probablement, hélas ! le capital, c'est emprunter d'une manière détournée, c'est-à-dire que c'est la pire manière d'emprunter, parce qu'on masque la vérité au pays.

Le mieux, sans contredit, aurait été l'incorporation complète des garanties au budget, au prix même de nouveaux impôts s'il l'avait fallu.

Rien, en effet, n'est dangereux comme de donner aux finances publiques l'apparence d'une élasticité qu'elles n'ont pas. À le faire, on endort le pays dans une fausse sécurité ; on l'engage dans la voie des dépenses, des réformes coûteuses qu'il croit pouvoir réaliser alors qu'il n'en a pas le moyen, et l'on fait peser les plus grosses, les plu[s] redoutables éventualités sur l'avenir.

Alfred Naquet.

Le petit marseillais du 28 avril 1894 (n° 9.470)

10e bureau. — Président, M. de Mahy; secrétaire, M. Abel.

M. Naquet approuve le projet de M. Burdeau dans la partie relative au maniement de l'impôt. C'est un budget orienté vers l'impôt sur le revenu. Les trois procédés, déclaration, taxation, péremption ont l'un et l'autre, leurs inconvénients. M. Naquet reconnaît toutefois, que le système préconisé par M. Burdeau est, à tout prendre, le meilleur. La déclaration exposerait l'État à la fraude et le contribuable à l'inquisition. Dans le projet du gouvernement, l'impôt sur le revenu arrive comme un impôt de superposition et c'est bien la seule façon dont il peut être introduit.

M. Naquet n'est pas partisan du système Merlou. Il fait des réserves en ce qui concerne la taxe sur les domestiques. Il préférerait la progression proposée par M. Cavaignac. Sans l'avouer, d'ailleurs, M. Burdeau établit une sorte de progressivité et c'est encore une des raisons pour lesquelles M. Naquet loue son projet.

En revanche, M. Naquet est opposé à toute la partie de ce budget relative aux garanties d'intérêt. Le gouvernement a recours à un emprunt mal déguisé. C'est une sorte de caisse spéciale qui est établie, et, par le procédé auquel il a recours, l'État a l'argent à moins bon compte que s'il empruntait directement. Les compagnies empruntent à une moyenne de 3.25 0/0. alors que l'État emprunte à 3.06 0/0. De plus il engage la liberté de l'État. C'est un prélude à l'accroissement de la durée des concessions. M. Naquet reconnaît, toutefois qu'il n'y a pas, au point de vue fiscal, une bien grande différence entre cet emprunt indirect et l'emprunt direct qui pourrait être fait. M. Naquet déclare qu'il faudrait résolument proposer 50 millions d'impôts nouveaux. C'est le meilleur frein aux accroissements imprudents de dépenses contre lesquels il faut mettre le pays en garde.

On amorce l'institution des caisses de retraites pour les travailleurs. Si l'initiative se développe, c'est de 300 à 400 millions qui à une époque peu éloignée, viendront charger nos budgets. Il vaudrait mieux entrer dans la voie des économies et faire ce qu'il faut savoir gré à M. Burdeau de faire, quoique dans une trop faible mesure, des amortissements. Donc, impôt nouveau ou emprunt direct, pour faire apparaître la vérité au pays.

La société nouvelle du mois de mars 1896
revue internationale publiée à Bruxelles
rue de l'Industrie 32

Une Conversation avec M. Alfred Naquet.

M. Alfred Naquet présentant à la Chambre française un projet de loi destiné à améliorer le sort des enfants naturels reconnus, en les assimilant aux enfants légitimes au point de vue successoral, nous sommes allé lui demander de développer, pour nos lecteurs, son point de vue touchant cette question spéciale. Voici textuellement les idées très élevées, qu'avec la plus grande bienveillance M. Alfred Naquet a bien voulu nous exposer :

La société actuelle en travail, se transforme à tous les points de vue, aux points de vue économique et familial. mais je crois qu'il est aussi impossible à un philosophe actuel de prévoir quelle sera l'organisation de la société future, qu'il eût été impossible aux hommes du siècle d'Auguste, ou même, pour ne pas remonter si loin, aux hommes de la Révolution, de prévoir la société *actuelle*.

Seulement, j'estime que c'est surtout par le développement de la liberté que la société de l'avenir doit se distinguer de la société présente, et c'est même là, si vous voulez me permettre cette digression, ce qui me rend foncièrement hostile aux doctrines collectivistes, qui me paraissent être la négation de la liberté.

Il résulte de cette vue d'ensemble qu'à mes yeux le rôle actuel du penseur et du législateur est, sans trop se préoccuper de la fin, de viser à corriger les vices de la société présente en y introduisant, autant que possible, plus de justice et plus de liberté.

Quel est l'organisme définitif qui sortira de tous ces travaux partiels exécutés au jour le jour? Nul de nous ne le sait; mais on peut affirmer sans erreur que quelle qu'en soit la forme, cet organisme nouveau sera supérieur à tous ceux qui l'ont précédé.

Parmi les réformes qui s'imposent à nous, il est incontestable que celles qui touchent à la famille sont peut-être les plus importantes et peut-être aussi les plus difficiles, parce que de toutes les institutions humaines, l'institution de la famille est celle qui tient le plus au cœur de l'humanité.

Nous devons donc y toucher avec ménagement, mais lorsque les lois actuelles qui la réglementent blessent d'une manière outrageante la justice, la liberté et la dignité humaine, nous ne devons pas hésiter une minute à les réformer.

C'est ce que nous avons fait relativement à l'indissolubilité du mariage lorsque nous avons voté la loi, d'ailleurs encore imparfaite, du divorce. C'est ce que je cherche actuellement à faire en poursuivant l'assimilation des enfants naturels reconnus aux enfants légitimes au point de vue successoral. J'estime d'ailleurs que cette réforme sera infiniment moins difficile à obtenir des pouvoirs publics que ne l'a été celle du divorce, d'abord parce que la voie est ouverte, ensuite et surtout parce qu'elle ne se heurte pas comme l'autre à des préjugés religieux qui étaient pour cette dernière l'obstacle le plus grand que j'aie rencontré.

Les hommes de la Révolution française, qu'aucun problème n'arrêtait, ne s'y sont pas trompés, et de même qu'ils avaient fait la loi du 20 septembre 1792 sur le divorce, loi qui est peut-être en avance d'un siècle sur celle que nous possédons aujourd'hui, de même ils avaient fait la loi du douze brumaire an II, sur l'assimilation des enfants nés hors mariage aux enfants légitimes au point de vue successoral.

Il ne vous échappera pas que j'emploie ici le mot « enfant né hors mariage » qui est celui même du législateur de l'an II. au lieu de l'expression enfant naturel. C'est que les conventionnels ne s'arrêtaient pas à mi-chemin, et que tout en laissant subsister à leur égard certaines différences de traitement, ils avaient compris dans leur réforme, non seulement les enfants naturels proprement dits, mais même les enfants adultérins. Ils étaient allés plus loin, ils avaient donné à leur loi un caractère rétro-actif.

Leur solution n'est pas pour effrayer un esprit philosophique; mais le législateur n'est pas un simple philosophe. Il ne doit pas se préoccuper exclusivement de la vérité en soi, mais aussi du plus ou moins de facilités d'aboutir et de la vitalité de son œuvre. Quelquefois, en allant plus loin dans les réformes législatives que les mœurs et les préjugés du temps ne le comportent, on s'expose à faire naître des réactions qui emportent tout. C'est notamment ce qui est arrivé pour la loi du divorce, laquelle, malgré le recul opéré en 1803, avait déterminé par son caractère primitif trop large et trop peu approprié à son époque, une grande réaction, qui a permis à la Restauration de supprimer sur ce point l'œuvre de la Révolution tout entière. C'est ce qui m'a décidé à me limiter, dans la loi de 1884, relativement aux revendications que je voulais faire prévaloir à propos du divorce, et c'est ce qui me détermine encore à me limiter aujourd'hui dans la nouvelle réforme que je propose.

Aussi ne cherchai-je pas comme mes devanciers à donner à mon œuvre un caractère rétroactif, et ne m'y occupai-je en aucune façon des enfants adultérins, pour lesquels je ne change rien à ce que le code a édicté. Je me borne à faire revivre intégralement les articles de la loi de brumaire an II, qui, en ce qui concerne les successions, font disparaître toute distinction entre les enfants naturels reconnus et les enfants légitimes.

— Quels sont les promoteurs des lois conventionnelles précitées?

— Pour la loi du divorce, Aubert-Dubayet. Pour la loi du douze brumaire an II, on ne sait pas au juste. La Convention avait créé un comité pour s'occuper du futur code civil. Les initiatives paraissent être émanées impersonnellement du comité.

— Jusqu'où auriez-vous été personnellement dans la loi sur le divorce, sans les considérations de prudence qui vous ont arrêté?

— Au point de vue philosophique, pour le divorce, si je n'avais pas craint de faire naître une réaction par la grande quantité de divorces qui se seraient produits, je serais allé aussi loin que la loi de 1792. Car il y a dans la question du divorce un fait qui est assez bizarre.

La plupart des gens s'imaginent que la loi exerce une influence sur ces faits; ils voient un nombre considérable de divorces se produire, nombre supérieur à celui des séparations antérieures, et ils concluent que le divorce est destructeur de la famille et engendre des ruptures de relations conjugales. Eh bien, M. Bertillon a démontré de la façon la plus nette et la plus péremptoire que les lois n'exercent aucune action sur le nombre des familles qui s'unissent ou se désunissent, et qu'elles se bornent à exercer une influence sur la statistique en les faisant apparaître ou en les laissant dans l'ombre.

Supposez, par exemple, un pays où la séparation de corps elle-même n'existerait pas. Vous ne vous imaginez pas, sans doute, que dans un tel pays il n'y aurait pas de mauvais ménages et que, sous l'influence des querelles domestiques, les époux ne se sépareraient jamais. Ils se sépareraient; seulement, comme leur séparation serait tout amiable, et qu'elle ne se manifesterait ni par des jugements ni par des actes administratifs, ils échapperaient à la statistique et on ne les connaîtrait pas. Les statistiques porteraient donc, en fait d'unions conjugales brisées, *zéro*.

Supposez maintenant qu'une loi sur la séparation de corps vienne à être introduite dans la législation. Aussitôt un certain nombre de ces époux séparés voudront légaliser leurs situations par un acte judiciaire. Ces dernières se trouveront dès lors officiellement connues et la statistique, au lieu de zéro, aura un chiffre significatif plus ou moins élevé à enregistrer

Toutefois, la séparation de corps ne donnant pas aux époux la faculté de se remarier, un grand nombre d'entre eux hésiteront à prendre la société à témoin des querelles de ménage qui les auront décidés à briser leur union, et ce chiffre significatif demeurera très loin de la réalité.

Qu'une loi intervienne maintenant qui établisse le divorce, même d'une manière très limitative, même d'une manière très coûteuse, beaucoup de ceux qui auront hésité à se séparer judiciairement, divorceront pour jouir des avantages que la nouvelle législation leur apporte et le chiffre des statistiques se trouvera accru.

Enfin, admettez que l'on aille aussi loin que la loi de 1792, que le divorce devienne possible sans frais et sur la simple volonté persistante de l'un des conjoints, presque tous les époux séparés divorceront et la statistique enregistrera alors, à peu près, la totalité des ménages brisés. Ces divers chiffres seront donc très différents les uns des autres, mais, en réalité, le nombre des ménages brisés n'aura pas varié, il aura simplement été enregistré, en totalité, en partie, ou pas du tout, suivant que la législation aura été plus ou moins large. Seulement, les populations, qui ne se rendent pas compte de cette vérité, croient voir un rapport de cause à effet dans ce qui n'en est pas un, accusent la loi d'effets qu'elle n'a pas engendrés et qu'elle s'est bornée à mettre en lumière, et arrivent ainsi à abroger, comme destructive de la famille, une législation qui, au contraire, en introduisant dans la famille un principe de liberté, ne fait que la relever, la moraliser, la purifier.

Quels obstacles voyez-vous au succès de votre projet de loi ?

Il en est un seul qui date de la modification de la loi de brumaire par les auteurs du Code civil. On a prétendu que si la loi établissait une identité absolue entre les enfants naturels reconnus et les enfants légitimes, on ferait disparaître un frein qui, dans notre société, s'oppose aux liens illégitimes et qu'on favoriserait ces derniers au préjudice du mariage. J'ai déjà répondu à cette objection dans l'exposé des motifs de la proposition de loi, et M. Talou, rapporteur de la commission d'initiative de la Chambre des députés, y a de son côté répondu dans le même sens. D'une part, il est inadmissible que pour fortifier une institution, fût-elle la plus sainte de toutes, on frappe des êtres absolument innocents des fautes dont on poursuit l'extinction.

A l'extrême rigueur on comprendrait que des moralistes outrés fissent du concubinat un délit, parce qu'alors ils frapperaient exclusivement les auteurs de ce qu'ils considéreraient comme une faute, mais on ne peut concevoir qu'ils frappent les enfants qui n'ont pas demandé à naître et qui n'ont aucune responsabilité dans la faute commise. C'est à peu près comme si, pour empêcher le vol, on frappait les enfants des voleurs au lieu de frapper les voleurs eux-mêmes. L'intérêt social (fût-il réel) ne pourrait légitimer de pareilles injustices et, d'ailleurs, la société ne peut, dans aucun cas, être intéressée à des faits de cet ordre qui la frappent au contraire de discrédit.

Du reste, c'est bien peu connaître le cœur humain que s'imaginer que la condition future d'enfants qu'on ne connaît pas encore, qui ne sont pas nés, qui ne naîtront peut-être pas, puisse arrêter des hommes et des femmes que n'arrête pas le sentiment des ennuis personnels auxquels ils s'exposent.

Tout ce que cette préoccupation pourrait engendrer, ce serait la stérilité des unions illégitimes ; encore ne crois-je pas qu'elle ait jamais un pareil résultat. Dans tous les cas, si elle l'avait, la conséquence sociale en serait mauvaise au lieu d'en être bonne.

La commission d'initiative parlementaire, qui a fait ressortir comme moi cette vérité et qui a conclu à la prise en considération de ma proposition, y a apporté quelques réserves. Elle n'admet pas que le lien légal qui résulte de la reconnaissance puisse s'étendre aux ascendants de l'enfant reconnu au delà du père. Il en résulterait que l'enfant reconnu aurait les mêmes droits que l'enfant légitime à la succession de ses père et mère, mais qu'en cas de prédécès de ceux-ci ils n'auraient aucun droit à la succession de l'aïeul.

J'avoue ne pas comprendre cette restriction. Je ne comprends pas que le fait accidentel du décès du père et de la mère qui, en somme, au point de vue social comme au point de vue moral, ne change rien à la situation de l'enfant, puisse influencer cette situation au point de vue successoral. J'estime en conséquence qu'il n'y a pas lieu de s'y arrêter et que la reconnaissance doit engendrer les mêmes droits que la filiation légitime.

— Ne prévoyez-vous pas une autre objection qui porterait sur le trouble introduit dans les familles, par le fait de jeunes gens inexpérimentés, reconnaissant les enfants qu'ils auraient eus avec des femmes d'une condition tout à fait inférieure à la leur ?

— Je reconnais que cette objection peut m'être faite, en même temps qu'une autre que j'oubliais. On dit en effet quelquefois que des enfants naturels reconnus, dont l'existence serait ignorée, pourraient permettre à des personnes peu scrupuleuses de se marier et de tromper ainsi leur conjoint en leur cachant un fait important qui aurait pu les empêcher de contracter l'union conjugale. La première de ces objections est aristocratique. Il faut autant que possible faire disparaître de la société l'idée de classes. La loi nouvelle aurait pour effet de mieux placer les jeunes gens en face de leurs responsabilités et de les empêcher de commettre les actes qu'ils commettent. Tout en étant favorable à la recherche de la paternité, je ne la demande pas ; on peut ne pas reconnaître ses enfants, la reconnaissance implique une union sérieuse, une garantie de paternité. Il faut surtout établir des règles de justice et la question est que les injustices ne soient pas sanctionnées par la législation ; on moralisera l'humanité, surtout par le sentiment de la responsabilité.

Quant à la seconde objection, il serait facile de remédier à l'inconvénient qu'elle signale; il suffirait pour cela d'entourer la reconnaissance de conditions de publicité aussi complètes que celles qui sont exigées pour le mariage et qui empêchent de cacher un mariage antérieur.

Lorsqu'un homme a un enfant naturel et qu'il a conscience de ses devoirs, il est placé dans une situation des plus difficiles. S'il reconnaît l'enfant, il perd le droit de lui laisser, même par testament, sa fortune, alors même qu'il n'aurait pas d'autres enfants et que ceux qu'il aurait reconnus n'entreraient en partage qu'avec des collatéraux éloignés. En ne reconnaissant pas l'enfant, il laisse à ce dernier son caractère d'étranger et conserve le droit de tester librement en sa faveur; mais, d'un autre côté, il ne peut plus lui donner son nom. Je sais bien qu'il lui est loisible de recourir à l'adoption ; seulement, ce procédé présente des difficultés considérables.

L'adoption, en effet, n'est possible que quand l'adopté est majeur et lorsque la personne qui adopte a dépassé cinquante ans; on n'est donc jamais sûr de vivre assez longtemps pour être en mesure de la pratiquer; de plus, si la personne qui veut en adopter une autre est mariée, l'adoption n'est autorisée qu'avec le consentement des deux époux; encore ce consentement ne suffit-il pas et l'adoption demeure-t-elle absolument impossible si des enfants légitimes sont nés du mariage.

N'est-il pas à craindre, dès lors, qu'un homme ou une femme désireuse d'adopter son enfant, n'hésite à se marier et qu'ainsi les restrictions établies par le code relativement à la succession des enfants naturels n'ait pour effet indirect de nuire à l'institution du mariage au lieu de la servir? C'est presque toujours ce qui arrive lorsqu'on porte atteinte à un principe de justice, en se plaçant à un point de vue purement utilitaire ; le plus souvent on ne voit qu'un côté de la question, et là où l'on croyait protéger une institution sociale, on lui porte au contraire un coup fatal.

HIXE.

Le Figaro Du 7 mai 1894 — 40me année — 3e série — n° 127

L'Impôt sur la Rente

La Commission du budget a rejeté le principe de l'impôt sur le revenu global de chaque personne, et elle a adopté celui de l'impôt sur les revenus divisés en catégories ou cédules distinctes. Elle a tourné le dos au système prussien pour se ranger au système anglais. Son vote sur le premier point se justifie, certes, par les difficultés énormes que présente l'évaluation du revenu d'un chacun, par les fraudes que la déclaration entraîne, par les vexations sans nombre que les vérifications détermineraient, enfin par le fait que, dans une contribution présentant la tendance à l'unité, les injustices provenant des erreurs inévitables atteindraient le plus haut degré de puissance. Elles ne pourraient plus être compensées par les erreurs en sens inverse que l'on rencontre dans la multiplicité de l'impôt, erreurs qui, ainsi que le montre Proudhon dans l'admirable petit volume que malheureusement s'abstiennent de lire nos socialistes modernes, rétablissent un certain équilibre.

Mais il faut bien le dire aussi : si l'impôt global, unique, basé sur la déclaration, présente ces graves inconvénients, c'est cependant en principe le seul qui, s'il était pratique, serait véritablement équitable. Seul, en effet, il permettrait une échelle progressive modérée capable de proportionner le sacrifice de chacun à ses véritables facultés.

Malgré ces avantages, il eût été dangereux d'en faire l'essai ; mais on aurait pu, adoptant avec quelques modifications le système qu'a proposé l'honorable M. Cavaignac, établir un impôt léger de superposition progressif sur le revenu, en se servant, pour évaluer celui-ci, soit de présomptions légales telles que le loyer, les domestiques et au besoin les voitures, soit même de la déclaration qui, ainsi limitée dans ses effets, n'aurait plus présenté aucun péril sérieux.

Les présomptions conduiraient, cela est incontestable, à des évaluations parfois erronées. Un riche avare pourrait n'avoir qu'un loyer de cinq à six cents francs et échapper ainsi à l'impôt, tandis qu'un homme pauvre et chargé de famille, ou obligé de subir les exigences d'une profession déterminée, ne le pourrait pas.

Mais de même que M. Burdeau avait prévu l'inégalité inhérente aux charges de famille et y avait en partie remédié, de même on aurait pu introduire dans la loi un certain coefficient professionnel, grâce auquel on aurait tenu compte des nécessités de la profession.

Même avec ces précautions, on ne serait pas parvenu à une appréciation mathématique des facultés contributives de chaque contribuable ; malheureusement, aucune méthode ne fournit d'appréciation d'une exactitude absolue. L'unité de l'impôt étant d'ailleurs écartée, la contribution étant légère, même avec la progressivité, et étant surtout une taxe de redressement destinée à compenser les injustices en sens opposé que l'on observe dans les contributions indirectes, le système de M. Cavaignac aurait réalisé une réforme sérieuse, un véritable progrès.

La Commission du budget a préféré sacrifier à un mot, en entrant dans la voie anglaise de l'impôt sur les revenus divisés en cédules.

Le malheur veut qu'en agissant de la sorte elle ne modifiera que très peu notre régime fiscal actuel.

Car il ne faut pas oublier que si nous dénommons autrement nos impôts, nous avons, tout comme nos voisins d'outre-Manche, des taxes sur les revenus. Nos contributions directes ne sont pas autre chose.

La Commission du budget aurait décidé, à ce que l'on affirme, qu'une cédule A renfermerait les revenus de la propriété non bâtie et une cédule B les revenus de la propriété bâtie sur lesquels serait assis l'impôt. Il serait curieux de savoir, — à quelques détails près, — en quoi les taxes assises sur les revenus compris dans ces deux cédules différeront de notre contribution foncière actuelle.

On pourrait en dire autant des revenus provenant du commerce, de l'industrie et des professions libérales, qui sont déjà atteints par la patente, et qui ne le seront ni plus ni moins demain, si même le mot de *patente* est remplacé par un vocable nouveau.

Enfin, les valeurs mobilières sur lesquelles l'État prélève en ce moment un impôt de 4 0/0 ne changeront pas de nature parce qu'elles seront classées dans une cédule D ou dans une cédule E.

Sur un seul point la nouvelle méthode risque d'apporter une modification importante. C'est si elle fait entrer les rentes sur l'État français parmi les valeurs mobilières imposées.

Mais cette modification-ci serait profondément regrettable et, loin d'être un argument en faveur du système de la Commission, elle suffirait à le condamner.

Dans un impôt global sur le revenu, la rente pourrait payer comme tout le reste, parce que ce serait la personne et non la valeur qui serait frappée.

Mais imposer la valeur même, prélever une retenue sur les coupons de la rente comme on en prélève une sur les coupons des actions ou des obligations des sociétés financières ou des communes, ce serait, il faut avoir le courage de le dire, à la fois une improbité financière et une mesure de détestable administration.

Une improbité financière, parce que ce serait la rupture d'un contrat, la violation d'engagements librement consentis. Lorsque, à la fin du siècle dernier, après la tourmente révolutionnaire, le Directoire fit perdre aux créanciers de l'État les deux tiers de leurs revenus et consolida le troisième tiers, la loi qui consacra cette banqueroute stipula d'une manière formelle que les rentes seraient désormais exemptes d'impôts à perpétuité.

Non seulement cet engagement n'a pas été dénoncé depuis lors ; mais à diverses reprises, et notamment lors de nos grands emprunts, après la guerre, on l'a visé de nouveau.

Le rompre aujourd'hui, ce serait faire une seconde banqueroute qui, pour être partielle et légère, et par cela même moins grave que celle du Directoire, n'en conserverait cependant pas moins le caractère de dol et de violation des contrats.

Malheureusement nous vivons dans une époque où beaucoup d'esprits éclairés, et bien intentionnés d'ailleurs, semblent avoir perdu la notion des devoirs étroits qui résultent des engagements contractuels. Ceux-là risquent d'être peu impressionnés par le côté moral de la question. Mais ils peuvent et ils doivent l'être par le côté fiscal.

L'impôt sur la rente irait en sens inverse du but poursuivi : au lieu d'accroître les bénéfices de l'État, il les diminuerait.

On comprend à la rigueur un tel impôt en Angleterre où le Grand-Livre semble à jamais fermé, où l'on a renoncé aux emprunts, et où la rente est entièrement et définitivement classée.

Mais en France, où les emprunts se font à jet continu et où l'on ne paraît les éviter qu'en les masquant, prélever 4, 5, 10 pour cent sur les coupons de la rente, c'est, toutes choses égales d'ailleurs, faire baisser les cours de 4, 5... 10 pour cent. Lorsque l'État aura besoin d'emprunter, il ne recevra plus, dès lors, en échange d'un revenu de trois francs, que 94, 95 ou 90 francs, au lieu de 100 francs qu'il percevrait s'il empruntait aujourd'hui. Où sera son bénéfice ?

Il y a plus. Depuis dix ans, la France a fait deux conversions qui ont réduit le 5 0/0 en 3, 5 0/0 et qui, à elles deux, ont rapporté une économie annuelle de 104 millions. Déjà on peut prévoir pour dans huit ans, non seulement une nouvelle conversion du 3,5, mais même une conversion du 3 en 2 3/4, qui fourniront encore une économie de quatre-vingt-dix millions environ.

Peut-on prétendre que les rentiers ne contribuent pas aux charges publiques lorsqu'ils subissent de pareilles diminutions de leur revenu ?

Quels seraient d'ailleurs les impôts qui donneraient au Trésor des ressources aussi considérables ?

Non seulement il n'y en a pas, mais en abaissant les cours, en empêchant 3 0/0 de dépasser le pair, en faisant tomber au-dessous du pair le 3,5, aussi bien par le fait matériel de l'amoindrissement du coupon que par l'effet moral de la violation par la nation d'engagements sacrés, on rendrait les futures conversions impossibles. On tuerait la poule aux œufs d'or ; et l'on obtiendrait ce triste et double résultat d'avoir moralement discrédité le pays et d'avoir tari pour lui des ressources futures et certaines infiniment supérieures à celles qu'on lui donnerait.

Triste politique que celle-là !

En résumé : si l'on se borne, en imtroduisant une taxe nouvelle, telle que l'income tax, à mettre un mot à la place d'un fait, le mal sera petit. On pourra même, à cette occasion, apporter dans les taxes existantes, dont l'appellation seule sera changée, des améliorations de détail qui laisseront au budget de 1895 son caractère réformateur.

La réforme sera moins sérieuse, moins importante, que si l'on adoptait le projet Cavaignac; mais elle existera cependant.

Si, au contraire, on pousse plus loin, si l'on frappe la dette publique d'un impôt, on placera l'Etat dans la nécessité d'emprunter plus cher, on lui retirera l'avantage des conversions à venir, et l'on fera un mal irréparable.

M. Grévy disait un jour qu'il était partisan des réformes comme tout le monde; puis il ajoutait : « Mais il faut se défier de certains changements. Changer n'est pas toujours réformer. Quelquefois même en changeant on aggrave le mal que l'on veut détruire au lieu de l'atténuer. »

On ne saurait trop fortement recommander cette pensée aux méditations de la Commission du budget.

Alfred Naquet.

La Riforma sociale di Torino del 10 maggio 1894 — anno 1º fascicolo 5

LIBERO SCAMBIO E PROTEZIONISMO [1]

Accade della questione doganale press'a poco quel che accade della questione militare. A meno di condizioni di produzione singolarmente

---

[1] Alfred Naquet è forse così noto in Italia, come in Francia: non ha quindi bisogno di essere presentato. Noi abbiamo voluto che egli scrivesse di questa ardente questione del protezionismo, poichè nessuno poteva farlo con più autorità e meglio. Il suo recente discorso alla Camera francese contro i dazi protettori ha avuto infatti larga eco anche da noi ed è stato un vero avvenimento.

La Direzione.

favorevoli, non potrebbe saltar in mente a nessun popolo di aprire le sue frontiere ai prodotti stranieri quando gli altri popoli negassero di aprirgli le loro, di abbattere tutti i suoi baluardi quando all'ingiro sorgessero i baluardi degli altri. Finchè i principii della libertà di commercio non saranno accettati dovunque — e pur troppo ne siamo ben lontani — si impone la necessità delle tariffe doganali. Però, ed è qui che la questione diventa pratica ed importante, è il caso di vedere se convenga fermarsi al sistema di una o di due tariffe fisse ed intangibili e quasi proibitive, come chiedono i protezionisti, o, come chiedono alla lor volta i liberi-scambisti, mirare alla libertà degli scambi per mezzo dei trattati di commercio che con mutue concessioni garantiscono alle singole nazioni dei reciproci vantaggi.

Il regime dei trattati di commercio ebbe la prevalenza in Francia sotto l'Impero e nel primo periodo della terza Repubblica, e ci valse più di vent'anni di prosperità senza riscontro anteriore, che furono una delle cause principali della solidità relativa dell'Impero.

Dopo di allora, sgraziatamente, si verificò una violenta reazione; e proprio nel momento in cui l'Europa intera, compresa la Germania, quantunque un po' suo malgrado, ritorna al concetto delle tariffe modiche e dei trattati di commercio, è proprio in questo momento che, secondando la spinta data dal Méline, il Parlamento francese indietreggia a tutto vapore e ruzzola nella via del protezionismo ad oltranza, con tale una foga che il condottiero è soverchiato dal suo esercito ed invano si sforza di rattenerlo.

È l'agricoltura, è il rinvilire dei prezzi dei cereali, è la decadenza della viticoltura che fecero voltar di bordo la pubblica opinione. E tuttavia l'industria agricola è certo quella in cui il protezionismo è meno ragionevole, non perchè le sue lagnanze siano infondate, ma perchè il rimedio non si trova e non si può trovare nel rincaro del prezzo dei prodotti.

Non è necessario risalire ai principii per persuadersene. All'infuori del dibattito teorico sulla maggiore o minore utilità dell'intervento dello Stato nella vita economica del paese, basta indagare se, ammettendone l'utilità — che noi contestiamo — sia *possibile* la protezione doganale in materia agricola. Non tarderemo a convincerci che non lo è.

Nelle discussioni provocate in tutti i Parlamenti dell'Europa e dell'America dalle tariffe doganali, si ripetono sempre le stesse ragioni in una serie di discorsi monotoni a furia di essere uniformi.

— Voi sottraete ai consumatori un miliardo, due miliardi, tre miliardi e gravate la popolazione di un'imposta formidabile che la dissanguerà, — vociano in coro i liberi-scambisti. — Voi procacciate un miliardo, due miliardi, tre miliardi ai produttori e colla vostra efficace tutela li arricchirete, — ribattono i protezionisti. E questo modo di argomentare da ambe le parti è così insufficiente che mi sento diventar protezionista se ascolto i liberi-scambisti e libero-scambista se ascolto i protezionisti, e rimarrei titubante, incapace di formarmi un criterio, se per orientarmi non avessi altri argomenti che quelli addotti dalle due scuole rivali.

Il duplice ragionamento infatti ha il vizio d'origine che le due entità sulle quali si discute, il consumatore ed il produttore, non esistono e sono soltanto due diversi aspetti dell'essere umano, che noi disgiungiamo per agevolarne lo studio in forza di un'astrazione, ma che in pratica non possono essere disgiunti. Non c'è consumatore che nel medesimo tempo non sia produttore e non c'è produttore che non sia consumatore.

L'uomo produce perchè consuma e può consumare perchè produce. Quelli stessi sono indirettamente produttori che a primo aspetto sembrano oziosi, i puri e semplici capitalisti. Se il danaro frutta loro un interesse si è perchè serve a sostentare imprese produttive. Supponete che queste imprese falliscano, più non saranno pagati gli interessi del capitale, ed i capitalisti che non riscuoteranno più nulla, non potranno neanche più nulla comprare e più nulla consumare. Per conseguenza, quando ad un nucleo di individui, considerati come produttori, si largisce una somma di uno o di due miliardi ricavata dal rialzo artificiale del prezzo dei loro prodotti, per ciò solo che si aggrava il prezzo delle derrate, si sottrae tosto agli stessi individui, come consumatori, quello che si era largito loro come produttori. Se dunque si potessero proporzionare i diritti doganali per modo che a tutte le industrie fosse accordata un'uguale protezione, se si potesse stabilire rigorosamente la perequazione della protezione doganale, sarebbe sempre nullo il risultato definitivo dello sforzo gigantesco. Al più, ciascuno di noi ne risentirebbe un danno perchè l'esercito delle guardie di dogana richiesto dall'impianto del sistema comporterebbe una spesa da prelevarsi, senza distinzione, sui consumatori e sui produttori.

Le spese generali del protezionismo rassomigliano alla *cagnotte* nelle bische. La piccola somma che la *cagnotte* riscuote su chi vince e su chi perde, ad ogni minuto, finisce per trasformare alla lunga tutti i giuocatori in altrettanti perdenti; del pari il costo del protezionismo diminuisce la ricchezza di tutti per il vantaggio esclusivo degli impiegati nell'amministrazione delle dogane. Ma ciò è relativamente di un'importanza secondaria, e se un'eguaglianza di trattamento fosse possibile per tutti, il risultato equivarrebbe a zero. Come se un decreto raddoppiasse il valore nominale della moneta! Se domani le monete da una lira si chiamassero monete da due lire, al momento della promulgazione del decreto, noi potremmo credere che la nostra ricchezza fosse raddoppiata. Ma siccome la ricchezza non consiste nel numero delle monete possedute ma nella potenzialità di acquisto di ciascuna di esse, all'indomani non tarderemmo a riconoscere che quel che prima del decreto pagavamo una lira, adesso ne vale due, e che, in definitiva, la nostra condizione di fortuna non si è modificata; nè più ricchi nè più poveri di ieri.

Almeno un decreto di simil fatta, se non ci arricchirebbe, non ci rovinerebbe neppure. La cosa è diversa per i diritti doganali. L'eguaglianza assoluta è del tutto impossibile a raggiungersi per quanta buona volontà ci si metta. A motivo dell'estremo arruffio del problema ci son sempre, checchè si faccia, industrie più protette e industrie meno, e se le une ne hanno vantaggio, le altre ne sentono danno. Come, d'altronde, il Méline ha schiettamente dichiarato alla Camera francese che, dovendo compensare la differenza tra le spese generali da noi e quelle dall'estero, le tariffe doganali non possono essere immutabili e sono suscettibili di aumenti o di diminuzioni a seconda degli aumenti o delle diminuzioni delle spese generali, è evidente che il sistema protezionista non permette ad un equilibrio nuovo di sostituirsi ad un equilibrio antico. Non appena si è rimediato al turbamento recato alla produzione ed agli scambi da una tariffa doganale, ecco una nuova tariffa scompiglia tutto di nuovo, senza che si possa mai prevedere la fine di questo sconquasso universale.

Non è tutto. Una nazione non è padrona che in casa propria, essa non può ingerirsi nella politica economica delle sue rivali a quel modo che queste non possono ingerirsi nella sua. Nessuno può pretendere di chiudere le sue porte ai prodotti stranieri e di conservare liberi gli sbocchi dell'estero ai proprii. Se voi chiudete le vostre porte, le altre nazioni chiuderanno le loro. Esse si serviranno legittimamente del diritto di rappresaglia, e se vi risolverete a non comprar nulla da loro, vi metterete nella condizione di non vender loro più nulla. A rigore, un popolo che avesse un esteso territorio — come gli Stati Uniti ad esempio, che possiedono tutti i climi, tutte le latitudini, tutte le qualità di terreno, tutte le risorse minerarie dal petrolio all'oro — un simile popolo potrebbe rinchiudersi in sè stesso, colpire le mercanzie estere non di tariffe compensate, ma di un assoluto divieto di importazione, e vivere a guisa di un mondo minuscolo che basterebbe a sè.

Gli Stati Uniti ci si sono provati ad un dipresso e l'esperienza, a malgrado delle circostanze favorevoli in cui fu tentata, fallì al punto da consigliare il ritorno a sistemi meno esclusivi. Ed i popoli europei limitati nel territorio, nel clima, nei prodotti, dovrebbero incamminarsi sulla via abbandonata dagli Stati Uniti?

Per restringermi alla Francia, che meglio conosco e che più mi importa, credete che essa sia in grado di far a meno dell'esportazione? Se lo si crede o se lo si desidera, ebbene, si abbia il coraggio di chiudere completamente le nostre frontiere! si promulghi il divieto! si risalga contro la corrente della storia! si dichiari la guerra al vapore! si condannino le ferrovie, il telegrafo, il telefono! almeno se ne ricaverà un utile: non occorreranno più tributi per accrescere la facilità degli scambi, e, dopo aver soppresso il traffico per via di terra, il carico per via di mare ed il commercio nei nostri porti, non ci si chiederanno più sussidi per la marina mercantile, garanzie di interessi per le strade ferrate e milioni per allargare i porti e per dotarli di tutti i perfezionamenti richiesti dall'impianto moderno. Ma no. Non si andrà a quest'estremo e, per una singolare contraddizione, si continuerà a chiedere sovvenzioni per la marina, garanzie per le strade ferrate e sussidi per migliorie ai porti, mentre si costringeranno i nostri porti a cessar ogni commercio e le nostre industrie di trasporti terrestri e marittimi a non più trasportar nulla.

Gli è che la Francia, al pari dell'Italia, al pari della Spagna, al pari della Germania, non può rinchiudersi nel suo guscio e far a meno dell'estero di cui ciascuno di noi è tributario per prodotti che la civiltà ed i costumi hanno reso indispensabili. Dove prenderemo noi Francesi l'oro, l'argento, il mercurio, lo stagno, i legni preziosi, il cotone, le spezie ed anche il frumento e la carne per completare la nostra produzione? **Bisogna** ben ricorrere ai paesi dove tutto ciò si trova. Ed allora che accadrebbe, con che cosa potremmo pagare codesti prodotti se non vendiamo nulla in ricambio? Fu detto da lunga pezza: i prodotti si pagano con prodotti. Il riscontro di quel che un popolo acquista è quello che esso vende all'estero. Ora, il giorno in cui, con tariffe esagerate ed in seguito alle rappresaglie inevitabili, un paese cessa di esportare o vede diminuire gravemente le sue vendite all'estero, dovrà, per pagar i prodotti comprati fuori, far prelievamenti sulla riserva metallica; e, siccome questa non si rinnova, così la rovina è prossima e fatale.

Ma se torna impossibile proteggere tutto, se la protezione di tutti per tutti — salvi i turbamenti inerenti ad una sperequazione indeclinabile — equivale a nessuna protezione, non è per lo meno impossibile proteggere un'industria speciale e coltivarla come una pianta di serra calda in un ambiente artificiale senza di cui essa non sarebbe in grado di vivere?

Sotto questo aspetto la questione si determina meglio. Si comprende la protezione se si riferisce ad un'industria che impieghi un numero ristretto di operai e che richieda capitali limitati. Supponiamo, ad es., che l'industria della calzatura non regga in Francia alla concorrenza straniera — è una semplice ipotesi per l'opportunità del discorso; — supponiamo che, nell'interesse generale dell'esercito, per non restar tributarii dell'estero nella calzatura dei nostri soldati in caso di guerra, vogliamo sostenere tale industria a malgrado delle condizioni disastrose in cui essa si dibatte; sarà un bene, sarà un male, avremo torto, avremo ragione, ma certo potremo farlo perchè si tratta di una piccola schiera di operai e di capitalisti, d'un numero ristretto di cittadini da favorire e l'immensa maggioranza avrà il modo di farlo con lievissimi sacrifici. Sarà un'imposta che si sopporterà per un alto ideale, come quando sono in giuoco la difesa della patria e la forza dell'esercito.

Ma la cosa cambia nell'industria agricola, che quasi dovunque occupa un maggior numero di braccia e richiede una maggior entità di capitali.

In Francia gli agricoltori sono venti milioni su trentotto, oltre alla metà della popolazione, e voi non potete favorire uno dei rami dell'agricoltura senza favorire nel medesimo tempo gli altri.

Imponete un dazio sui grani. Tosto scendono in campo i viticultori. — Voi ci avete aumentato il prezzo del vitto facendoci pagar più caro il pane, essi dicono, fateci anche vendere più caro il nostro vino. — E siccome nelle Assemblee legislative in queste materie impera il principio del *do ut des*, siccome i rappresentanti di una regione non consentono ai rappresentanti di un'altra ciò che essi chiedono, se non alla condizione del contraccambio, il rialzo del dazio dei grani si trae dietro il rialzo del dazio sul vino. I produttori d'orzo, di mais, di barbabietole, di foraggi, di bestiame ripetono a lor volta l'identico ragionamento. Non è lecito ricusare agli uni ciò che si è accordato agli altri, ed in fin dei conti restano protetti i venti milioni di agricoltori e la protezione sostenta tutta l'agricoltura considerata come un'industria sola ed unica.

Chi dunque pagherà le spese di quest'enorme protezione? Anzitutto, per una buona metà, gli agricoltori stessi, giacchè superano in numero la metà della popolazione totale del paese, e consumano alla stregua degli altri produttori. La seconda metà sarà a carico degli industriali, dei commercianti, degli abitanti delle città. Ed accadrà questo, che tutte le industrie chiederanno dal loro canto che si rimborsi loro, mediante una speciale protezione, ciò che fu loro tolto per proteggere le altre. Ne abbiamo avuto un esempio nel 1892. Abbiamo anzi visto che essendo insorti dei contrasti, per ciò che riguardava i filati di cotone, nel contratto sinallagmatico fra tutti gli interessati, per poco l'edifizio sembrò compromesso, e sarebbe inevitabilmente precipitato se non si fosse rientrati nei termini del contratto.

Pertanto se si vuol favorire l'agricoltura, non si favorisce un'industria ristretta e determinata; si applica invece un regime di favore a tutte le industrie del paese, dalla maggiore alla minore, e si mette capo a ciò che abbiamo definito: la protezione di tutti per tutti o di nessuno per nessuno. Avevo dunque ragione di dire alla Camera dei Deputati il 18 febbraio scorso che il meglio che si possa sperare dalle tariffe protettrici è che siano prive di risultati, accordando esattamente ai produttori quello che tolgono ai consumatori. Non si potrebbe infatti, a meno di essere illogici, pretendere che creino la ricchezza. Sarebbe press'a poco la risoluzione del problema del moto perpetuo.

Ecco la teoria. Essa è semplice ed evidente; e siccome i capi della scuola protezionista agraria, in Germania ed in Francia, sono uomini intelligenti; siccome hanno dimostrato il loro valore intellettuale colla vigorosa campagna intrapresa, in grazia della quale sono riusciti ad arruolare nelle loro schiere i piccoli proprietari ed i coltivatori a malgrado dell'interesse contrario di questi — e la campagna, riuscita completamente in Francia, avrebbe in Germania rovinato il trattato russotedesco se esso non fosse stato voluto dalla volontà energica e dalla tenacia dell'Imperatore; — siccome non è da supporre che gli agrari agiscano per incoscienza, così è duopo ammettere che, parallelamente allo scopo che pretendono raggiungere e che è chimerico, mirano in realtà ad un altro scopo pratico. Quale?

Poichè la protezione generalizzata è un concetto contraddittorio ed inattuabile, poichè la protezione non è materialmente possibile se non la si riduce ad una categoria ristretta di cittadini, riesce evidente che si vuol proteggere una categoria ristretta di cittadini: *i grandi proprietari fondiari*. Ciò che questi desiderano è *l'immobilizzazione assoluta del reddito fondiario*.

Ed invero uno dei più eloquenti patrocinatori del protezionismo nella Camera francese, René Brice, così si espresse nel febbraio scorso a proposito del dazio sui grani: « Avete voi pensato a ciò che per lui (l'affittavolo, il coltivatore) rappresenta quello che si suol chiamare il reddito della terra, vale a dire sia il prezzo del suo affitto, sia la rappresentazione degli interessi del capitale speso per comprar la terra stessa? ». È dunque chiaro: ciò che i protezionisti temono è di veder diminuire il reddito della terra, ciò che vogliono proteggere contro ogni svalutazione è questo reddito, ed i soli grandi proprietari si avvantaggiano delle tariffe doganali.

Nel corso della discussione succitata, il deputato Siegfried si appoggiò ad una curiosa statistica, in forza della quale resta provato che i dazi sui grani che si trattava di rialzare e che furono portati a 7 lire, non gioverebbero guari ai piccoli coltivatori e gioverebbero invece ai grandi. Ma senza insistere su quelle cifre, un semplice raziocinio dimostra la verità dell'asserto.

Si supponga un coltivatore che, all'infuori di quel che occorre a lui stesso, produca per la vendita dieci quintali metrici di grano. Se per ipotesi il diritto di 7 lire è nel suo pieno vigore, o, in altri termini, se la differenza tra quel che sarebbe il prezzo del grano senza il dazio e quel che è col dazio corrisponde all'ammontare del dazio, cioè a lire 7 per quintale, che cosa ritrarrà nell'anno in virtù del dazio il piccolo coltivatore? 70 lire, non un centesimo di più. Si supponga ora un grande proprietario, non più con dieci ma con mille quintali metrici di grano: invece di guadagnare 70 lire ne guadagnerà cento volte di più, cioè 7000.

Ed adesso che abbiamo considerato il piccolo ed il grande proprietario sotto l'aspetto di produttori, consideriamoli sotto quello di consumatori.

In seguito all'estensione del protezionismo, di cui i dazi sul grano sono la causa indeclinabile, tuttociò che acquisterà il piccolo proprietario, il vino, lo zucchero, gli abiti, gli arnesi, gli costerà più caro, e, dopo avergli dato 70 lire su quel che egli vende, — senza che se ne accorga, è vero, e qui sta il segreto dell'adesione del piccolo proprietario — gli se ne toglieranno 140 per lo meno su quel che egli compra. All'opposto, il grande proprietario che avrà incassato 7000 lire, vale a dire cento volte più del piccolo, pur consumando di più che quest'ultimo, non consumerà certo cento volte di più. Egli non restituirà che una parte dell'incasso ed alla fine dell'anno gli resterà in cassa un utile rilevante.

Non è tutto. Per continuar lo studio dei fenomeni relativi ai grani, giacchè è il prezzo del grano che è la base di questa crociata, bisogna esaminare un altro punto. In Francia si è testè aumentato di due lire il dazio. Il grano è forse aumentato di due lire? No! è ribassato di un'identica somma. Perchè?

Perchè s'era preventivamente importato un tale « stock » di granaglie da render possibile agli incettatori di rinvilire i prezzi per tutta un'annata. Faranno così sino al raccolto ed acquisteranno a basso prezzo il grano ai contadini che in Francia usano venderlo e comprarsi poi il pane; i soli grandi proprietari saranno in condizione di conservare i loro prodotti nei magazzini. Quindi, allorchè i contadini avranno venduto tutto, sino all'ultimo chicco di grano, ed avranno il loro tornaconto nei prezzi bassi e non più nei prezzi elevati, giacchè saranno diventati compratori di pane, i prezzi subiranno un rialzo ed i dazi produrranno il loro effetto a beneficio dei grandi proprietari che avranno conservato la merce e degli incettatori che avranno pieni i granai. E per poco che si abbia un cattivo raccolto negli Stati Uniti, in Russia o nelle Indie, come nel 1891, e come è da temere nell'anno corrente, la speculazione si crederà autorizzata a rialzare i prezzi a L. 28, 29, 30, o magari a L. 32, 33, 35.

Nello stato attuale della civiltà simili prezzi sono prezzi di carestia;

e siccome quando si verificheranno, i coltivatori divenuti semplici compratori avranno un interesse identico agli operai; siccome d'ogni parte sorgeranno proteste e grida di aiuto alle quali nessun Governo e nessuna Camera potranno resistere, i dazi saranno riabbassati a L. 3 come nel 1891, il mercato sarà di nuovo ingombro per un anno o due, e si ripeterà l'identica serie di fenomeni. Gli speculatori ed i grandi proprietari avranno incassato dei lauti utili, ma i piccoli proprietari saranno sfruttati come sempre.

Pertanto è dimostrato che la sedicente protezione universale è in realtà un'imposta sulle masse per conservare inalterato il reddito fondiario.

E ciò in un secolo in cui nessuno ha la pretesa di sottrarsi alla fatalità delle leggi economiche. Mentre i possessori di rendita in Francia, che pur hanno corso un rischio gravissimo mutuando alla patria i loro capitali in un giorno di lutto, hanno sopportato senza protestare per ben due volte la riduzione dei $^3/_{10}$ sui loro interessi; mentre i possessori di rendita in Italia si preparano con non minor patriottismo a subire non una conversione ma un'imposta sui loro redditi, — i proprietari fondiari dovrebbero restar all'infuori delle leggi che s'impongono a tutti e, ne vada a soqquadro il paese, conservare intatta la loro condizione anteriore. Il tasso dei capitali cambierà per tutti eccetto che per loro. Ecco dove siamo giunti in Francia, dove sono giunti in Germania e dove, fatta una lodevole eccezione per l'Inghilterra, si è giunti quasi dappertutto!

Che cosa diranno i proprietari quando l'operaio, stuzzicato dalla propoganda socialistica, chiederà a sua volta allo Stato che gli sia assicurato un minimum di salario? Balbetteranno che le due pretese sono diverse, ma in sostanza esse scaturiscono da un'idendico principio; e se non accade una reazione contro questa politica economica più pericolosa della pace universale armata, i proprietari saranno travolti dalla tempesta che avranno scatenata.

Speriamo in questa reazione che già si è manifestata negli Stati Uniti. Giova supporre che non siamo tutti colpiti da cecità o da pazzia e che la reazione si manifesti anche da noi.

Parigi, Aprile 1894.

Alfred Naquet.
Deputato al Parlamento francese.

Le XIXème siècle du 14 mai 1894 (n° 8155)

NAQUET POUR TURQUET

M. Naquet nous adresse la lettre suivante, à propos d'une coquille qui nous a fait dire qu'il présidait une réunion d'étudiants antisémites alors qu'il s'agissait de M. Turquet :

Paris, 11 mai 1894.

Monsieur le directeur,

Dans le numéro de votre journal paru ce matin et portant la date de demain samedi 12 mai, par suite probablement d'une confusion entre M. Turquet et moi, vous dites, à propos de la réunion antisémite qui a eu lieu hier soir rue Serpente : « MM. Edouard Drumont et Naquet présidaient. »

Bien que mes rapports avec la *Libre Parole* ne puissent laisser de doute dans l'esprit de personne sur l'inexactitude de cette information, je vous prie de vouloir bien la rectifier. Je ne me suis jamais occupé de M. Drumont et des antisémites que pour les combattre, et je ne voudrais pas laisser s'établir la légende que je me suis rallié à cette campagne rétrograde, contre-révolutionnaire et antinationale, malgré qu'on en dit.

En comptant sur votre courtoisie habituelle pour l'insertion de cette lettre, je vous prie, etc.

A. NAQUET.

M. Naquet a bien raison de dire que l'erreur était trop évidente pour laisser le moindre doute dans l'esprit de personne. Elle nous avait même paru si manifeste, que nous n'avions pas cru avoir besoin de la rectifier.

L'éclair du 15 mai 1894 (7ème année – n° 1996)

OPINIONS

L'IMPOT SUR LA RENTE

J'ai récemment, dans un article du *Figaro*, condamné l'impôt sur la rente à la fois comme une improbité financière et comme une mesure de détestable administration.

Mon article, ainsi qu'il arrive presque toujours en ces matières, où les esprits les plus honnêtes et les plus clairvoyants ont souvent les vues les plus différentes, a enthousiasmé les uns et exaspéré les autres.

Si j'ai reçu de nombreuses lettres d'approbation, j'en ai reçu un nombre tout aussi considérable qui me désapprouvent, et le journal même qui veut bien aujourd'hui, avec sa large pratique de la liberté, m'ouvrir ses colonnes, pour lui répondre, l'*Eclair*, a attaqué la doctrine que j'avais soutenue.

Mais aucune des critiques qui m'ont été adressées n'ont même effleuré ma conviction.

Parmi les lettres qui me sont parvenues, l'une, datée de Lille, prétend qu'actuellement les rentiers ne supportent aucune part des charges publiques, qu'en frappant la rente on les y fera contribuer comme tous les autres citoyens, proportionnellement à leurs ressources, et que, d'ailleurs, cela ne fera pas courir à l'Etat le danger d'emprunter plus cher à l'avenir, et de rendre impossible les conversions futures, parce que les cours de la rente n'en seront pas atteints. Selon mon contradicteur, la solidité et la facilité de négociation de cette valeur s'opposeront à une baisse qui, s'il fallait l'en croire, ne se serait même pas produite sur les actions et les obligations des sociétés financières lorsqu'on les a frappées d'un impôt de trois, puis de quatre pour cent sur le revenu.

Il y a là tout une série d'erreurs juridiques et économiques.

D'abord la rente d'Etat est le fait d'une dette contractée par l'Etat, et il ne saurait dépendre de l'un des contractants de modifier par sa seule volonté les termes du contrat au détriment de l'autre partie contractante. Il ne viendrait probablement pas à l'esprit de mon contradicteur, s'il empruntait à 4 ou à 3 0/0, de réduire de sa propre autorité l'intérêt à 3 ou à 2 1/2, à moins qu'il ne pût donner à son créancier l'option entre cette réduction d'intérêt et le remboursement. Il est vrai que s'il essayait de le faire, il trouverait des tribunaux pour l'en empêcher. Il n'y a pas de tribunaux pour s'opposer à l'exécution des actes du pouvoir législatif. L'Etat pourrait donc ce que lui ne pourrait pas. Mais la puissance d'accomplir une action n'en modifie pas le caractère moral, et l'absence d'un pouvoir capable de faire respecter un contrat n'empêche pas que la violation des termes formels de ce dernier ne constitue une banqueroute.

Or la loi du 9 vendémiaire an VI est formelle. Elle s'exprime ainsi dans le second alinéa de son article 98 :

« Le tiers de la dette publique conservé en inscriptions est déclaré *exempt de toute retenue, présente et future.* »

Et cette loi a été visée à nouveau dans les constitutions ultérieures de rente. La nation française s'est donc engagée à payer aux rentiers 3 0/0 de rente — ou 5 0/0 réduits à 3.5 par les conversions — en échange d'une somme déterminée. Si elle impose les coupons, elle se soustrait à ses engagements. Comme, d'ailleurs, celui qui viole ses engagements pour dix centimes peut aussi bien, le principe une fois admis, les violer demain pour un franc, le crédit public se trouverait atteint non seulement par la retenue actuelle, mais par celles qu'elle ferait craindre pour plus tard.

La confiance dont jouit le gouvernement français subirait une atteinte fâcheuse, et le cours de ses fonds s'en ressentirait forcément.

Quant à prétendre que les facilités de négociation de la rente empêcheraient la baisse de nos fonds publics, c'est vraiment vouloir nier l'évidence, surtout si l'on s'appuie pour le soutenir sur ce que l'impôt de 4 0/0 sur les valeurs mobilières n'aurait pas influencé les cours de celles-ci. C'est absolument l'inverse qui s'est produit. En voici la preuve mathématique.

Si l'on prend la moyenne des cours des obligations de nos grandes Compagnies de chemins de fer, on s'aperçoit que, compris la prime de remboursement, ces Compagnies empruntent à 3.38 0/0 environ, alors que l'Etat emprunte à 3 0/0.

Mais si l'on calcule les droits de timbre, d'abonnement ou de transfert, et l'impôt de 4 0/0 sur le revenu qui pèsent sur les titres des compagnies, on reconnaît que ces droits s'élèvent à très peu près à 0.88 pour cent.

Les obligations, impôt payé, rapportent donc juste autant que la rente d'Etat, soit 3 0/0.

Le crédit étant le même puisque ces obligations sont garanties par l'Etat, il est dès lors hors de doute que la différence des cours est produite par l'impôt dont ces valeurs sont frappées et dont la rente est exempte, puisqu'elle représente exactement, à un centime près, cet impôt.

Il est, par suite, assez bizarre de prétendre que, contrairement aux autres capitalistes, les propriétaires de rente sur l'Etat ne paient rien.

En ce moment, les immeubles à Paris se capitalisent à peu près sur le pied de 7 0/0. Il faut en prélever un tantième représentant les chances de non-location, les dépenses de réparation, l'amortissement de l'immeuble, les primes d'assurance contre l'incendie... et l'impôt.

Il est difficile de calculer de combien cela réduit le loyer; mais admettons hypothétiquement que celui-ci se trouve, de par toutes ces causes, ramené à 5 0/0 ou même à 4 0/0 si l'on veut.

Peut-on raisonnablement prétendre que l'homme qui, ayant cinq cent mille francs, achète un immeuble et en obtient un revenu net de 25,000 ou au moins de 20,000 francs, est moins avantagé, par suite de l'impôt dont son immeuble est grevé, que ne l'est celui qui, plaçant ses 500,000 francs en rente 3 0/0 exempte d'impôt, n'a en somme que 15,000 francs de revenu ?

La vérité est — quelque paradoxal que cela puisse paraître — que les impôts directs dits réels, tels que la contribution foncière, la contribution des portes et fenêtres et la retenue sur les coupons des actions et obligations, retenue mal à propos classée parmi les impôts indirects, ne sont payés par personne. Ils n'existent pas, parce qu'ils sont incorporés dans les prix de la marchandise, prix basés, d'après le taux de capitalisation résultant de la loi de l'offre et de la demande, sur le revenu net de l'objet, c'est-à-dire sur le revenu impôt déduit.

Ces impôts sont prélevés une fois pour toutes sur les détenteurs de l'objet au moment où on les établit. Mais dès qu'il y a eu une transmission c'est fini, ils perdent le caractère de contribution. Il se produit là quelque chose d'analogue à ce qui se produirait si la nation s'emparait d'une partie du capital national et l'exploitait elle-même.

Il est donc certain que l'impôt sur la rente amènerait — toutes choses égales d'ailleurs — une baisse correspondante sur cette valeur. Des hausses pourraient sans doute se produire ensuite si le loyer de l'argent tendait à baisser. Mais les deux phénomènes seraient sans rapport entre eux ; et si l'un pouvait masquer l'autre, il ne l'empêcherait néanmoins pas d'exister. L'écart entre ce que seraient les prix de la rente imposée et ce qu'ils auraient été sans l'impôt, n'en subsisterait pas moins. Il n'en rendrait pas moins les futurs emprunts plus onéreux pour l'Etat et les conversions, qui sont les seuls impôts moraux et profitables sur les fonds publics, plus difficiles. Il n'en justifierait pas moins mes conclusions antérieures, qu'un pareil prélèvement ferait perdre à la nation infiniment plus qu'il ne lui rapporterait.

Il s'agit donc simplement de savoir si, pour rendre hommage à je ne sais quel principe abstrait appliqué d'une manière plus apparente que réelle, on veut porter atteinte à la bonne renommée morale et à la validité du crédit de l'Etat.

Quant à mon correspondant qui paraît être un propriétaire foncier, il lui sied peu d'accuser les rentiers de ne pas payer d'impôts alors qu'ils ont subi les énormes prélèvements de la conversion, et alors qu'il vient, lui, de recevoir du Parlement, au moyen des droits sur les produits agricoles, la consolidation de sa rente foncière.

L'impôt sur les revenus que la commission élabore en ce moment n'aurait pas pour but de procurer de nouvelles ressources au budget, mais bien de faire la contrepartie de certaines détaxes ; et, dès lors, si les rentiers subissaient la détaxe commune et ne subissaient pas de taxe nouvelle en leur qualité de rentiers, ils ne paieraient plus rien du tout. Telle est l'objection.

Mais où donc a-t-on vu les détaxes dont on parle ? Je trouve bien dans les projets dont il est question des modifications apportées à l'assiette de l'impôt foncier sur la propriété non bâtie ; j'y vois bien la transformation de la contribution des patentes en une cédule d'impôt sur le revenu frappant les bénéfices des commerçants et des industriels ; j'y vois bien un essai louable pour classer d'une manière plus méthodique, suivant l'expression même de M. Poincaré, le milliard d'impôts sur les revenus que nous payons déjà ; mais la détaxe ne m'apparaît nulle part.

Supposons d'ailleurs qu'il y eût détaxe. Je ne prétends pas qu'il ne faudrait pas retaxer, et c'est pourquoi je suis séduit par le système de M. Cavaignac, qui introduit l'impôt sur le revenu par une contribution personnelle sur les contribuables en évaluant leurs ressources en bloc d'après des présomptions légales — mais qui ne frappe pas telle ou telle valeur déterminée.

Au fond, qu'ai-je prétendu ? Que le projet de M. Cavaignac est préférable à celui qu'élabore la Commission, parce que ce dernier aurait pour résultat de n'apporter qu'un remaniement plus apparent que réel à nos contributions actuelles, ce qui serait un trompe-l'œil, ou de taxer la rente, ce qui serait détestable.

Que l'on taxe la rente, ceux qui la possèdent perdront une fraction de leur capital — et non de leur revenu — proportionnelle à la taxe établie, peut-être même plus forte, si l'effet moral de la violation des contrats entraîne, comme ce serait à craindre, une baisse supérieure à celle que la proportionnalité mathématique justifierait. Mais les acquéreurs de demain ne donneront pas un centime de leurs revenus à l'Etat.

La conséquence de ceci est qu'il faut toucher le moins possible aux impôts réels qui existent depuis longtemps et dont, les incidences étant établies, personne ne supporte plus la charge, et que, lorsque des ressources nouvelles sont indispensables, c'est à un impôt personnel qu'il faut les demander, en écartant cependant, autant que possible, dans l'évaluation des facultés contributives, la déclaration qui présente d'immenses inconvénients.

Qu'on revise donc la contribution personnelle et mobilière, qui est une contribution de cet ordre, ainsi que le propose M. Cavaignac, ou même, avec quelques modifications ainsi que le propose le gouvernement; que l'on frappe personnellement la fortune, j'y souscris avec ardeur.

Mais qu'on se garde bien de porter la main sur cette arche sainte qui s'appelle la foi des traités.

La nation en subirait une atteinte dont elle se relèverait difficilement.

Alfred Naquet.

Le petit provençal du 21 mai 1894 (n° 6.344)

ROUMAINS ET MAGYARS

Je ne connais rien de pénible, lorsqu'on a passionnément aimé une cause, lorsqu'on a suivi avec ardeur, avec angoisse même, les efforts d'une nationalité vers l'indépendance ou d'un parti politique vers la liberté, comme de voir ce parti ou cette nationalité, une fois la liberté ou l'indépendance conquise, déserter les principes pour lesquels ils avaient lutté et souffert.

Le parti opportuniste, chez nous, nous a depuis longtemps imposé cette souffrance; c'est au tour du gouvernement magyar de nous la faire connaître — aujourd'hui.

Je me rappelle les années de ma première jeunesse; je me souviens de l'enthousiasme avec lequel je suivais de loin en 1848 et 1849, les actes héroïques des Kossuth, des Bem, des Dembemsky, des Klapka, ces hommes sans peur et sans reproche, qui combattaient pour la libération de la Hongrie. Je n'ai pas oublié davantage l'indignation que me causa alors Georgey, lorsque, mû par les rivalités personnelles, odieuses et mesquines qui sont, il faut le reconnaître, la plaie des régimes démocratiques, il contribua à faire avorter un des plus beaux mouvements qui aient honoré l'humanité.

Pourquoi faut-il que cette Hongrie, vers laquelle tous les Français épris de justice tournaient alors leurs regards, pour laquelle ils faisaient les vœux les plus ardents dans l'impossibilité où les plaçait la réaction triomphante d'aller la secourir, ait tourné le dos aux grandes idées pour lesquelles elle avait combattu, et nous fasse presque regretter nos enthousiasmes d'il y a près de cinquante ans.

En 1848, la Hongrie, écrasée sous le sceptre des Habsbourg, broyée sous le centralisme de l'empire d'Autriche, avait levé l'étendard de la révolte, et comme l'Italie, comme tous les peuples opprimés et martyrs, elle tournait les yeux vers cette terre de France d'où sont sortis toutes les nobles pensées, toutes les tentatives généreuses, tous les efforts en vue de l'affranchisement humain.

Et cependant depuis lors, quand grâce à Sadowa, la Hongrie a eu reconquis [illegible] dans le monde, elle n'a rien eu de plus empressé à faire que de se liguer avec les ennemis de notre pays. C'est son gouvernement qui a poussé l'Autriche dans la Triple-Alliance, et la tribune de Budapest a même retenti des injures et des calomnies lancées contre la France par l'ancien président du Conseil Tisza.

Aujourd'hui, l'État magyar nous fait assister à un autre spectacle non moins navrant.

Il semblait qu'une nationalité qui avait eu tant de peine à secouer le joug, qui avait dû répandre à flot le sang de ses martyrs pour conquérir son indépendance, devrait du se montrer soucieuse de la liberté des autres. On comprend difficilement, en effet, le martyr se transformant en bourreau, et je ne connais rien d'odieux que de voir ceux qui ont souffert imposer aux autres les maux contre lesquels eux-mêmes ont protesté.

C'est pourtant ce que fait à cette heure le gouvernement hongrois. Le monstrueux procès de Clausenbourg laissera sur la nation magyare une tache dont elle se lavera difficilement.

La Hongrie, écrasée par l'Autriche, avait revendiqué ses droits. Comment ose-t-elle à cette heure pratiquer vis-à-vis des Roumains la politique d'oppression, d'écrasement, dont elle a eu tant à souffrir ?

Que font donc les Roumains que n'aient fait avant eux les Magyars ?

Ils revendiquent, dans le royaume de Saint-Étienne, ce qu'en 1848 les Hongrois revendiquaient dans l'empire des Habsbourg.

Encore ne sont-ils pas allés aussi loin. Ils n'ont pas pris les armes comme ces héros d'il y a un demi-siècle qui leur montrèrent alors comment un peuple combat et meurt pour la liberté.

Ils se sont contentés de faire une démarche bien anodine auprès de l'empereur d'Autriche, roi de Hongrie leur souverain. Ils se sont bornés à porter leurs doléances au pied du trône, repetant ainsi la vieille formule de nos pères : « Si le monarque savait. »

Et parce qu'ils se sont permis de passer par-dessus la tête du ministère soi-disant libéral pour faire connaître leurs griefs à celui qui est leur chef suprême d'après la constitution qui les régit, ils sont traînés devant une juridiction criminelle ainsi que des malfaiteurs.

Les Roumains n'ont pas de droits. Soumis aux lois de la monarchie magyare, ils ne peuvent pas faire triompher leurs revendications par le bulletin de vote, parce que la loi électorale à laquelle ils sont soumis les place, vis-à-vis de leurs dominateurs, dans une infériorité qui ne leur laisse aucune espérance de ce côté. Ils sont dans une de ces situations où, suivant l'expression de nos pères, l'insurrection est le premier des droits, le plus sacré des devoirs. Et cependant ils ne s'insurgent pas. Ils subissent les lois qu'ils n'ont pas contribué à faire, et, s'ils font entendre des lamentations et des plaintes, c'est à l'arbitre suprême de leurs destinées qu'ils les adressent.

Peu importe ! le seul fait de se plaindre devient un crime irrémissible. Les opprimés de 1848, transformés en oppresseurs, retournent contre eux les procédés qu'ils ont jadis dénoncés au monde avec tant d'énergie, et l'on peut dire que le ministère Weckerlé par son attitude actuelle vis-à-vis des Roumains, justifierait presque Haynau si les bourreaux des peuples pouvaient jamais trouver une justification.

Ce spectacle est triste. Il ferait douter de la justice si l'idée de la justice n'était immanente dans l'homme. Il est de nature à propager le scepticisme dans les esprits, à faire douter du grand, du beau, du vrai, et il n'y a rien de plus affligeant dans l'humanité.

Heureusement que ces choses n'ont qu'un temps. Tant pis pour ceux qui mentent à leurs traditions, à leur passé, à leur origine. Là où ils auraient pu laisser une trace glorieuse, ils laissent des stigmates d'infamie; et l'heure vient toujours où la liberté l'emporte, où la justice triomphe, où les rénégats sont brisés.

Les Hongrois ont eu toute la civilisation avec eux lorsqu'ils ont combattu pour une cause juste et ils ont fini par vaincre.

La civilisation est à l'heure présente avec les Roumains, et si ceux-ci savent montrer vis-à-vis des tyrans qui les foulent aux pieds la même persévérance que les tyrans ont déployée jadis contre ceux qui les persécutaient, le succès final est assuré à leurs efforts.

Espérons seulement que, vainqueurs, ils ne nous donneront pas à leur tour le déplorable spectacle que nous donnent aujourd'hui les Magyars, et que, il faut avoir le courage de leur dire, nous a quelque peu donné dans le pays dont ils se réclament, dans la Roumanie indépendante, M. Bratiano, lorsque, d'ancien conspirateur, de compagnon de Mazzini qu'il avait été, il s'est vu élevé à la présidence du Conseil par le Hohenzollern qui gouverne, au profit de l'Allemagne, un pays dont les mœurs, les traditions, les sympathies sont françaises et que sa langue même rapproche de nous.

Espérons que le jour où la Roumanie aura réuni en un faisceau tous ses enfants, elle se montrera digne des vœux que tous les hommes de progrès font à cette heure pour ceux de ses fils qui sont encore séparés de la mère-patrie.

Alfred Naquet.

Le Figaro du 29 mai 1894 (40e année - 3e série - n° 169)

LA
Confiscation des Mines

Ils vont bien, nos collectivistes !

Ils demandent aujourd'hui l'expropriation et la reprise de possession des mines par l'Etat, et cela sans aucune espèce d'indemnité pour les propriétaires actuels, à l'exception de ceux dont le revenu total ne dépasserait pas trois mille francs.

M. Goblet avait déjà présenté une proposition de loi quelque peu roide. Mais s'il prévoit un cas nouveau de déchéance qui n'est pas inscrit dans la loi de 1810; s'il admet cette déchéance sans indemnité, lorsque les compagnies se seront mises dans leur tort; si même, au cas contraire, il limite l'indemnité à la moitié de la somme qui leur serait due, si on la réglait d'après la moyenne des trois dernières années, du moins il reconnaît que les mines représentent une propriété, — une propriété spéciale, d'un ordre particulier, suivant lui, permettant une dérogation aux règles générales que reconnaît la législation des peuples civilisés, mais une propriété quand même. On peut discuter si, reconnaissant cela, il ne se met pas en contradiction avec lui-même en modifiant de sa propre autorité les termes d'un contrat qui engage deux parties, et s'il ne se livre pas, lui aussi, à une confiscation en prévoyant des circonstances où le gouvernement pourra reprendre les mines sans en indemniser les propriétaires, et cela en vertu de faits dont lui seul sera juge et qui ne sont pas prévus dans la loi de 1810. Mais enfin, s'il confisque, c'est avec des formes. Il croit en la justice du gouvernement qu'il juge incapable de prononcer une spoliation pure et simple et, quoique ses prémices et sa conclusion ne s'accordent pas, il rend hommage au principe de propriété qui est la base de nos sociétés modernes.

M. Guesde, M. Jourde, M. Sembat, M. Jaurès, M. Millerand ne s'accommodent pas — encore bien qu'elles ne soient que de forme — de pareilles concessions. La proposition de M. Goblet constitue une espèce de socialisme opportuniste. Ce qu'il leur faut à eux, c'est du socialisme intransigeant.

Que leur parle-t-on d'indemnités, même réduites, même subordonnées à des circonstances qui ne se produiront pas, à accorder à ces infâmes capitalistes ! C'est la mort sans phrases, c'est la confiscation pure et simple qu'il leur faut.

Et ils se font un devoir de nous avertir que ce n'est là que le commencement de leurs revendications. L'expropriation des chemins de fer, de la Banque, de tous les grands commerces, de toutes les grandes usines, suivra de près celle des mines. L'Etat doit reprendre toutes les exploitations dans lesquelles le capital et le travail agissent séparément, dans lesquelles le capitaliste n'est pas en même temps ouvrier travaillant de ses mains, comme dans le petit patronat et la petite culture.

Encore cette dernière concession est

elle à son tour de l'opportunisme. Car peu ou prou, tout le monde en fait un peu. C'est la part du feu destinée à permettre la propagande socialiste dans les campagnes où les paysans répugnent instinctivement à tout ce qui sent le communisme.

On n'a pas besoin, en effet, de beaucoup de réflexion pour reconnaître que lorsque le détenteur d'une terre ou d'un outil travaille lui-même, et surtout lorsqu'il emploie quelques ouvriers, il y a deux parts dans son bénéfice : la part revenant à son travail et la part revenant à son capital. Or si, en thèse générale, absolue, la productivité du capital est la consécration d'un vol, ce vol n'en subsiste pas moins, quand bien même celui qui le commet réalise en dehors de lui un bénéfice licite en travaillant de ses mains. Si être propriétaire c'est être voleur, un propriétaire ne saurait perdre cette qualité parce qu'il est ouvrier d'autre part.

La doctrine collectiviste est absolue ou elle n'est pas. S'il y a abus, s'il y a vol dans le fait de détenir personnellement des instruments de production, cela est vrai pour tous; et, de tous les instruments, la terre est celui qui justifierait le mieux la socialisation, pour employer le néologisme dont on a l'habitude de se servir, puisqu'elle est limitée, que l'homme ne peut pas l'étendre, la créer, et que, quoique dans la réalité des faits la valeur du sol soit constituée par le travail humain bien plus qu'elle ne nous est donnée par la nature, en apparence, au moins, elle semble un don gratuit.

Aussi les partisans de l'absolu peuvent-ils se rassurer. Les collectivistes sont loin de renoncer à la nationalisation du sol. Mais ils se gardent d'en parler. Ils font risette aux petits propriétaires, bien que la petite propriété soit — Karl Marx l'a reconnu — ce qui fait le plus obstacle à leurs tendances. Ils se bornent, pour l'instant, à viser les grandes entreprises. Il ne faut pas s'aliéner les deux tiers de la population ouvrière. Quand le collectivisme aura réalisé son œuvre spoliatrice vis-à-vis du grand commerce et de la grande industrie, les petits cultivateurs apprendront à leurs

dépens qu'ils ont ajouté un peu trop de foi aux paroles enjôleuses du communisme rénové qu'on appelle collectivisme. Mais il sera un peu tard pour s'en apercevoir et pour jurer, comme le renard de la fable, qu'on n'y sera plus pris désormais.

Quoi qu'il en soit, si M. Guesde et ses coreligionnaires socialistes font acte de politiques en ménageant momentanément la petite propriété rurale, ils méprisent ces moyens lorsqu'il s'agit de l'infâme capital. Ils n'ont cure de ménager les transitions et de faire, comme M. Goblet, des concessions de principe. Ils proclament bien haut la confiscation.

Il faut s'en réjouir.

La proposition Guesde-Jaurès-Millerand sur les mines est, sous ce rapport, particulièrement instructive et utile; car, si même ses auteurs ne nous avertissaient pas charitablement des louables intentions qu'ils nourrissent à l'égard de la banque et des grandes industries telles que les chemins de fer, les Compagnies de navigation, les forges, etc., leur projet en dirait assez long.

On ne peut nier, en effet, qu'une action de mine ne soit une propriété ayant droit au même respect, à la même protection que toutes les autres.

C'est une propriété d'une nature particulière si l'on veut, puisque la loi de 1810 a prévu certaines causes de déchéance. Mais, dans la limite des termes du contrat intervenu entre les concessionnaires et le législateur, c'est une propriété comme une autre. De ce qu'une propriété est grevée d'une servitude, il ne s'ensuit pas que celle-ci puisse s'étendre indéfiniment et que le propriétaire cesse d'être propriétaire.

L'homme qui possède une maison dans la zone militaire sait que, si la guerre éclate on pourra la démolir sans l'indemniser. Mais que dirait-on d'un gouvernement qui entendrait s'emparer de la maison en temps de paix et la louer à son profit sous le prétexte qu'il aurait le droit de la jeter bas en temps de guerre?

Certes, la propriété des mines a été créée par la loi. Mais quand le législa-

...eur de 1810 a eu formulé les règles selon lesquelles la concession d'une mine peut être obtenue, lorsqu'il a eu fixé les droits réciproques de l'Etat et du concessionnaire, et lorsque, sur la foi des traités, des capitalistes ont eu apporté leur argent pour mettre en valeur cette richesse naturelle, entre eux et le gouvernement il y a eu contrat synallagmatique. S'ils ont apporté là leurs capitaux, c'est qu'ils les savaient garantis contre toute confiscation autre que celle qui était prévue et qu'il était en leur pouvoir de rendre impossible par une bonne exploitation. Ils se seraient bien gardés de le faire s'ils avaient jamais pensé qu'on pût les exproprier un jour sans indemnité.

Si l'Etat juge que la législation est mauvaise; s'il croit utile, soit de concéder les mines 'dans des conditions nouvelles, soit de les exploiter lui-même, il a le droit de reviser la législation de 1810; il a le droit d'exproprier les propriétaires pour cause d'utilité publique comme il a celui d'exproprier le possesseur de toute autre propriété. Mais il ne le peut que contre indemnité. Encore doit-il obéir aux prescriptions de la loi commune pour la fixation de cette indemnité et ne peut-il déterminer celle-ci de son autorité propre ainsi que le propose M. René Goblet.

S'il le fait, s'il fixe l'indemnité de son autorité propre, ou si, mieux encore, brisant la loi, il méconnaît les contrats qui se sont formés sous son égide, il faut savoir mettre les mots sur les faits : il commet une banqueroute, une spoliation.

Cela n'est point pour arrêter M. Jourde, M. Guesde et M. Jaurès. Mais cela est de nature à faire réfléchir l'honorable M. Goblet, qui a le tort de croire qu'on puisse composer avec le collectivisme sur des questions fondamentales comme celle-ci, mais qui cependant n'est pas collectiviste, et qui ne voit pas plus que nous l'Etat marchand d'encre, de papier ou de pantalons.

Il est clair que, les principes étant ainsi posés, on peut discuter s'il conviendrait de reprendre les mines contre indemnité, ou s'il ne plus concéder, et de confier à l'Etat l'exploitation des anciennes et des nouvelles.

Ici l'on se trouve sur un terrain où toutes les opinions sont permises, et il faut bien reconnaître qu'en principe absolu, lorsqu'il s'agit d'industries où le monopole s'impose soit par la force des choses comme dans les chemins de fer, soit par l'utilité générale comme pour les banques d'émission, soit par l'impossibilité de créer à volonté des industries rivales comme pour les mines, l'exploitation par l'Etat serait la vérité. Dès qu'il y a monopole, celui-ci devrait profiter à tous au lieu de bénéficier à quelques-uns.

Mais l'absolu n'est pas humain, et souvent un principe supérieur doit céder devant des considérations qui, en apparence de second rang, passent dans l'espèce au premier.

Malgré ce que M. Guesde écrit dans le *Matin* sur les mines d'Etat allemandes mines qui ne donnent des bénéfices, il l'oublie, que parce que les ouvriers y sont infiniment moins rétribués que dans nos exploitations minières privées, il est certain que le frein de l'intérêt privé est indispensable pour empêcher le gaspillage et la perte des capitaux. Toute la question est donc, lorsqu'on concède des monopoles ou des demi-monopoles, de les vendre le plus cher possible, de diminuer le plus possible les avantages que les concessionnaires en retirent, de ne payer ce frein de l'intérêt privé qu'à un prix aussi bas que le jeu de l'offre et de la demande le permet. Le supprimer coûterait plus cher que le rétribuer à sa juste valeur.

Ceci toutefois est une question d'un autre ordre qui ne peut être ainsi tranchée au pied levé et qui mérite d'être discutée mûrement.

Quant à la proposition socialiste, elle pose la question entre les partisans et les adversaires de la confiscation, de la spoliation, de la banqueroute. Il suffit que l'on soit contre la banqueroute pour la repousser.

Alfred Naquet.

Journal officiel du 1er juin 1894 (25e année - n° 145)
Séance de la chambre du 31 mai 1894
interpellation relative à Turpin

M. Alphonse Humbert. Sur la mélinite en particulier, je crois qu'il ne peut y avoir aucun doute ; il est vrai qu'il n'y a pas parfait accord entre ceux qui disent que M. Turpin a inventé la mélinite et le ministre de la guerre ; mais personne ne doute que M. Turpin a inventé un certain mode d'emploi de l'acide picrique, grâce auquel la mélinite a pu être trouvée. Tout le monde sait que l'acide picrique était déjà un produit employé.

M. Alfred Naquet. Je ne sais pas ce que Turpin a inventé, mais il a dû certainement inventer quelque chose, puisque le ministère de la guerre lui a donné 250,000 fr. Il n'a inventé ni l'acide picrique, puisqu'il était inventé depuis plus de cent ans, ni même des détonants dérivés de l'acide picrique, car tout le monde se rappelle l'explosion formidable qui s'est produite en 1868 sur la place de la Sorbonne et qui était due précisément à l'acide picrique. (*Interruptions.*)

M. Alphonse Humbert. C'est vrai, mais je ferai remarquer à mon honorable collègue que l'acide picrique qui a produit l'explosion de la place de la Sorbonne a éclaté sans qu'on le voulût, tandis que l'acide picrique qui a été préparé par Turpin éclate quand les artilleurs le veulent. (*Très bien ! très bien ! à l'extrême gauche.*)

L'Éclair du 5 juin 1894 (7e année - n° 2017)

OPINIONS

UNE ÉCLAIRCIE

La vérité commencerait-elle à se faire jour ?
On serait porté à le croire en entendant à la Chambre les réflexions, timides encore, mais singulièrement suggestives, des parlementaires les plus ancrés dans leur opinion, et en lisant les journaux les plus inféodés à la doctrine sur laquelle se fonde notre régime constitutionnel.

Il semble que notre dernière crise ait déjà dessillé bien des yeux et que ce qui se passe actuellement dans la Grande-Bretagne ait également jeté la semence d'un doute salutaire dans les esprits les plus prévenus.

Le ministère de l'honorable M. Casimir-Perier est tombé alors qu'il semblait avoir une

voir p. 335 oublié du 4 juin 1894

incontestable majorité et en lendemain même de ses plus éclatantes victoires.

Et cependant, il a suffi d'une question dont l'importance, en apparence au moins, était secondaire, pour ouvrir une crise à laquelle certainement personne absolument ne s'attendait.

Aussi fallait-il entendre dans les couloirs, pendant les journées qui ont suivi, les conversations des partisans, comme des adversaires des ministres tombés.

L'un, et ce n'est pas des moindres — il a occupé à plusieurs reprises de hautes situations dans l'État — se demandait avec une certaine angoisse si ceux-là n'avaient pas raison qui, jugeant le parlementarisme incompatible avec la forme républicaine, se prononçaient pour le système suisse ou le système américain.

Un autre, ancien ministre lui aussi, et l'un des hommes les plus diserts et les plus érudits du Parlement, constatait avec une mélancolie profonde que le système constitutionnel actuel est épuisé, que l'on n'en tirera plus rien. Sans aller jusqu'à prétendre qu'on doive prendre les ministres hors des Chambres, il se posait la question s'il ne faudrait pas, pour limiter les compétitions et par cela même les crises, exiger, comme en Italie et en Angleterre, que les députés et les sénateurs choisis pour faire partie d'un cabinet fussent soumis à la réélection.

D'autres estimaient que décidément l'incompatibilité entre le mandat législatif et les fonctions ministérielles s'impose.

D'autres encore voulaient restreindre le droit d'interpellation.

Dans la presse, un grand journal du matin demandait, par la plume de son directeur politique M. Magnard, que les ministres ne pussent être renversés que sur un ordre du jour formel de défiance et que, quand un cabinet est mis en minorité, le président fût tenu de mettre aux voix la proposition suivante à laquelle il serait répondu par oui et par non :

« La Chambre entend-elle donner au vote qui vient d'avoir lieu ses conséquences ministérielles ? »

Il n'y a pas jusqu'au *Temps* qui n'ait manifesté récemment ses craintes. Dans son bulletin du 28 mai on peut lire :

A côté des crises partielles qui agitent et embarrassent tant de gouvernements européens à l'heure actuelle n'y aurait-il pas une crise plus générale et plus profonde, qui expliquerait les autres et qui porterait, non p... sur tel cabinet ou telle institution, mais sur le régime ...rlementaire lui-même?

Et plus loin :

Ces jugements chagrins ne seraient pas sans avoir leur part de vérité. Il est certain que le premier contact de la démocratie et du régime parlementaire A DÉCHAÎNÉ, DÉCHAÎNE ET DÉCHAÎNERA TOUJOURS ET PARTOUT UNE CRISE REDOUTABLE...

Ces constatations émanent toutes, il ne faut pas l'oublier, d'hommes qui ont systématiquement jusqu'ici repoussé les propositions de revision, qui, sans doute, les repousseraient encore à l'heure présente malgré leur pessimisme actuel, et qui, il y a quelques mois à peine, ne cessaient de répéter que les institutions ne sont rien, que les hommes sont tout, que la meilleure constitution est celle dont on sait tirer parti, et que c'est se livrer à une œuvre de pure métaphysique que de s'évertuer à chercher des réformes constitutionnelles.

Ce changement de langage n'indique pas que le fruit soit encore mûr et que nous soyons près de voir le parti républicain dans son ensemble se résigner à porter la main sur l'œuvre hybride dont nous a dotés l'Assemblée nationale.

Mais il indique sûrement que l'idée germe, qu'elle atteint des intelligences qui lui étaient demeurées jusqu'à ce jour absolument rebelles, et il n'est pas chimérique d'espérer que quelques crises nouvelles achèveront sur ce point l'éducation de notre pays.

C'est qu'en effet il est bien difficile à un parlementaire élevé dans les traditions anglaises de ne pas demeurer confondu quand il voit une fraction importante de la Chambre assumer la responsabilité de mettre en minorité un ministère alors qu'elle n'est pas d'ailleurs disposée à prendre à son tour le gouvernement pour y appliquer son programme, alors qu'elle n'a pas un personnel gouvernemental tout prêt pour remplacer celui qu'elle a renversé.

Ce sentiment s'est fait jour dans plusieurs organes périodiques, et le *Temps* blâmait sévèrement ceux qui avaient amené la chute du cabinet Casimir-Perier sans être décidés à en prendre la succession. Mais pour peu qu'on y réfléchisse, on reconnaît combien peu ces critiques sont fondées.

Sans doute si une motion pure et simple de défiance, un projet de révocation du ministère, étaient présentés à la Chambre, un parti serait coupable qui les voterait sans être disposé à prendre le pouvoir, et qui ferait ainsi acte de renversement stérile.

Mais ce n'est point de la sorte que les choses

se passent. On ne vote pas uniquement sur le ministère. On vote sur une question précise, et l'on ne peut pas demander à des hommes politiques de renier leurs principes parce qu'il plaît à d'autres hommes politiques de les placer entre leurs convictions et la chute du cabinet.

Le jour où le ministère Casimir-Perier est tombé, par exemple, il s'agissait de savoir si la loi de 1884 sur les syndicats professionnels s'appliquerait ou non aux ouvriers de l'État. Ceux qui estimaient qu'elle doit leur être applicable ne pouvaient, ni raisonnablement ni moralement, affirmer qu'elle ne le serait pas, et cela par l'unique motif que M. Casimir-Perier déclinerait le pouvoir si l'on votait contrairement à l'interprétation qu'avait donnée de cette loi son collaborateur M. Jonnart.

C'est même pour éviter aux députés cette situation pénible, qui consiste dans l'alternative où ils se trouvent chaque jour de se prononcer contre leurs propres idées ou de mettre en minorité un cabinet dans lequel souvent ils ont confiance, que M. Magnard demandait que la question législative fût toujours séparée de la question ministérielle.

Il suffit malheureusement d'un moment de réflexion pour s'apercevoir que la solution n'en est pas une.

L'idéal du régime parlementaire consiste dans une majorité compacte, chargeant un ministère homogène de gouverner par elle et pour elle.

Il faut, par suite, lorsque sa majorité hésite à le suivre et le place ainsi dans l'impossibilité d'appliquer son programme, c'est-à-dire supprime sa raison d'être, que le ministère puisse peser sur la Chambre et qu'il se retire si la Chambre lui donne tort.

Il est donc souvent tenu de poser la question de confiance. Car l'on doit admettre qu'il a assumé les charges du pouvoir pour y faire triompher un ensemble d'idées et non pour les avantages que le pouvoir confère à ses membres. Si la Chambre le met dans l'impossibilité de réaliser son programme, s'il s'aperçoit qu'il s'est trompé en comptant sur son appui, il est naturel qu'il dépose son mandat. C'est son devoir strict.

On ne voit pas bien un cabinet menaçant la Chambre de sa démission si elle ne vote pas dans un sens déterminé, et demeurant ensuite au pouvoir, alors qu'un vote contraire est intervenu, sous le prétexte que par un second

vote la confiance, aurait décidé que le premier
n'était pas la manifestation d'une défiance personnelle. Ce serait la substitution des personnes
aux programmes. Les ministres demeureraient
aux affaires pour y appliquer des idées différentes des leurs. Ce serait en somme la négation du parlementarisme.

La question de confiance est la nécessité, la
logique suprême du régime parlementaire. Un
cabinet peut, sans doute, selon que la majorité
sur laquelle il s'appuie est plus ou moins compacte, et suivant le plus ou moins d'habileté de
son chef, y recourir plus ou moins souvent ;
mais il est toujours des cas où il faut qu'il y
recoure et leur nombre dépend beaucoup plus
de la composition des Chambres que de sa propre volonté.

Tous les palliatifs dont on parle sont donc
impuissants à supprimer ce vice inhérent au
parlementarisme et qui rend celui-ci incompatible avec la démocratie.

La question du cabinet ne sera supprimée, la
stabilité du gouvernement ne sera assurée, l'indépendance des représentants du peuple ne sera
garantie, que lorsqu'on aura délibérément séparé l'exécutif du législatif, que lorsque les tâ-
ches, assez grandes chacune pour se suffire, qui
consistent à appliquer la loi et à la faire, seront
nettement distinctes.

Les esprits n'en sont pas encore là, et ceux qui,
depuis dix-huit ans, proclament cette nécessité,
passent toujours pour des rêveurs philosophes
plus que pour des politiques. Mais une germi-
nation se fait. Les premiers bourgeons sont
désormais perceptibles et l'on peut espérer,
pour peu que les circonstances s'y prêtent, une
complète frondaison.

Quand nous en serons à ce point, les pré-
curseurs continueront à passer pour des rêveurs, et ceux-là continueront à être de grands
politiques qui consentiront à appliquer les vues
de ces rêveurs après les avoir longtemps com-
battues.

Mais peu importera aux premiers s'ils voient
le triomphe de leurs idées.

Ils répéteront alors ce que disait Gambetta à
Bordeaux : qu'il est plus beau d'amener les autres à reconnaître la vérité que l'on a mise
en lumière et à en appliquer les principes,
que de s'emparer du pouvoir pour les appliquer soi-même.

On pourra continuer de les appeler des esprits chimériques. Ils s'en consoleront aisé-
ment si leurs opinions l'emportent et si ce

triomphe est profitable au pays.

Alfred Naquet

La Fanfulla (de Rome) du 4 juin 1896 (n⁰ 151)

Dopo la seduta della Camera, chiesi al-
l'onorevole Naquet quali fossero le sue
impressioni sull'affare Turpin. L'onorevole
Naquet, valentissimo chimico, mi rispose
testualmente :

— Credo che si tratti d'una grande *fu-
misterie*, ma non d'un ricatto. Non presto
nessuna fede alle dichiarazioni del Turpin.
Sono fantasmagorie. Turpin è un megalo-
mane, un *toqué*, un esaltato, che si crede
perseguitato. Le sue prime invenzioni non
valevano la popolarità che gli hanno fatta.
Non ha trovato la melinite, e l'acido pi-
crico è stato inventato prima di lui e ha
cagionato molte disgrazie. La sua panclas-
tite non serve a nulla. Ma il ministero
avrebbe dovuto esaminare le sue propo-
ste. Se il generale Mercier non voleva
mettersi in rapporti con lui, doveva in-
viare qualcuno o nominare una Commis-
sione, Turpin essendosi occupato d'esplo-
sivi. —

E tale è stato il sentimento generale
della Camera.

Le petit provençal du 4 juin 1894 (n⁰ 6.358)

L'IMPÔT SUR LA RENTE

I

Camille Pelletan a répondu, dans l'*Eclair*,
aux articles que j'ai publiés dans ce même
journal et dans le *Figaro*, sur l'impôt sur
la rente. Il y a plaisir à discuter avec des
hommes de cette valeur. Avec lui, les
questions se précisent, deviennent nettes,
et c'est bien de la mauvaise chance si,
dans ces conditions, la vérité ne finit pas
par se dégager, surtout lorsque, comme
dans l'espèce, les adversaires sont, les uns
et les autres, d'une absolue bonne foi et ne
recherchent que les triomphes du Vrai.

L'argumentation de Pelletan est double,
aussi consacrerons-nous deux articles à
notre réponse.

L'Etat, dit-il d'abord, est, vis-à-vis de
ses prêteurs, à la fois débiteur et créancier.

En sa qualité de débiteur, il ne peut pas,
sans manquer à la foi jurée, se soustraire
à l'exécution de ses engagements, en changer à lui seul les conditions ; mais, en qualité de créancier, il a le droit d'exiger le
payement de ce qui lui est dû pour l'en-
tretien des services publics ; et, de même
qu'on ne lui conteste pas la faculté d'imposer la terre ou les actions et les obligations des Sociétés, de même on ne saurait,
sans illogisme, lui refuser celle de taxer
sa propre rente.

Le raisonnement serait inébranlable si
mon collègue n'avait oublié un point qui
est capital en la matière.

Ce point, c'est que l'Etat a pris vis-à-vis
de ses créanciers des engagements spéciaux qui limitent, en ce qui concerne ces
derniers, les droits qu'il possède sur tous
les autres détenteurs de capitaux productifs.

J'ai cité dans mon dernier article de
l'*Eclair* les termes précis du second alinéa
de l'article 98 de la loi du 9 vendémiaire
an VI qui consolida le tiers de la dette

publique.

Pelletan ne paraissant pas s'y être arrêté je les reproduis.

« Le tiers de la dette publique conservé en inscription est déclaré *exempt de toute retenue, présente ou future.* »

Dans un moment où l'on venait de faire banqueroute, où le crédit était profondément ébranlé, où les capitaux s'éloignaient des valeurs d'Etat comme d'une peste, l'Etat voulut donner aux fonds publics un attrait particulier, et, en ce qui les concerne, il renonça au droit, qu'il possède sur toutes les autres valeurs, d'en prélever une partie quelconque sous couleur d'impôt.

Depuis lors, d'autres nombreux emprunts ont été réalisés et à plusieurs époques notamment dans les circonstances difficiles qui ont suivi la guerre de 1870 et ses désastres ; on a renouvelé ces engagements de l'an IV, on a répété que les nouvelles rentes jouiraient des mêmes immunités que les anciennes.

Il y a là une stipulation formelle qui n'existe ni pour les terres, ni pour les maisons, ni pour les titres des Sociétés commerciales et industrielles, ni pour les rentes émises par les gouvernements étrangers. C'est cette stipulation bilatérale, grâce à laquelle en empruntant, à de meilleures conditions, le gouvernement a gagné plus qu'un impôt ne lui aurait procuré, c'est le contrat synallagmatique, que la France n'a pas le droit de violer sans forfaire à la probité politique, sans s'exposer à ce que l'on dise justement d'elle qu'elle fait une banqueroute partielle.

Voilà pour le côté moral de la question.

Pour les côtés utilitaires, nous sommes bien près de nous entendre avec Pelletan.

Il y a, dit-il, ici quelque chose de fondé dans les observations de Naquet : en thèse générale, le bon impôt sur la rente, ce sont les conversions. Nous avons naguère converti le 4 1/2 en 3 1/2, c'est-à-dire que nous avons diminué de 1 franc le revenu de cent francs de rente. C'est une réduction de 22 0/0 sur le revenu primitif ; réduction absolument légitime *et supérieure à ce que n'importe quel impôt pourrait donner.* Quand nous ferons du 2 3/4 0/0 au lieu de 3 0/0, nous ferons subir à l'ensemble de la rente une réduction du sixième, ou de 16 0/0, qui rapportera près de cent millions à l'Etat. Ménageons cette éventualité ; ne la compromettons pas…

Je n'ai pas dit mieux, certainement ; seulement, Pelletan ne croit pas que l'impôt sur la rente compromette les conversions futures et il en donne pour preuve la rente anglaise qui est du 2 3/4 et qui, bien que subissant une retenue par l'income-tax, est au-dessus du pair.

Cet exemple ne porte pas, pas plus que n'a porté celui de l'Italie dont le cours de la rente s'éleva lorsqu'on la soumit à l'impôt sur la *richezza mobile.*

Il pourrait arriver chez nous — et cela a pu se produire ailleurs — qu'une taxe sur la rente coïncidât avec une telle augmentation des capitaux qui affluent sur le marché qu'une diminution notable du loyer de l'argent s'en suivît. Dans ce cas, l'action de l'impôt étant compensée par la baisse générale du taux de l'intérêt, les prix des fonds d'Etat pourraient demeurer stationnaires ou même s'élever malgré l'impôt. C'est, sans doute, ce qui, combiné avec la fermeture du grand livre, a déterminé les phénomènes observés chez nos voisins d'outre-Manche.

Mais, qu'en conclure ? Sinon que la hausse aurait été plus considérable si l'impôt n'avait pas existé.

De même, on peut admettre qu'un pays dont les finances sont mal équilibrées, dont le crédit est mal établi, dont les fonds sont très bas, parvienne, par un prélèvement sur sa rente, à asseoir son budget en équilibre.

Comme la solidité ainsi acquise de ses finances augmentera la confiance inspirée par les fonds publics, ceux-ci passeront de la catégorie des valeurs douteuses à celles des valeurs de tout repos ; ils se capitaliseront au taux de ces dernières au lieu de se capitaliser au taux des premières, et la baisse attendue sera remplacée par une hausse. C'est ce que l'on a observé en Italie.

Mais ceci encore ne prouve rien : Si l'équilibre du budget était obtenu par d'autres moyens la hausse serait plus accentuée.

Quoi qu'il advienne dans les faits, on peut donc affirmer qu'entre les cours d'une rente imposée et ceux de la même rente non imposée, toutes choses égales d'ailleurs, il y aura toujours un écart au moins proportionnel à la taxe.

Dès lors, j'ai raison de prétendre qu'à vouloir imposer la rente, on porterait un coup funeste au crédit, c'est-à-dire à la plus grande force dont puissent disposer les nations. Non seulement on commettrait une improbité politique en le faisant, mais on commettrait une faute si grave, si dangereuse pour le pays, que ce serait presque un crime national.

Alfred Naquet.

Le Figaro du 7 juin 1894 (40ᵉ année — 3ᵉ série — n° 158)

GÉNIE & FOLIE

Le gouvernement se dispose, paraît-il, à réorganiser, en y adjoignant un certain nombre de notabilités scientifiques, la Commission chargée d'examiner les inventions qui sont journellement proposées aux ministères de la guerre et de la marine comme intéressant la défense nationale. Je juge cette Commission utile. Mais, pour dire toute ma pensée, je n'envie pas le sort de ses membres. Il leur faudra un grand patriotisme pour y trouver la patience dont ils auront besoin.

A côté des quelques propositions sensées, géniales même, qui leur parviendront, ils recevront, en effet, de véritables flots d'idées saugrenues, folles, sans applications possibles, qu'il leur faudra cependant étudier consciencieusement sous peine de se voir traînés aux gémonies et rendus responsables de tous les malheurs qui pourraient fondre sur la France.

Si je parle ainsi, ce n'est pas que je veuille me permettre de juger la découverte de M. Turpin, découverte dont je ne sais absolument rien, et que je n'ai aucunement le dessein de déprécier. Mon désir le plus sincère est qu'il ait trouvé le moyen d'accroître la puissance militaire de mon pays. S'il y gagne de la gloire et des millions, j'en serai ravi parce que, dans ce cas, il les aura largement mérités. Je ne prends donc parti ni pour lui ni pour le ministre de la guerre. J'attends.

Mais les discussions de ces derniers jours m'ont reporté vers une Commission analogue à celle que l'on va réorganiser et dont Gambetta m'avait confié la direction en 1870-1871, pendant la guerre. Ces souvenirs, vieux, hélas ! de vingt-quatre ans, ne sont peut-être pas aujourd'hui sans intérêt.

La Commission d'étude des moyens de défense — c'était son nom — a fonctionné pendant environ quatre mois.

Pendant ces quatre mois nous avions reçu une communication sérieuse, une seule. Nous l'avions suivie et elle allait être mise en œuvre au moment où l'armistice fut signé. M. de Freycinet en a parlé dans son livre sur la défense nationale sans cependant la divulguer parce que, disait-il, elle pourrait être utilisée dans les guerres futures. J'ignore si, pendant son passage aux affaires, il l'a remise à l'étude, ou si elle a été dépassée depuis lors. Mais ce que je sais bien, c'est qu'à l'époque dont je parle, elle avait été jugée très remarquable par ceux-là mêmes qui dès l'abord l'avaient repoussée.

Certes, pour être demeuré isolé, ce fait n'en aurait pas moins suffi à justifier l'existence de la Commission qui avait retenu cette découverte, elle, au milieu du tas d'insanités dont elle était inondée. La découverte faisait honneur à l'inventeur, comme aux hommes de science et aux militaires qui l'avaient acceptée et perfectionnée. Il n'empêcha pas cependant que ces derniers ne fussent accusés de toutes les forfaitures pour n'avoir pas voulu donner suite aux autres projets, tous plus absurdes les uns que les autres, qu'on leur soumettait chaque jour.

Je me rappelle, pour ma part, avoir été dénoncé à l'indignation populaire dans une réunion de Bordeaux par un soi-disant inventeur que j'avais éconduit et qui prétendait ravitailler Paris par des régiments de scaphandriers dirigeant dans le fond de l'Yonne et de la Seine de véritables trains d'approvisionnements. On ne s'était pas même demandé comment on alimenterait d'air les scaphandriers pendant leur long voyage sous l'eau.

Un autre, désireux de ravitailler aussi la capitale, proposait de remplir des bouteilles, à moitié seulement pour qu'elles flottassent, avec du bouillon ou avec du lait, de jeter celles-ci sur la Marne et de les laisser descendre au fil de l'eau jusqu'à Paris où, à l'aide d'un grand filet,

quelque insensés qu'ils fussent, ces deux inventeurs n'étaient pas les plus fous de tous.

Un jour, je vois encore entrer au siège de la Commission, rue Vital-Carle, un grand jeune homme blond, ardent et convaincu, qui tenait dans ses mains le salut de la patrie.

Il s'agissait simplement de diviser tout le pays, dans un rayon de vingt lieues autour de l'armée d'invasion, en une série de petits carrés séparés les uns des autres et consciencieusement minés. Chacun d'eux aurait été relié au ministère de la guerre par un fil électrique, et dès qu'on aurait appris par une dépêche que l'ennemi avait pénétré sur le carré x, vite, le ministre aurait pressé le bouton correspondant et les Prussiens auraient été pulvérisés. Ce jeune homme, je dois lui rendre cette justice, ne nous désigna pas aux fureurs du peuple mais nous ne parvînmes pas à le convaincre, et il s'en alla persuadé que la routine administrative repoussait le seul moyen qui s'offrait de sauver le pays.

D'autres — ceux-là étaient légion — proposaient le ballon dirigeable. Ils auraient porté au-dessus de l'armée ennemie leurs aérostats chargés d'engins meurtriers qu'ils auraient laissés tomber sur les Prussiens au milieu desquels ils auraient ainsi répandu la dévastation. Inutile de dire que ces inventeurs ne connaissaient pas le premier mot de la mécanique. Nous les étonnions même beaucoup quand nous leur faisions remarquer qu'en laissant tomber leurs engins ils délesteraient leurs ballons et seraient emportés dans des régions d'où ils n'apercevraient plus l'ennemi et où l'air cesserait d'être respirable.

Une autre fois — c'était quelques jours avant la bataille de Champigny — les huissiers de la Commission introduisirent auprès de nous une femme aussi enthousiaste et patriote que déséquilibrée.

— Je suis inspirée, nous dit-elle; envoyez tout de suite à Paris un message par pigeons. Dites au gouvernement qu'on prenne les fauves du Jardin des plantes et qu'un dimanche, jour du soleil, à la pointe du jour, on les lance sur l'armée allemande face à l'ennemi. La terreur des Allemands sera effroyable et leur déroute complète. Ici le cas de folie était manifeste. Je n'essayai pas de discuter. Je promis d'envoyer le message.

— Hâtez-vous, me dit cette illuminée. J'ai l'instinct divinatoire. Pour peu que vous tardiez, les Parisiens auront mangé les fauves et la France aura vu fuir sa dernière chance de salut.

Elle revint quelques jours après. — Votre esprit divinatoire, madame, m'épouvante, lui dis-je; les fauves étaient mangés. — C'est fini, s'écria-t-elle en fondant en larmes, et elle tomba dans un désespoir voisin de l'anéantissement.

Dans une autre circonstance, on nous offrit des fortifications roulantes, de vraies forteresses métalliques garnies de canons et traînées par des chevaux d'où les hommes auraient pu foudroyer l'ennemi à coup sûr. Quant au poids de ces engins, au moyen de les faire mouvoir et de les pourvoir de munitions, c'étaient questions secondaires dont le promoteur de l'idée n'avait cure.

Un matin, un Américain me fit demander. Il tenait à la main un long tube en fer conique très épais et très lourd. Il parlait à peine le français: je comprends fort mal l'anglais parlé. Nous eûmes peine à nous entendre. Je parvins cependant à démêler dans le flux de ses paroles qu'il avait traversé l'Atlantique pour m'apporter ce tube métallique, à l'aide duquel on pourrait, suivant lui, construire un fusil à balle extrêmement forcée qui porterait à cinq mille mètres. Lorsqu'il vit sa proposition repoussée, il en éprouva un chagrin profond. Il avait employé ses dernières économies à son voyage. Il avait épuisé ses ressources et demandait qu'on le rapatriât. Nous n'avions pas de crédits qui le permissent. Il ne trouva qu'un moyen de ne pas mourir de faim: il s'engagea dans l'armée de Garibaldi. Celui-là au moins nous avait donné quelque chose, un homme à la place d'une arme nouvelle. Mais ce n'était certes pas là ce qu'il avait espéré.

Il en est malheureusement parmi les idées qui nous furent soumises que la bienséance ne permettrait pas de publier. Si je l'essayais, même avec les périphrases les plus compliquées, M. Bérenger tonnerait au Sénat, et je ne veux pas m'exposer à ses foudres, quoiqu'elles ne soient pas beaucoup plus dangereuses que celles des inventeurs dont je viens de retracer l'histoire.

Tout cela est bien loin de nous. Mais quoique la fièvre de cette époque ait disparu, la folie persiste, car elle est éternelle, et l'on peut être certain que la Commission de demain ne recevra pas moins de propositions ridicules que nous n'en avons reçu en 1870-71.

Ce n'est point une raison pour ne pas passer tout cela au crible de l'examen scientifique. Nous avions trouvé une idée vraie au milieu de ce fatras. La Commission nouvelle ne rencontrerait-elle qu'un homme de génie en dix ans, cela en vaudrait encore la peine. Si donc j'ai raconté ces vieux souvenirs, ce n'est pas pour décourager le gouvernement de s'engager dans la voie vers laquelle l'ont, au contraire, sagement orienté les interpellateurs de l'autre jour. C'est pour donner un aperçu au public de ce qui se passe dans les Commissions de l'espèce de celle qui va fonctionner incessamment ; c'est pour apprendre au lecteur que pour une découverte réelle il y a des milliers de billevesées ; c'est enfin pour donner à mes concitoyens un sens des choses qui leur évite, en cas de dénonciations passionnées et haineuses, de se mettre d'emblée et sans examen du côté des inventeurs contre l'administration.

Ne repoussons personne. Parmi ceux qui s'adresseront à la Commission, il se trouvera peut-être des Fulton, peut-être M. Turpin en est-il un. Mais sachons séparer l'ivraie du bon grain, et quand des hommes sincères, des savants, des patriotes auront rejeté l'ivraie, ne nous écrions pas en chœur, en prenant parti pour les fous, que ces savants, ces patriotes, ces hommes sincères ont trahi le pays et perdu la France.

Alfred Naquet.

Le petit provençal du 12 juin 1894
XIXᵐᵉ année — n° 6356

L'IMPÔT SUR LA RENTE

II

Je me suis efforcé d'établir dans un précédent article que les arguments de Camille Pelletan, en faveur de l'impôt sur la rente, ne prouvaient rien, que cet impôt aurait le caractère de la faillite nationale et porterait un coup funeste à cette grande force qui s'appelle le crédit de la France et qui est notre principale sauvegarde.

Mais Pelletan ne s'était pas borné aux arguments que j'ai refusés. Dans son article de l'*Éclair*, il en a présenté d'autres.

À l'entendre, le rentier ne payerait aucun impôt (il oublie ce qu'il a écrit lui-même des conversions) alors que tous les autres citoyens en payent un, et cela serait inadmissible.

À l'entendre encore, toute taxe sur le revenu basée sur le loyer ou sur d'autres signes extérieurs, revêtirait un caractère d'impôt de superposition et ne pourrait, dès lors, être admise puisqu'elle aurait pour conséquence de faire payer deux fois les propriétaires qui sont déjà imposés et qui payeraient l'impôt sur le revenu après avoir acquitté l'impôt foncier, tandis que le rentier ne payerait, lui, qu'une fois seulement.

Je m'étonne, dès l'instant où il voulait présenter cette objection, que Pelletan, avec son esprit si lucide, n'ait pas vu qu'il devait d'abord refuser le principe que j'ai essayé d'établir.

J'ai dit, dans le *Figaro* comme dans l'*Éclair*, que les « impôts réels », *impôt foncier, impôt sur les valeurs mobilières*, lorsqu'ils sont établis depuis assez longtemps pour que les propriétés sur lesquels ils sont assis aient passé de main en main, ne sont plus payés par personne, qu'ils n'existent plus. Cela me suffit à faire tomber l'objection qui m'est opposée si je prouve ce que j'avance. Si ceux qui sont censés payés l'impôt foncier ou l'impôt sur les valeurs mobilières ne le payent pas, si ce n'est là qu'une apparence, on ne saurait prétendre qu'on les fera payer deux fois en établissant une taxe de majoration sur le revenu. Or, ce que j'ai avancé me paraît indéniable.

Les impôts qui portent sur les objets — c'est-à-dire ceux que l'on appelle *réels* — par le mécanisme que l'on croit — s'incorporent dans le prix de ces objets et cessent d'exister en tant qu'impôts.

Lorsqu'on décrète le prélèvement d'une partie du revenu d'une valeur, on diminue celle-ci dans une proportion au moins proportionnelle à ce prélèvement. On confisque une partie du capital du détenteur actuel, mais on ne prend pas un centime au détenteur de demain.

Si, aujourd'hui, on impose la rente de 10 0/0 et que j'en possède pour 100.000 francs, le lendemain mon capital aura perdu 10.000 francs. J'aurai subi une confiscation d'un sixième. Les choses se passeront, en se répartissant sur l'ensemble de mes titres, comme si la nation m'avait pris un titre sur dix. Mais, dès que je vendrai, l'acquéreur, qui m'aura acheté au prix de 90.000 francs, des titres rapportant maintenant un intérêt net de 2.700 francs, placera son argent au taux courant de 3 0/0, tout comme je l'y avais placé moi-même, lorsque j'avais payé 100.000 francs un titre qui, n'étant pas encore imposé, rendait alors 3.000 francs. Il ne donnera donc rien à l'État.

C'est cette affirmation que mes contradicteurs doivent d'abord s'évertuer à combattre s'ils veulent donner quelque solidité à leur argumentation. Mais ils ne le font pas parce qu'ils ne le peuvent pas.

Qu'on ne me parle donc pas d'égaliser les impôts directs *dits réels* qui existent aujourd'hui. Comme les difficultés d'évaluation rendent toute péréquation absolue aussi chimérique que la quadrature du cercle — ce qui n'empêche pas qu'on ne doive s'efforcer de s'en rapprocher le plus qu'on peut pour les ressources nouvelles à créer ; — comme l'impôt le plus équitable est celui que personne ne paye plus — encore bien que dans une origine lointaine il ait été le fruit d'une spoliation ; — comme la meilleure péréquation de l'impôt c'est la non-existence de l'impôt ; le principe qui devrait être admis par tous les hommes d'État consiste à ne *jamais* toucher au principal des impôts *réels* assis depuis une longue période d'années sur toutes les natures de propriété.

Je sais bien que si, à l'origine, la confiscation d'une partie des fortunes qui s'est faite sous la forme de taxes a été inégale, les centimes additionnels que l'on vote chaque jour, et qui, variant d'une année à l'autre, n'ont pas le temps de s'incorporer dans la valeur de l'objet, participent de l'injustice première. Mais rien n'empêche que, conservant le principal, on ne renonce aux centimes et qu'on ne remplace ceux-ci par une impôt personnel.

Je tombe, en effet, d'accord avec Pelletan que l'impôt personnel, lui, pourvu qu'il ne soit pas établi par cédules, qu'il frappe non tels ou tels revenus, mais le revenu global de chaque personne, ne se répercute pas sur la valeur des objets, et que c'est à lui qu'on doit faire appel, soit pour la totalité de l'impôt dans un pays neuf — s'il en existait — soit dans les pays anciens, pour les ressources nouvelles que l'on est forcé de créer.

Je suis donc avec lui pour l'impôt sur le revenu. Mais, contrairement à son opinion, je veux ce soit un impôt de superposition qui s'ajoute aux impôts directs actuels et ne serve de taxe de remplacement que vis-à-vis des impôts indirects.

L'impôt sur le revenu n'a contre lui qu'une chose, mais elle est grave et c'est elle qui soulève à son sujet les clameurs, soit en Italie, soit en Angleterre, soit en Amérique où l'on a dû le supprimer en 1872, et où l'on a tant de peine aujourd'hui à le rétablir. Cette chose consiste dans les difficultés d'évaluation des revenus de chaque contribuable.

La taxation administrative, dans un pays politiquement divisé surtout, peut se prêter à des injustices criantes et voulues de la part des agents taxateurs.

Les présomptions légales ne sont jamais exactes. La déclaration ouvre la porte à toutes les fraudes, et en arrive à décharger les malhonnêtes gens et à charger les personnes scrupuleuses qui se refusent à frauder.

Toutefois, si l'on réunit les trois systèmes, si l'on taxe administrativement les contribuables, en imposent aux agents du fisc l'obligation de ne pas s'écarter dans leur travail, de certains signes extérieurs, tels que loyers, voitures, domestiques, existence de capitaux improductifs ;

Si l'on fait subir aux taxes ainsi établies une atténuation proportionnelle au nombre des enfants, et une seconde atténuation calculée, d'après un coefficient professionnel ;

Si on rend la déclaration facultative en permettant aux contribuables d'y recourir lorsqu'ils se jugent mal pas taxés, — auquel cas ceux-ci n'auraient point à se plaindre du contrôle auquel ils seraient soumis puisqu'ils l'auraient librement provoqué ;

Si enfin l'impôt sur le revenu est un impôt de simple superposition, assez léger pour ne pas solliciter la fraude, il présentera tous les avantages des impôts personnels, sans en présenter les désavantages.

Mais dès qu'on veut le diviser en cédu-

..., relation à telle ou telle catégorie de valeurs, il perd un caractère personnel et revêt le caractère réel.

Il s'incorpore au prix des objets et crée ainsi de nouvelles injustices en voulant réparer celles qui ont existé autrefois mais que le temps a éteintes.

Et si, parmi les catégories imposées, se trouve la rente, il prend en outre, quoi qu'on en ait, le caractère d'une faillite nationale, et nuit aux intérêts matériels du pays en s'opposant aux conversions, lesquelles, d'après M. Pelletan lui-même, sont les bons impôts en matière de rente.

Je cherche des objections sérieuses à cette argumentation.

Je n'en trouve pas, j'attends qu'on me les donne.

Alfred Naquet.

L'Éclair du 24 juin 1894 (7e année - n° 2306)

OPINIONS

LA PRÉSENCE RÉELLE

La Chambre s'est occupée récemment, sans aboutir d'ailleurs à quoi que ce soit, de la réforme de son règlement intérieur, de sa méthode de travail.

Parmi les propositions qui lui étaient soumises, plusieurs, celle de M. Richard et celle du docteur Chapuis, avaient pour objet de rendre obligatoire la présence des députés à toutes les séances. Les auteurs de ces propositions ne voulaient pas qu'un représentant du peuple pût voter par procuration ; et il faut le dire, ils étaient d'accord en cela avec l'opinion publique qui, d'une manière générale, se montre défavorable au vote des absents.

Je suis sur ce point en opposition d'idée avec mes collègues Chapuis et Richard et avec l'opinion qui tend à prévaloir dans le pays. Autrefois, du temps de l'Assemblée nationale, j'avais déposé une proposition qui tendait à permettre aux députés de voter par procuration, même dans les scrutins publics à la tribune, et si je ne l'ai pas reproduite depuis lors, ce n'est pas que mon sentiment se soit modifié, mais uniquement parce que je n'ai pas cru possible jusqu'ici d'en obtenir l'adoption.

[illegible] très faux sur les devoirs et sur les droits des représentants du peuple ainsi que sur la véritable nature de leurs travaux.

Le véritable travail des mandataires de la nation ne se fait pas comme on est porté à le croire dans les séances publiques. Il se fait dans les bureaux, dans les commissions et dans le cabinet même du député ou du sénateur.

Les séances publiques ne sont guère que des séances d'apparat, destinées bien moins à modifier les idées de ceux qui y prennent part qu'à rendre manifestés les raisons qui portent chaque parti, ou chaque représentant, à agir dans un sens plutôt que dans un autre.

Le pays a le droit de connaître les motifs qui dirigent ceux auxquels il a confié la direction des affaires. A ce point de vue des séances publiques dans lesquelles les opinions se produisent au grand jour sont nécessaires, comme nécessaires aussi sont les scrutins dans lesquels les députés affirment leur manière de voir. Sans cela les électeurs ne seraient pas renseignés ; ils ne sauraient pas s'ils sont représentés comme ils désirent l'être, et la responsabilité du représentant devant le corps électoral serait un vain mot.

Mais de là à supposer que les discours prononcés à la tribune influencent les votes et par cela même les décisions de l'Assemblée, il y a un abîme.

Ce qui influence les votes, ce sont les discussions qui ont lieu dans les commissions dont les membres peuvent s'entourer de tous les éléments capables de déterminer leurs convictions. C'est aussi, c'est surtout l'étude solitaire, à tête reposée, à laquelle chacun se livre chez soi.

Le député qui travaille chez lui, qui étudie la législation des autres peuples, qui la compare à la nôtre, qui pèse avec maturité les arguments propres à asseoir sa décision ; celui qui, membre d'une commission, en prépare le travail et s'arme ainsi pour une discussion ultérieure dans laquelle, par suite même de ses réflexions et de ses recherches, il sera en mesure d'agir sur l'esprit de ses collègues, remplit plus consciencieusement son devoir et est mille fois plus utile au pays que celui qui assiste régulièrement à toutes les séances et se borne à y déposer lui-même son bulletin dans l'urne, ou même répète quelques lieux communs à la tribune, ou s'y livre à quelques interpellations oiseuses.

Toutes [illegible] l'ont ainsi compris. Aussi là même où le vote par procuration n'existe pas, ce qui est le cas en Angleterre, a-t-on eu soin d'organiser une procédure qui équivaut à ce qu'est chez nous le vote des absents.

On sait comment les choses se passent de l'autre côté de la Manche.

Lorsque, à la Chambre des communes, il y a lieu à une votation publique, tous les députés sortent de la salle des séances, puis, lorsque celle-ci est absolument vide, ils rentrent : ceux qui veulent émettre un vote positif, par une porte, et ceux qui veulent émettre un vote négatif par l'autre. Des secrétaires placés à chaque porte inscrivent sur un registre les noms des députés qui passent de chaque côté, et il n'y a plus ensuite qu'à comparer les deux listes pour connaître dans quel sens est la majorité.

Au moment où la salle se vide, les couloirs qui l'entourent sont fermés de manière à ne plus communiquer avec l'extérieur. Les membres du Parlement se trouvent ainsi dans l'impossibilité de s'éloigner. Ils sont obligés de revenir prendre leurs places et de passer pour cela par une porte ou par l'autre, c'est-à-dire de prendre part à la votation.

Aussi, au moment avant que le speaker ait déclaré que l'on va procéder au vote, alors que les couloirs communiquent encore avec le dehors, fait-on s'éloigner en toute hâte les députés qui projettent de s'abstenir et auxquels, sans cette précaution, l'abstention ne serait plus possible.

Certes ! il semble qu'on ne puisse mieux organiser les choses pour empêcher le vote des absents.

Mais l'obligation de la présence réelle présente de tels inconvénients que nos voisins ont remédié à ce qu'aurait d'excessif leur système en y introduisant le tempérament des annulations.

Chaque parti a un chef, un *whip*, qui est chargé de surveiller ses agissements, d'appeler les députés au vote, de veiller à tout ce qui touche à son organisation intérieure.

Lorsqu'un député veut s'absenter pour une ou plusieurs heures, il en fait part à son whip qui l'inscrit sur un carnet. Ce dernier entre ensuite en rapports avec le whip du parti opposé, et si celui-ci a reçu — ce qui est presque toujours le cas — des demandes [illegible], les deux députés des partis adverses qui désirent quitter momentanément la séance sont autorisés à le faire [illegible] pendant le

[...] la [...] ...

Dans ces conditions ils ne participent ni l'un ni l'autre aux votes qui interviennent, mais comme s'ils y avaient participé ils auraient voté en sens inverse, leur double abstention équivaut à leur double vote et rien n'est changé dans la majorité.

Il est incontestable que le résultat est absolument le même que celui que l'on obtiendrait en votant comme chez nous pour les deux absents.

Seulement la méthode anglaise, qui deviendra d'ici peu inapplicable même aux Communes, le serait dès à présent chez nous. Elle exige, en effet, deux partis assez étroitement unis, assez homogènes, assez compacts, pour qu'aucun de leurs membres ne puisse se séparer du gros de l'armée.

Lorsqu'au lieu de deux partis il y a des groupes et des sous-groupes nombreux, le système des annulations devient impossible. Il faut alors se résigner ou à laisser chaque groupe déposer dans l'urne les suffrages de ses membres absents, ou à ne compter comme valables que les suffrages directement exprimés par les représentants qui les émettent.

Cette dernière exigence soulève des objections de principe très graves qui ne sauraient échapper à qui y prête un peu de réflexion.

Si les députés ou les sénateurs formaient une oligarchie dominante, tenant leurs pouvoirs d'eux-mêmes, comme jadis les patriciens de Venise, on comprendrait qu'on en agît vis-à-vis d'eux comme on le fait dans les élections générales vis-à-vis des électeurs qui ne vont pas déposer leur bulletin dans l'urne. On leur dirait : « Vous n'avez pas jugé à propos de vous déranger, tant pis pour vous. Vous avez perdu votre part de souveraineté. Vous n'avez à vous en prendre qu'à vous-mêmes. »

Mais les députés et les sénateurs ne sont pas des oligarques ; ce sont des mandataires. Lorsqu'ils mettent un bulletin blanc ou un bulletin bleu dans les urnes, ce n'est pas eux qui votent, c'est la circonscription qui les a élus.

Eh bien ! est-il admissible qu'une circonscription perde son droit de suffrage parce qu'un député est malade et ne peut prendre part matériellement au scrutin ?

Une loi importante peut passer ou être rejetée à une voix de majorité et le sort du pays pourrait dépendre d'une colique ou d'une forte névralgie. Quel est celui qui devrait soutenir

[...] lors des votes qui inaugurèrent la Constitution de 1875 et qui fondèrent la république, les monarchistes exigèrent le scrutin à la tribune pour bénéficier des absences forcées. L'on vit alors des malades se faire porter à la tribune pour y déposer leur bulletin. L'un d'eux mourut même quelques jours après et c'est à ce propos que je proposai ce vote par procuration dont je parlais plus haut.

Au lieu de réclamer la présence réelle, c'est à cette dernière proposition qu'il faudrait revenir, la disposition qu'elle prévoyait étant en somme gardienne des droits de la nation et seule capable d'éviter des résolutions de surprise.

On prétend, il est vrai, qu'avec nos habitudes actuelles, un député peut voter contre son propre sentiment. Cette objection est sans portée aucune.

Les membres du Parlement qui réunissent leurs boîtes de bulletins dans un pupitre appartiennent à un même groupe et pensent de même sur la grande majorité des questions. Quand l'un d'eux les fait voter tous, il leur fait donc exprimer l'opinion qu'ils auraient exprimée s'ils avaient été présents. Dans le cas où une dissidence se produit, comme l'ordre du jour est connu d'avance, c'est au dissident qu'il appartient, ou de venir pour éviter qu'on ne le fasse voter contre son opinion, ou d'écrire à ses amis pour leur donner des ordres précis.

Il ne peut exister à cela d'inconvénients que dans le cas où surgit une question imprévue et où, sur cette question, un membre d'un groupe est en désaccord avec ses collègues.

Cela arrive, sans doute, car rien n'est parfait. Mais à coup sûr ces inconvénients là sont bien plus rares et par cela même bien moins à considérer que ne le seraient ceux qui résulteraient de la *présence réelle* obligatoire.

La présence réelle obligatoire, ce serait trop souvent, pour les députés, l'impossibilité de se livrer à un travail nécessaire et d'éclairer leur religion, ce seraient les votes du Parlement livrés au hasard de la santé ou de la maladie de ses membres, ce serait enfin une circonscription électorale privée de son droit souverain dès que son député serait indisposé.

Conservons donc notre méthode qui est très injustement impopulaire, qui est au fond extrêmement démocratique, et disons-nous bien que s'il est beau de rendre hommage aux principes, c'est à la condition que [...]

... des principes ... quelque chose de grands et de ...
Alfred Naquet

25

pages

—

Alfred Naquet — La présence réelle. — proposition de Prichard et de Chapuis pour empêcher le vote par procuration. Ce sont des propositions oligarchiques — on prive la Xe circonscription d'une voix si le député est malade. — L'Éclair du 24 juin 1894 — septième année — n° 2306 . . . .

www.ingramcontent.com/pod-product-compliance
Lightning Source LLC
LaVergne TN
LVHW020118060726
842526LV00004B/1175